Conduire une démarche qualité

Éditions d'Organisation
1, rue Thénard
75240 Paris Cedex 05
Consultez notre site :
www.editions-organisation.com

Cet ouvrage a été publié précédemment sous le titre :
Le client retrouvé,
pour les éditions Eyrolles
et aux Éditions d'Organisation .

Philippe Détrie

CONDUIRE
UNE DÉMARCHE QUALITÉ

Quatrième édition

Troisième tirage 2006

**Éditions
d'Organisation**

Remerciements

Cet ouvrage est le fruit d'un travail de réflexion et d'action :

- pour la réflexion, c'est toute l'équipe d'INergie qui doit être citée. Notre cabinet intervient depuis 1986 dans la conception et la mise en œuvre de démarches qualité. De nombreuses recherches et applications ont été menées par chaque consultant, elles ont été formalisées ici après expérimentation et démonstration de leur efficacité. Il faut donc associer chaque collaborateur d'INergie à ce travail collectif.

- pour l'action, ce sont les nombreuses entreprises et organisations avec lesquelles INergie a travaillé, dont les plus connues sont : Accor, AFPA, Air France Industries, Air Liquide Santé, Alcatel, Alstom, ANPE, Association Française de la Communication Interne, Boussois, CAT, Club Méditerranée, CNAMTS, Cogema, Compagnie Bancaire, Conforama, Crédit Mutuel Nord, Domofrance, EDF GDF Services, TotalFinaElf, Elis, Essilor, Europcar, Fly, Fournier, France Telecom, MAAF Assurances, Manutan International, Marine nationale, Mouvement Français pour la Qualité, Mutualité Française, Nestlé France, PFG, Promodès, Renault, Sat, Simmons, SVP, Sony Music, Suez, Surcouf, Thalès, Treca, UNIFA, Union des HLM, Valeo...

À tous merci.

Guide de lecture

Ce livre a pour objectifs de :

- présenter le concept qualité et son évolution,
- définir les enjeux et les conditions de réussite d'une démarche qualité : état des lieux, lancement, amélioration de la qualité, pilotage,
- prévenir les principaux écueils et difficultés rencontrés lors de la mise en place de chaque étape, méthode ou outil.

Il s'adresse aux personnes responsables de la politique qualité dans leur entreprise, administration, ou établissement : directeur général, directeur de la qualité, directeur des ressources humaines, tout chef de projet... et à toute personne souhaitant mettre en œuvre une démarche, des outils ou des méthodes qualité dans son unité ou tout simplement améliorer ses pratiques professionnelles.

Ce guide a pour ambition d'être :

- simple : pour aller à l'essentiel
- souple : adaptable à tout secteur d'activité
- pratique : directement utilisable comme support d'information et/ou de formation.

Il a été conçu pour une lecture individuelle et pour une utilisation comme guide de formation et d'information.

Sommaire

15

1

Pourquoi une politique qualité ?

1. Définition

1.1. Vous avez dit qualité ?

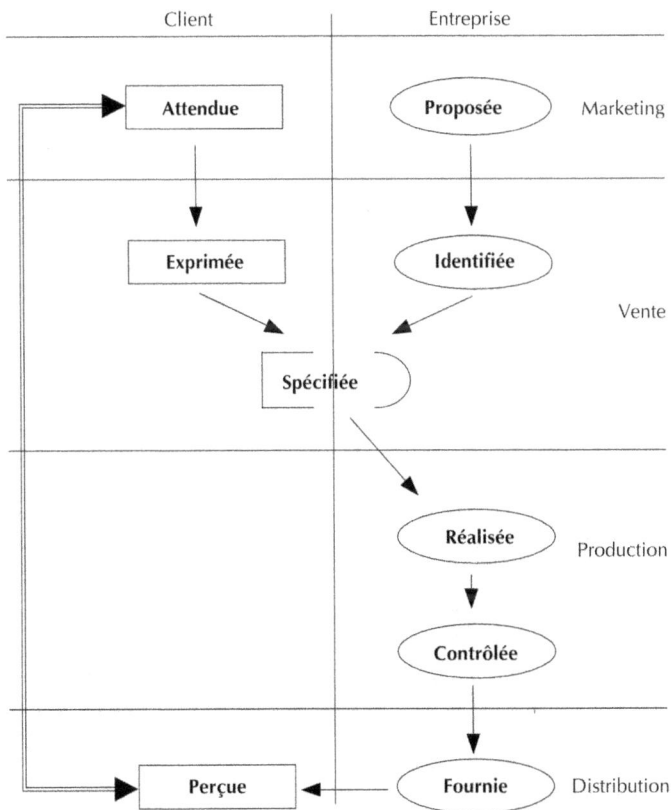

Schéma 1.1. *Le défi : faire coïncider qualité attendue et qualité perçue*

Tout l'enjeu consiste à faire coïncider parfaitement qualité attendue et qualité perçue. La difficulté est qu'il y a autant de qualités attendues que de clients. D'où l'importance de l'accord lors de la spécification entre le client et l'entreprise.

1.1.1. Que disent les experts ?

La qualité c'est :

Pour Joseph Juran *(Quality Control Handbook – 1951)*
  • *L'aptitude à l'usage*

Pour Phil Crosby *(Quality is free – 1979)*
  • *La conformité aux spécifications*

Pour Kaoru Ishikawa *(Le TQC – 1984)*
  • *L'aptitude à satisfaire le client*

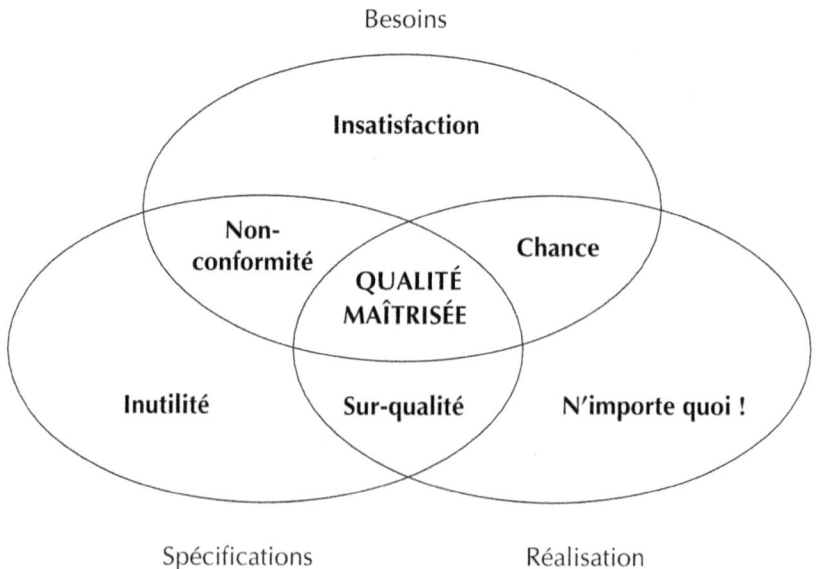

SCHÉMA 1.2. *L'objectif : arriver à une qualité maîtrisée !*

20

ACCRÉDITATION, AGRÉMENT, CERTIFICATION, HABILITATION,
HOMOLOGATION, LABELLISATION, QUALIFICATION ?

- Accréditation : reconnaissance par un organisme officiel de la capacité d'un organisme à délivrer des certificats
- Agrément : reconnaissance de la conformité d'un savoir-faire ou d'un produit à une spécification d'entreprise
- Certification : reconnaissance par un organisme qualifié de la conformité d'une organisation, d'un système ou d'un produit à une norme ou à un cahier des charges
- Habilitation : reconnaissance d'un niveau de compétence (savoir et savoir-faire)
- Homologation : reconnaissance par un organisme officiel de la conformité d'un acte, document, établissement, produit... à une loi, règlement, norme...
- Labellisation : reconnaissance par un organisme professionnel de la conformité d'un produit à une norme définie
- Qualification : reconnaissance de l'aptitude d'une entité ou d'une personne à répondre à des exigences spécifiées

Toutes ces démarches visent la reconnaissance.

1.1.2. Les définitions officielles

En matière de qualité, l'organisme qui fait référence est l'ISO : International Organization for Standardization.

Cette organisation internationale de normalisation, basée à Genève, a élaboré un recueil de normes pour la première fois en 1987. La deuxième révision (la première en 1994) s'est achevée en 2000. Les textes cités dans cet ouvrage s'appuient sur cette dernière version éditée sous le titre *Qualité et systèmes de management ISO 9000*.

Termes et définitions relatifs aux concepts de la qualité sont définis dans la norme ISO 9000 :

- **Qualité**
  Aptitude d'un ensemble de caractéristiques intrinsèques à satisfaire des exigences.

- **Caractéristique**
  Trait distinctif
  Note 1 : Une caractéristique peut être intrinsèque ou attribuée.
  Note 2 : Une caractéristique peut être qualitative ou quantitative.
  Note 3 : Il existe différents types de caractéristiques, tels que :
  – physiques, par exemple mécaniques, électriques, chimiques, biologiques ;
  – sensorielles, par exemple odeur, toucher, goût, aspect visuel, sonorité ;

– *comportementales, par exemple courtoisie, honnêteté, véracité ;*
– *temporelles, par exemple ponctualité, fiabilité, disponibilité ;*
– *ergonomiques, par exemple caractéristique physiologique ou relative à la sécurité des personnes ;*
– *fonctionnelles, par exemple vitesse maximum d'un avion.*

■ **Exigence**
Besoin ou attente formulés, habituellement implicites ou imposés.

La qualité n'est donc pas nécessairement ce qui est beau, luxueux ou cousu main...

1.2. Le management de la qualité

De multiples appellations ont circulé :

TQC (Total Quality Control), CWQC (Company Wide Quality Control), GQG (Gestion de la Qualité Globale), MQT (Maîtrise de la Qualité Totale), TQM (Total Quality Management).

Nous préférons la définition suivante :

> **Le management de la qualité**
> **est un ensemble de méthodes et de pratiques**
> **visant à mobiliser tous les acteurs de l'entreprise**
> **pour la satisfaction durable**
> **des besoins et attentes des clients**
> **au meilleur coût.**

« La mission essentielle de toute entreprise est de fournir des produits (le terme de produits englobant des marchandises et des services) qui répondent aux besoins des utilisateurs. »

Joseph Juran – *Gestion de la qualité*. AFNOR. 1983

« Management de la qualité : activités coordonnées permettant d'orienter et de contrôler un organisme en matière de qualité. »

Norme ISO 9000

L'appellation de qualité totale a disparu. Tant mieux et à bas les totalitarismes !

1.2.1. Pourquoi management ?

La qualité doit être managée parce qu'elle s'adresse à toutes les fonctions de l'entreprise. Elle concerne :

■ **La production, mais aussi toutes les fonctions**
• La qualité d'évaluation du marché (marketing)
▷ percevoir et anticiper les besoins du marché.
• La qualité de conception (bureau d'études)
▷ traduire les besoins du marché en spécifications de production au moindre coût et dans les meilleurs délais.
• La qualité de réalisation
▷ assurer la conformité aux spécifications.

- La qualité des services internes (ressources humaines, finance, entretien, administration, services généraux, informatique...).
    ▷ appliquer les principes de la qualité à chaque service fonctionnel car il est un fournisseur interne.
- La qualité des ventes (commercial)
    ▷ écouter et fidéliser le client, développer l'image de l'entreprise.

■ **Les qualiticiens, mais aussi tout le personnel**
- impliquer par l'engagement individuel, les plans d'action qualité, les groupes d'amélioration de la qualité...

■ **L'entreprise, mais aussi ses fournisseurs**
- assurer la qualité des fournisseurs.

■ **Les produits et services, mais aussi leur environnement**
- dépasser la qualité des prestations de base car la valeur ajoutée vient de plus en plus du « périphérique » du produit/service.

Le concept qualité est extensif, c'est pour cela qu'il est fédérateur.

1.2.2. Les principes de management de la qualité
selon la norme ISO 9000 version 2000

Huit principes de management de la qualité ont été identifiés qui peuvent être utilisés par la direction pour mener l'organisme vers de meilleures performances.

■ **Principe 1 – Orientation client**
Les organismes dépendent de leurs clients, il convient donc qu'ils en comprennent les besoins présents et futurs, qu'ils satisfassent leurs exigences et qu'ils s'efforcent d'aller au-devant de leurs attentes.

■ **Principe 2 – Leadership**
Les dirigeants établissent la finalité et les orientations de l'organisme. Il convient qu'ils créent et maintiennent un environnement interne dans lequel les personnes peuvent pleinement s'impliquer dans la réalisation des objectifs de l'organisme.

■ **Principe 3 – Implication du personnel**
Les personnes à tous niveaux sont l'essence même d'un organisme et une totale implication de leur part permet d'utiliser leurs aptitudes au profit de l'organisme.

■ **Principe 4 – Approche processus**
Un résultat escompté est atteint de façon plus efficiente lorsque les ressources et activités afférentes sont gérées comme un processus.

■ **Principe 5 – Management par approche système**
Identifier, comprendre et gérer des processus corrélés comme un système contribue à l'efficacité et à l'efficience de l'organisme à atteindre ses objectifs.

23

■ **Principe 6 – Amélioration continue**
Il convient que l'amélioration continue de la performance globale d'un organisme soit un objectif permanent de l'organisme.

■ **Principe 7 – Approche factuelle pour la prise de décision**
Les décisions efficaces se fondent sur l'analyse de données et d'informations.

■ **Principe 8 – Relations mutuellement bénéfiques avec les fournisseurs**
Un organisme et ses fournisseurs sont interdépendants et des relations mutuellement bénéfiques augmentent les capacités des deux partenaires à créer de la valeur.

1.2.3. Les quatre composantes de la qualité

■ **1. La qualité de définition**
C'est identifier et traduire les besoins des clients cibles en niveaux de performance à atteindre dans un cahier des charges : caractéristiques techniques, esthétique, délai, sécurité, prix...

■ **2. La qualité de conception**
C'est élaborer les solutions qui permettent d'atteindre les niveaux de performance requis.

■ **3. La qualité de réalisation**
C'est mettre en œuvre les solutions en pleine conformité avec les spécifications et dans la durée.

■ **4. La qualité de service**
C'est proposer des prestations complémentaires attendues par chaque client : accueil, conseils, personnalisation, informations, SAV...
Là aussi, la durée est essentielle.

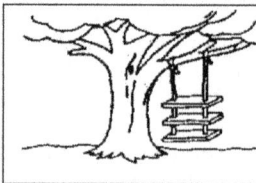

1. CE QUE DEMANDAIT LE CLIENT...

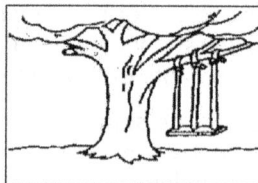

2. CE QUE LUI A PROPOSÉ LE SERVICE MARKETING...

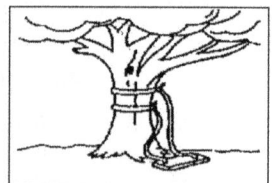

3. CE QU'A RÉALISÉ LE SERVICE D'ÉTUDES TECHNIQUES...

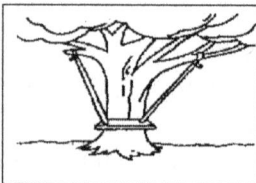

4. CE QUI A ÉTÉ RÉELLEMENT PRODUIT...

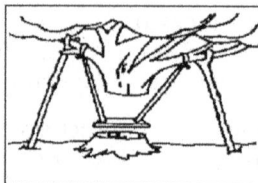

5. COMMENT ON L'A MODIFIÉ...

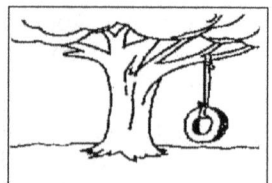

6. CE DONT AVAIT RÉELLEMENT BESOIN LE CLIENT...

1.3. Une approche globale

Le management de la qualité va au-delà de l'approche qualiticienne traditionnelle :

- **Au-delà de la maîtrise de la qualité de réalisation, le management de la qualité irrigue toute l'entreprise :**
  - Identifier les besoins
  - Concevoir les réponses
  - Réaliser produits et services
  - Offrir un environnement de confiance.

- **Au-delà de la nécessaire discipline de la conformité, le management de la qualité exige quatre comportements :**
  - l'écoute
  - la créativité
  - la rigueur de la conformité
  - le souci du service.

> ⚠ **Attention**
>
> *Le tout-qualité n'est pas pour autant exclusif d'autres approches. La qualité optimise l'existant, l'innovation le rend obsolète.*

1.3.1. Le sens du client

Mettre en œuvre le management de la qualité, c'est bien sûr promouvoir tout le système qualité de l'entreprise, mais aussi développer trois facteurs essentiels :
- l'état d'esprit qualité
- la dynamique et la rapidité d'amélioration
- la volonté de coopération.

C'est mettre sous tension l'entreprise, c'est la « brancher » client. Il s'agit de passer de l'attribution à la contribution.

Orienter une entreprise client exige :
- un engagement de tous, et avant tout des dirigeants : l'effort est quotidien pour entretenir ou changer un état d'esprit. Il est plus facile de faire évoluer des équipements ou des procédés que des hommes ou des équipes,
- une écoute permanente, pour se remettre en question à tout moment,
- des moyens,
- un système de mesure fiable, simple et connu de tous,
- du temps, beaucoup de temps, plusieurs années.

Réussir la qualité, c'est ne plus jamais entendre : le client n'y verra rien !

25

2. HISTORIQUE DES DÉMARCHES QUALITÉ

2.1. L'évolution du concept

Si nos fabriques imposent à force de soin la Qualité supérieure de nos produits, les étrangers trouveront avantage à se fournir en France et leur argent affluera dans le Royaume.

Colbert 3 août 1664.

La qualité est une préoccupation vieille comme le monde comme le souligne le n° 3 de la revue *Industrie* :
* *Les Egyptiens mesurent la perpendicularité des blocs de pierre,*
* *les Phéniciens coupent la main de ceux qui réalisent des produits non conformes,*
* *les mécènes rédigent au Moyen-Âge des cahiers des charges pour leurs artistes,*
* *l'atelier national de jauges, mesures et matériels d'inspection est créé en 1794 pour les fabriques de munitions.*

In revue Industrie n°3

Nous sommes passés d'une économie de production à une économie de marché. Être compétent ne suffit plus. Il faut avoir le souci du client. Plus que le cœur de métier, c'est le cœur de cible qu'il faut viser.

	De la qualité traditionnelle...	... au management de la qualité
DÉFINITION	Fabriquer un bon produit Proposer un bon service	Satisfaire le client
ENJEU	Notoriété	Compétitivité
PRINCIPES D'ACTION Standard de performance	Niveau de qualité acceptable	Excellence
Origine	Bureau d'études	Écoute du client
Méthode	Contrôle	Prévention
Responsabilité	Spécialiste qualiticien	Partagée par chacun, donc managériale
Moteur	Perfectionnisme	Remise en cause
Mode d'évaluation	Expérience et intuition	Mesure systématique
Priorité	Ponctuelle	Permanente

TABLEAU 1.1. *Vers un management de la qualité*

2.1.1. Qualité : la troisième vague

Pour surfer sur la troisième vague, il faut aujourd'hui répondre à de nouvelles attentes clients, autres que le rapport qualité/prix ou la sécurité : la réactivité, la personnalisation, la simplicité, l'apport de solutions... et la chaleur ajoutée® !

	▷ 1970	1970-2000	2000 ▷
Économie	Offre < demande	Offre = demande	Offre > demande
Champ de la qualité	Contrôle	Système de production ou d'exploitation	Environnement de vente
Attentes du client	Fonctionnement	Fonctionnement + Confiance	Fonctionnement + Confiance + Attention(s)
Réponse de l'entreprise	Compétence	Fiabilité de l'ensemble	Dynamique de progrès permanent
Critère de mesure	Zéro défaut	Zéro défectuosité	Zéro défaillance
Mot d'ordre	Le client en tête	La qualité, j'assure	Au cœur du client
And in English	To do things right	To do the right things	To do the right things easier

TABLEAU 1.2. *Évoluer pour répondre aux nouvelles attentes*

2.1.2. La double filiation du management de la qualité

Qualité et management sont des disciplines bien nouvelles si l'on se réfère à l'âge de l'innocence totale (zéro tentation). Les premières études importantes datent du début du vingtième siècle : les grandes entreprises, de plus en plus nombreuses, ont en effet besoin de savoir gérer leur nouvelle dimension.

SCHÉMA 1.3. *Quand qualité et management fusionnent*

27

2.1.3. Le client entre deux spécialistes

Le management de la qualité, enfant de la qualité et du management, cohabite aujourd'hui avec le marketing dans une perspective de vision globale du client.

Entre qualité...   ... et marketing.

1. Conformité aux standards (-->1950)

Logique d'offre --> marketing

2. Aptitude à l'usage (1960)

Crises pétrolières (1970) --> rapport qualité/prix
Concurrence japonaise --> fiabilité

3. Maîtrise et amélioration des processus (1980)

Mondialisation --> concurrence par la valeur ajoutée
Maîtrise des risques
Consumérisme --> vie des produits plus courte

4. Anticipation des besoins (2000)

Nuisances faites à la société, sur-besoins
Apparition de « partenaires d'enjeux »

5. Citoyenneté (2010 ?)

SCHÉMA 1.4. *Les cinq étapes de l'évolution*

Les outils associés à ces cinq étapes sont :
- Étape 1 : statistiques, échantillonnage, inspection, standardisation, SQC
- Étape 2 : études de marché, analyse des réclamations
- Étape 3 : assurance qualité, équipes d'amélioration
- Étape 4 : outils de management de la qualité, Kano
- Étape 5 : auto-évaluation, Hoshin, besoins latents...

2.1.4. L'avenir est à la qualité relationnelle

La qualité traditionnelle n'est plus un élément de différenciation. Aujourd'hui, l'entreprise « écoutante » propose des solutions personnalisées.

	Passé	Présent	Futur
Produit vendu	produit/service	produit/service + SAV	solution
Coût	rapport qualité/prix	coût global d'utilisation	valeur perçue
Critères d'achat	caractéristiques du produit	satisfaction des besoins	adéquation aux attentes
Importance du service	secondaire	importante	vitale
Champ géographique	national	international	régional
Relation commerciale	impersonnelle (one-to-all)	ciblée (one-to-few)	personnalisée (one-to-one)
Stratégie	vente	marketing	relationnel
Attentes du marché	performance	proximité	chaleur ajoutée®
Cible	clientèle (dite aimable)	clients	client (voire ses clients)

TABLEAU 1.3. *Écouter pour proposer des solutions personnalisées*

2.1.5. L'apport du CRM (Customer Relationship Management)

Aujourd'hui, un grand nombre d'entreprises se tournent vers l'amélioration de leurs processus clients. Leur démarche comprend trois étapes :

■ 1. Analyser les principaux processus de la relation clients
- la veille stratégique clients
- la segmentation et la connaissance clients (grands comptes)
- la prospection clients et le ciblage
- les canaux et techniques de commercialisation : exploitation des opportunités commerciales, e-business, marketing direct...
- le pilotage commercial et marketing : analyse des données commerciales et prévision
- la mesure de la satisfaction
- la gestion des réclamations
- l'ajustement de l'offre et les actions correctives et préventives
- la circulation des flux d'information et leur capitalisation
- les programmes de fidélisation...

■ **2. Identifier les indicateurs de performance des processus clients**
  • indicateurs de satisfaction clients
  • taux de fidélité
  • rapport compétitivité – prix
  • rotation du personnel
  • taux de reconquête clients
  • taux d'équipement
  • taux de pénétration par marché
  • délai de réponse aux réclamations...

■ **3. Choisir les outils technologiques d'optimisation des processus clients**
  • les outils de communication : internet, intranet, EDI...
  • les systèmes d'information client : partage de l'information
  • les bases de données marketing clients
  • les outils d'intégration avec les systèmes opérationnels
  • les solutions intégrées de CRM : outils d'aide à la vente, à l'achat
  • les systèmes d'information décisionnels : « data warehouse », « data mart », outils de restitution...
  • les outils et méthodes d'analyse des données clients : « data-mining »

2.2. Le point sur les démarches en Europe et dans le monde

Le nombre de certificats attribués est un témoin incontestable de l'avancée de chaque pays en matière de qualité. Selon l'étude réalisée régulièrement par l'ISO (dixième cycle), voici la répartition à fin 2000 des 220 127 certificats attribués en Europe (408 631 pour le monde) publiée sur le site www.iso.ch :

Allemagne	32 500	France	17 170	Norvège	1 600
Andorre	7	Géorgie	7	Pays-Bas	11 036
Arménie	4	Grèce	2 173	Pologne	2 075
Autriche	3 826	Hongrie	4 672	Portugal	1 696
Azerbaïdjan	1	Islande	28	Roumanie	1 032
Biélorussie	58	Irlande	3 330	Royaume-Uni	63 725
Belgique	3 760	Italie	30 367	Russie	1 134
Bosnie	33	Lettonie	94	Slovaquie	522
Bulgarie	259	Lituanie	173	Slovénie	843
Croatie	302	Liechtenstein	111	Suisse	8 660
Chypre	289	Luxembourg	136	Suède	4 358
Danemark	2 258	Macédoine	49	Tchéquie	3 855
Espagne	12 576	Malte	176	Turquie	2 287
Estonie	175	Moldavie	15	Ukraine	151
Finlande	2 200	Monaco	26	Yougoslavie	339

TABLEAU 1.4. *Royaume-Uni, Allemagne, Italie, France et Espagne dans le peloton de tête européen*

Dans le monde, seulement 16 pays sur 158 ont dépassé le cap des 5 000 certificats à fin 2000.

5 000	10 000	15 000	20 000	30 000	60 000
Brésil Inde Israël Suisse	Canada Espagne Pays-Bas	Corée France	Australie Chine Japon	Allemagne États-Unis Italie	Royaume-Uni

TABLEAU 1.5. *Le Royaume-Uni n° 1 mondial*

3. LES ENJEUX

3.1. L'enjeu pour le client

3.1.1. La satisfaction

Il n'est d'industrie durable que celle qui vend de la bonne qualité. On oublie le prix qu'on a payé une chose ; on oublie le temps pendant lequel on l'a impatiemment attendue ; mais on se souvient des services qu'elle vous a rendus ou refusés. Car le prix ne se paie qu'une fois ; la livraison n'a lieu qu'une fois ; mais l'usage est de tous les jours.

Auguste Detœuf

Le respect du contrat est le minimum qu'on puisse attendre de son fournisseur. Ne pas respecter son cahier des charges est à coup sûr le meilleur moyen de mécontenter son client. À titre d'exemple en 5 ans, EDF GDF a diminué son temps annuel moyen de coupures de 3 h à 1 h 30. Le nombre de clients très satisfaits est passé de 59 % à 63 %.

☞ Et vous ?

Existe-t-il des procédures qui « tuent » le client ?
(exemple de l'accueil téléphonique).

Avez-vous organisé votre service en fonction des attentes du client, ou le contraire ?

3.1.2. La fidélisation

Un client fidèle est un client qui :
- vous confie ses besoins dans votre activité
- vous prescrit
- est immunisé contre l'attraction de vos concurrents.

Il est important d'avoir en mémoire qu'il coûte en moyenne cinq fois moins de fidéliser un client existant que d'en conquérir un nouveau (Source Institut TARP).

▷ Microsoft définit un client fidèle comme à la fois :
  • globalement très satisfait de l'entreprise
  • totalement prêt à prescrire un produit de l'entreprise
  • totalement prêt à racheter un produit de l'entreprise.

Le taux de clients fidèles selon cette définition particulièrement exigeante s'est élevé la première fois à 36 %.

▷ Pourcentage d'augmentation du profit dans divers services pour 5 % d'augmentation du taux de fidélisation :

Chaîne de service automobile	28 %
Banque d'affaires	35 %
Cartes de crédit	125 %
Agent d'assurances	50 %
Distribution industrielle	45 %
Buanderie industrielle	55 %
Logiciel	35 %

Fred Reichheld, Earl Sasser. *Zero Defections : Quality Comes to Services*, HBR.

☞ Et vous ?

La fidélisation rapporte plus que la conquête.

Votre entreprise valorise-t-elle autant les éleveurs que les chasseurs ?

3.2. L'enjeu pour le collaborateur

3.2.1. L'appui dans l'action de chacun

L'amélioration de la qualité du travail est un facteur d'accroissement d'efficacité. Les gens sont libérés d'un travail négatif et pénible : la retouche (ou refaisage ou reprise...).

Toute personne peut contribuer à l'amélioration de son travail, à la condition d'y être associée.

Cinq postulats :
1. Chacun, chacune a des idées.
2. Les gens n'aiment pas le gâchis.
3. Ils aiment le travail bien fait et veulent pouvoir être fiers de leur « production ».
4. Chacun veut être respecté, considéré quel que soit l'échelon de ses responsabilités.

5. Les gens acceptent de moins en moins une vision réductrice de leur travail.

☞ **Et vous ?**

Vos méthodes de management permettent-elles à chacun de participer à l'amélioration de son travail ?

Vos collaborateurs ont-ils la délégation et les moyens matériels suffisants (informatique, téléphonie...) pour réaliser un travail de qualité ?

3.2.2. L'aide à l'animation managériale

Autrefois, le management consistait à faire passer les idées de la Direction dans les mains de ses salariés.

Aujourd'hui, le management est l'art de motiver son équipe vers la satisfaction durable de ses clients, qu'ils soient internes ou externes.

Leader + Équipe → Client

Il s'agit aujourd'hui d'orienter la culture de l'entreprise vers la satisfaction du client, la qualité étant un des piliers de la croissance interne.

☞ **Et vous ?**

Incitez-vous votre équipe à s'adapter en permanence aux besoins des clients ?

Quel est votre premier « patron » ? La hiérarchie ou le client ?

3.2.3. La cohésion

L'Éducation nationale nous a appris pendant des années à travailler pour soi. Pas de chance ! Nos 40 ans de vie professionnelle n'exigent qu'une discipline : travailler ensemble...

De plus, l'insuffisance de volonté contributive de quelques-uns conduit à des comportements attributifs fréquents. Ils se manifestent par l'imputation d'une responsabilité à d'autres ou par l'usurpation d'un mérite. Climat peu favorable pour progresser en équipe...

L'entreprise n'est pas une addition de compétences. Mais une multiplication de compétences.

Si l'un parmi dix est nul, le résultat du travail collectif n'est pas 9/10, mais 0/10.

Les démarches qualité proposent une nouvelle façon de travailler dans les structures existantes (et non la même façon de travailler dans de nouvelles structures).

À l'ère de l'automatisation, de la robotisation et de la société d'information, la compétitivité des entreprises se joue sur l'intelligence des salariés, leur initiative, leur sens de la responsabilité et de l'anticipation.

Antoine Riboud. *Modernisation, mode d'emploi,* **Collection 10/18.**

Il s'agit de développer la communication horizontale par les relations clients/fournisseurs internes et par le partage des problèmes.

👉 Et vous ?

Votre entreprise confond-elle murs porteurs et cloisons ?

Favorise-t-elle le décloisonnement ?

Les dossiers sont-ils la propriété exclusive des structures ?

3.3. L'enjeu pour l'entreprise

3.3.1. L'amélioration du fonctionnement

Un certain nombre d'auteurs indique que les gains potentiels en matière de qualité peuvent s'élever jusqu'à 20 % du C.A.

De façon plus réaliste, une enquête menée par la CEGOS auprès de 203 entreprises a montré que les coûts de la non-qualité sont en moyenne égaux à 3,9 % du chiffre d'affaires d'une entreprise, 10,6 % de sa valeur ajoutée ou 2/3 de son bénéfice brut.

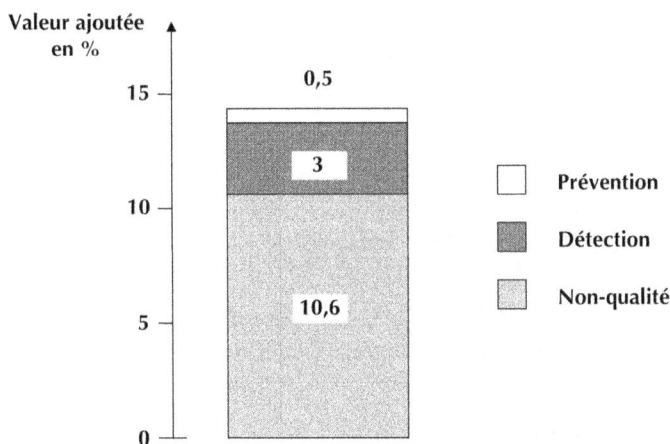

Schéma 1.5. *La non-qualité représente plus de 10 %*
de la valeur ajoutée d'une entreprise

En 10 ans, Renault a divisé par 5 son nombre de retouches sur la production de ses véhicules.

👉 **Et vous ?**

Avez-vous une idée de ce que représente éventuellement la non-qualité dans votre entreprise ?

Ne vous êtes-vous jamais plaint de doublons, gaspillages, dysfonctionnements... ?

3.3.2. La différenciation

Il s'agit d'accroître le pouvoir d'attraction et la notoriété de l'entreprise. La mise en œuvre d'une démarche qualité renforce quatre avantages concurrentiels :
- l'accueil et l'écoute des clients
- des produits/services constamment adaptés
- la réactivité et la capacité d'anticipation
- l'image d'excellence.

La qualité est appelée à devenir un facteur de différenciation d'autant plus que, d'une banque à une autre, les produits sont très proches.

Michel Laviale, président de l'IBAQ (Institut Banque et Assurance pour la Qualité)

L'enjeu est de taille car un client satisfait le dit à trois personnes. Un client mécontent le dit à dix personnes (jusqu'à vingt pour 13 % d'entre eux).

(Source Institut TARP)

Et là, un client de perdu, ce n'est pas dix de retrouvés !

Aujourd'hui le client est devenu exigeant et infidèle. C'est normal, il a le choix : partout l'offre excède la demande. Un exemple : l'annuaire France Telecom de Paris recense 780 magasins de meubles. Lequel choisir ?

👉 **Et vous ?**

Avez-vous réfléchi avec vos collaborateurs à une stratégie clairement fondée sur la qualité ?

Quels sont les éléments de votre qualité de produits et services au client qui vous différencient de vos concurrents ?

En France et en Europe ?

3.3.3. Le développement

Si les efforts de productivité sont nécessaires pour une entreprise, ils ne sont plus suffisants pour garantir son développement.

Compétitivité = Productivité x Qualité

Rank Xerox vise le « leadership through quality ». Dans un marché de renouvellement, tout développement passe par la fidélité des clients et donc par leur pleine satisfaction.

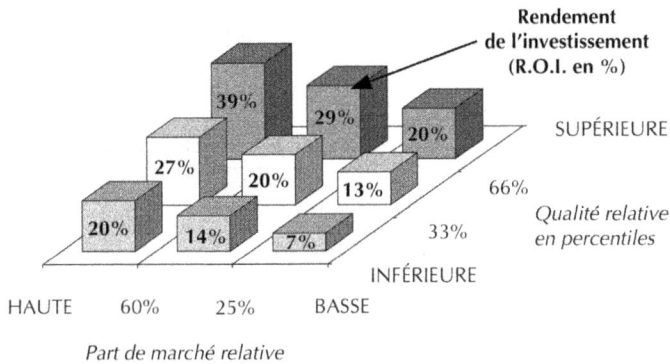

Source : Robert Buzell et Bradley Gale – The PIMS principles (New York : The Free Press)

SCHÉMA **1.6.** *La qualité rentabilise la prise de part de marché*

👉 **Et vous ?**

Savez-vous combien de vos clients privilégient la qualité à tout autre critère d'achat ?

3.4. Synthèse

3.4.1. Les huit enjeux de la qualité

Ce sont respectivement pour le client, le collaborateur et l'entreprise :

■ Client	1. des clients satisfaits
	2. et fidélisés
■ Collaborateur	3. l'implication de chacun
	4. un management mobilisateur
	5. des relations internes efficaces
■ Entreprise	6. du savoir-faire et des économies
	7. une notoriété consolidée
	8. des parts de marché supplémentaires

La chance des démarches qualité est qu'elles satisfont à la fois :
• le client : c'est la définition-même
• le collaborateur : faire bien du premier coup est confortable
• le fournisseur : cette exigence est pour lui source de maintien sur le marché
• l'actionnaire : la satisfaction des acteurs précédents ne peut que le réjouir.

37

3.4.2. Les bénéfices attendus de la qualité

Ils sont résumés dans le tableau ci-dessous :

Bénéficiaire	Les seize bénéfices de la qualité	
	Diminuer	Accroître
■ Client	réclamations coûts de prospection	satisfaction fidélisation
■ Collaborateur	retouches désorganisation attribution non-conformités	améliorations prévention contribution valeur ajoutée
■ Entreprise	mauvaises références pertes de part de marché	notoriété croissance

La question n'est plus : doit-on changer ? Mais... comment ?

☞ **Et vous ?**

Il est impossible d'être contre la qualité. Mais il est possible d'être contre le changement.

Comment se positionnent vos collaborateurs ?

4. LES PRINCIPES D'ACTION

4.1. L'écoute du client

Peut-être avez-vous déjà dit en parlant de vos clients qu'ils soient internes ou externes : « Ils n'y connaissent rien à la qualité. Ils ne savent pas ce que c'est ! ». Vous aviez tort ce jour-là !

C'est le client qui évalue votre niveau de qualité. Il faut donc :

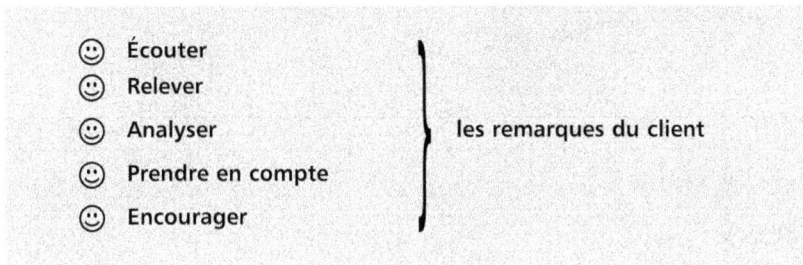

☺ Écouter
☺ Relever
☺ Analyser   } les remarques du client
☺ Prendre en compte
☺ Encourager

Un client facile est source d'embonpoint, un client difficile est source de progrès.

▷ C'est à travers le service consommateurs d'Evian qu'est née l'idée du bouchon à vis pour les bouteilles en plastique. Conséquence ?
Un gain de cinq points de part de marché dans un secteur à très forte concurrence !

▷ Les compagnies aériennes se sont vu ravir le transport des colis et paquets par les sociétés de fret, davantage spécialisées dans le contact avec les clients.

Exemple

👉 **Et vous ?**

Faites-vous des études pour connaître vos clients ?

Savez-vous comment ont évolué leurs besoins et attentes ?

4.2. La prévention

La prévention, c'est de l'action réfléchie. Le coût global d'un produit ou d'un service est déterminé pour l'essentiel dès la définition du cahier des charges.

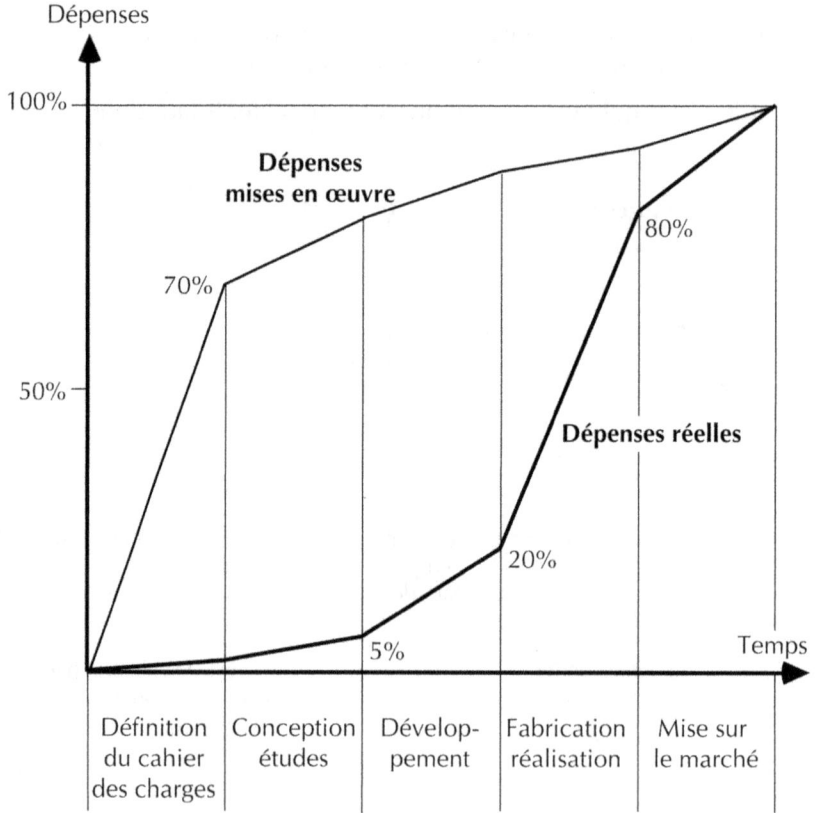

Source : Ministère de l'Industrie – États-Unis

SCHÉMA 1.7. *C'est à la conception que l'on dépense le moins, mais que l'on engage le plus de dépenses futures*

LE SURCOÛT DE SOLUTIONS CURATIVES

1. Une poubelle est mal collectée

    1. L'équipage reste 10 secondes de plus :
3 personnes x 60 F/h x 10" = 0,50 F

    2. Une camionnette est envoyée après le service habituel :
2 personnes x 60 F/h x 15' = 30 F

    3. La plainte de l'usager oblige le responsable de la collecte à se rendre sur place et à la mairie :
1 personne x 120 F/h x 30' = 60 F

2. Un microprocesseur est défectueux

1. À la réception en début de chaîne

2. En cours de fabrication

3. En bout de chaîne

4. Chez le client

| 0,30 F | 3F | 30 F | 300 F |

Il vaut mieux prévenir que guérir : cela coûte des dizaines de fois moins cher, sans parler des répercussions sur l'image de l'entreprise.

*Plutôt penser le changement
que changer le pansement...*

Pierre Dac

41

4.3. L'excellence

L'excellence recouvre deux exigences : la conformité et l'attention.

4.3.1. La conformité

Il s'agit de faire bien du premier coup à tous les coups. Pour ce faire, il faut un objectif : le zéro défaut.

Cet objectif peut être relatif (zéro sur-stock) ou absolu (zéro accident).

Il permet d'être ambitieux : zéro rebut
zéro retouche
zéro sur-stock
zéro délai
zéro impayé
zéro défaillance
zéro réclamation
zéro défaut d'accueil
zéro retour de produit
zéro livraison en retard
zéro bouche à oreille négatif
zéro erreur d'argumentaire
zéro accident
zéro mépris
...

Paradoxe
Il faut aujourd'hui collectionner les zéros pour obtenir le prix d'excellence !

Exemple

▷ Mobalpa a pour objectif un taux de ponctualité de livraison supérieur en permanence à 99,95 % : l'objectif est zéro retard.

4.3.2. L'attention

L'excellence est l'art du détail.

L'excellence est l'art de bien faire toutes les choses, surtout les plus petites. C'est le petit geste gratuit dont les clients vont se souvenir qui devient essentiel.

> *« Un seul champion obtient la médaille d'or. Pour quelques centièmes. De la même façon, la compétition entre les entre-prises se joue aujourd'hui sur des centimètres de gentillesse, des milligrammes d'amabilité, des dixièmes de seconde d'efficacité supplémentaires. »*

> Philippe Bloch et Ralph Hababou

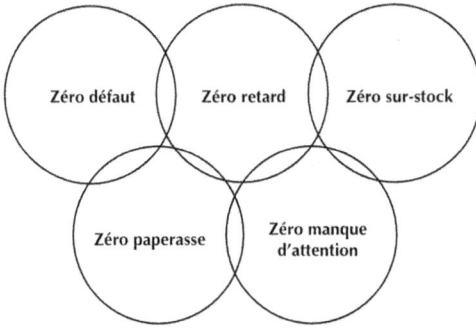

SCHÉMA **1.8**. *Quels sont vos zéros olympiques ?*

Zéro client perdu, pourquoi pas votre ambition ?

4.4. La mesure

L'imperfection de la mesure est préférable à l'absence de mesure.

Tout ce qui n'est pas mesuré n'est pas optimisé. La mesure est un défi : il s'agit de se donner une exigence supplémentaire, de l'afficher et de le faire savoir. C'est accepter d'être remis en cause par la réalité.

Voici neuf indicateurs faciles à suivre :

Les 9 R : Reprises	Retouches
Reclassements	Retards
Réparations	Réclamations
Rebuts	Retours
Remboursements pour non-qualité	

Tout se mesure (cf. chapitre sur les indicateurs), même l'obésité : elle est définie internationalement par un Indice de Masse Corporelle et s'obtient en divisant le poids en kilos par le carré de la taille en mètres :

IMC > 25 = surpoids
IMC > 30 = obésité
IMC > 35 = obésité massive ou morbide.

L'auteur (92 kilos pour 1,85 mètre) s'est découvert un surpoids de 27 ! Ego défait et diète obligatoire. Moralité : la mesure incite aux mesures !

☞ **Et vous ?**

Mesurez-vous votre niveau de qualité ? Régulièrement ?

Vos collaborateurs en sont-ils tenus au courant ?

Encouragez-vous l'affichage de tableaux de bord ?

Vos défauts sont-ils critiques, majeurs ou mineurs ?

43

4.5. La remise en cause

La satisfactôn des besoins des clients passe d'abord par la réactivité puis par la conformité. Les principes d'écoute du client et d'excellence doivent y pourvoir. Mais la mise en place d'une politique qualité va au-delà de cette assurance qualité. Le Mouvement Français pour la Qualité propose une démarche progressive :
1. Maîtriser
2. Améliorer en permanence
3. Anticiper

Les étapes 2 et 3 ne peuvent être mises en œuvre que par un perpétuel réexamen des attentes clients, des méthodes de travail, des comportements...

Tant que votre unité ne se considérera pas comme un fournisseur, l'autosatisfaction et/ou le confort l'empêcheront de se remettre en cause.

On n'affronte pas un monde qui change avec des têtes qui se ferment.
Hervé Sérieyx,
L'effet Gulliver

☞ **Et vous ?**

A-t-on le droit dans votre entreprise de faire remonter les non-conformités ? Est-ce encouragé ?

Est-ce perçu comme une dénonciation, une atteinte à l'ordre établi ou comme une source de progrès ?

Ayez le culte de l'esprit critique.
Louis Pasteur, 1888

4.6. La responsabilité de chacun

La qualité est un état d'esprit, un comportement à (faire) adopter par chacun pour :
• libérer un potentiel d'initiatives
• valoriser les contributions de chacun
• associer l'ensemble des salariés au progrès de l'entreprise.

La qualité n'est pas le monopole des spécialistes, elle se fabrique.

Chacun à son niveau peut et doit améliorer la qualité de son travail :
• autocontrôle
• proposition d'amélioration
• travail en groupe
• recueil d'idées et de suggestions
• formation permanente

Exemple

▷ C'est un coursier de Havas qui a découvert le slogan publicitaire du Crédit Agricole : « Le bon sens près de chez vous ».

▷ Chez Roset, ce sont les salariés qui testent eux-mêmes les meubles produits.

La qualité n'est ni un mouvement caritatif, ni un nouvel « ordre moral », ni « une pensée unique ». Son caractère impératif vient de la concurrence mondiale. La qualité s'impose à chacun.

4.7. L'intégration dans le management

Votre entreprise pratique déjà la qualité, et sans doute avec succès puisqu'elle est encore en vie...

Mais la démarche qualité vise à promouvoir et à institutionnaliser ce réflexe client. Elle incite aussi à faire respecter toutes les procédures en vigueur et à les améliorer en permanence.

La qualité est la mise en œuvre de pratiques et de méthodes au quotidien. Son application est donc une responsabilité du management.

La qualité n'est pas en plus, mais au cœur du savoir-faire et du management.

Jean-Paul Bailly, PDG de la RATP

☞ **Et vous ?**

Combien de fois par mois réunissez-vous votre équipe pour étudier les possibilités de progrès ?

Comment encouragez-vous vos collaborateurs à proposer des améliorations ?

4.7.1. Le rôle-clé de l'encadrement

Le rôle des cadres est fondamental et il doit pouvoir :

1. **Se remettre en question**   Exemplarité

2. **Entraîner son équipe**   Moteur (> relais)
   - susciter, donner envie d'« acheter »
   - impliquer chacun dans la chasse à la non-qualité
   - apporter aide et encouragements

3. **Agir avec son équipe**   Organisation
   - mettre en place un tableau de bord qualité :
     observatoire et satisfaction clients, coûts qualité...
   - réaliser l'état des lieux de son unité
   - en déduire et mettre en œuvre le PAQ de son unité

4. **Partager les problèmes des autres unités**   Contribution
   - mettre en place des relations client-fournisseur internes
   - participer aux groupes de travail inter-services

45

5. Piloter   Animation
   • entretenir la dynamique de succès
   • informer, communiquer
   • étudier les idées venues d'ailleurs
   • valoriser résultats et participants.

☞ **Et vous ?**

La définition du cadre dans votre entreprise est-elle une structure rigide à l'intérieur de laquelle il y a le vide ?

4.8. La ténacité

La qualité n'est pas un long fleuve tranquille. Quelques semaines ne suffisent pas à faire évoluer les comportements. Il faut une volonté farouche. L'important est d'assurer en permanence et dans la durée l'entière satisfaction des clients.

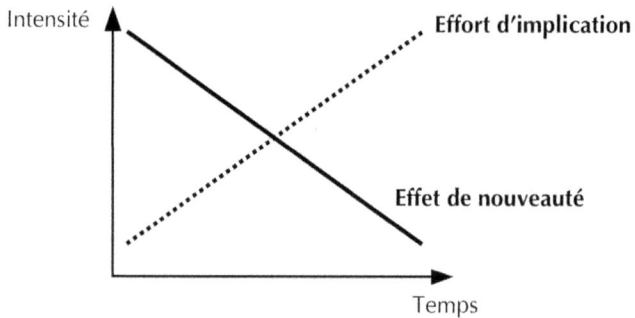

SCHÉMA 1.9. *La difficulté : maintenir l'effort d'implication dans le temps*

L'idée est peu : la volonté est tout. L'idée accomplit 1 centième de la tâche ; mais c'est l'habitude qui se charge des 99 autres.

Auguste Detœuf

Tout nouveau, tout beau. Mais plus l'effet de nouveauté s'amenuise dans le temps, et plus l'effort d'implication est nécessaire. La qualité est un travail de longue haleine qui peut être détruit en une seconde. Les démarches qualité rencontrent très souvent sympathie et intérêt, mais sont rarement longtemps prioritaires.

☞ **Et vous ?**

La ténacité est-elle votre fort ?

Faites-vous référence à la qualité régulièrement dans vos réunions ?

Suivez-vous les actions qualité de votre entourage ?

**LES HUIT PRINCIPES D'ACTION
POUR PASSER DU DISCOURS CLIENT AU RÉFLEXE CLIENT**

1. **L'écoute du client**
Pour identifier ses besoins
et s'assurer de la conformité des prestations

2. **La prévention**
La prévention coûte moins cher que la réparation
et encore moins cher que le litige

3. **L'excellence**
Répéter une erreur n'est plus acceptable

4. **La mesure**
C'est le signe du professionnalisme

5. **Le remise en cause**
Parce que les gens aiment le progrès mais détestent le changement

6. **La responsabilité de chacun**
Cela s'adresse à tous, du PDG au PDS (préposé de surface)

7. **L'intégration dans le management**
C'est toute la différence entre une mode et un mode de management

8. **La ténacité**
Exemplarité et volonté sont deux piliers indispensables à la réussite d'une
politique qualité.

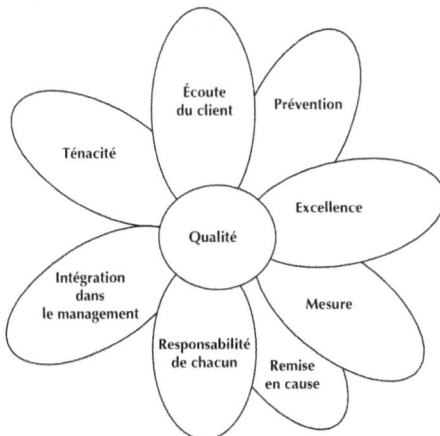

SCHÉMA 1.10. *La fleur de la qualité*

☞ **Et vous ?**

*Comment allez-vous enrichir votre culture métier
d'une culture client ?*

5. LES SPÉCIFICITÉS DE LA QUALITÉ DE SERVICE

5.1. Les spécificités du service

Si les démarches qualité sont nées dans l'industrie, elles se sont heurtées à leur transposition dans le secteur des services. Pourquoi ? Le service présente trois spécificités :

■ **Intangibilité**
- le service est en partie immatériel
  - ▷ difficile à mesurer
- le service est rarement spécifié : le besoin est implicite et donc dépend de critères comportementaux et culturels et d'expériences précédentes
  - ▷ difficile de connaître les critères de satisfaction
- le service s'intègre souvent dans des prestations complexes
  - ▷ difficile d'isoler son efficacité

■ **Simultanéité de la production et de la consommation**
- le service n'est ni stockable ni transportable : il est consommé en même temps qu'il est produit
  - ▷ difficile à contrôler *a priori*
- le service donne une grande importance à la relation personnelle
  - ▷ difficile de maîtriser les comportements de chacun, voire des autres clients (effet de contagion)
- le service peut s'inscrire dans un contexte relationnel voire émotionnel fort
  - ▷ difficile à étalonner

■ **Hétérogénéité**

- le service n'est jamais renouvelable à l'identique : chaque situation est différente et se déroule à un moment unique
  - ▷ difficile à formater
- le service est évalué à la fois sur le résultat et sur la manière dont il est fourni
  - ▷ difficile de le réduire à la prestation de base
- le service nécessite quelquefois la participation du client
  - ▷ difficile d'assurer la qualité d'une prestation co-produite

Connaissez-vous la
devise des
compagnons ?
*Servir,
ne pas asservir,
ni se servir.*

5.1.1. Le service n'a pas toujours été un secteur bien-aimé

■ **Étymologie**
  • n.m. – XIᵉ ; lat. *servitium* : esclavage

■ **Quelques définitions (Petit Robert)**
  • Obligation et action de servir :
    – ensemble des devoirs que les citoyens ont envers l'État, la société et des activités qui en résultent
    – travail particulier qu'on doit accomplir au cours d'une de ces activités
    – obligations d'une personne dont le métier est de servir un maître, fonction de domestique

  • Décision personnelle et action de servir librement quelqu'un :
    – fait de se mettre à disposition de quelqu'un, par obligeance
    – activité ayant pour objet de fournir des biens immatériels contre paiement.

■ **Économie**
  • La logique d'offre a depuis toujours conduit à assimiler l'industrie (étymologiquement, moyen ingénieux) à la puissance au détriment du service perçu comme l'allégeance.

  • Le commerce par ailleurs n'a jamais eu bonne presse. Hermès n'était-il pas le dieu des marchands et des voleurs ?

  • Le monde du service souffre de politiques tarifaires souvent illisibles pour les consommateurs. La difficulté de fixer le prix de l'intangible accroît le sentiment de vulnérabilité du client. Qui sera le meilleur avocat ? Le moins cher ou le plus cher ?

La serviabilité a longtemps été assimilée à la servilité. Encore maintenant, l'école apprend-elle à rendre service ?

5.1.2. Mais la tertiarisation de l'économie réhabilite d'un seul coup le service

Sur environ 22 millions d'emplois aujourd'hui, l'agriculture en compte 1 %, l'industrie 23 %, le bâtiment et le génie civil 6 % et le tertiaire 70 %. Quelle évolution en moins d'un siècle !

La croissance du secteur tertiaire est inéluctable : l'augmentation du niveau de vie remplace les services autarciques par des services marchands, l'allongement de la durée de vie augmente les dépenses de santé, la multiplication et la complexité des produits nécessitent l'assistance, l'accroissement du temps de loisir incite aux voyages et aux services culturels...

La valeur ajoutée des entreprises se déplace vers le service. Les fabricants vendent en fait des solutions (les produits de leurs produits) et des services complémentaires à leur prestation de base.

Exemple

▷ 60 % du chiffre d'affaires d'IBM proviennent aujourd'hui de ses services.
▷ Jack Welch, ancien président de General Electric, a quadruplé les profits de son groupe en le réorientant vers les services financiers plus rémunérateurs que les produits.

5.2. Les composantes de la qualité de service

Neuf facteurs entrent en ligne de compte pour la qualité de service :

- **La prestation de base** : le cahier des charges, c'est-à-dire la vente ou la mise à disposition d'une compétence humaine, d'équipements et/ou de moyens matériels

- **L'accessibilité du prestataire** : lieu, horaires, parking, facilité...

- **La relation** : accueil, contact, écoute, attention, disponibilité, compétence, personnalisation, continuité de la prise en charge...

- **L'information** : pertinence, clarté, précision, rapidité...

- **Les conseils** : pertinence, valeur ajoutée...

- **Le respect des délais** : délais annoncés et délais tenus

- **L'environnement** : équipements, espace, confort, ambiance... et supports matériels éventuels

- **La fourniture dans le temps** : reproductibilité, sécurité...

- **Coût** : prix d'achat et coût de possession

Exemple

▷ Une enquête IFOP menée pour Accountemps Intérim auprès de 272 entreprises indique que le critère le plus important pour porter un jugement sur un service est la qualité (78 %), puis la rapidité (12 %) et le prix (6 %).

5.2.1. Typologie des services

Il s'agit :

1. **Des prestations de base** : un spectacle, un crédit, une réparation, une livraison, un billet, un repas...

2. **Des services associés :**
   - **Des services facilitants** : accessibilité, parking, rendez-vous, contact, accueil, conseil, délais, information, mise à disposition, crédit, après-vente...

– **Des services différenciants face à la concurrence** : rapidité, originalité, tranquillité, personnalisation, chaleur ajoutée®...

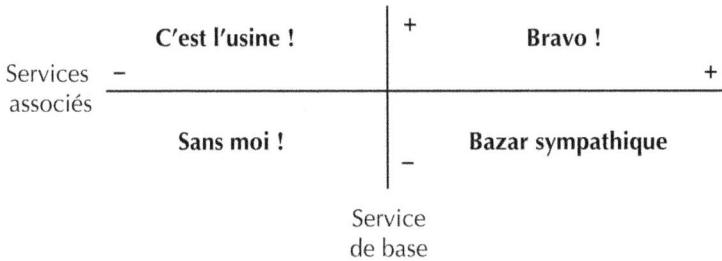

C'est l'usine !	**+**	**Bravo !**
Services associés **–**	_____	**+**
Sans moi !	**–**	**Bazar sympathique**

Service
de base

SCHÉMA 1.11. *Réaction du client à la qualité de service*

Un client évalue la qualité de service sous trois angles :
1. la qualité de la prestation de base
2. la prise en compte de ses préoccupations
3. la valeur ajoutée/concurrence.

Le challenge est de fournir un service qui comble les attentes du client.

5.3. La difficile mise en œuvre des démarches qualité

Plusieurs difficultés apparaissent fréquemment :

• **l'évaluation délicate de la qualité en raison de l'intangibilité du service, de son hétérogénéité et de la simultanéité de la production et de la consommation** : la culture de la mesure est rarement présente

• **le postulat que le service n'est qu'affaire de comportement** : il est essentiel de ne pas négliger la mise en place de standards, d'équipements, de procédures...

• **la résistance au changement devant une évolution des exigences professionnelles vers des exigences client (interne ou externe)** : conformité à la procédure est souvent confondue avec qualité.

• **la mise en œuvre d'une maîtrise collective d'un processus** : plus de la moitié des problèmes sont relationnels

• **la réticence à responsabiliser les premières lignes et à déléguer** : les structures des entreprises de service sont déjà orientées, voire centrées client. Moins souvent leur management.

• **l'absence d'appréhension des composantes de la qualité de service** : la maîtrise de la qualité de service se structure habituellement en trois points : la compétence professionnelle, le souci du client, la compétence organisationnelle. Lors d'un recrutement, ces deux derniers points sont souvent appréhendés de façon empirique.

La qualité d'un service ne sera jamais supérieure à la qualité de prestation des personnes qui le fournissent.

5.3.1. Un diagnostic sévère

L'évaluation d'un service se porte d'abord sur les locaux et équipements, puis sur le personnel en contact, et enfin sur le contenu de la prestation. L'organisation interne, critère fondamental, n'est pas visible.

L'accueil est la seule réalité tangible à laquelle peut se référer le client pour évaluer ou anticiper la qualité des autres services pour lesquels il a rarement des références ou des points de repère.

> Les entreprises de services se sont orientées depuis très longtemps vers les clients. Mais ce n'est pas pour autant que l'on peut considérer qu'elles ont adopté un programme de qualité pour la satisfaction des clients. En effet, même si elles ont misé tous leurs efforts sur des éléments comme l'accueil, elles ont très peu travaillé sur tous leurs processus à mettre en marche parallèlement pour parvenir à une réelle satisfaction du client. Ainsi, dans un groupe hôtelier par exemple, si un client est sûr d'avoir un accueil chaleureux dans le hall, ce n'est pas pour ça qu'il est sûr d'avoir une chambre réservée...
>
> Source PA Consulting

👉 **Et vous ?**

*Votre entreprise vue par les clients,
c'est le sourire en plus ou le soupir en plus ?*

5.3.2. Que faire en cas d'urgence ?

1. Impliquer la direction

2. Répondre aux réclamations

3. Mesurer la satisfaction des clients

4. Nommer un responsable qualité

5. Établir un état des lieux

6. Mettre en œuvre une politique qualité visant à améliorer en priorité et de façon participative les processus-clés.

Le plus difficile en fait en matière de service n'est pas d'atteindre la qualité, mais de la reproduire à des temps et dans des lieux différents.

Exemple

▷ La Direction Départementale du Travail du Cantal, lauréat du premier Prix Français de la Qualité Administration en 1997, a mis en place une formule d'interlocuteur unique pour l'administré, le chef d'entreprise ou le salarié. Ceci a impliqué une circulation large et régulière de l'information sur la politique menée et les moyens correspondants et beaucoup de formation (le budget a augmenté de 50 %). Le résultat est là : chaque agent est dorénavant responsable de la mesure qu'il gère.

👉 **Et vous ?**

Combien de clients vous accordent une confiance totale ?

6. TREIZE ERREURS COMMUNES

6.1. La qualité ne concerne que le produit

Toute entreprise vend des produits :

industriel :	ses fabrications
banque :	ses produits financiers
loueur :	ses formules et forfaits
restaurant :	ses menus

Mais la différence se fait aussi sur les services : accueil, personnalisation, conseil, assistance, financement... C'est la « tertiarisation » de l'économie.

Exemple

▷ IBM ne vend plus d'ordinateurs.
IBM équipe en matériel informatique, délivre des formules de crédit financier, assure la fourniture de logiciels, offre un service d'assistance et propose des contrats d'entretien.

▷ Un restaurant ne vend pas qu'une cuisine soignée, mais offre à son client un cadre de détente et de bien-être, ou de la rapidité, ou de la convivialité...

La mondialisation a standardisé les performances produits. Aujourd'hui c'est de plus en plus sur la qualité de service que se joue la concurrence. Et là, seul le client est juge.

☞ Et vous ?

Êtes-vous sûr qu'il n'y a pas décalage entre vos « produits »
et leur environnement de vente ?

6.2. La qualité signifie le luxe

Rappelons que le management de la qualité est un ensemble de méthodes et de pratiques visant à mobiliser tous les acteurs de l'entreprise pour la satisfaction durable des besoins et attentes des clients au meilleur coût. Ce n'est pas nécessairement le haut de gamme.

Exemple

▷ La qualité des transports aériens n'est ni le luxe, ni la performance en nombre de vols et en parts de marché.

▷ La qualité de service dans les transports aériens, c'est :

- la sécurité des personnes et des bagages
- la ponctualité
- le confort et la propreté des cabines et des infrastructures
- un accueil agréable (de la réservation à l'au revoir).

▷ La qualité d'une 2 CV, c'était de répondre parfaitement à son cahier des charges : un parapluie sur quatre roues.

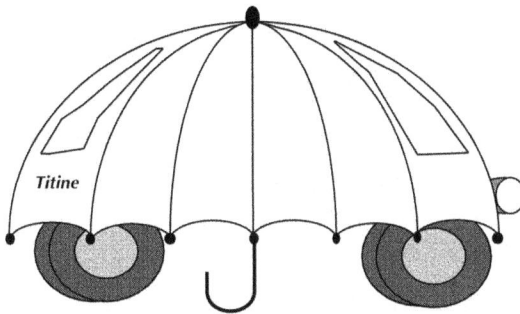

Titine

☞ Et vous ?

*Savez-vous si vos collaborateurs n'assimilent pas
la qualité de votre bas de gamme à de la sous-qualité ?*

6.3. Vite et bien sont incompatibles

Nos études d'opinion montrent qu'il y a plus de salariés qui pensent qu'il n'est pas possible de concilier qualité et quantité que le contraire : « Si je fais de la qualité, à quelle heure je vais terminer mon travail ? ». Vite et bien seraient exclusifs.

Mais connaissez-vous un champion qui joue autrement que vite et bien ?

Rappelons l'enjeu stratégique :

Compétitivité = Productivité x Qualité

Ces deux facteurs doivent être développés conjointement pour obtenir une compétitivité au-dessus de la moyenne.

Deux exemples :

Productivité = 90 % x **Qualité = 50 %** ▷ **Compétitivité = 45 %**
Productivité = 70 % x **Qualité = 70 %** ▷ **Compétitivité = 49 %**

Dans votre entreprise, les collaborateurs les plus rapides sont-ils ceux qui commettent le plus d'erreurs ?

☞ Et vous ?

Vos unités sont-elles motivées comme des équipes
qui savent qu'il faut jouer vite et bien pour gagner ?

6.4. La qualité ne se mesure pas

Trois types de mesure de la qualité sont possibles :

1. Satisfaction des clients (internes ou externes), des clients perdus, des prospects
   - Chaque critère de satisfaction est analysé et hiérarchisé.

2. Conformité des produits et services
   - Chaque unité peut se doter d'indicateurs mesurant ses non-conformités par rapport aux exigences spécifiées.

3. Coûts qualité
   - Les coûts résultant de la non-qualité sont quantifiables. Ils sont calculés à partir d'hypothèses de saisie.

Tout est mesurable.

Exemple

▷ Exemple : comment mesurer la réussite d'une politique d'innovation ?
3M s'est donné un objectif :
réaliser chaque année 25 % de ses ventes avec des produits qui ont moins de cinq ans d'existence.

☞ Et vous ?

Avez-vous calculé combien vous coûte en salaire le fait de
répondre aux réclamations clients et de rappeler vos fournisseurs ?

Savez-vous à partir de combien de sonneries une attente
téléphonique devient pénible ?

6.5. La qualité coûte cher 🎭

C'est la non-qualité qui coûte cher.

En France cela coûte plus de 2 000 francs par mois par salarié !

Chaque entreprise est, en fait, constituée de deux ensembles :

🙂 l'entreprise productive réelle, qui produit et qui vend

⚡ l'entreprise fantôme, qui gaspille votre temps, vos budgets et vos efforts.

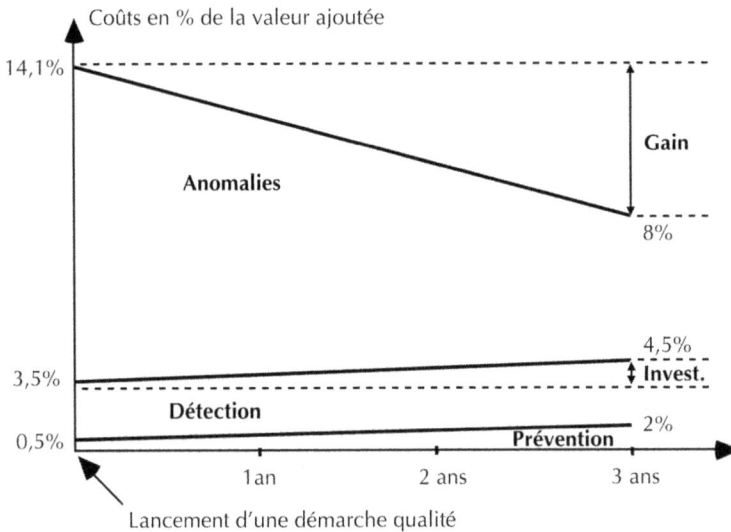

SCHÉMA 1.12. *Gains financiers attendus d'une démarche qualité*

👉 Et vous ?

Quand on se focalise sur les coûts, la qualité baisse.

Quand on se focalise sur la qualité, les coûts baissent.

Que fait votre entreprise ?

57

6.6. Le zéro défaut est impossible

Le droit à l'erreur :
oui.
Le droit à la même
erreur : non !
*Errare humanum est,
sed perseverare
diabolicum...*

Le zéro défaut ne supprime pas le droit à l'erreur, mais crée le devoir de rechercher les causes de l'erreur.

99 % de qualité vous satisfait ? Accepteriez-vous que chaque jour :
• 15 avions ne réussissent pas leur atterrissage à Orly,
• vous soyez privé d'électricité, d'eau, de téléphone pendant 14 minutes,
• 1 000 000 objets soient perdus par La Poste (chaque jour, La Poste transporte 100 millions d'objets !)
• 20 nouveaux-nés tombent des mains d'une sage-femme
• 180 interventions chirurgicales se passent mal...

Il faut refuser le niveau de qualité acceptable et cela concerne chacun.

☞ Et vous ?

Avez-vous l'habitude de vous améliorer ?

Ou préférez-vous le confort du PDV (le Pas De Vague) ?

6.7. La qualité, c'est du travail en plus

Oui c'est un peu de travail supplémentaire au départ, mais un investissement utile et intelligent pour supprimer les dysfonctionnements. C'est un travail correctif et préventif pour supprimer le curatif. Il s'agit d'accroître sa vigilance à ses clients et d'agir en conséquence : c'est beaucoup plus un état d'esprit qu'il faut qu'une tâche qui s'ajoute.

La qualité apporte beaucoup : des pratiques homogènes, les certifications le plus souvent vitales pour l'activité, une vigilance accrue aux besoins et attentes des clients (études de satisfaction, réclamations, focus groupe...)...

La qualité ne peut être « en plus ». C'est de la conscience professionnelle tournée vers la satisfaction client ! Personne ne peut se soustraire à cette exigence.

☞ Et vous ?

*Avez-vous déjà évalué le surcroît d'énergie nécessaire
et la pénibilité pour reprendre un travail mal fait ?*

6.8. La qualité, c'est beaucoup de papier

Il est sûr que la maîtrise de la qualité implique la formalisation de pratiques et leurs enregistrements parfois fastidieux et dont l'utilité n'est pas perçue immédiatement. Mais comment prouver autrement la bonne application d'une procédure ou d'une instruction ?

De fait, l'oral est la communication traditionnelle dans une entreprise :
- le besoin de formaliser existe peu dans une petite entreprise : or 90 % des entreprises en France ont moins de 10 salariés
- la réactivité privilégie l'action à la réflexion
- les salariés sont jugés sur ce qu'ils font et non sur ce qu'ils écrivent : les chiffres sont plus valorisés que les lettres
- les principes actuels de communication interne favorisent la communication orale de proximité à la diffusion de documents : le dialogue et l'interactivité assurent en effet une plus grande efficacité de la transmission de messages
- un écrit peut être subtilisé facilement.

Il est essentiel de formaliser son savoir-faire. Cette exigence de clarification permet trois objectifs :
- définir sans ambiguïté
- assurer la reproductivité
- prouver le respect des engagements.

L'important est d'écrire le minimum nécessaire pour acquérir la maîtrise de la tâche.

6.9. La non-qualité, c'est l'autre

La qualité, moi, je ne fais que ça ! Mais l'autre d'à côté...

Ces déclarations, aussi peu nécessaires que très suffisantes, dénotent le plus souvent un manque de remise en cause personnelle.

Chacun se considère au volant comme un excellent conducteur : comment se fait-il qu'en tant que piéton, cycliste ou autre automobiliste, nous ne soyons pas d'accord ?

La qualité est d'abord affaire de comportement.

Trois attitudes sont à éviter :

1. La suffisance
> *L'humilité est l'antichambre de toutes les perfections.*
>
> Marcel Aymé

2. La paresse d'esprit
> Le préjugé économise beaucoup d'efforts : il permet de se faire une opinion sur tout sans avoir à réfléchir.

3. L'inertie

▷ Soyez objectif : combien de fois par jour restez-vous inactif devant des anomalies pourtant bien identifiées ?

☞ **Et vous ?**

Dans votre unité, comment luttez-vous contre ces ankyloses qui finissent par tuer toute rapidité de réaction, puis toute réaction ?

6.10. La qualité ne s'applique qu'à certains 🎭

L'entreprise peut être considérée comme une chaîne de compétences.

Un seul maillon est défaillant, et l'efficacité de l'entreprise devient nulle : la qualité de chacun conditionne celle de l'ensemble.

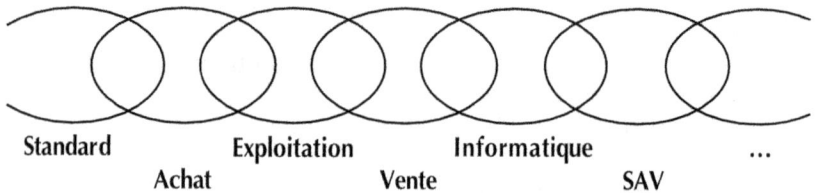

Standard   Exploitation   Informatique   ...
    Achat   Vente   SAV

La qualité concerne chacun et incite chacun au devoir de coopération.

Rappel : l'entreprise n'est pas une addition mais une multiplication de compétences. La qualité d'une entreprise est ainsi égale au produit des qualités de ses unités. Supposez 100 personnes qui travaillent de façon exemplaire : leur niveau de qualité est de 99 %. Leur qualité globale sera égale à $(99\%)^{100}$, soit 36,6 % ! Ou même prenez 10 personnes avec un niveau de qualité de 90 %. Le résultat est de 34,8 % !

☞ **Et vous ?**

Êtes-vous sûr que dans votre entreprise chaque unité soit impliquée dans la recherche de la qualité ?

Quelle stratégie avez-vous adoptée pour associer les baronnies réfractaires à cette démarche source de cohésion ?

6.11. La qualité est affaire de spécialistes

La qualité a besoin de spécialistes pour la gestion de la qualité : un manuel qualité, un contrat d'assurance qualité, le juste à temps... ne s'inventent pas. Leur rôle est d'accompagner (sans se substituer) l'ensemble de l'entreprise dans ces démarches et d'apporter les méthodes nécessaires.

Mais la qualité a aussi et surtout besoin de gens motivés pour accepter de se remettre en cause et de se rapprocher de ses clients. La fidélisation passe par la construction d'un vécu relationnel.

La qualité c'est savoir attirer la critique à soi pour éliminer toute cause d'insatisfaction. C'est surtout affaire de gens courageux !

Il ne s'agit pas d'une approche masochiste qui consisterait à collectionner fièrement toutes ses erreurs. C'est ne pas hésiter à remettre en question habitudes et certitudes pour mieux satisfaire le client.

☞ Et vous ?

Tout le monde est d'accord pour dire :
la qualité est d'abord affaire de comportement.

Mais que faites-vous pour promouvoir cet état d'esprit ?

6.12. La qualité, j'en fais tous les jours

C'est très vraisemblable. Mais est-ce bien la qualité qu'attend votre client ?

La qualité d'une prestation ne se mesure pas à l'aune de sa maîtrise ou de ses efforts, mais au résultat perçu par le client. Ce principe élimine toute arrogance éventuelle.

Le principe permanent de remise en cause de méthodes de travail et de comportements doit être encouragé dans une mise en application à la fois :
• individuelle par la volonté de s'améliorer
• collective par le décloisonnement.

L'expérience montre que ce principe de remise en cause se heurte à une double réticence :
• individuellement, il est difficile d'abandonner le confort procuré par la maîtrise de son travail
• collectivement, on se garde d'intervenir chez son voisin. *Chacun son métier, les vaches seront bien gardées*, écrit Jean-Pierre de Flo-

La qualité, ce n'est pas faire plus avec moins ou tout faire... C'est faire du premier coup ce que le client souhaite.

rian. Mais que se passe-t-il quand le marché fait évoluer l'activité et qu'il rend interdépendants les métiers de chacun ?

- Il est essentiel de se contraindre tous les jours à vérifier si son action est utile, efficace et fiable.

6.13. La qualité, je n'ai pas le temps

Voici quelques propos entendus malheureusement trop souvent :

- J'ai mes deux collègues qui sont malades aujourd'hui.
- C'est l'informatique qui nous a mis dans le pétrin. Moi j'y peux rien.
- Laissez-nous le temps de souffler un peu.
- On a eu l'année de l'innovation, puis du marketing. Maintenant la qualité. Attendons l'année prochaine : les politiques passent, les ennuis restent !
- Non, votre correspondant n'est pas là ; rappelez plus tard.
- Ce n'est déjà pas marrant de faire ce qu'on fait.
- Si en plus il faut être aimable...
- S'il fallait aller à la réserve à chaque fois qu'il manque un article !
- Désolé, je suis en plein appel d'offres, rappelez-moi...
- Je ne suis payé que pour assortir les rayons. Le reste...
- Ce n'est pas de ma faute si tout le monde vient le samedi matin.
- Dites-le au patron, que nous ne sommes pas assez nombreux.
- Si je devais écouter tout le monde, je ne m'en sortirais jamais.
- Si vous croyez que je n'ai que ça à faire !
- Désolé, nos guichets ferment maintenant. Repassez demain.

Demain, il sera trop tard. La qualité n'attend pas.

NON !

Le client ne repassera plus demain. Pire, il ira chez votre concurrent.

Et vous ?

Une démarche qualité concourt non seulement à la conformité, mais aussi à une dynamique de développement.
Vos collaborateurs y trouvent-ils une contrainte ou un stimulant ?

2

Mener l'état des lieux

1. LE RECUEIL DES INSATISFACTIONS [1]

1.1. Le degré zéro de la satisfaction

Il est capital d'écouter ses clients. Ils peuvent par leurs choix :
• continuer ou non à acheter
• acheter plus ou moins
• acheter chez vous ou chez le concurrent
• entraîner un prospect à devenir client
• ou à l'inverse, inciter des clients à vous quitter.

L'écoute des réclamations est le degré zéro de la satisfaction clients. C'est de plus un bureau d'études gratuit !

Selon une enquête menée par l'AACC (Association des Agences de Conseil en Communication), 22 % des Français ont abandonné au moins une marque ou une entreprise suite à un mécontentement.

Un client apprécie toujours qu'on s'occupe de ce qu'il pense, même s'il a quelquefois l'impression du contraire.

---

1. Cette partie ainsi que la partie 8 du chapitre 4 ont été largement développées dans le livre du même auteur *Les réclamations clients*, édité en janvier 2001 aux Éditions d'Organisation.

Indicateurs qualité	Toutes entreprises %	Grandes entreprises %	Autres entreprises %	Entreprises de services %	Entreprises industrielles %
Réclamations clients	64	64	64	61	69
CR de réunions qualité	19	22	16	13	25
Contrôles	8	5	10	7	8
Étude marché, enquête clients	7	13	2	7	7
Rentabilité / C.A.	7	7	6	10	3
Audits qualité	5	8	3	4	7
Coûts qualité	5	7	4	4	6
Coûts de garantie	3	5	1	1	6
Attitudes des employés	2	2	1	2	2
Autres	10	11	10	9	12
Sans opinion	4	4	4	7	2
Nombre de sondages	698	341	357	387	311

TABLEAU 2.1. *Comment les chefs d'entreprise américains mesurent-ils la qualité ?*

Le total dépasse 100 % du fait de réponses multiples.

Enquête réalisée pour le magazine Fortune par l'Institut Gallup publiée dans *Qualité Magazine : Le comportement des dirigeants U.S. face à la qualité.*

La réclamation est le premier indicateur de la satisfaction clients.

1.2. La qualification d'une réclamation

1.2.1. La définition

■ Réclamation
  Action de réclamer, de s'adresser à une autorité pour faire reconnaître l'existence d'un droit *(Petit Robert)*

■ Réclamer
  Demander avec insistance, comme dû, comme juste *(Petit Robert)*. Historiquement, implorer une aide divine

■ Clamer
  Manifester (ses sentiments, ses convictions) en termes violents, par des cris

Nous proposons la définition suivante :

Une réclamation client est la manifestation d'une insatisfaction (ou l'expression d'un mécontentement) d'un client à l'encontre de son fournisseur pour un fait précis que le client impute à ce dernier et dont il demande le traitement (et la non-récidive !).

Insatisfaction et mécontentement évoquent « un état d'esprit, un sentiment pénible d'être frustré dans ses espérances, ses droits ».

1.2.2. L'émetteur

■ **Est-ce bien un client ?**

■ **Quelle qualification retenir ?**
   Quatre exemples :
   • Qui est le client d'un ostréiculteur ?
     Le poissonnier ou le consommateur ?
   • Qui est le client d'un journal ?
     L'annonceur ou le lecteur ?
   • Qui est le client d'un hôpital psychiatrique public ?
     Le fou, la famille, le médecin généraliste ou l'Assistance Publique ?
   • Qui est le client d'un centre industriel de radars aériens ?
     La Division commerciale, l'avionneur, la compagnie aérienne, le Gouvernement ou le pilote ?

■ **Quels antécédents ?**
   Sachez détecter les pathologies qui confinent au délire de revendication (délire chronique systématisé par la recherche réitérée de réparations pour des injustices imaginaires).

Une réclamation d'origine interne est souvent plus difficile à traiter que venant de l'extérieur.

1.2.3. Les points d'entrée

Une réclamation peut survenir partout où il y a contact avec le client.

Mais il y a des lieux plus exposés :
• lieu d'accueil
• guichet
• caisse
• point d'information
• agences
• lors d'un contrôle
• standard téléphonique
• numéro vert
• contact commercial
• réservation centrale
• service consommateurs
• service relations clientèle
• courrier (posté ou télécopié)
• salons professionnels

Une réclamation
est une alerte.
Il s'agit de bien
situer les capteurs.

- service spécialisé
- Monsieur le directeur
- ...
- et attention, peut-être lors de votre dîner ce soir !

1.2.4. Le mode de transmission

Source	Lieu	Oral	Écrit
Réclamant	Sur place	Face-à-face	Cahier des réclamations
	À distance	Téléphone	Lettre, fax ou e-mail
Autre	Dans l'entreprise	Tout contact	Rapports commerciaux
	Hors de l'entreprise	Propos rapportés*	Avocats, Associations, Presse

* Toujours par un ami qui vous veut du bien...

TABLEAU 2.2. *Des origines variées*

LE RECUEIL INDIRECT DES RÉCLAMATIONS

L'envoi systématique d'un questionnaire de satisfaction permet-il une remontée de réclamations fiable ?

NON car ne répondent aux questionnaires auto-administrés que les personnes les plus sensibilisées au thème.

▷ L'exemple des Pompes Funèbres Générales :
Sur une base de 10 000 familles reçues, 835 retournent le questionnaire (de 500 à 1 200 selon la région) :

- 476 sans observation
- 253 avec un compliment
- 33 avec une critique
- 50 avec compliment et critique
- 23 avec des suggestions et des remarques.

Soit 33 + 50 = 83 avec une critique ou 0,8 % (ou 10 % des répondants).

Attention, les déviations dans l'utilisation du questionnaire existent :
- réclamation déguisée du salarié
- désengagement vers la structure
- déresponsabilisation vers le co-traitant.

1.2.5. La nature

Il est essentiel de codifier vos réclamations.

Epictète en + 206 écrit : *Savoir écouter est un art.*

▷ Le cas d'une banque
116 critères regroupés en 5 familles :
1. Tarification/facturation par type de produit
2. Fonctionnement des comptes : délais, anomalies...
3. Qualité de la relation clients en agence : accueil guichet, organisation de l'espace, démarche commerciale, conseil...
4. Incidents bancaires : rejets de chèque, vols...
5. Réclamation par activité : crédit, assurance...

▷ Dans une compagnie d'assurances
1. Produit : définition, garantie...
2. Cotisation : montant, encaissement...
3. Gestion : retard, désaccord...
4. Prestations : vie, décès...
5. Intermédiaires

▷ Pour un organisme d'HLM

Réclamations techniques	– Liées à des prestataires (entreprises, sous-traitants)
Réclamations administratives et de gestion	– Charges locatives (contestations) – Loyers (surloyer, caution) – Suivi social et contentieux (pour impayés)
Réclamations relationnelles	– Entre locataires (conflits) – Entre l'organisme et ses clients – Troubles de voisinage – « Petites » réclamations liées au manque d'accueil et d'écoute du client
Réclamations commerciales	– Liées à la population admise – Liées à des demandes de logements – Liées aux mutations de logements (et pour mémoire accession propriété)

67

1.3. Sept idées reçues pour fuir un mécontent

1.3.1. Idée reçue n°1 : Celui-là est un râleur de première

*Le client crie,
il l'a toujours fait
et il le fera toujours.*

*Roger Moiroud,
Le cri du client*

Éviter tout litige est utopique. Mais limiter le nombre des affaires précontentieuses est tout à fait réaliste.

1. La quérulence reste peu répandue : c'est la tendance pathologique à rechercher les querelles et à revendiquer, d'une manière hors de proportion avec la cause, la réparation d'un préjudice subi, réel ou imaginaire.

*Peut-être
que votre plaignant
n'a pas raison,
mais si vous lui
donnez tort,
il vous sera
moins acquis.*

2. La réclamation est une démarche active et volontaire. Cela prend du temps de réclamer, particulièrement par écrit, cela augmente d'autant l'attente de prise en compte.
   ▷ Une réclamation est un cadeau.

1.3.2. Idée reçue n°2 : On sait ce que veulent nos clients

L'écoute des clients ne doit pas se limiter à celle de leurs besoins et attentes ou de leur satisfaction.

Il est tout aussi indispensable d'écouter leur insatisfaction éventuelle.

Répondre aux réclamations de ses clients, c'est le degré zéro de la courtoisie et de l'intelligence :
• courtoisie : pour restaurer la confiance déçue
• intelligence : pour prévenir des anomalies identiques.

Ce sont vos clients qui décident de la qualité de vos produits/services.

Recueillir leur insatisfaction est le minimum de l'écoute client.

**Un client qui réclame
est tout
sauf un gêneur.
Bénissez-le.
Il vous annonce
qu'il peut
vous quitter.**

Exemple

▷ IKEA met à disposition dans tous ses magasins de nombreux points-suggestions où tout client est invité à écrire son avis : *Content ou pas content ? Dites-nous tout : ... Vos idées et vos critiques nous aident à nous améliorer... Merci et à bientôt !*

1.3.3. Idée reçue n°3 : Ça leur passera !

NON

■ 1. Une entreprise qui n'honore pas sa commande se déshonore.

■ 2. La surenchère des offres légitime toute exigence.

■ 3. Les exigences d'aujourd'hui seront vraisemblablement les standards de demain.

Ils passeront ! Et pire, ils iront chez votre concurrent.

On peut se trouver sans client mécontent : c'est sans client du tout !

Le recueil de l'insatisfaction est à encourager. Il présente trois avantages :
- ne jamais se considérer comme « arrivé »
- toujours vouloir s'améliorer
- ne jamais s'endormir sur ses résultats.

☞ **Et vous ?**

Une réclamation insatisfaite aggrave une mauvaise perception.

Demandez d'affecter au traitement des réclamations au minimum le budget de communication !

1.3.4. Idée reçue n°4 : Mais c'est pas grave !

■ 1. C'est le client qui décide de la gravité de l'incident.

■ 2. Rien de plus provoquant qu'un sourire amusé ou entendu quand le client a le courage de dire son mécontentement.

■ 3. Le client n'a sans doute pas votre niveau de compétences techniques.

Une réclamation reflète en fait deux incidents : une anomalie et sa non-détection par le prestataire.

Exemple

▷ En cas de panne téléphonique, prédominent les sentiments suivants :
   1. Agacement (36 %)
   2. Dépendance (mentionné en premier par les plus de 60 ans)
   3. Impuissance (25 %)
   4. Colère (22 % ; plus fréquent chez les hommes que les femmes)
   5. Panique et angoisse sont peu ressenties.

(Étude France Telecom SCES sur le SAV)

En matière de réclamations, il vaut mieux être paranoïaque qu'autiste.

1.3.5. Idée reçue n°5 : S'ils étaient mécontents, ils ne seraient plus clients

Les gens n'aiment pas les conflits en général. Ils vont plutôt se confesser, voire se défouler auprès d'oreilles amies.

69

Catégorie de produit	% des clients mécontents qui ne se plaignent pas	% des clients mécontents et silencieux qui ne rachètent pas
Bien de consommation courante à faible coût	96 %	63 %
Service relativement bon marché (TV câblée, téléphone local...)	45 %	45 %
Produit durable à coût élevé (automobile, ordinateur...)	27 %	41 %
Service cher (assurances, prêts, clinique...)	37 %	50 %

Source Institut TARP

TABLEAU 2.3. *Un client mécontent ne se plaint pas toujours...
et souvent il ne rachète pas...*

Il faut donc encourager les clients à exprimer leur opinion.

Important : L'écoute des réclamations est le premier dispositif à mettre en place. Un bon traitement :
• cicatrise une mauvaise vente
• prédispose à une autre vente
• consolide les ventes ultérieures.

1.3.6. Idée reçue n°6 : Si vous croyez qu'on n'a que ça à faire...

Eh bien oui, répondra le client, *votre seul souci est de me satisfaire.* Le client se moque de connaître votre charge de travail. Il est déjà passablement énervé par son problème dont il attribue la responsabilité à votre entreprise. Si vous lui dites que vous ne pouvez pas prendre le temps de traiter sa réclamation, il risque de radicaliser sa position.

Une réclamation doit être traitée en priorité à toute action : l'urgence évidente est de colmater la voie d'eau.

Les relations à long terme avec les clients sont plus profitables pour au moins six raisons (source Bain) :
• le coût d'acquisition d'un nouveau client peut être élevé
• les clients établis tendent à acheter plus
• les clients réguliers font des commandes fréquentes, cohérentes, moins coûteuses à servir
• les clients satisfaits recommandent l'entreprise à de nouveaux clients pour un coût nul

- les clients satisfaits sont disposés à payer plus cher un fournisseur en qui ils ont confiance
- retenir ses clients élève le ticket d'entrée et rend le gain de part de marché plus difficile pour les concurrents.

1.3.7. Idée reçue n°7 : Si le client a toujours raison, autant tout lui donner !

NON !

Il faut simplement lui donner son dû. Ce n'est que ce qu'il demande.

Le client a raison de vouloir tout, tout de suite et le moins cher possible. Le marché le lui permet. *A fortiori* s'il a payé.

Un mauvais arrangement est souvent préférable à un bon procès.

▷ Rappelez-vous la publicité d'Hippopotamus : *Réclamez, criez, hurlez... !*

Exemple

2. L'AUTODIAGNOSTIC QUALITÉ [1]

2.1. Présentation

2.1.1. Les objectifs

La conduite d'un autodiagnostic peut viser différents objectifs :
• découvrir tous les aspects du management de la qualité,
• fédérer l'équipe de direction autour d'une perception commune du niveau de qualité,
• dresser un rapide état des lieux avant de (re)lancer une démarche qualité,
• apprécier la cohérence de sa démarche qualité,
• identifier des axes de progrès,
• se comparer aux autres,
• progresser au-delà de la certification,
• évaluer régulièrement son état d'avancement,
• se préparer à concourir au Prix Français de la Qualité.

Exemple

▷ Septembre 1994 : l'hôpital Esquirol (ex Charenton) est un des premiers en France tout secteur confondu à utiliser cet outil. L'établissement, leader reconnu par ses pairs en matière de qualité, s'évalue : 255 points. Enseignement indirect : la qualité dans le secteur de la santé est encore précaire !

☞ **Et vous ?**

Avez-vous songé à utiliser cette méthode pour (re)donner de l'élan à votre démarche qualité ?

---

1. La plupart des documents de ce chapitre proviennent de travaux réalisés par ou pour le compte du MFQ (Mouvement Français pour la Qualité). Qu'il soit ici remercié de son autorisation de publication et que le plus grand nombre de lecteurs puissent bénéficier de ces travaux.

2.1.2. Le référentiel du Prix Français de la Qualité

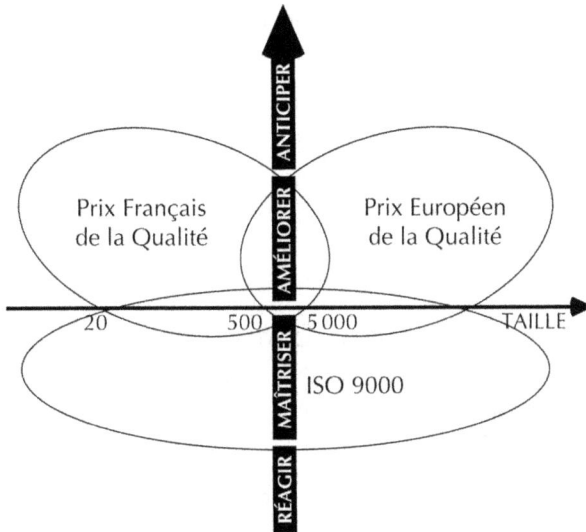

Schéma 2.1.

Le Prix Français de la Qualité s'adresse aux PME-PMI et permet d'aller au-delà de l'assurance qualité. Il intègre les principes du management de la qualité. Les candidats doivent ainsi démontrer en plus de la maîtrise de leur système qualité :
• la cohérence de leurs objectifs qualité avec ceux de l'entité
• la satisfaction des clients intégrée à la politique de l'entité
• une participation et une adhésion de tout le personnel
• un processus d'évolution de leur politique qualité.

Le nouveau référentiel MFQ 2001 est simple. Il comprend neuf thèmes qui analysent l'apport de la qualité dans tous les aspects du management de l'entreprise : 700 points sur les moyens, 300 points sur les résultats.

Thème	Points
1. Engagement de la direction	120
2. Management du personnel	100
3. Stratégie et objectifs qualité	80
4. Management des ressources	70
5. Processus	330
6. Satisfaction du personnel	70
7. Satisfaction de la clientèle	110
8. Intégration à la vie de la collectivité	30
9. Résultats opérationnels	90
	1 000

2.1.3. Une animation simple, pragmatique et rigoureuse

- Une séance d'une demi-journée est organisée avec l'équipe de direction.
- Chacun note individuellement ou en binôme les 30 questions des 8 thèmes du référentiel du Prix Français de la Qualité.
- Un débat après chaque thème permet à chacun d'exprimer son point de vue et d'obtenir une note de synthèse.
- Le bilan général permet de se positionner et donne des pistes de progrès.

LA GRILLE DE COTATION E.M.S.E.

- Existence (sur 10 points)
  Il existe une réponse qui manifeste que la question est prise en compte dans l'entité : 10 points.
- Méthode (sur 40 points)
  Il existe une méthode qui répond à la question :
  – par une dynamique de réactivité (actions correctives) : 10 points
  – par une approche en amont (actions préventives) : + 15 points
  – en intégrant une recherche d'amélioration continue : + 15 points.
- Systématisme (sur 35 points)
  Dans les domaines majeurs où la question se pose (produits, clients ou usagers, hommes et équipes, fournisseurs, processus) :
  – la réponse est appliquée partout où c'est nécessaire : 25 points
  – la réponse est appliquée aussi souvent que nécessaire (pérennité) : 10 points.
- Exemplarité (sur 15 points)
  La méthode, son application et ses résultats méritent d'être communiqués à l'extérieur de l'entité : 15 points.

Le rôle de l'animateur est d'accompagner l'équipe de direction dans son autodiagnostic :
- présenter l'autodiagnostic qualité
- recueillir les évaluations de chacun
- faire échanger les participants jusqu'à l'obtention d'une note consensuelle
- garantir à chacun la liberté de s'exprimer
- intervenir sur demande en tant qu'expert qualité
- en déduire des premières pistes de progrès.

INTERPRÉTATION DE LA NOTE OBTENUE

<100	Quelques initiatives dans le domaine de la qualité. Pas de politique, pas de stratégie, pas de vision ni de culture.
100 – 200	Début de prise de conscience de la démarche qualité. La mise en œuvre commence, mais la qualité ne fait pas encore partie de la culture qualité. Les résultats ne sont pas dus à l'approche.
201 – 375	Début d'une approche intégrée de la qualité. La mise en œuvre commence et la culture apparaît. Des résultats sont visibles, mais sans relation de cause à effet avec les démarches engagées.
376 – 500	La pratique de la qualité est visible. Bonne intégration. Nombreux débuts de mise en œuvre de la démarche qualité. La qualité est connue par tous, sous l'impulsion de la direction. Les résultats et les tendances sont clairs, avec une forte relation de cause à effet.
501 – 625	L'approche est bien planifiée et documentée. La qualité est mise en œuvre dans la plupart des fonctions et est visible dans la culture de l'entreprise et pour la plupart des salariés. Les résultats sont probants et ont une forte relation de cause à effet.
626 – 750	La qualité « à l'écoute du client » est mise en pratique de façon innovante. La qualité est visible dans la culture de (presque) tous.
751 – 875	La qualité « à l'écoute du client » est une pratique courante dans l'entité. Excellente intégration dans tous les secteurs et chez tous les acteurs. Mise en œuvre dans toutes les fonctions importantes. La qualité est visible dans la culture de tous. La qualité devient un avantage compétitif.
876 – 1 000	L'approche qualité est totalement intégrée et est en amélioration continue. Elle fait partie intégrale de la culture. Elle génère des résultats exceptionnels. La qualité a fait de cette entité la meilleure face à la concurrence internationale.

2.1.4. Exemple d'enseignement d'un autodiagnostic (mené avec le référentiel MFQ 2000)

Exemple

(extrait du compte rendu adressé après la demi-journée d'animation)

Il semble que votre évaluation de 480 points reflète assez fidèlement l'état d'avancement de votre démarche qualité :

- un engagement de l'équipe de direction qui paraît profond et pérenne (60)
- une stratégie et des objectifs qualité définis et déployés dans votre centre industriel (55)
- une connaissance des marchés insuffisante et un manque de réactivité vis-à-vis des clients : « on travaille à la relance » (30)
- un système qualité bien maîtrisé, mais certainement trop lourd (70)

- des indicateurs qualité qui gagneraient à être mieux adaptés à l'activité du centre et de chacun (55)
- des actions d'amélioration de la qualité bien structurées mais dont les échéances ne sont pas toujours respectés (55)
- une implication du personnel sollicitée peut-être de façon trop passive : « on n'est pas violent » (55)
- une relation entre qualité et résultats difficile à mettre en évidence sauf en matière d'insertion du centre dans son environnement (40).

Ces huit points permettent de conclure à une approche bien planifiée et documentée de votre démarche qualité. Ils vous situent à un bon niveau. Les nombreux certificats/agréments obtenus corroborent la bonne intégration de l'assurance qualité dans tous les services du centre. Mais la structure industrielle de votre unité (et donc peu commerciale) et le confort d'un mono-client public (l'armée) ont naturellement fait privilégier la maîtrise des processus à la réactivité : l'ankylose guette.

Ceci montre le chemin à parcourir pour atteindre l'objectif énoncé en début de séance, la diversification. Trois axes de progrès se dessinent :

- mieux connaître vos clients finals
- alléger le système qualité
- mesurer et développer l'implication du personnel de façon active.

La qualité des échanges et des débats de votre comité de direction lors de l'autodiagnostic me laisse confiant dans le bien-fondé et la réussite de l'évolution de la culture qualité de votre centre vers une culture client.

Bonne chance !

GUIDE DE RÉPONSE

1. Engagement de la direction

1.1. Comment la direction entraîne-t-elle la démarche qualité ?

Décrire les actions entreprises par la direction afin d'engager et de conduire la démarche qualité au quotidien (la direction comprend le dirigeant et ceux qui lui rapportent directement).

- Revue de direction
- Charte qualité, politique qualité, engagement personnel du dirigeant
- Moyens de communication : affichage, journal, réunions (informer/expliquer/argumenter), K7 vidéo, courrier personnalisé, livret d'accueil...
- Investissements, budget qualité
- Formation
- Mise en place d'un processus d'autocontrôle
- Challenges, concours (interne et externe)
- Présence terrain, disponibilité
- Examen des résultats qualité

1.2. Comment la direction donne-t-elle l'exemple par des actions internes et externes ?

Par rapport à la question 1.1, cette question insiste sur la visibilité des actions de la direction. Il s'agit de montrer comment, au quotidien, la direction intègre la qualité dans ses actes et consacre une part significative de son temps à la démarche qualité.

* En interne » signifie : l'ensemble du personnel.
* En externe » signifie : les clients, les fournisseurs, les médias, la collectivité.

– Formation de la direction
– Affichage de résultats compréhensibles
– Communication dans la presse sur actions qualité
– Participation à des manifestations régionales (ex. : mois de la qualité)
– Cohérence/Congruence entre discours et actes
  Ex : écoute mutuelle, mêmes règles pour tout le monde
– Intégration d'éléments comportementaux dans la charte
– Temps passé (par la direction)
– Rigueur dans l'application
– Intervention dans des colloques, formations externes
– Disponibilité, accessibilité
– Implication dans une stratégie d'achat
– Participation à des manifestations ou des comités professionnels
– Implication dans les groupes de résolution de problèmes et d'audits
– Fertilisation croisée
– Mois de la qualité

1.3. Comment la direction valorise-t-elle les efforts et les succès qualité des individus et des équipes ?

Il s'agit de montrer comment la direction reconnaît les efforts particuliers liés à la démarche qualité (ces reconnaissances peuvent être financières ou non).

– Reconnaissance verbale réactive
– Reconnaissance monétaire, cadeaux
– Journal d'entreprise (succès des équipes) ou publication externe
– Pots, repas, fêtes...
– Lettre de félicitations
– Trophée, challenge, toute forme de distinction
– « Considération distinguée »
– Promotion interne
– Visites de clients et de fournisseurs

2. Stratégie et objectifs qualité

2.1. Comment la stratégie qualité est-elle effectivement reliée à la stratégie de l'entité ?

Il s'agit ici de décrire le processus permettant d'établir la stratégie qualité, et plus particulièrement la manière dont elle permet d'intégrer, en amont, les objectifs stratégiques de l'entité, ou mieux, la manière dont la stratégie qualité est l'émanation de la stratégie générale de l'entité.

– Existence d'un processus d'élaboration de la stratégie qualité et vérification de sa cohérence
avec la stratégie générale de l'entité
– Programme d'amélioration de la qualité des produits/services
  • process ▷ efficience
  • satisfaction client
– Politique de recrutement, plan de formation

2.2. Comment la stratégie qualité est-elle déployée en objectifs dans toutes les fonctions de l'entité ?

Décrire le processus qui permet de décliner les objectifs en plans d'actions dans toutes les fonctions de l'entité, pour toutes les activités (produits et services), à tous les niveaux hiérarchiques, à partir des objectifs qualité de l'entité.

– Existence d'un processus de planification
– Définition d'objectifs par service (relation client-fournisseur interne)
– Réunions ▷ adhésion des personnes concernées
– Objectifs chiffrés annuels et pluriannuels, mensuels
– Suivi des objectifs et des indicateurs
– Uniformisation des méthodes de travail

2.3. Comment la stratégie et les objectifs qualité sont-ils connus par tout le personnel ?

Décrire les moyens permettant à l'ensemble du personnel et aux partenaires d'être informés, en temps voulu, des objectifs qualité et des actions spécifiques qui en découlent.

– Accueil de tous les nouveaux (CDI, CDD, intérimaires, stagiaires...), livret d'accueil
– Réunions de service/régionales/générales
– Journal interne
– Affichage
– Notes
– Entretiens annuels
– Formation
– Communication des décisions de la direction
– Audits qualité

3. Écoute des clients ou usagers

3.1. Comment l'entité mesure-t-elle la satisfaction de ses clients ou usagers ?

Décrire comment sont structurées l'identification et l'écoute des clients pour s'assurer que les produits/services répondent bien aux besoins exprimés et permettent de les améliorer.

N.B. : Faire définir qui sont les clients.
- Fidélité /augmentation du nombre de clients (bons clients)
- Réclamations clients (analyse), avoirs, retours/garantie, remises/ litiges
- Résultats d'audits externes, d'enquêtes consommateurs, de tiers ou prescripteurs
- Enquêtes clientèle (tous types)
- Nombre de clients perdus
- Rapidité de règlement de la facture
- Impayés
- Suivi personnalisé
- Lettres de félicitations
- Audits clients

3.2. Comment l'entité saisit-elle les besoins explicites de ses clients ou usagers ?

Décrire comment l'entreprise enregistre régulièrement les besoins explicités par ses clients pour s'assurer que ses produits/services y répondent bien.

- S.A.V.
- Mise en relation des techniciens avec les clients (prise de conscience des besoins)
- Réunions, clubs utilisateurs, panels
- Système de collecte des données du contrat, check-list des questions à poser, méthode de questionnement
- Revue de contrat
- Signature de devis
- Formation des clients aux produits
- Suggestions des clients, visites
- Benchmarking

3.3. Comment l'entité anticipe-t-elle les besoins implicites de ses clients ou usagers ?

Décrire comment l'entité recueille auprès de ses clients les besoins latents qui lui permettront d'offrir des produits/services innovants.

- Focus groupe, enquête consommateurs, études de marché, panel clients, consultations de prescripteurs, relations avec associations de consommateurs
- Check-list enrichie à chaque information (non-conformités...)
- Connaissance du produit du client
- Participation à la définition du produit
- Connaissance d'utilisation du produit par le client
- Positionnement en aval du client
- Évolution réglementaire, législative, sécurité
- Conception à l'Écoute du Marché
- Analyse fonctionnelle

3.4. Comment l'entité tient-elle compte de l'ensemble des besoins de ses clients ou usagers, et ce, dès la conception de ses produits et/ou services ?

Décrire comment les informations recueillies permettent de corriger des défauts résiduels, d'améliorer l'offre, d'innover.

– Revues de contrat
– Utilisation d'outils qualité : AMDEC, QFD...
– Revue de conception, circuit de validation
– Segmentation
– Études marketing
– Tests internes et externes
– Outils de simulation : CAO...
– Analyse de risques

3.5 Comment l'entité identifie-t-elle ses concurrents ou entités offrant les mêmes produits ou services ?

Décrire comment la liste des concurrents existants et potentiels est établie et revue régulièrement. Décrire comment se fait la collecte d'informations concernant les concurrents sur les critères qualité.

– Salons (examen des produits concurrents)
– Littérature professionnelle, annuaires, internet
– Base de données tenue à jour
– Écoute des clients, des fournisseurs, visites terrain
– Réseaux professionnels
– Études de marché
– Fonction veille concurrence
– Suivi des résultats des appels d'offres et concours

3.6. Comment l'entité réagit-elle face aux performances de ses concurrents ou entités offrant les mêmes produits ou services ?

Expliquer comment les informations recueillies permettent à l'entité de progresser et d'être plus compétitive que ses concurrents.

– Étude et analyse des produits concurrents et de leurs fournisseurs
– Critères de comparaison des produits et parts de marché ➜ mesure pénétration du produit
– Intégration de ces indicateurs en revue de direction
– Connaissance des pratiques et tarifs des concurrents : visites mystères, tests de réclamation...
– Existence d'un plan d'action permanent, ou d'une procédure et d'une structure veille, pour traiter ces informations

4. Maîtrise de la qualité

4.1. Comment l'entité maîtrise-t-elle la qualité de ses produits et services ?

Décrire les méthodes et les moyens mis en œuvre pour s'assurer que les produits/services sont conformes aux besoins des clients.

- Maîtrise globale des processus, maîtrise de production
- Existence d'un système qualité ou de plan qualité, d'une certification
- Niveau de formalisation de la démarche qualité
- Fiches de service, contrôles qualité, autocontrôle
- Contrôle systématique des documents adressés

4.2. Comment, en particulier, l'entité maîtrise-t-elle ses processus internes ?

Décrire les méthodes spécifiques mises en œuvre pour maîtriser les processus qui traversent plusieurs fonctions de l'entreprise : traitement d'une commande, facturation...

- Manuel qualité
- Procédures, modes opératoires, « échantillothèque »
- Qualification du personnel, habilitation
- Maintenance
- Audit interne
- Qualification des moyens
- Méthodes statistiques : SPC, capabilité...
- Informatisation

4.3. Comment, en particulier, l'entité maîtrise-t-elle la qualité des prestations de ses fournisseurs et sous-traitants ?

Décrire les règles mises en place avec les fournisseurs et sous-traitants pour s'assurer de la conformité et de l'amélioration de leurs prestations.

- Évaluation du système qualité des fournisseurs, audits
- Suivi des performances : caractéristiques, délais, prix, actions correctives et préventives
- Cotation
- Implication du fournisseur lors de la conception du produit/ process
- Capitalisation de la connaissance des fournisseurs
- Information de la centrale d'achats
- Accords de partenariat, contrats-cadres, chartes

5. Mesure de la qualité

5.1. Comment la direction de l'entité choisit-elle les indicateurs qui lui permettront d'atteindre ses objectifs qualité ?

Décrire comment la direction définit et utilise des bons indicateurs aux bons endroits afin de s'assurer que les objectifs sont bien atteints en temps voulu et qu'ils permettent de réagir en cas de dérive.

- Définition du processus de choix des indicateurs en cohérence avec la stratégie et les objectifs qualité
- Enquêtes de satisfaction clients, clients perdus, prospects non transformés

- Indicateurs pertinents et indéformables s'appuyant sur des critères de suivi de résultats avec les personnes concernées : coût, garantie, sécurité/client et personnel...
- Examen en revue de direction
- Participation du CE
- Concours externe
- Exploitation des coûts qualité
- Utilisation des référentiels qualité

5.2. Comment le personnel de l'entité dispose-t-il des indicateurs appropriés au suivi de la qualité de son travail ?

Décrire comment le personnel de l'entité, individuellement ou en groupe, a un accès facile aux indicateurs et informations dont il a besoin pour le suivi qualité de toutes ses activités.

- Détermination des indicateurs après déploiement des objectifs
- Affichage, messagerie informatique, tableaux de bord, intranet
- Réunions (équipe...)
- Résultats d'audits
- Journal interne
- Sous forme préventive par le CE
- Indicateurs joints à la fiche de salaire

5.3. Comment l'entité utilise-t-elle ses indicateurs pour s'améliorer ?

Décrire comment l'entité s'est organisée pour utiliser ses indicateurs afin de s'assurer de la tenue de ses objectifs, de réagir en cas de dérive et de tirer profit de l'expérience pour s'améliorer.

- Suivi en revue de direction, comité
- Suivi des indicateurs par les équipes, les groupes de travail, la direction
- Actions correctives suite à une déviation/objectif
- Actions préventives

6. Amélioration de la qualité

6.1. Comment sont construites les actions d'amélioration de la qualité en relation avec les objectifs de l'entité et les résultats obtenus ?

Décrire les méthodes de construction des améliorations qualité, depuis l'expression du besoin d'amélioration jusqu'à la mise en œuvre des solutions en passant par l'analyse et la validation des causes.

- Revue de direction, comité de pilotage
- Plan d'amélioration
- Informations clients
- Statistiques internes, non-conformités...
- Idées du personnel, groupes de travail, réunions d'amélioration, cercles de qualité...

– Choix des actions en groupe de travail (recherche adhésion)
– Méthode de résolution de problème et outils méthodologiques associés
– Plans d'expérience, remue-méninges, AMDEC, PDCA, HACCP, Gestion de projet
– Choix ciblé des actions d'amélioration (tel ou tel service)
Formations
– Résultats d'audits internes et externes
– Autodiagnostic qualité

6.2. Comment sont conduites les actions d'amélioration de la qualité ?

Décrire comment sont pilotées les actions, comment sont allouées les ressources nécessaires, quelles méthodes sont utilisées pour résoudre le problème, comment sont suivies les différentes étapes, et notamment en cas de dérive.

– Création d'un comité de pilotage, de coordination
– Nomination d'un responsable
– Traitement des non-conformités, plan d'actions correctives ou préventives
– Procédure de conduite d'amélioration, groupe de travail, groupe projet
– Information des autres personnes, des services concernés
– Validation, si possible, de l'action par le client
– Demande éventuelle d'une aide extérieure (consultant)
– Existence d'un budget et allocation de temps

6.3. Comment s'assure-t-on de l'efficacité des actions d'amélioration ?

Décrire comment sont programmées et suivies les actions d'amélioration, comment en cas de difficultés, les groupes qui les mettent en œuvre sont avertis et comment l'efficacité des actions réalisées est mesurée et reconnue.

– Désignation d'un responsable de suivi
– Audits, rapports de groupes de travail, revue de direction, analyse de résultats
– Analyse des indicateurs (financier, client...)
– Solde de l'action par le responsable du suivi
– Vérification de l'efficacité des actions correctives et préventives.
– Résultats des enquêtes clients, tests produits

7. Participation du personnel

7.1. Comment le personnel est-il informé des actions et des succès qualité de l'entité ?

Décrire comment sont communiqués au personnel les orientations, les objectifs et les résultats qualité. Comment cette communication permet au personnel de comprendre et d'adhérer à la démarche.

- Réunion qualité et rapport
- Réunion annuelle
- Indicateurs (tableaux lumineux, affichage)
- Communication interne : journal interne, revue de presse, notes
- Porte ouverte interne (entre services)
- Tournée régulière des dirigeants

7.2. Comment l'entité encourage-t-elle l'implication du personnel dans la mise en œuvre des actions qualité ?

De même que le leadership des dirigeants doit se manifester dans leur comportement, l'implication du personnel doit aussi être visible. Décrire comment la direction incite, par l'exemple et par des actions spécifiques, l'ensemble du personnel à s'impliquer dans les différentes actions liées à la qualité.
Orientation de la politique des ressources humaines

- Recueil d'idées et valorisation (primes ou autres)
- Groupe de travail, cercle de qualité, modalités d'implication
- Prime qualité par entité, prix, fête annuelle, participation à des manifestations extérieures
- Formation
- Amélioration des conditions de travail
- Lettres personnalisées
- Formation à la créativité
- Système d'écoute
- Code de conduite encadrement (encouragement : « C'est bien les gars, continuez ! »...)
- Rencontre avec des clients, accompagnement d'actions commerciales
- Entretien annuel d'évaluation
- Promotion
- Rôle du R.A.Q.
- Participation aux audits internes et externes (fournisseurs)

7.3. Comment le personnel peut-il proposer des actions d'amélioration de la qualité ?

Décrire comment est sollicitée la créativité de l'ensemble du personnel de l'entité afin de produire le maximum d'idées et de propositions d'amélioration. Décrire comment sont organisées la prise en compte de ces idées et la mise à disposition de ressources pour permettre leur application.

- Modalités de saisie d'une non-conformité
- Boîte à idées et suivi
- Cahier d'observations par poste
- Système de prise en compte de l'écoute
- Entretiens annuels
- Réunions d'expression
- Remontées par le CE
- Groupes projets, pilotes
- Incitation par le management

84

7.4. Comment le personnel est-il formé pour atteindre les objectifs qualité ?

Décrire comment sont analysés les besoins en formation sur la qualité et ensuite, comment ceux-ci sont mis en œuvre et évalués.

– Élaboration du plan de formation, recueil des besoins
– Guide d'accueil des nouveaux embauchés
– Formation à la qualité et aux outils d'amélioration
– Suivi sur le terrain de la formation
– Visite d'entreprise
– Formation de formateurs, auto-formation...
– Mise à disposition d'une bibliothèque qualité

7.5. Comment l'entité mesure-t-elle l'adhésion du personnel à la démarche qualité de l'entité ?

Il s'agit de montrer comment l'entité mesure formellement la perception du personnel sur sa vie dans l'entité : participation, écoute, intérêt au travail...

– Enquête d'opinion interne (taux de réponse, résultats...)
– Nombre de fiches d'idées
– Disponibilité du personnel, absentéisme, taux d'accident
– Nombre de fiches de non-conformité interne
– Volontariat, participation à des groupes de travail
– Implication en cas de crise
– Expression par les intéressés des besoins de formation
– Audit interne

8. Résultats

8.1. Quels sont les résultats de l'entité en ce qui concerne la satisfaction de ses clients ou usagers ?

La relation entre démarche qualité et résultats opérationnels est parfois difficile à démontrer. En revanche, il est possible de montrer les résultats obtenus en matière de satisfaction clients. Il s'agit de donner des résultats quantitatifs.

– Tous scores, résultats chiffrés permettant de démontrer l'amélioration permanente
– Nombre de réclamations et d'impayés, délai de réponse
– Résultats des audits clients
– Part de marché, taux de croissance
– Enquêtes clients

8.2. Quels sont les résultats de l'entité en ce qui concerne la satisfaction et la mobilisation de son personnel ?

Il s'agit de fournir les indicateurs représentatifs des résultats obtenus en matière de satisfaction et de mobilisation du personnel, en termes de niveaux, position relative aux objectifs fixés, tendances et comparaison avec la profession.

85

– Tout score mesurant le climat social
– Résultats des systèmes d'écoute
– Ancienneté moyenne, turn-over
– Participation aux groupes de travail et manifestations, disponibilité
– Taux d'absentéisme, gravité et fréquence des accidents
– Valorisation de l'image de l'entité à l'extérieur
– Évolution de la demande de formation

8.3 Quels sont les résultats de l'entité au niveau de son chiffre d'affaires, ses bénéfices, ses parts de marché, sa notoriété ? Quels sont les résultats mesurés par les indicateurs de fonctionnement (taux de défaut, principaux délais, productivité, fiabilité...) ?

Il s'agit de présenter ici l'analyse la plus pertinente possible des performances économiques et d'image listées dans la question et leur liaison avec le développement de la démarche qualité dans l'entité.

– Gain ou perte de parts de marché
– Enquête de notoriété
– Coûts des litiges, coûts de non-qualité interne
– Nombre de visiteurs

8.4. Quelle contribution l'entité apporte-t-elle à son environnement, notamment dans la vie de la collectivité, dans la réduction des nuisances, dans le développement de l'emploi... ?

Les principaux aspects à étudier sont :
– la présentation de l'environnement (et notamment la réduction des risques et pollutions au-delà des obligations légales)
– le rôle social de l'entité :
  • développement (ou maintien) de l'emploi, notamment en zone défavorisée
  • intégration de l'entité dans l'activité socioculturelle de son bassin d'emploi (formation, culture, sport, tourisme, animation locale, mécénat...)
  • participation à des travaux associatifs notamment liés à la qualité.
Ces éléments devront montrer leur cohérence par rapport à la démarche qualité de l'entité.

– Réunion avec des partenaires locaux
– Sponsoring, mécénat
– Analyse environnementale et communication
– Recrutement
– Activité socioculturelle dans le bassin d'emploi
– Participation à des conférences, à l'enseignement
– Insertion dans la communauté
– Tourisme industriel
– Participation à des actions de préservation de l'environnement

et de normalisation, à des programmes de recherche et d'amélioration (C.N.R.S., Université, chambre syndicale...)
– Investissement au-delà de l'obligation légale

2.2. Un outil de benchmarking

Se situer par rapport aux autres peut s'avérer riche d'enseignements.

2.2.1. Un exemple de retour d'information pour un candidat au Prix Français de la Qualité

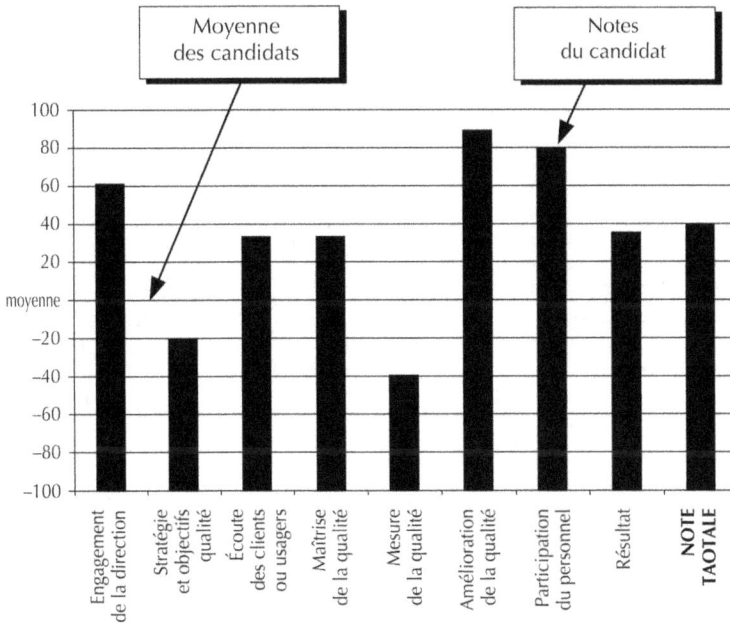

SCHÉMA 2.2.

2.2.2. Un exemple de benchmarking interne

Exemple

Les six sociétés régionales du groupe rebaptisé CJP ont mené chacune un auto-diagnostic. La présentation du tableau récapitulatif a permis très rapidement à chaque société régionale et au groupe de positionner ses forces et ses faiblesses et d'en déduire son plan de progrès.

1. Récapitulatif

	SR1	SR2	SR3	SR4	SR5	SR6	▢	CJP
1. Engagement de la direction	**43**	**40**	**52**	**12**	**52**	**16**	**36**	**40**
1.1. Entraînement	65	46	80	12	58	13	46	50
1.2. Exemplarité	50	38	65	20	50	20	40	39
1.3. Valorisation des efforts et succès	15	35	10	5	50	15	22	31
2. Stratégie et objectifs qualité	**18**	**30**	**55**	**22**	**47**	**13**	**31**	**46**
2.1. Lien avec la stratégie de l'entreprise	30	27	58	15	41	10	30	50
2.2. Déploiement dans les fonctions de l'E	10	29	57	15	49	10	28	45
2.3. Connaissance par le personnel	15	34	50	35	50	10	34	44
3. Satisfaction des clients	**26**	**42**	**54**	**27**	**46**	**29**	**37**	**43**
3.1. Modalités de mesure	20	53	71	30	46	40	43	42
3.2. Recueil des besoins explicites	10	37	45	20	40	32	31	42
3.3. Anticipation des besoins implicites	15	42	70	35	48	27	39	60
3.4. Intégration des besoins	50	45	66	30	60	30	47	60
3.5. Identification des concurrents	25	53	30	45	40	25	36	20
3.6. Réaction aux concurrents	35	20	43	5	40	20	27	35
4. Maîtrise de la qualité	**21**	**35**	**51**	**37**	**32**	**40**	**37**	**42**
4.1. Produits et services	10	39	60	40	35	35	36	40
4.2. Processus internes	50	38	58	50	30	40	44	37
4.3. Fournisseurs et sous-traitants	4	28	35	20	31	45	27	49
5. Mesure de la qualité	**0**	**20**	**27**	**0**	**23**	**27**	**16**	**11**
5.1. Choix des indicateurs qualité	0	10	30	0	25	30	16	12
5.2. Mise à disposition des indicateurs	0	30	30	0	34	30	20	10
5.3. Utilisation des indicateurs	0	20	20	0	14	20	15	10
6. Amélioration de la qualité	**13**	**32**	**43**	**28**	**10**	**30**	**26**	**32**
6.1. Construction des actions	10	35	60	40	10	30	31	50
6.2. Conduite des actions	20	35	40	35	10	30	28	30
6.3. Vérification des résultats	10	27	30	10	10	30	19	15
7. Participation du personnel	**20**	**50**	**39**	**22**	**33**	**27**	**32**	**33**
7.1. Information	30	66	55	37	31	30	41	39
7.2. Encouragement	40	50	20	12	40	30	32	31
7.3. Proposition	10	46	40	10	43	20	28	28
7.4. Formation	20	56	60	50	36	35	43	50
7.5. Adhésion	0	33	20	0	5	20	13	15
8. Résultats	**28**	**30**	**52**	**35**	**32**	**31**	**35**	**51**
8.1. Satisfaction des clients	20	40	70	55	37	35	43	60
8.2. Mobilisation du personnel	20	30	40	20	21	30	27	30
8.3. Performance de l'entreprise	35	20	50	20	34	25	31	60
8.4. Intégration dans l'environnement	35	30	50	45	34	35	38	55
TOTAL	**227**	**366**	**473**	**227**	**364**	**264**	**320**	**378**

TABLEAU 2.4.

2. Synthèse

1. L'engagement de la direction : 36

Les directions des sociétés régionales s'engagent dans les démarches qualité au quotidien et avec implication. L'exemplarité est encore hétérogène et les valorisations non systématiques.

2. La stratégie et les objectifs qualité : 31

Les sociétés régionales 3 et 5 sont les deux directions qui ont formalisé une démarche qualité. La formation, les journaux internes, les entretiens de progrès, les réunions régionales sont des relais de transmission de la stratégie qualité très utilisés.

3. La satisfaction des clients : 37

Les questionnaires sont au centre du dispositif de la mesure de la satisfaction clients. Le groupe fait bénéficier les sociétés régionales de ses études (enquêtes consommateurs, panels, tests, réunions prescripteurs...), mais la participation de ces dernières reste faible. La réaction vis-à-vis des concurrents est empirique.

4. La maîtrise de la qualité : 37

Les méthodes pour maîtriser la qualité en agence tiennent en fait à l'implication des directeurs d'agence. Les processus internes sont mieux maîtrisés grâce à l'informatisation et à la centrale d'achats. Des progrès sont encore possibles.

5. La mesure de la qualité : 16

À part les questionnaires, peu d'indicateurs qualité existent.

6. L'amélioration de la qualité : 26

Les actions d'amélioration de la qualité sont élaborées plus dans un souci correctif que préventif. Le suivi est inconstant.

7. La participation du personnel : 32

Le personnel est associé à la démarche qualité, mais les structures ne l'incitent pas formellement à proposer et mettre en œuvre des actions qualité. Il n'y a pas de mesure formelle de cette adhésion. Les formations au métier sont appréciées, l'application dépend des directeurs d'agence.

8. Les résultats : 35

La contribution de la qualité aux résultats de l'entreprise est reconnue même si elle est difficilement mesurable. Les clients sont satisfaits, le sentiment d'appartenance du personnel à la CJP fortement développé, l'insertion locale souvent réussie. Mais les difficultés de gain de parts de marché empêchent une meilleure évaluation.

3. Recommandations

1. Restituer les autodiagnostics dans les sociétés régionales, les commenter et en déduire des actions de progrès.

2. Mener une étude de satisfaction clients au niveau national et diffuser priorités d'action, graphiques et synthèse des résultats auprès des collaborateurs concernés dans chaque société régionale.

3. Instituer l'appel de courtoisie pour fidéliser. L'assistant qui s'est occupé du

client l'appelle dix jours après la prestation. L'optique n'est pas commerciale. Le but est de montrer que la CJP n'abandonne pas ses clients, mais reste présente.

4. Évaluer la qualité des services sur l'ensemble du réseau. Des auditeurs internes à la CJP et rattachés au groupe passent dans les points de vente pour évaluer locaux, comportements, pratiques commerciales, connaissance et application des procédures...

5. Analyser ce qui ne va pas. Les sociétés régionales ont toute initiative : cercles de qualité, boîte à idées, commission qualité, certification interne, fiches qualité...

6. Concevoir un système de stimulation pour progresser vers l'excellence.

7. Communiquer sur la qualité, aussi bien en externe (création d'une commission constituée de personnalités) qu'en interne (modalités à définir).

8. Créer une fonction qualité dans les sociétés régionales. Cette fonction pourrait être prise en charge par le plus haut niveau de la société, soit le DGA.

9. Mesurer l'adhésion du personnel à la démarche qualité.

L'ensemble de ces recommandations s'intégreront dans la politique qualité du groupe CJP. Cette politique sera proposée à un prochain comité de direction pour validation.

Elle sera structurée en cinq parties :

1. Les enjeux d'une politique qualité à la CJP (lien avec la stratégie)

2. Les objectifs : les clients, la CJP, le marché

3. Les principes d'action (dont l'intégration dans le management)

4. L'architecture de la démarche et les méthodes
   – groupe : les actions groupe et la structure qualité
   – société régionale : proposition d'une démarche qualité adaptée

5. Les modalités de pilotage : structure, budget, calendrier et tableau de bord (indicateurs de mesure nationaux et régionaux).

AUTRE RÉFÉRENTIEL POSSIBLE : L'EFQM

Le directeur qualité de cette entreprise de service de dimension mondiale a adopté le référentiel EFQM (European Foundation for Quality Management) pour évaluer le niveau de qualité de l'entreprise qu'il venait de rejoindre. Exercice salutaire car les résultats sont sévères.

• **Récapitulatif de l'autodiagnostic**

Leadership : 10 points x 1 =	10 points
Politique et stratégie : 5 points x 0,8 =	4 points
Personnel : 20 points x 0,9 =	18 points
Partenariats et ressources : 15 points x 0,9 =	13 points
Processus : 25 points x 1,4 =	35 points
Résultats clients : 15 points x 2 =	30 points
Résultats personnel : 20 points x 0,9 =	18 points
Impact sur la collectivité : 80 points x 0,6 =	48 points
Résultats des performances-clés : 30 points x 1,5 =	45 points
Total =	221 points/1 000

• **Un commentaire sur la méthode d'évaluation**

Il était difficile pour lui à ce stade d'être plus précis dans l'état des lieux en raison de l'indisponibilité d'informations globales. Il faudrait vérifier (comme tout audit qualité l'exigerait) toutes les informations recueillies. Ce premier bilan gagnerait donc à être approfondi et complété à la fois par les dirigeants de l'entreprise et par les responsables qualité. Ceci permettrait à chacun de :
- découvrir le référentiel EFQM et parler le même langage
- évaluer l'entreprise à l'aide d'une grille sans complaisance
- identifier les points forts et ceux à améliorer
- se comparer avec des organisations de taille et de structure similaires.

• **Analyse des résultats**

1. Ces résultats sont médiocres. Ceci confirme la perception que l'entreprise est en retard en matière de qualité. Deux comparaisons :
- une organisation certifiée obtient un minimum de 300 points
- 70 % des grands comptes de l'entreprise sont certifiés...

L'expérience montre qu'ils correspondent à un début de prise de conscience. Cette sensibilisation est la bienvenue car une simulation sur plusieurs années montrerait que l'écart se creuse avec les pratiques des meilleurs.

2. La décomposition du score de 221 points indique que les deux meilleures notes viennent des composantes les moins dépendantes de la mise en œuvre d'une politique qualité (n° 8 et 9). Ceci signifie que le score obtenu a bénéficié de l'insertion exemplaire de l'entreprise dans son environnement et de ses efforts et résultats en matière de gestion.

3. Les démarches qualité démarrent dans l'entreprise, quelle que soit leur voie d'entrée :
- marché : très peu de benchmarking, mais des chartes d'engagements de service en cours
- clients : à la fois une très grande proximité clients, mais aussi une très grande méconnaissance. Culture d'offre et non d'identification des besoins
- assurance qualité : une vingtaine d'entités seulement certifiées sur un potentiel de 2 000. La certification est une forte opportunité pour fédérer un établissement et pour fertiliser le réflexe qualité. Il faudra aussi créer le réflexe client. Très peu a été réalisé sur les processus transversaux. Qui d'ailleurs en sont les propriétaires ?
- management : quelques structures qualité dans les établissements, mais un fonctionnement qui ne place pas la qualité au rang de priorité.
Ces démarches constituent une addition de savoir-faire collectifs et d'initiatives personnelles. Le corpus qualité est à construire.

Un membre du comité de direction résume le travail à accomplir :

Des tas de gisements de progrès partout !

3. LA MESURE DE LA SATISFACTION CLIENTS

3.1. Les objectifs

La mesure de la satisfaction clients constitue un outil précieux. L'intérêt de cette mesure est d'évaluer précisément le niveau de qualité perçue, au-delà de l'intuition ou du recueil de propos spontanés.

- **C'est un outil pour l'entreprise :**
  - définir ce qui constitue la qualité aux yeux du client (identifier son système d'évaluation),
  - mesurer la satisfaction du client pour chaque critère de qualité
  - identifier les points forts et les points faibles de l'entreprise,
  - se positionner par rapport à la concurrence,
  - en déduire les axes d'amélioration,
  - sensibiliser concrètement chacun à l'importance du client,
  - associer l'ensemble des collaborateurs à la définition et à la mise en œuvre d'axes de progrès,
  - évaluer l'impact de la mise en œuvre de ces axes de progrès, lors d'une enquête identique ultérieure.

- **C'est aussi un outil de communication vers le client :**
  - le client apprécie de voir son opinion prise au sérieux,
  - le client apprécie de pouvoir faire part de ses attentes.

Qualité ▷ Satisfaction ▷ Fidélité ▷ Résultats

👉 **Et vous ?**

La mesure de la satisfaction est pour vos collaborateurs un puissant levier de progrès.

Publiez-vous vos résultats en interne ?

3.1.1. Quatre types de mesure active

- 1. L'enquête de satisfaction auprès de ses clients est la plus connue. Il est quelquefois intéressant de cibler les nouveaux clients.

- 2. L'enquête auprès de ses prospects non transformés consiste à analyser l'échec de ses ventes. Peu facile à conduire, mais toujours très riche, elle identifie toutes les non-qualités de son marketing ou de ses ventes.

■ 3. Une troisième cible est constituée des clients perdus. Cette enquête est plus difficile à mener que les deux précédentes car un client perdu est souvent peu amène. Trois critères sont à analyser : l'importance du client, son ancienneté et le motif de sa perte :
  • pour cause externe : déménagement, changement de direction, faillite
  • abandonné volontairement par l'entreprise : mauvais payeur...
  • par non-qualité de l'entreprise
  • autres motifs...

■ 4. Il est enfin possible d'analyser les clients de la concurrence. Les résultats de ces études comparatives permettent de positionner l'entreprise sur son marché. L'intérêt est de distinguer les clients mono-fournisseurs et multi-fournisseurs.

> Ces études se distinguent des mesures passives ou réactives : remontées terrain, service clients...

3.1.2. Propos entendus

■ *Tous nos clients sont satisfaits*

Bien sûr. Sinon, ils ne seraient plus nos clients.
• La mesure doit dépasser le constat des évidences...

Exemple

▷ ATT il y a quelques années avait 98 % de clients satisfaits, mais perdait 1 % de part de marché par an.

■ *Les clients satisfaits sont des clients fidèles*

Non. Seuls les clients totalement satisfaits sont fidèles. Un client globalement satisfait peut avoir plusieurs motifs d'insatisfaction potentiellement dangereux.
• La mesure doit mettre à jour les vulnérabilités. Rank Xerox a mesuré que les clients très satisfaits sont deux fois plus fidèles que les clients satisfaits.

■ *Être bon est suffisant*

Non. « Good is not good enough ». Seule l'excellence est valorisée par vos clients, seule la recherche de l'excellence est mobilisatrice en interne.
• La mesure doit quantifier cet objectif.

93

Exemple

▷ Pour la première fois en 2001 une banque consulte ses 6 millions de clients. Michel Pébereau, président-directeur général de BNP Paribas, écrit dans les journaux : *C'est en écoutant vos avis et vos suggestions, que nous parviendrons à vous offrir la banque que vous attendez. Votre avis nous est précieux. Tous les collaborateurs de l'entreprise souhaitent avec moi que la naissance de BNP Paribas soit véritablement le point de départ d'un nouveau contrat entre vous et votre banque.*

■ *Mesurer la satisfaction suffit*

Non. Connaître vos points forts et vos points faibles n'est intéressant que si vous pouvez les croiser avec les attentes clients.
• La mesure doit relativiser les scores de satisfaction en fonction du système de valeurs des clients.

■ *La note moyenne de satisfaction nous suffit*

Attention ! Une moyenne ne rend pas compte d'une dispersion. Toute globalisation détruit de la finesse. Et un client satisfait ne compense pas un client insatisfait, comme une mauvaise notation sur un critère ne peut être gommée par une meilleure note sur un autre critère.
• La mesure doit valoriser les écarts par segment et par critère, non les annuler !

■ *La mesure de satisfaction peut être l'occasion d'autres questionnements*

Non. À chaque stratégie ses moyens de mesures. Pas d'étude fourretout !

Produits/services / Clients	Aujourd'hui	Demain
Aujourd'hui	Satisfaction	Diversification
Demain	Développement	Innovation

• La mesure doit ne s'attacher qu'à un seul objectif : la satisfaction des clients d'aujourd'hui vis-à-vis des produits/services.

■ *Les résultats bruts nous suffisent*

Une étude menée par le cabinet Peat Marwick auprès de 1 000 entreprises de services a montré que 71 % réalisaient des études de satisfaction, mais que seules 35 % les utilisaient dans toutes leurs potentialités.
• La mesure doit enseigner les actions prioritaires à mener.

3.2. Les modes d'investigation

Il s'agit essentiellement des études qualiatives, des études quantitatives et des études terrain.

3.2.1. Les études qualitatives

Elles sont conduites le plus souvent avant l'étude quantitative, mais aussi quelquefois après (« focus group ») pour mieux comprendre des résultats chiffrés. Leur objectif est plus d'approfondir que de refléter une image fidèle de l'opinion. Les études qualitatives visent plus la diversité que la représentativité.

Les populations étudiées sont de l'ordre de 10-30 personnes soit individuellement soit en groupe. L'importance de l'enquêteur est essentielle.

LE FACE-À-FACE

Avantages	Inconvénients
++ Richesse de l'information recueillie + Choix du lieu de recrutement + Valorisation de la démarche ++ Souplesse du questionnement	– Coût élevé – Disponibilité des interviewés – Organisation et logistique complexes – Biais de l'interviewer – Représentativité imparfaite – Nécessité de contrôle

LES RÉUNIONS DE GROUPE (TABLE RONDE, PANEL CLIENTS, GROUPE MIROIR...)

Avantages	Inconvénients
++ Richesse de l'information recueillie ++ Interactivité des participants entre eux + Souplesse de l'animation	– Coût très élevé – Disponibilité des participants à une date commune – Nécessité d'un animateur expérimenté – Effet de leadership d'un participant – Représentativité imparfaite – Organisation et logistique très complexes

▷ Kiabi organise une fois par an des assises clients. Leurs *desiderata* ainsi remontés ont donné naissance à des modifications de collections, à l'installation d'espaces enfants dans les magasins ou encore de toilettes. Le distributeur implique également dans l'opération son personnel en lui demandant d'animer des réunions.

Exemple

95

3.2.2. Les études quantitatives

Leur objectif est de mesurer avec précision l'opinion des clients par segment.

■ Taille de l'échantillon :
Le nombre de personnes interviewées dépend du degré de finesse souhaité. Ce niveau est fonction de la segmentation retenue :
- pour des personnes physiques : âge, sexe, lieu d'habitation, catégorie socioprofessionnelle...
- pour des entreprises : taille, type et flux d'activité, secteur géographique, répondant...

Néanmoins, la plus petite sous-population étudiée doit comprendre au moins 30 éléments.

■ Taux de précision :
Les règles d'échantillonnage indiquent que :
- l'intervalle de confiance est inversement proportionnel au carré de l'échantillon : c'est-à-dire qu'il faut multiplier l'échantillon par 4 pour réduire l'intervalle de confiance de moitié.

Exemple

Exemple pour une répartition de réponses à 80-20 :
- à une population de 100 personnes correspond un intervalle de confiance de 8 %
- à une population de 400 personnes, correspond un intervalle de confiance de 4 %
- à une population de 1 600 personnes, correspond un intervalle de confiance de 2 %
- à une population de 6 400 personnes, correspond un intervalle de confiance de 1 %

- quand la population est grande, la taille de l'échantillon est indépendante de la taille de la population observée : 100 personnes interrogées donnent le même intervalle de confiance, que la population de référence soit de 10 000 ou de 100 000. La précision des réponses d'un échantillon est directement proportionnelle à sa taille (et non à la taille de la population de référence, le taux de sondage n'ayant pas d'incidence à ce stade). Mais les effectifs des populations concernées sont faibles. Il faut donc tenir compte d'un facteur de réduction de l'intervalle de confiance égal à :

$$\sqrt{\frac{N\text{-}n}{N\text{-}1}} \qquad N = \text{population} \qquad n = \text{échantillon}$$

- la précision des réponses est également liée à la dispersion des opinions. La répartition des opinions à 50-50 offre un taux de précision moins bon qu'une répartition des réponses à 90/10 (meilleure concentration des réponses).

- le taux de précision des réponses se calcule donc en croisant la taille d'échantillon et la dispersion des réponses obtenues.

Exemple	% d'insatisfait	
Échantillon	10 %	20 %
50 personnes	8,3	11,1
100 personnes	5,9	7,8
200 personnes	4,1	5,5
300 personnes	3,4	4,5

L'expérience démontre qu'en étude de mesure de la satisfaction, la dispersion des opinions est forte et que le taux de clients insatisfaits est habituellement faible, de l'ordre de 5 à 20 % selon les critères.

Cette répartition offre donc une meilleure garantie de précision et permet de limiter les tailles d'échantillons au strict nécessaire, en acceptant le principe de départ qu'il existe une minorité de clients insatisfaits. Et d'ailleurs, si 50 % des clients étaient insatisfaits sur un critère, le problème consisterait moins à se demander si la « vraie » réponse est 45 % ou 55 % que de mobiliser d'urgence toutes les équipes pour s'attaquer à un dysfonctionnement aussi fort...

L'AUTO-ADMINISTRATION (LIBRE-SERVICE OU COURRIER, FAX, INFORMATIQUE...)

Avantages	Inconvénients
+ Coût peu élevé (++ pour le libre-service) ++ Très large possibilité de contact + Support d'une opération de communication	– Non-représentativité (volontariat et gonflement des extrêmes) – Rigidité du questionnement – Nécessité d'implication du réseau pour le libre-service – Non-contrôle des délais – Qualité du répondant

LE TÉLÉPHONE

Aujourd'hui, 90 % des études de satisfaction se font par téléphone.

Avantages	Inconvénients
++ Maîtrise de l'échantillon ++ Délai + Recueil de verbatim malgré un temps limité + Large possibilité de contact + Contact direct chaleureux	– Obtention des bons numéros de téléphone – Difficulté d'obtention des interviewés – Biais de l'enquêteur

3.2.3. Les études sur le terrain

LE CLIENT MYSTÈRE : UN OBSERVATEUR JOUE INCOGNITO LE RÔLE D'UN CLIENT

Avantages	Inconvénients
++ Observation factuelle ++ Utilisation/consommation du pro-duit/service en circonstances réelles	– Non-représentativité – Biais et crédibilité de l'observateur – Organisation complexe

AUTRES ÉTUDES

Elles s'apparentent plus à un accompagnement sur le terrain pendant plusieurs jours.

⚠️ **Attention**

Méfiez-vous des statistiques...

Une étude statistique a démontré que toutes les études statistiques étaient fausses !

Le qualitatif sert à comprendre, le quantitatif sert à mesurer.

... et des syllogismes et autres corrélations étranges !
Plus la ville est grande ▷ plus il y a d'aveugles
Plus la ville est grande ▷ plus il y a de cinémas.
▷ Plus il y a d'aveugles, plus il y a de cinémas !

QUELQUES CRITÈRES D'ÉVALUATION D'UN MODE D'ADMINISTRATION

	Face-à-face	Réunion	Courrier	Télé-phone
Richesse de l'information	2	3	1	2
Représentativité des répondants	2	0	0	3
Simplicité d'organisation	1	0	3	2
Valorisation des interviewés	3	2	0	1
Visibilité de la démarche	0	0	3	2
Rapidité de l'étude	1	0	0	3
Coût peu élevé de réalisation	1	0	3	1

Grille de notation : 0 = très faible
1 = moyen
2 = bon
3 = excellent
A vous de pondérer les critères en fonction de vos besoins !

3.3. L'objet de la mesure

3.3.1. Le champ : trois caractéristiques

■ **Satisfaction partielle ou globale**

La mesure est partielle si elle porte sur une composante (ou dimension) particulière du service : la logistique, l'accueil, le confort, la sécurité...

La satisfaction globale porte, elle, sur le service dans son ensemble. Lorsque les dimensions sont bien choisies, la satisfaction globale constitue la somme (pondérée ou non) des satisfactions partielles. Les composantes d'une mesure doivent être pertinentes, exhaustives et indépendantes.

■ **Satisfaction ponctuelle ou cumulée**

La satisfaction ponctuelle porte sur une expérience particulière d'utilisation du service, définie dans le temps et dans l'espace : une commande spécifique.

La satisfaction cumulée porte sur l'ensemble des expériences réalisées par le client au cours d'une période donnée : l'ensemble des commandes de l'année.

■ **Satisfaction isolée ou comparée**

Dans la satisfaction isolée, la mesure porte sur les seules performances de l'entreprise. Les résultats sont alors examinés, soit en comparant ces performances entre elles, soit en surveillant leur évolution dans le temps.

Dans la satisfaction comparée, les performances de l'entreprise sont mesurées par rapport à celles de la concurrence. L'option comparative connaît trois grandes variantes :

- possesseurs de la marque de l'entreprise et possesseurs de marques concurrentes
- utilisateurs multi-marques qui peuvent évaluer plusieurs fournisseurs
- pour les monopoles (électricité), comparer avec d'autres services publics.

3.3.2. Les critères de la mesure

Il s'agit d'établir la liste de critères pertinents aux yeux des clients pour le champ observé.

- Une première liste d'environ 60-80 critères peut être identifiée :
  - en interne : un groupe de travail associant bien sûr les commerciaux mais aussi des personnes d'autres services en interface avec les clients
  - en externe : entretiens individuels ou de groupe avec des clients.

INit Satisfaction, cabinet de conseil en marketing, réalise plusieurs dizaines de mesures de satisfaction chaque année. Pour faciliter l'identification de ces critères, il s'appuie sur une base de données de 156 critères clés regroupés en neuf thèmes :

1. Relations commerciales	18
2. Marketing et services	33
3. Force de vente	13
4. Produits	24
5. Logistique et approvisionnement	23
6. Assistance technico-commerciale	14
7. Capacité de production	7
8. Administratif commercial	16
9. Service après-vente	8
	156

• Cette première liste de critères doit être ensuite réduite à 20-30 critères environ pour des raisons de durée de passation du questionnaire. La sélection peut être faite en interne par le même groupe de travail ou en externe par sondage auprès de clients : il leur est demandé de noter l'importance accordée à chacun des critères. L'ordre de présentation varie pour éviter la cotation souvent plus généreuse des premiers critères.

Chaque question doit avoir un commanditaire : qui travaillera sur les résultats ?

La seconde liste de critères constitue un référentiel propre au client qui est en constante évolution sous l'effet de la concurrence et de l'évolution des besoins de chacun. Il est conseillé de la revalider tous les deux-trois ans par des entretiens auprès de clients.

Première liste de critères retenus par Conforama

1. Accueil téléphonique
– Rapidité
– Contact client
– Efficacité

2. Accès au magasin
– Emplacement/situation géographique
– Possibilité de parking
– Horaires d'ouverture
– Jours d'ouverture
– Fléchage routier
– Emplacement pour handicapés

3. Agencement du magasin
– Vitrine
– Surface d'exposition
– Éclairage
– Niveau sonore, bruit
– Musique d'ambiance
– Température
– Circulation dans le magasin
– Merchandising
– Fléchage du magasin

4. Vendeurs
– Disponibilité
– Nombre
– Accueil, contact client
– Capacité d'écoute
– Discrétion
– Connaissance des produits
– Sentiment de liberté pour l'acheteur
– Capacité à apporter des solutions

5. Produits
– Esthétique, design
– Finition
– Solidité, usage
– Origine

6. Présentation des produits
– État de propreté
– Mise en valeur du produit

– Étiquetage
– Notice de présentation
– Présence d'accessoires
– Circulatoire
– Cohérence de présentation de la collection

7. Offre commerciale
– Rapport qualité/prix
– Disponibilité annoncée
– Choix, étendue de la gamme

8. Conditions de paiement
– Accueil à la caisse
– Rapidité de service à la caisse
– Facilités de paiement
– Acceptation des cartes de crédit

9. Communication externe
– Publicité dans la PQR
– Publicité à la radio
– Publicité dépliant
– Publicité affichage

10. Livraison
– Respect des délais de livraison
– Installation
– Livraison sans erreur
– Livraison sans détérioration
– Solidité de l'emballage
– Comportement des livreurs ou poseurs
– Propreté des camions

11. Montage
– Clarté de la notice de montage
– Rapidité, facilité de montage
– Présence des pièces d'assemblage

12. Service après-vente
– Accueil
– Rapidité du délai d'intervention
– Efficacité
– Comportement du personnel

101

3.4. Les systèmes de notation

3.4.1. Les principales échelles de mesure

■ L'ÉCHELLE DE LIKERT

Ces échelles sémantiques se prêtent bien à la mesure de l'opinion :

Très satisfait	Tout à fait d'accord
Plutôt satisfait	Plutôt d'accord
Plutôt insatisfait	Pas vraiment d'accord
Très insatisfait	Pas du tout d'accord

Exemple

▷ Une autre échelle utilisée par la banque First Chicago mesure la satisfaction des attentes :
5. A dépassé mes attentes
4. A satisfait toutes mes attentes
3. A satisfait la plupart de mes attentes
2. A satisfait quelques-unes de mes attentes
1. N'a pas satisfait mes attentes.

▷ Europcar France a choisi il y a quelques années un mode de calcul qui repose sur le postulat suivant :
• un client satisfait le dit à trois personnes
• un client peu satisfait le dit à dix personnes.

À chaque niveau de satisfaction a été attribué un coefficient :

très satisfait :	3 points
satisfait :	1 point
moyennement satisfait :	-1 point
peu satisfait :	-10 points
ne sait pas :	réponse non prise en compte

Pour chaque critère, le nombre de réponses a été multiplié par les coefficients correspondants. La note de satisfaction par critère était obtenue en divisant ce montant par le nombre de réponses, exception faite des NSP.

Une note négative souligne plus spontanément un manque, une carence.

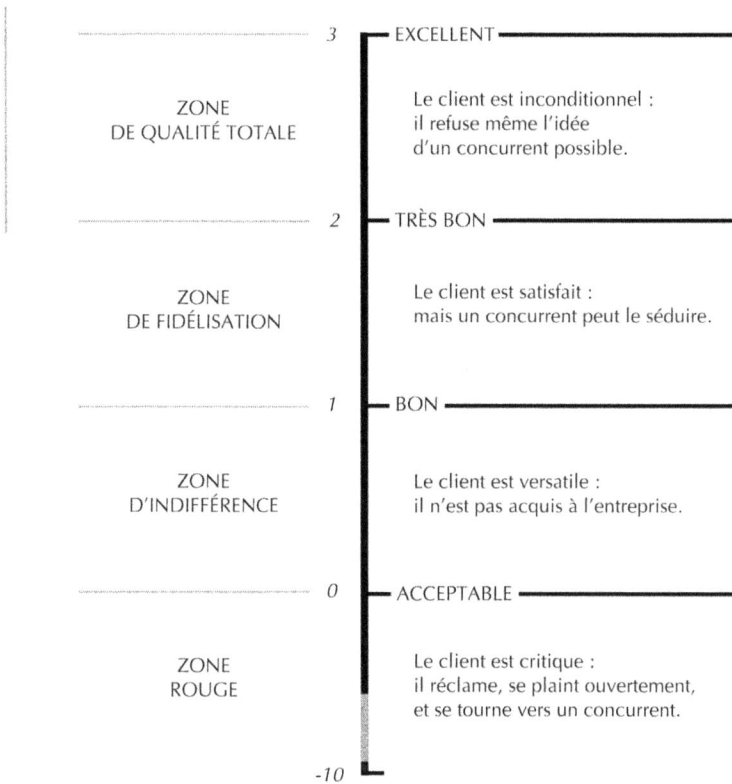

                    3 ┌─ EXCELLENT ──────────────
ZONE
DE QUALITÉ TOTALE   Le client est inconditionnel :
                         il refuse même l'idée
                         d'un concurrent possible.

                    2 ├─ TRÈS BON ───────────────
ZONE
DE FIDÉLISATION   Le client est satisfait :
                         mais un concurrent peut le séduire.

                    1 ├─ BON ────────────────────
ZONE
D'INDIFFÉRENCE   Le client est versatile :
                         il n'est pas acquis à l'entreprise.

                    0 ├─ ACCEPTABLE ─────────────
ZONE
ROUGE   Le client est critique :
                         il réclame, se plaint ouvertement,
                         et se tourne vers un concurrent.

                  -10 └

Schéma 2.3. *L'échelle qualité d'Europcar France*

■ L'ÉCHELLE DE NOTE

- de 0 (très insatisfait) à 10 (très satisfait)
- de 0 (très insatisfait) à 20 (très satisfait)

L'échelle de note est facile à utiliser pour le répondant en raison des souvenirs scolaires nostalgiques qu'elle suscite. Elle discrimine de façon précise les niveaux de satisfaction, particulièrement dans la partie haute de l'échelle qui regroupe généralement 80 % des réponses dans les échelles sémantiques.

Ces échelles sont les plus répandues en matière de mesure de la satisfaction. Leur mise en œuvre nécessite cependant des questions de calage parce que 14/20 peut être excellent pour un professeur de philosophie à l'Université, mais plutôt moyen pour un professeur de mathématiques en 6ᵉ.

103

La notation sur 10 est plus fréquente que la notation sur 20 :
- pour les personnes âgées
- en Grande-Bretagne
- aux États-Unis pour des raisons culturelles.

■ L'ÉCHELLE DE SOURIRE

Cette échelle est utilisée pour les enfants, dans des milieux interna-tionaux ou analphabètes comme dans des hôpitaux où les patients quelquefois ne lisent ni ne parlent la langue du pays avec facilité.

CRITÈRES D'ÉVALUATION D'UNE ÉCHELLE DE SATISFACTION

Les principaux critères de choix d'un type de mesure ont été détaillés par Jean-Philippe Faivre dans le tableau ci-après publié dans la Revue Française de Marketing n°144-145.

Biais de réponse	• Minimise le biais d'acquiescement • Minimise la tendance à se réfugier au centre de l'échelle • Minimise la tendance à l'accumulation vers les extrémités
Clarté sémantique	• Évite les termes ambigus (« correct ») • Les termes de l'échelle ont la même signification pour tous les répondants
Pouvoir discriminant	• Permet de bien distinguer les différents niveaux de satisfaction • Évite les nombres de niveaux trop faibles (résultats peu opérationnels) ou trop élevés (validité de contenu insuffisante)
Validité	• Bonne prévision du comportement ou des intentions • Bonne corrélation avec la probabilité de se plaindre, de recommander à autrui, de ré-acheter...
Adéquation au mode d'administration du questionnaire	• Adéquation aux différents modes de contact • Souplesse du mode d'administration de l'échelle (réponses positives en premier en face-à-face, réponses négatives en premier en postal) • Consignes favorisant une utilisation optimale de l'échelle • Robustesse aux effets d'ordre, de position dans le questionnaire...

Facilité d'utilisation pour les répondants	• Taux d'abandon suffisamment faible • Toutes les catégories de l'échelle sont utilisées • Peu de demandes d'explication ou de répétition de l'échelle • Cohérence entre les réponses et les commentaires des répondants • Minimise les réactions d'irritation ou les hésitations en cours d'entretien
Opérationalité	• Crédibilité en interne ; ne favorise pas les échappatoires lors du passage à l'action • Cohérence avec les modes de pensée internes en matière de qualité

3.4.2. La mesure de l'importance

La détermination de l'importance de chaque critère est effectuée selon deux approches :
• l'importance déclarée : le répondant se prononce lui-même sur l'importance qu'il accorde aux critères. Cette approche se heurte à l'ambiguïté de la notion d'importance qui renvoie à la fois à l'adéquation à une attente et à l'existence d'une différenciation entre les offres concurrentes. Un critère devient moins important aux yeux d'un client quand il est satisfait par tous les concurrents
• l'importance calculée : l'importance est calculée par des méthodes de corrélation statistique (régression linéaire simple).

Les nombreuses mesures de satisfaction menées par INit Satisfaction enseignent que les clients, dans leur déclaratif :
• valorisent toujours le temps et l'argent (les délais et les prix)
• sous-estiment toujours l'humain (la compétence et le relationnel).

	+ Importance déclarée −	
	Niés	Fondamentaux
+ Importance calculée **−**	Qualité	Qualité et communication
	Rien	Communication
	Accessoires	Sublimés

Il faut rapprocher le recueil des réclamations des résultats des mesures de satisfaction.

SCHÉMA 2.4. *Positionnement des critères et priorités d'action*

3.5. La conduite d'une mesure

3.5.1. Préparation de la mesure

■ **Création d'un comité de pilotage**
Composé de 7-8 salariés en interface avec le client, le comité est animé par un professionnel de la mesure de satisfaction. Sa mission est de proposer à la direction la méthodologie adaptée à l'entreprise et de suivre l'opération.

■ **Construction de l'échantillon**
De multiples critères de segmentation sont à sélectionner en fonction de la population étudiée et du niveau de finesse attendu.

■ **Conception du référentiel de mesure**
Il s'agit de déterminer une liste d'une trentaine de critères et l'échelle de mesure. Plusieurs référentiels peuvent être élaborés si les interlocuteurs sont différents : DG, directeur des achats, directeur de la logistique...

■ **Choix du mode d'enquête**
Plusieurs possibilités se présentent : intervenant, interne ou extérieur, mode écrit, téléphonique ou en face-à-face...

■ **Organisation de l'enquête**
Quelques points-clés sont à respecter : qualification des fichiers, information interne, maîtrise de l'échantillon et contrôle...

3.5.2. Réalisation : le terrain

3.5.3. Exploitation

■ **Saisie informatique**
Toutes les réponses sont saisies ainsi que les commentaires aux questions ouvertes.

■ **Traitements statistiques**
Des pondérations sont éventuellement effectuées pour respecter la représentativité des divers segments de l'étude.

■ **Valorisations graphiques**
Tableaux et cartes (croisement satisfaction et importance) facilitent la lecture des résultats.

■ **Présentation des résultats**
L'ensemble des résultats est présenté au comité de pilotage puis à la direction et ou en réunion générale.

SI VOUS SOUHAITEZ FORMER UN ENQUÊTEUR...

Entre un mois et deux semaines avant l'étude

- Embauchez pour une période d'un mois une personne extérieure pour éviter d'être à la fois juge et partie. Son profil requiert la capacité d'écoute, la gentillesse, et la ténacité. Deux impératifs s'avèrent nécessaires : une voix agréable et une expérience de l'utilisation d'un micro-ordinateur.
- Informez le personnel, et particulièrement les services facturation, SAV et qualité.

Une semaine avant

- Réservez un endroit calme où une conversation téléphonique ne dérange pas. Obtenez la disponibilité d'un micro-ordinateur et d'une ligne directe.
- Faites regrouper toutes les factures établies dans une période allant de un à six mois avant le jour du démarrage de l'enquête.

Le jour J

- Accueillez l'enquêteur. Présentez-lui l'entreprise, les produits et services, le type de clientèle. Commentez avec lui le questionnaire et donnez-lui quelques informations-clés comme les produits et services fournis, les facilités de paiement, les modalités de livraison, les horaires d'ouverture...
  L'enquêteur a besoin de ces données lors de ses entretiens avec les clients. Il faut qu'il les connaisse, non pas pour argumenter, mais pour mieux appréhender des propos éventuellement récriminatoires des personnes enquêtées.
- Expliquez-lui le système de facturation et le mode de classement des factures. Insistez sur un échantillonnage aléatoire (exemple d'une facture sur dix).

Pendant l'enquête

- Rencontrez chaque jour l'enquêteur pour suivre ses travaux et résoudre ses problèmes éventuels : l'enquêteur est au contact direct de votre clientèle pendant plusieurs jours, il apporte toujours un feed-back très précieux.
- Vérifiez le bon avancement de l'enquête et que les « verbatim » sont retranscrits dans la journée. Notre expérience indique qu'un enquêteur peut administrer de dix à trente questionnaires par jour. Ceci dépend principalement de la difficulté à obtenir les clients et de la longueur du questionnaire (maximum 20').

3.6. L'exploitation des résultats

Le premier résultat obtenu est la note de satisfaction pour chaque critère.

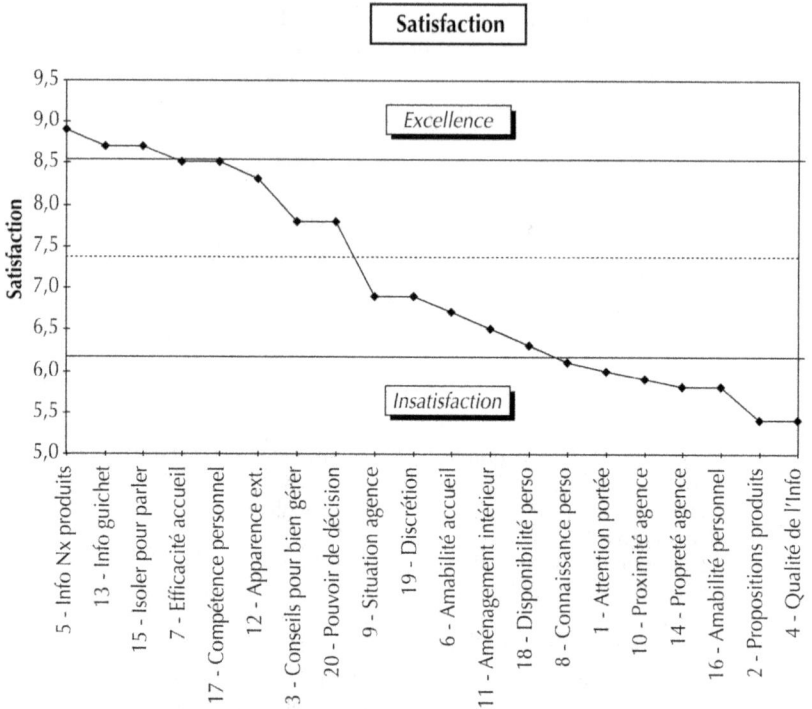

SCHÉMA 2.5. *Notes de satisfaction pour chaque critère*

Le tableau ci-dessus présente les notes de satisfaction de l'ensemble des critères ordonnées de façon décroissante.

L'entreprise satisfait-elle les clients sur ce qui est important à leurs yeux ?

La carte ci-après présente le croisement des niveaux d'importance accordés par les clients classés par ordre décroissant et des critères de satisfaction. Il y a autant de cartes que de segments.

Le croisement indique qu'il faut *être bon là où ça compte*.

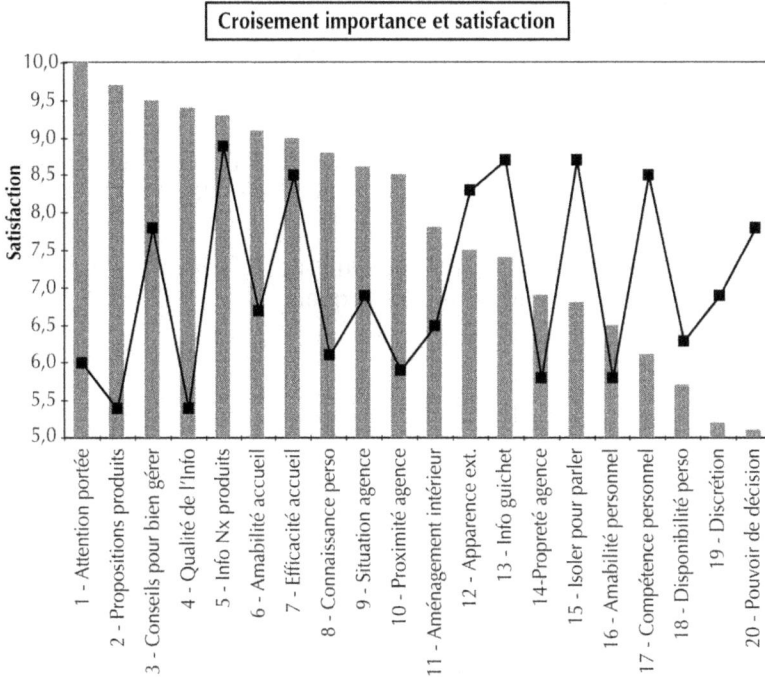

Schéma 2.6. *Croisement importance et satisfaction*

L'originalité de quelques cabinets est de calculer un indice d'excellence qui permet une comparaison simple, très lisible et immédiate à la fois entre segments et dans le temps.

Concrètement, quel plan d'action une unité peut-elle élaborer ?

Le plan d'action est immédiat. Chaque unité reçoit après chaque mesure un tableau lui indiquant les critères à travailler. L'appropriation et le consensus des équipes en sont grandement favorisés.

			Entreprise CJP
Agence de *Boulogne*			Période : 4e trimestre

	Note de satisfac-tion	Ordre d'impor-tance	Critères à travailler
1	6,3	2	Explication des conditions financières
2	6,6	3	Information détaillée
3	5,3	8	Accueil
4	6	5	Attentes
5	7,1	1	Aide au choix des services

N'oubliez pas de communiquer !

1. Vers les interviewés : lettre de remerciements (immédiate et personnalisée pour les grands comptes), appel téléphonique si l'interviewé mécontent a accepté de lever son anonymat

2. Vers les clients : un 4 pages de restitution (méthodologie, points forts, quelques engagements..), la charte d'engagements de services

3. Vers les collaborateurs : journaux internes, séminaires d'analyse et de plan d'action, affichage, totem qualité...

4. L'AUDIT QUALITÉ

4.1. La définition

La définition de l'audit qualité a évolué en 14 ans :

- Selon les normes ISO 8402:1986 et ISO 10011-1:1990, c'est l'examen méthodique et indépendant en vue de déterminer si les activités et résultats relatifs à la qualité satisfont aux dispositions préétablies, si ces dispositions sont mises en œuvre de façon effective et sont aptes à atteindre les objectifs.

- Selon la norme ISO 9000:2000, c'est le processus méthodique, indépendant et documenté permettant d'obtenir des preuves d'audit et de les évaluer de manière objective pour déterminer dans quelle mesure les critères d'audit sont satisfaits.

Les objectifs d'un audit qualité restent habituellement les suivants :
- déterminer la conformité ou la non-conformité des éléments du système qualité aux exigences prescrites
- déterminer l'efficacité du système qualité mis en œuvre à satisfaire aux objectifs qualité prescrits donner à l'audité l'occasion d'améliorer son système qualité
- satisfaire aux exigences réglementaires
- permettre l'enregistrement du système qualité de l'organisme audité.

Ne pas confondre l'audit avec l'activité de surveillance ou de contrôle.

4.1.1. À quoi l'audit qualité s'applique-t-il essentiellement ?

Audit de produit	Audit de procédé	Audit de système
Qu'est-ce que c'est ? ▷ résultante d'un travail : ceci comprend service, matériau, matériel et ce qui appartient à son utilisation normale (documentation, emballage...)	**Qu'est-ce que c'est ?** ▷ spécifications et enchaînement des opérations permettant d'élaborer tout ou partie d'un produit	**Qu'est-ce que c'est ?** ▷ dispositions et règles particulières ou générales d'organisation auxquelles est soumis tout ou partie du personnel travaillant à l'élaboration du produit
Qualité du produit par rapport : ▷ à des exigences réglementaires ou volontaires ou ▷ au marché	**Qualité du processus par rapport :** ▷ aux éléments qui le décrivent en fonction de ses variabilités propres et ▷ en fonction des résultats observés	**Qualité du système dans :** ▷ son fonctionnement interne et ▷ ses relations avec l'environnement par la qualité de ses prestations

4.1.2. Qu'appelle-t-on disposition ?

Intitulés	Explication
Procédures internes	▷ règles écrites d'organisation déterminant les fonctions, les responsabilités, les démarches pour parvenir à l'objectif recherché
Documents de référence	▷ imposés contractuellement par le client à l'entreprise Exemples : manuel qualité, cahier des charges, normes...

4.1.3. Pourquoi déclenche-t-on un audit ?

Motifs	Auditeur
– Vérifier la conformité d'un système qualité d'un fournisseur aux exigences prescrites	Client
– Vérifier la conformité de son propre système qualité aux exigences qualité en permanence et à la suite de changements importants	Interne
– Faire évaluer son propre système qualité par rapport à une norme de système qualité	Externe

4.2. La méthodologie de l'audit

4.2.1. Plan-type de déroulement de l'audit (ISO 10011)

Il se déroule en 4 phases :

1. **Déclenchement de l'audit**
   - champ de l'audit
   - fréquence des audits
   - revue préliminaire de la description du système qualité de l'audité

2. **Préparation de l'audit**
   - plan d'audit
   - missions de l'équipe d'audit
   - documents de travail

3. **Exécution de l'audit**
   - réunion d'ouverture
   - examen
   - réunion de clôture avec l'audité

4. **Documents d'audit**
   - préparation du rapport d'audit
   - contenu du rapport

- diffusion du rapport
- conservation des dossiers

L'audit est achevé lorsque le rapport d'audit est remis au client.

👉 Et vous ?

Avez-vous élaboré une procédure pour planifier, mener et enregistrer vos audits qualité ?

Respectez-vous la règle de l'examen méthodique et indépendant ?

Qu'advient-il de vos actions correctives ?

4.2.2. La professionnalisation d'un auditeur

Trois fondamentaux sont pré-requis :

■ **Formation générale**
- être capable de s'exprimer clairement et facilement tant à l'écrit qu'à l'oral.

■ **Connaissance des démarches d'audit**
- savoir :
  - connaître et comprendre les normes qualité qui servent de référence à l'audit de l'entreprise
  - connaître la norme ISO 10011
  - connaître le secteur d'activité audité
- savoir-faire :
  - pouvoir évaluer, savoir questionner et apprécier
  - savoir réaliser un compte rendu
  - être capable de planifier
  - être capable de communiquer

■ **Qualités personnelles**
- savoir être :
  - obtenir les preuves objectives et les évaluer de façon indépendante
  - ne pas se contenter de l'oral : « un auditeur ne croit que ce qu'il voit »
  - n'accepter aucun cadeau, ne pas faire de favoritisme
  - respecter la confidentialité des documents consultés au cours de la mission d'auditeur
  - être totalement attentif lors de l'audit de façon à pouvoir réagir dans des situations difficiles
  - être apte à dialoguer avec les audités quels que soient leurs niveaux hiérarchiques

Un auditeur expérimenté a au moins travaillé deux ans dans l'assurance qualité et participé à quatre audits complets.

113

AUDITEZ LES PRATIQUES DE VOS AUDITEURS !

L'expérience de la conduite d'audits montre habituellement plusieurs points critiques :

- l'auditeur est parfois perçu comme subjectif, loin des préoccupations de l'audité
- la communication entre auditeurs et audités n'est pas toujours claire et directe (non-dit et sous-entendu)
- l'audit ne concerne que quelques personnes de l'entité auditée, souvent les mêmes
- l'absence d'exploitation des résultats d'un audit a un effet démobilisateur auprès des différents acteurs de l'audit interne
- les interfaces sont un maillon faible dans le traitement des audits
- l'audit est perçu souvent comme une surcharge de travail
- les indicateurs relatifs aux audits internes sont peu motivants (exemple du nombre de non-conformités)
- une culture insuffisante de certains audités en qualité et assurance qualité peut être préjudiciable à la réussite des audits
- les objectifs de l'audit interne ne sont pas toujours partagés ou quelque-fois mal compris
- l'audit interne n'est pas toujours ressenti comme un outil de progrès
- il existe une confusion entre audit, contrôle et inspection

Quelques pistes d'actions correctives...

- l'expression de l'objectif uniquement en termes de progrès facilite son acceptation
- la pratique répétée de l'audit favorise son déroulement (phénomène d'apprentissage pour les audités)
- l'après-audit peut devenir une source d'échanges et de communication
- la pratique de l'audit externe facilite l'acceptation de l'audit interne
- l'exemplarité de l'audit réussi en fait un outil de mobilisation
- la perception de l'audit interne comme outil de progrès est améliorée quand on peut impliquer les opérationnels
- l'adoption d'une méthode type résolution de problèmes avec croisement offres et attentes diminue les difficultés à traiter les problèmes d'interface avec les partenaires de l'entité auditée (actions post-audit)
- il ne faut pas hésiter à re-sensibiliser la hiérarchie à la puissance de la démarche qualité et en particulier de l'audit interne
- formaliser les plans d'action en s'appuyant sur les techniques de conduite de projet évite une répétition des écarts
- l'arbitrage des priorités concernant les actions correctives doit être fait au niveau hiérarchique adéquat
- et pourquoi pas renverser les rôles (auditeurs, audités) pour élargir le panel des auditeurs ?

AUDIT RÉALISÉ DANS UN SERVICE DE SOINS

1. Rappel des objectifs

Pour cet audit intermédiaire, les objectifs sont les suivants :

• Évaluer la conformité du service de soins au référentiel d'assurance qualité

• Comparer les résultats à ceux de l'audit initial

• Élaborer des recommandations pour la poursuite du plan d'action en conformité avec le référentiel d'assurance qualité.

2. Équipe d'audit

Cellule d'appui composé d'un cadre infirmier et d'un consultant qualité.

3. Champ

L'audit porte sur les cinq premières exigences du référentiel d'assurance qualité. L'exemple proposé à la page suivante concerne la troisième exigence, la mise en commun des informations.

4. Méthode d'évaluation

Chaque question de l'audit est évaluée avec une note correspondant au barème suivant :

0 : réponse négative	▷ erreur système
1 : un début de réponse	▷ erreur d'application
2 : oui de façon régulière	▷ erreur documentaire (oubli)
3 : oui de façon systématique	▷ pas d'erreur
N.A. = non applicable	

La note obtenue pour chaque exigence est la moyenne arithmétique des notes obtenues à chaque question. La note globale de l'audit est constituée à 50 % par la moyenne arithmétique des notes des 5 premières exigences et à 50 % par la note obtenue à la sixième exigence (enquête patients).

Cette évaluation est réalisée par l'équipe d'audit à partir :

• de l'analyse des documents médicaux et infirmiers du service

• d'entretiens individuels avec les membres de la cellule opérationnelle et les membres du service présents.

5. Déroulement et personnes interviewées

L'audit s'est déroulé les mardi et mercredi. Le lancement de l'audit a été organisé avec la cellule opérationnelle.

Une réunion de clôture le mercredi à 15h30 a permis de restituer à chaud les résultats de l'audit en présence de plusieurs membres du comité de suivi.

Les documents étudiés ont été les dossiers médicaux et infirmiers de 20 patients hospitalisés au cours des deux derniers mois et de 10 patients en cours d'hospitalisation (dossiers tirés au sort). Les autres documents étudiés ont été les feuilles de température, les fiches de surveillance douleur et de transmission et les relevés de décision des staffs.

Les auditeurs ont assisté au staff hebdomadaire du service le mardi à 13 h 45.

6. Résultat (extrait du rapport d'audit intermédiaire : les deux notes indiquent l'évolution entre les deux audits)

Mise en commun des informations : 1 ▷ 2,2

(les notes montrent l'évolution de l'avancement
des actions entre deux comités de pilotage)

Questions	Avance-ment	Commentaires
1. Les infirmières et les aides-soignantes mettent-elles en commun leurs informations sur la douleur des patients à chaque transmission ?	2 ▷2	Homogénéiser les informations : définition d'un langage commun spécifique à la douleur
2. Les médecins reportent-ils par écrit toutes leurs observations sur la douleur ?	2 ▷1	Les dossiers patients ne sont pas correctement renseignés. Compléter les informations reportées sur la fiche de transmission
3. Les aides-soignantes reportent-elles par écrit toutes leurs observations sur la douleur ?	1 ▷1	Préciser et compléter les informations reportées sur la fiche de transmission Diffuser un glossaire sur la douleur
4. Toutes ces observations sont-elles visées par le médecin pendant la visite ?	0 ▷3	
5. Existe-t-il un staff douleur hebdomadaire pour les soignants du service ?	0 ▷2	Optimiser le déroulé des staffs : – participation active des soignants présents – limitation des perturbations

© Éditions d'Organisation

Exemple

AUDIT RÉALISÉ CHEZ UN DISTRIBUTEUR

Cette grille est extraite du référentiel d'une grande entreprise française.

Ce référentiel est particulièrement exigeant pour deux raisons :

- nombre élevé de critères et de sous-critères
- notation sévère par son caractère binaire : 0 ou 1, sachant que 99 % déclenche une note de 0.

Critère 17 : audits qualité internes	Oui à 100 %	Preuve Concrétisation
171. A-t-il été établi des procédures assurant la mise en œuvre d'un système complet d'audit interne destiné à vérifier que les dispositions prévues relatives au système qualité sont appliquées et efficaces ?	1	Référentiel interne
172. Existe-t-il un programme d'audit et celui-ci est-il tenu à jour, respecté et communiqué à l'ensemble des fonctions intéressées ?	1	Planning audit
173. Les personnes effectuant des audits ont-elles suivi une formation spécifique et existe-t-il une liste des auditeurs qualité (notamment les responsables d'audit système) ?	1	Liste des auditeurs qualité internes
174. Les méthodes et outils de l'audit sont-ils formalisés et normalisés (préparation, référentiel, déroulement, rapport) ?	0	Quelques documents non normalisés
175. Des réunions de fin d'audit sont-elles organisées avec les responsables intéressés et les enregistrements correspondants sont-ils conservés par la suite ?	1	Vérification auprès des fonctions concernées
176. Les rapports d'audit sont-ils adressés systématiquement aux audités et aux fonctions intéressées, y compris la direction ?	1	Ampliation du rapport d'audit
177. Les actions correctives sont-elles budgétées et intégrées dans les plans d'amélioration Qualité et les budgets prévoient-ils une provision pour financer les actions correctives suite à l'audit ?	1	PAQ Budget semestre 2
178. L'efficacité des actions correctives qui ont été recommandées dans les rapports précédents est-elle évaluée ?	1	% avancement des PAQ défini lors des réunions qualité + auto-évaluation régulière

5. L'ÉVALUATION DES COÛTS QUALITÉ

5.1. La définition

Les coûts qualité sont la somme de deux montants :
- les coûts de non qualité dus aux anomalies internes et externes
- les coûts d'obtention de la qualité, c'est-à-dire de détection et de prévention.

⚡ coûts des anomalies internes : frais encourus lorsque le produit ne satisfait pas aux exigences de qualité avant d'avoir quitté l'entreprise.

⚡ coûts des anomalies externes : frais encourus lorsque le produit ne répond pas aux exigences de qualité après avoir quitté l'entreprise.

☺ coûts de détection : dépenses engagées pour vérifier la conformité des produits aux exigences de qualité, c'est-à-dire pour financer la recherche des anomalies.

☺ coûts de prévention : investissements humains et matériels engagés pour vérifier, prévenir et réduire les anomalies, c'est-à-dire pour financer les actions menées au niveau des causes des anomalies.

Norme X 50-126

Gérer les coûts qualité, c'est optimiser les coûts d'obtention de la qualité :
- pas assez d'investissements, les anomalies subsistent
- trop d'investissements, la sur-qualité apparaît.

5.2. Les objectifs

5.2.1. Pourquoi mesurer ses coûts qualité ?

Cette mesure permet de :
- chiffrer l'importance de la non-qualité dans son entreprise,
- identifier les possibilités de réduction des coûts,
- stimuler le personnel par la publication des résultats les plus significatifs de la non-qualité,
- mesurer les améliorations réalisées,
- assurer un suivi dans le temps de sa politique qualité.

Le doute amène l'examen et l'examen la vérité.

Proverbe du Moyen-Âge

☞ **Et vous ?**

Savez-vous combien vous coûte un mauvais recrutement ?

*Le mois dernier, avez-vous estimé les pertes de clients
dues à des erreurs d'argumentaire ?*

*Ne pensez-vous pas qu'identifier toute non-qualité
est facteur de rentabilité ?*

DES EXEMPLES CONNUS

- La non-qualité : une machine défectueuse laisse échapper en 1990 du ben-zène dans les bouteilles Perrier.
  - ▷ L'opération de retrait coûte à Perrier plus d'1 milliard de francs, sans parler de l'effondrement de son image aux États-Unis.
- La non-qualité : le 23 novembre 1996, le conducteur de l'Eurostar arrête son train sous le tunnel (alors qu'il devait continuer à rouler lentement).
  - ▷ Eurotunnel évalue à 1,5 milliard de francs son manque à gagner.
- La non-qualité : Mars Climate Orbiter s'écrase en septembre 1999 sur Mars pour une confusion entre pieds et mètres.
  - ▷ La NASA perd 120 millions de dollars.
- La non-qualité : des cheminots se mettent en grève en avril 2001.
  - ▷ La SNCF budgète le coût du conflit à 100 millions de francs par jour.
- La non-qualité : chaque année, 30 millions d'heures de travail sont perdues dans les embouteillages de la région parisienne.
  - ▷ C'est l'équivalent de 330 millions d'euros.

EXEMPLE À FAIRE CONNAÎTRE

Soit une entreprise qui emploie 100 cadres, que ces derniers soient en moyenne 3 heures par jour en réunion et que l'amélioration de la conduite des réunions permette de gagner 20 % du temps passé.

La non-qualité est évaluée à :

$$100 \text{ cadres} \times 3 \text{ h/j} \times 200 \text{ j/an} \times 30 \text{ €/h} \times 20 \% = 360\,000 \text{ €/an !}$$

Exemple

Exemple

5.3. Modalités d'évaluation

Le processus est le suivant :
- Etablir une liste et un glossaire des coûts qualité : coût horaire, coût d'un client perdu, coût du stock d'encours et du stock final, coût d'une réclamation...
- Faire évaluer par chaque direction ses coûts qualité à partir d'hypothèses explicites
- Agréger l'ensemble des estimations
- Mesurer chaque année l'évolution des coûts qualité.

Cinq conseils :

☼ C'est une évaluation :
préférez l'estimation à l'ignorance.

☼ Elle s'appuie sur le zéro défaut :
préférez l'ambition au confort.

☼ Sa caractéristique est la simplicité :
préférez la prise à la chasse.

☼ Ce n'est pas une chasse aux sorcières :
préférez le progrès à la culpabilisation.

☼ Cela s'adresse à toutes les fonctions :
préférez la contribution au cloisonnement.

La mesure des coûts qualité est une question de culture d'entreprise.

Soyez persévérant car une grille d'évaluation des coûts qualité s'affine au fur et à mesure de son utilisation.

Exemple

LA GRILLE DE LA CNAMTS
(Caisse Nationale de l'Assurance Maladie des Travailleurs Salariés)

1. Pour une direction

Exemples d'anomalies possibles, en plus des anomalies classiques du manque d'efficacité pour chaque direction et des difficultés de travail inter-direction.

Agence comptable/Contrôle de gestion :
- rejets
- erreurs d'ordonnancement
- absence de pièces justificatifs
- perte de temps dans la communication avec les autres services
- ...

DSI :
- applications non utilisées ou mal utilisées
- défaut de qualité des logiciels
- indisponibilité des machines, pannes matériels

- listings inutiles
- erreurs dans les livraisons des commandes internes
- ...

DGR et ENSM :
- circulaires ou études non pertinentes
- lourdeur d'élaboration des circulaires
- demandes d'explication des circulaires
- ...

Département Statistiques :
- manque de fiabilité des informations produites
- absence de contrôle des informations à la source
- ...

Département Communication :
- temps passé à refaire des documents supports inutilisés
- campagnes ayant atteint en partie leurs objectifs
- ...

DGA :
- manque de préparation dans les négociations budgétaires
- lourdeur ou inutilité des procédures
- non-suivi des COPAC
- ...

DAG :
- procédures d'organisation incomplètes
- absence d'évaluation des formations
- supports de communication interne non-utilisés
- recrutements inadéquats
- ...

2. Pour chaque agent

Il s'agit d'évaluer tout travail non-productif par la mesure de deux coûts :

- le temps perdu. Tout travail doit être en effet utile, fiable et efficace. Exemples :
  - inutile : réunions sans plus-value, doublons, malentendu, non-exploitation d'études
  - non-fiable : erreurs, dépassement de délais, temps passé à refaire, non-application de procédures...
  - inefficace : non-atteinte de l'objectif, lenteurs d'exécution, sur-consommations de moyens...
- tous les moyens matériels qui ont été utilisés à perte : papier, photocopies, téléphone, micro, temps machine, déplacements, achats, imprimerie...

5.3.1. Hypothèses de travail

CHAMP D'APPLICATION

Deux voies sont possibles pour évaluer les coûts qualité :
- les coûts structurels et les mauvais investissements
- les coûts récurrents de fonctionnement quotidien.

Quels sont les coûts de non-qualité que l'entreprise doit évaluer ?

Les démarches classiques prescrivent de tout mesurer, même les mauvais investissements. Mais jusqu'où l'entreprise doit-elle étendre son investigation, en matière par exemple d'immobilier, d'informatique, de communication, de gestion des ressources humaines, de campagne commerciale, d'organisation... ?

Ou doit-elle dans un premier temps se familiariser à la technique d'évolution en privilégiant des domaines directement liés à la gestion de la relation clientèle ?

PERSONNES CONCERNÉES

L'identification des coûts qualité est un éclairage pour indiquer les possibilités de progrès les plus manifestes. Il est donc nécessaire que tout le monde sans exception participe à cette démarche et la positive.

MODALITÉS DE CALCUL

L'évaluation est calculée en coût moyen, et non supplémentaire (coût marginal), pour tenir compte de la possibilité de faire varier les coûts de structure qui ne doivent pas être considérés comme fixes.

Assertions fausses : on pourrait dire que l'économie d'une heure de collaborateur par semaine ne sert à rien puisque le collaborateur a une garantie de rémunération quelle que soit l'efficacité de sa productivité. On pourrait dire que l'économie d'une heure machine ne rapporte rien puisque cela ne réduit pas la charge d'amortissement. Ces assertions sont en fait fausses car elles ne prennent pas en compte le fait que l'heure gagnée peut être investie au profit de missions nouvelles.

Les coûts qualité sont mesurés habituellement sur une année.

Les contraintes dues à la réglementation ne sont pas des coûts qualité.

ÉLABORATION D'UN GLOSSAIRE

- Coût horaire d'un cadre : 45 €
- Coût horaire d'un employé : 25 €
- Coût d'une facture : 8 €
- Coût interne moyen de la gestion sociale d'un salarié : 550 € (étude KPMG)
- Coût d'un client perdu : CA/nombre de clients x marge brute x durée de vie moyenne d'un contrat
- Coût d'une visite client : budget ventes/nombre de visites
- Coût d'une commande perdue : CA/nombre de commandes x marge brute
- Coût du turn-over (non volontaire) : 1 an de salaire

- 3 mois de préavis du partant
- 3 mois équivalent de frais de recherche
- 3 mois de mise en route
- 3 mois équivalent d'accueil par les personnes en place
• Coût d'une journée de crédit : encours moyen/360 jours x taux de l'argent

L'important est de faire valider la liste des coûts qualité par des responsables d'entité et le glossaire par le contrôle de gestion. Le responsable qualité n'a pas à devenir l'expert-comptable de la qualité !

L'évaluation n'est pas un audit financier. C'est la recherche de gisements de progrès.

UN EXEMPLE DE CHIFFRAGE

Une grande banque régionale souhaitait lancer une démarche d'évaluation des coûts qualité par le chiffrage d'un dysfonctionnement :
• simple, mesurable, dans lequel chacun est impliqué
• gisement d'économies important à première vue
• démontrant les travers d'une culture très formaliste.

Après recherche et analyse, le sujet des excès d'imprimés a été retenu.

1. Évaluation du coût d'une note de service de 3 pages diffusée à 520 cadres répartis sur 260 sites

Étapes	Temps moyen	Coût unitaire en FF	Coût total en FF
Conception	1 h	295	295
Mise au net	0 h 30	140	70
Reproduction	1 560 pages	0,22	343
Dispatching	0 h 20	140	46
Mise en sacoche	/		
Réception-lecture (2'/page)	52 h	295	15 340
Classement (2'/site)	8 h 40	140	1 213
Archivage (1'/site)	4 h 20	140	606
Diffusion de la note auprès de 900 collaborateurs	90 h	180	16 200
Coût total de la note			34 113
Coût par feuille			11 371
Coût par salarié			14

2. Dans cette banque, en une année, 308 notes référencées ont été émises. Compte tenu du chiffrage (estimation) ci-dessus, l'information diffusée par ces notes a coûté à l'entreprise plus de 10,5 millions de francs, soit 0,70 % du produit net bancaire.

3. La conclusion est que cette première estimation fait apparaître la part prépondérante des coûts cachés. En effet, 92 % du coût est lié au temps passé

à lire et diffuser l'information. L'initiateur de la note est donc le générateur des coûts.

Les gains ne se réaliseront qu'en se posant la question de la pertinence même de l'information à diffuser et de son volume : condenser la note de 3 à 2 pages libère 17 h de lecture et 30 h de diffusion, soit 47 h évaluées à 10 500 F. La généralisation bien sûr hâtive de cette mesure dégagerait pour 300 notes de service 3,2 MF !

Exemple

La qualité rapporte !

Cette entreprise a été rachetée pour 1 franc symbolique à l'année N-1. Son directeur a investi dans la prévention dès l'année N+1. Elle vient d'obtenir le grand prix qualité de son secteur d'activité (année N+6).

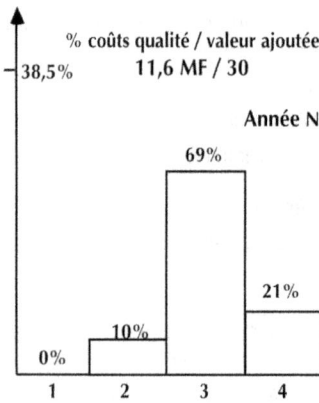

% coûts qualité / valeur ajoutée
11,6 MF / 30

Année N

38,5%

0% 10% 69% 21%

1 2 3 4

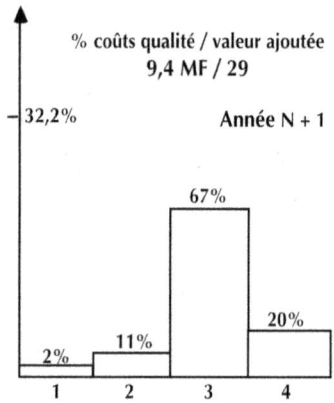

% coûts qualité / valeur ajoutée
9,4 MF / 29

Année N + 1

32,2%

2% 11% 67% 20%

1 2 3 4

1 Prévention
2 Détection
3 Anomalies internes
4 Anomalies externes

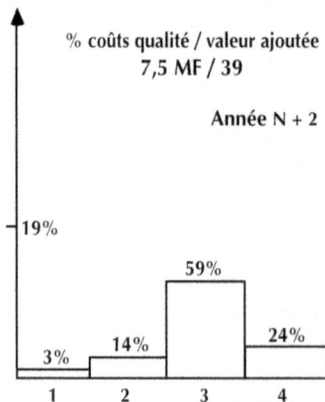

% coûts qualité / valeur ajoutée
7,5 MF / 39

Année N + 2

19%

3% 14% 59% 24%

1 2 3 4

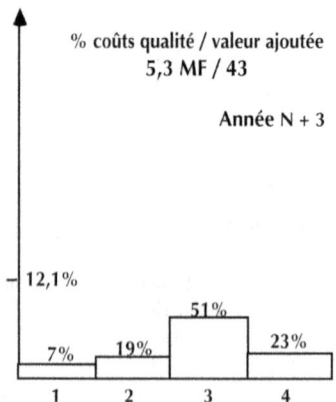

% coûts qualité / valeur ajoutée
5,3 MF / 43

Année N + 3

12,1%

7% 19% 51% 23%

1 2 3 4

Exemple

La non-qualité est réellement destructrice

Voici l'exemple d'un fabricant de meubles. L'intérêt de cette présentation est que l'entreprise n'a pas pris au sérieux cette estimation. Le résultat est qu'elle a dû déposer le bilan trois années plus tard.

Hypothèses de travail

- **Exercice de référence :**　　une année

- **Norme** : le zéro
  - zéro défaut
  - zéro retard (par rapport à un délai fixé)
  - zéro sur-stock
  - zéro déchet

- **Chiffre d'affaires :**　　40 MF
  Valeur ajoutée :　　15 MF
  Ratio : V.A./C.A. =　　37 %

- **Effectifs inscrits au 31 décembre**
  Sont inclus les temporaires.
  - Production　　70
  - Administration
    Vente } 24
    Atelier
  - VRP (à temps complet)　　3
  - Démonstrateurs (à temps complet)　　7

  Total　　104

- **Coût horaire :**　　60 Francs
  L'hypothèse retenue a été d'inclure les salaires charges comprises et les frais de structure rapportés aux heures travaillées.

- **Valeur moyenne d'une commande :**　4 KF

Résultats

Anomalies internes :	7 518 KF	▷ CNQ =	8 754 KF
Anomalies externes :	1 236 KF		
Contrôle :	210 KF	▷ COQ =	525 KF
Prévention :	315 KF		

▷ **CNQ/CA = 8 754 KF / 40 MF = 22 %**
▷ **CNQ/VA = 8 754 KF / 15 MF = 58 %**

ANOMALIES INTERNES

Fabrication

1. Rebuts

Il a été demandé à l'ensemble de la production de quantifier le volume des déchets. Cette sensibilisation a permis de réduire le montant de cette anomalie de 40 % dès le premier mois.

Le montant pour un mois s'élève à 169,5 KF, soit 9,6 % du volume de matière.

Ce montant est calculé déduction faite du recyclage des déchets et des charges de chauffage, électricité. Montant évalué pour une année : 11 mois x 169,5 = **1 864 KF**.

Remarque : il faudrait ajouter à ce montant les coûts de transport de ces déchets à la décharge et les droits de décharge.

2. Réparations, retouches, reconditionnement et tris

Il n'existe pas d'instruments de mesure de ce poste dans l'entreprise.

On supposera 5 % du temps productible pour l'évaluation.

5 % [70 personnes x 60 F horaire x 220 jours x 7,8 heures/jour] soit **360 KF**.

3. Déclassements

On peut estimer la perte de contribution à la marge nette d'environ **100 KF**/an.

4. Sur-stocks

L'évaluation des stocks au 31 décembre 1988 s'élève à 5,4 MF (ce montant est jugé faible par rapport à la marche normale de l'entreprise).

Ce montant doit être corrigé pour compenser la baisse volontaire de décembre. On évalue donc le montant des stocks à 6 MF.

Le coût de cette anomalie se décompose en frais financiers et coût physique.

- Frais financiers :
  Taux retenu : 10 %
  Montant : 10 % x 6 MF = 600 KF.

- Coût des locaux : c'est-à-dire entretien, assurances, manutention, protection incendie, électricité, taxe professionnelle, obsolescence, dégradation...
  Hypothèse retenue : 10 % du montant des stocks, ramené à 5 % car beaucoup de coûts sont incompressibles
  Montant : 5 % x 6 MF = 300 KF.

Coût global de l'anomalie : **900 KF**.

Remarque : la mise en place d'une comptabilisation immédiate des sorties devrait permettre d'améliorer la gestion des stocks.

5. Coût de main-d'œuvre dû à la sous-utilisation des équipements

Il n'y a pas de mesure analytique qui permette une évaluation précise de ce poste.

Les machines des ateliers étant déjà amorties, seul le coût des pannes est à prendre en compte :

- Pannes générales (air, électricité...)
  20 h d'arrêt l'année dernière
  Coût : 20 h x 60 F x 70 personnes = 84 KF.

- Pannes de la machine Kuris

couture : 5 personnes x 5 jours par an x 60 F x 7,8h =   12,0 KF

montage : 4 personnes x 5 jours par an x 60 F x 7,8h =   9,6 KF

coupe : 4 personnes x 5 jours par an x 60 F x 7,8h =   9,6 KF
                                                                    _____
                                                                          31,2 KF

Coût total de l'anomalie pour l'année = **115 KF.**

6. Organisation de la production, programmation, meilleur suivi en atelier

L'utilisation de moyens communs entre coupe et couture est à l'origine d'un décalage entre programmation et production.

D'après le directeur, un meilleur équilibre, c'est-à-dire l'optimisation des flux de production, devrait générer 10 % de productivité supplémentaire.

Coût de l'anomalie pour l'année :

10 % [70 personnes x 60 F x 7,8h x 220 jours] = **720 KF.**

7. Transports spéciaux

On exclut les transports spéciaux relatifs au SAV.

Il existe des transports spéciaux d'urgence pour approvisionnements et pour livraisons exceptionnelles afin de respecter les délais.

On estime leur fréquence à 5 par mois et leur coût unitaire à 1,5 KF.

Coût de l'anomalie pour l'année :

11 mois x 5 transports x 1,5 KF = **82,5 KF.**

8. Approvisionnements

Il n'y a aucune substitution de matériaux. Les produits inemployables sont contrôlés (cf. coûts de contrôle).

Il existe des approvisionnements de matières inutilisables du fait du non-renouvellement de gamme ou d'un mauvais choix de métrage, mais ils sont déjà comptabilisés dans les stocks.

Par ailleurs, l'entreprise n'ayant aucune assurance qualité fournisseur, le non-respect des délais par les fournisseurs peut être quantifié par le barème IPEA :

1 à 15 jours de retard   = 1 %

16 à 30 jours de retard   = 2 % } du montant de la commande

31 à 60 jours de retard   = 4 %

L'analyse par fournisseur nous donne les montants suivants :

− tissus italiens
  31 à 60 jours de retard
  Montant des commandes 1 105 KF
  soit un coût : 4 % x 1 105 KF = 44 KF.

− carcasses
  31 à 60 jours de retard
  Montant des commandes : 1 551 KF
  soit un coût : 4 % x 1 551 KF = 62 KF.

Le coût global de l'anomalie = **106 KF.**

Conception-marketing

9. Non-respect des délais d'étude

Principalement en janvier en raison de perturbations dans la fabrication des prototypes pour le salon du meuble.

Les incidences sur la fabrication sont évaluées à une semaine de production.

Coût : 39h x 70 personnes x 60 F = **164 KF**.

10. Etudes techniques insuffisantes

On estime que trois mois de prototypiste par an sont consacrés à refaire des jeux de gabarit (hors création de modèles), soit 40 KF. Par ailleurs, un coût est engendré par une erreur dans le choix des modèles à la création.

Hypothèse : zéro modèle abandonné dont le prototype a été réalisé.

Six modèles ont été abandonnés dans l'année au coût moyen de 5 KF.

Coût de 6 prototypes inutilisés : 6 x 20 KF.

Coût global d'erreur à la création = 150 KF.

Coût global de l'anomalie = **190 KF**.

Commercial

11. Objectifs de vente non atteints

Les écarts entre les prévisions et réalisations ont été déterminés après une entrevue avec le directeur commercial. Le coût de non-qualité a été fondé sur la non-atteinte des objectifs de vente prévus de 49 MF. Le chiffre d'affaires a été pour l'année de 41 MF, d'où (49-41) x 25 % de perte de marge = **2 000 KF**.

12. Non-respect des délais de livraison

Les clients sont livrés généralement dans les 4 à 6 semaines suivant leur commande.

Il existe 1,5 MF de commandes en souffrance. Le risque de perdre la commande, voire le client, peut être estimé à 15 % des retards de livraison : 1,5 MF x 15 % = **225 KF**.

13. Défaillances créances

Elles se chiffrent à **200 KF** pour l'année.

14. Retraitement des commandes et des factures

Le retraitement des commandes est minime.

On compte une facture retraitée par jour. Le coût de retraitement étant de 60 F par facture, ce coût de non-qualité est de :

1 facture x 220 jours x 60 F = **13,2 KF**.

15. Retards de confirmation et de facturation

Étant donné le système actuel, il est impossible de facturer plus rapidement.

Cependant on pourrait améliorer le procédé en livrant le produit et la facture s'y attachant dans le même temps. Ceci nécessiterait une amélioration du système informatique.

En fait, les retards dans la facturation ne surviennent qu'en raison de défaillances hors du contrôle du service de facturation.

Ces retards peuvent aller jusqu'à une semaine et concernent 10 % du chiffre d'affaires.

Ils coûtent : 10 % x (1 semaine/52 semaines) x 40 MF = **77 KF**.

Personnel

16. Absentéisme et accidents de travail

L'absentéisme occasionne une gêne dans le fonctionnement de l'activité car il nécessite le remplacement de la personne absente.

De plus, le remplacement peut ne pas se réaliser immédiatement et implique un temps d'adaptation évalué à une semaine.

À raison de 8 remplacements par an environ, on chiffre cette contrainte à **20 KF**.

En fait, l'absentéisme coûte plus cher, mais ses répercussions sont intégrées dans les autres coûts.

17. Recrutements inadéquats

Insignifiant.

18. Temps perdu

Le directeur estime que 2 % du temps pourrait être gagné, soit **200 KF**.

19. Formation

Les 1,2 % de formation sont utilisés intégralement.

Administration – informatique

20. Agios financiers

Il n'y a pas de gestion en date de valeur à proprement parler, mais le suivi régulier des agios financiers rend ce coût de non-qualité insignifiant.

Néanmoins, on note que l'on pourrait gagner deux jours en date de valeur.

21. Dégradation du patrimoine et défaut d'amortissement économique

Rien, car tout est amorti.

22. Reprise de travaux administratifs, comptables et de secrétariat

10 % des travaux (classement, organisation) pourraient être plus efficaces :

10 % x 8 personnes x 7,8 h x 60 F x 200 jours = **75 KF**.

23. Photocopies, appels téléphoniques et tableaux de bord inutiles

Photocopies	33 KF
Téléphone, télex	108 KF
Total	141 KF

Le gaspillage est estimé à 5 %, soit **7 KF**.

24. Coût des listings et des logiciels inutilisés

Micro-informatique : les logiciels sont tous utilisés.
Macro-informatique : l'entreprise dispose d'un terminal relié directement à Paris, il n'y a donc pas de frais de listing.

25 Non-optimisation du système informatique

L'insuffisance du développement informatique et sa non-stabilisation coûtent aujourd'hui **100 KF** par an.

ANOMALIES EXTERNES

26. Réclamations clients

Estimation : 40 appels téléphoniques sont reçus par jour et 25 sont donnés. Les frais de gestion des réclamations sont évalués à 13 KF.
(65 appels x 10' x 200 jours x 60 F) + 13 KF = **143 KF.**

27. SAV

On peut estimer le nombre de SAV à 5 par jour, soit une moyenne de 10 % des commandes. Monsieur V. consacre les deux tiers de son temps de travail aux SAV que ces réclamations entraînent.
– 2/5 des SAV impliquent une intervention légère et représentent en coût :
    (2/5 x 5) x 220 jours x 150 F = 66 KF.
– 3/5 des SAV sont de type réparation lourde, et coûtent :
    (3/5 x 5) x 220 jours x 1 200 F = 792 KF.

Atelier réparation : 180 F x 2h =   360 F ⎫
Transport aller-retour =   600 F ⎬   1 200 F
Matière =   240 F ⎭
                    Soit un total = **858 KF.**

28. Avoirs, remises et ristournes pour non-qualité

L'ensemble des remises s'est élevé pour l'année à **50 KF.**

29. Perte de ventes, annulation de commandes

En moyenne, 15 KF de commandes sont annulées par semaine, principalement pour convenance personnelle du client ou pour litige sur conditions de règlement :
15 KF x 47 semaines x 25 % = **176 KF.**

30. Pénalités de retard, litiges

Pour l'année, ce poste se monte à **9 KF.**
Il correspond à deux litiges :
– le premier survenu au cours du Palais de l'Ameublement de Périgueux : 6 KF
– le second rencontré avec « Art de vivre » : 3 KF.

Contrôle

31. En réception

Le temps engagé pour surveiller le degré de conformité des matières correspond à celui d'une personne. Ce contrôle occasionne un coût de :
7,8h x 220 jours x 60 F = **103 KF.**

32. En production

Il n'y a pas de temps de gamme consacré à l'autocontrôle sauf en ce qui concerne le montage.
Dans ce dernier cas, 5 % du temps de travail de 2 contremaîtres et de 5 agents

de maîtrise doivent être considérés ou, ce qui revient au même, 50 % du temps d'une personne en continu sur l'année :
(50 % x 7,8h) x 220 jours x 60 F = **51 KF.**

33. Avant expédition
Afin de limiter le nombre de réclamations, un contrôle est effectué sur tous les produits avant expédition.
Un quart du temps d'une personne est utilisé à cette vérification :
220 jours x 7,8h x 1/4 temps x 60 F = **26 KF.**

34. Autres contrôles
Ils représentent une dépense marginale de **30 KF** par an.

Prévention

35. Gestion de la qualité
Messieurs V. et L. consacrent respectivement 5 % et 20 % de leur activité à cette gestion, ce qui correspond à 60 KF.
Par ailleurs, 50 KF sont dépensés afin de répondre aux conditions des normes NF.
Soit un total = **110 KF.**

36. Documents relatifs à la qualité
L'établissement de tableaux SAV, de fiches techniques et la mise en œuvre des politiques normatives à respecter sont évalués à **10 KF.**

37. Produits concurrents
La prévention concernant l'évaluation des concurrents se monte à **100 KF** par an.

38. Evaluation des fournisseurs
Elle ne se réalise qu'en cas de problèmes effectifs.
Par conséquent, les dépenses relatives à ce type de prévention ne sont que de **50 KF.**

39. Renseignements commerciaux
Recueillis auprès d'organismes spécialisés, ils n'entraînent pas de coûts d'études préventives.

40. Sensibilisation à la qualité et réunions
La formation et les réunions tenues en vue d'améliorer la qualité nécessitent l'intervention du directeur pour 5 % de son temps d'activité.
Les dépenses sont de **25 KF.**

41. Maintenance préventive
Elle concerne, pour l'essentiel, les dépenses engagées pour le maintien en état de fonctionnement des machines à coudre : 10 KF. La maintenance du reste de l'appareil productif nécessite 10 KF.
Soit au total = **20 KF.**

RÉCAPITULATIF (en KF)

1. Anomalies internes = 7 518 KF
Fabrication = 4 247

1. Rebuts	1 864
2. Réparations, retouches, reconditionnements et tris	360
3. Déclassements	100

4. Sur-stocks	900
5. Sous-utilisation des équipements et de la main-d'œuvre	115
6. Organisation de la production, programmation, suivi en atelier	720
7. Transports spéciaux	82
8. Approvisionnements	106
Conception – Marketing = 354	
9. Non-respect des délais d'étude	164
10. Etudes techniques insuffisantes	190
Commercial = 2 515	
11. Objectifs de vente non atteints	2000
12. Non-respect des délais de livraison	225
13. Défaillances créances	200
14. Retraitement des commandes et facturations	13
15. Retards de confirmation et de facturation	77
Personnel = 220	
16. Absentéisme et accidents de travail	20
17. Recrutements inadéquats	-
18. Temps perdu	200
19. Non-utilisation du 1,2 % formation	-
Administration – informatique = 182	
20. Agios financiers	-
21. Dégradation du patrimoine et défaut d'amortissement économique	-
22. Reprises de travaux administratifs, comptables, de secrétariat	75
23. Photocopies, appels téléphoniques et tableaux de bord inutiles	7
24. Coût des listings et des logiciels	-
25. Non-optimisation du système informatique	100

2. Anomalies externes = 1 236 KF

26. Réclamations clients	143
27. SAV	858
28. Avoirs, remises et ristournes pour non-qualité	50
29. Pertes de ventes, annulation de commandes	176
30. Pénalités de retard, litiges	9

3. Contrôle = 210 KF

31. En réception	103
32. En production	51
33. Avant expédition	26
34. Autres contrôles	30

4. Prévention = 315 KF

35. Gestion de la qualité	110
36. Documents relatifs à la qualité	10
37. Produits concurrents	100
38. Evaluation des fournisseurs	50
39. Renseignements commerciaux	-
40. Sensibilisation à la qualité et réunions	25
41. Maintenance préventive	20

Exemple

Les coûts qualité sont un outil de benchmarking

1. Présentation des deux magasins de la même enseigne

	Magasin A	Magasin B
C.A. TTC Taux de marge brute /C.A. H.T.	11 351 000 F 37 %	22 465 000 F 34,50 %
Nombre de salariés permanents Coût horaire moyen	5,5 60 F	9 60 F
Nombre de clients/an	15 882	25 441
Valeur du panier moyen TTC HT	713 F 601 F	880 F 741 F
Coût d'un client perdu = Panier moyen HT x marge brute	222 F	256 F
Surface d'exposition	1 450 m²	1 200 m²

2. Évaluation des coûts qualité (KF)

	Magasin A	KF	Magasin B	KF
1. Ventes non réalisées		530		651
Visiteurs/Acheteurs Réel	75 %		75 %	
Objectif	90 %		85 %	
2. Soldes semestriels		210		710
Volume soldé/C.A. du magasin	10 %		15 %	
Remise moyenne	-22 %		-25 %	
3. Coin trouvailles		43		114
Volume vendu/C.A. du magasin	1,50 %		3 %	
Remise moyenne	-30 %		-20 %	
4. Reconditionnements (heures/semaine)	4 h	15	4 h	16
5. Stock (hors stock magasin)		374		620
Stock total	2 200		3 600	
Achats	5 890		10 500	
Taux de rotation	110 j		106 j	
6. Sous-utilisation des équipements		0		0
7. Transports spéciaux		3		0
8. Anomalies constatées par le service approvisionnement		0		0
9. Non-respect des délais de livraison		54		157
Retard moyen en semaines	1,5		2,5	
Volume des produits livrés en retard	15 %		25 %	
Marge perdue	8 %		16 %	
10. Défaillances créances		10		14
11. Retraitement des commandes et factures (heures/semaine)		6		0

12. Absentéisme		0	23
13. Recrutement		11	0
14. Temps perdu, inutile		25	190
15. Reprise des travaux administratifs		18	5
16. Photocopies, appels tél. inutiles		5	120
17. Anomalies constatées en informatique		9	33
Total anomalies internes		1 313	2 653
18. Réclamations/semaine	10	97	10	64
19. Avoirs, remises et ristournes pour non-qualité		2	5
20. Pertes de vente, annulations commandes		2	3
21. Remboursement de dommages, litiges		1	0
Total anomalies externes		102	72
22. Contrôle en réception (heures/semaine)	10	21	20	62
23. Contrôle en magasin (heures/semaine)	3	9		22
24. Autres contrôles		24	115
Total contrôle		54	199
25. Gestion de la qualité		?	?
26. Étude de solvabilité des clients		0	0
27. Sensibilisation, motivation, formation		12	0
Total prévention		12	0
Grand total		1 487	2 924

3. Conclusion

Moyenne des coûts qualité	Sur C.A. (en %)			Sur V.A. (en %)		
	A	B	Moyenne	A	B	Moyenne
Coûts de non-qualité	12,5	12,1	**12,2**	33,7	35,1	**34,6**
Anomalies internes	11,6	11,8	**11,7**	31,3	34,2	**33,2**
Anomalies externes	0,9	0,3	**0,5**	2,4	0,9	**1,5**
Coûts d'obtention de la qualité	0,6	0,9	**0,8**	1,7	2,5	**2,3**
Contrôle	0,5	0,9	**0,7**	1,4	2,5	**2,2**
Prévention	0,1	0	**0,1**	0,3	0	**0,1**

6. L'ÉTUDE D'OPINION INTERNE

6.1. La définition

L'étude d'opinion est à la fois un outil de communication et de management pour améliorer la qualité.

6.1.1. Objectifs

- connaître l'opinion des collaborateurs sur la qualité
- identifier les préoccupations par unité et ou par catégorie
- sensibiliser l'ensemble du personnel
- permettre l'élaboration d'un plan d'amélioration
- mesurer la progression

6.1.2. Caractéristiques

- anonyme
- des questions fermées
- possibilité d'ajouter des commentaires dans une question ouverte.

☞ Et vous ?

Sauriez-vous dire combien de vos collaborateurs se sentent concernés par la qualité ou savent mesurer la qualité de leur travail ?

Combien souhaitent participer à l'amélioration de la qualité ?

6.2. Les modalités d'administration

- Créez un comité de pilotage pour définir :
  - la taille et la composition de l'échantillon éventuel,
  - le mode de passation : auto-administrée, assistée ou téléphonique,
  - le questionnaire.
- Testez le questionnaire auprès d'une dizaine de personnes
- Informez le personnel
- En cas d'auto-administration, préparez une lettre d'accompagnement, donnez un délai de réponse sans dépasser 15 jours, et distribuez le questionnaire en précisant que les réponses sont anonymes
- Faites saisir et traiter tous les questionnaires par un extérieur

- Prévoyez éventuellement une relance 10-15 jours après l'envoi si le taux de réponse à l'auto-administration est inférieur à 50 %
- Redressez les résultats si nécessaire pour respecter l'application de la méthode des quotas
- Publiez les résultats et les conclusions à l'ensemble de l'entreprise
- Conformez-vous à la Loi Informatique et Libertés 78.17 du 6. 1978 concernant les formalités et règles relatives aux sondages : toute personne est libre de faire partie de l'échantillon (éventuel) et libre de répondre au questionnaire.

Exemple

Le premier exemple est issu d'enquêtes menées par l'AQTA (Association pour la Qualité Totale de l'Ameublement) auprès d'industriels et distributeurs du secteur de l'ameublement. La base de données constituée regroupe plus de 1 500 réponses.

1. Pensez-vous que votre entreprise attache de l'importance à la qualité en général ?
   - 62 % oui tout à fait
   - 29 % oui un peu
   - 7 % pas vraiment
   - 0 % non, pas du tout
   - 2 % ne sait pas

2. À votre avis, un produit/service de qualité signifie
   - 21 % un produit/service de haut de gamme
   - 73 % un produit/service satisfaisant les besoins du client
   - 6 % un produit/service rentable pour l'entreprise

3. À votre avis, peut-on concilier qualité et quantité ?
   - 44 % oui
   - 45 % non
   - 11 % ne sait pas

4. « Votre encadrement vous incite à la recherche de la qualité ». Êtes-vous ?
   - 51 % tout à fait d'accord
   - 27 % plutôt d'accord
   - 14 % ni d'accord, ni en désaccord
   - 5 % plutôt pas d'accord
   - 3 % pas du tout d'accord

5. Savez-vous comment mesurer la qualité de votre travail ?
   - 25 % oui, et de façon chiffrée
   - 49 % oui, intuitivement
   - 16 % pas vraiment
   - 2 % pas du tout
   - 8 % sans opinion

6. Vous sentez-vous personnellement impliqué(e) dans l'amélioration de la qualité ?
   - 57 % oui, tout à fait
   - 30 % oui, un peu
   - 8 % pas vraiment
   - 1 % non, pas du tout
   - 4 % sans opinion

7. Parmi les facteurs suivants, choisissez les trois facteurs qui amélioreraient le plus la qualité de votre travail et notez-les de 1 à 3 (1 pour le plus important, puis 2 et 3).

N° :	
5	la mesure des coûts de non-qualité
6	la participation à des groupes d'amélioration de la qualité
7	une définition des procédures de qualité
1	la connaissance des réactions des clients sur la qualité
8	l'assistance d'un (ou du) responsable qualité
6	une meilleure coopération dans le service
2	une amélioration de votre formation
4	une organisation, des responsabilités ou des objectifs plus clairs
9	un meilleur support informatique ou administratif
3	de meilleurs outils, matériaux, fournitures
10	autres

8. Globalement, comment évaluez-vous la qualité du travail fourni par votre service/atelier ?

- 9 % très bonne
- 67 % bonne
- 18 % moyenne
- 2 % faible
- 4 % ne sait pas

9. Existe-t-il à votre connaissance un programme qualité dans votre entreprise ?
   49 % oui   51 % non
Si oui, quel est ce programme ?
....
....

10. Voici un certain nombre d'actions pour améliorer la qualité. Souhaiteriez-vous y participer ?

	oui	non	sans opinion
Groupe de recueil de problèmes	34 %	11 %	55 %
Groupe de progrès	37 %	15 %	48 %
Boîte à idées	39 %	13 %	48 %
Affichage d'indicateurs qualité	31 %	13 %	56 %
Définition de procédures qualité	43 %	8 %	49 %
Groupe d'analyse de la valeur	21 %	10 %	69 %

11. Connaissez-vous l'opinion des clients sur la qualité de votre entreprise ?
- 5 % oui, de façon chiffrée
- 87 % oui, intuitivement
- 7 % non
- 1 % sans opinion

Merci de votre participation.

137

Exemple

Le second exemple est une étude d'opinion sur le processus d'amélioration qualité menée par Boussois auprès de ses 2 000 salariés. Une feuille supplémentaire était remise à l'encadrement.

Cette étude anonyme est menée pour mieux connaître votre opinion sur l'importance de l'enjeu qualité et sur l'impact des différentes actions entreprises dans le cadre du **Processus d'Amélioration de la Qualité**. Nous vous remercions de cocher pour chaque proposition la réponse la plus proche de votre opinion.

1. Considérez-vous que, pour les entreprises aujourd'hui, l'amélioration de la qualité est un enjeu ?
   - [_] fondamental
   - [_] très important
   - [_] important
   - [_] secondaire
   - [_] ne sait pas

2. Et considérez-vous que l'amélioration de la qualité pour Boussois est un enjeu ?
   - [_] fondamental
   - [_] très important
   - [_] important
   - [_] secondaire
   - [_] ne sait pas

3. Pensez-vous que votre entreprise attache de l'importance à la qualité en général ?
   - [_] oui, tout à fait
   - [_] oui
   - [_] un peu
   - [_] pas vraiment
   - [_] non, pas du tout
   - [_] ne sait pas

* Pensez-vous que l'amélioration de la qualité soit un objectif mobilisateur ?
4. Pour Boussois
   - [_] oui, tout à fait
   - [_] oui
   - [_] un peu
   - [_] pas vraiment
   - [_] non, pas du tout
   - [_] ne sait pas

5. Et pour vous-même
   - [_] oui, tout à fait
   - [_] oui
   - [_] un peu
   - [_] pas vraiment
   - [_] non, pas du tout
   - [_] ne sait pas

* Globalement, comment évaluez-vous la qualité du travail fourni par ?

6. Le siège
   [_] très bonne
   [_] bonne
   [_] faible
   [_] très faible
   [_] ne sait pas

7. Votre usine
   [_] très bonne
   [_] bonne
   [_] faible
   [_] très faible
   [_] ne sait pas

8. Votre atelier ou service
   [_] très bonne
   [_] bonne
   [_] faible
   [_] très faible
   [_] ne sait pas

9. Vous-même
   [_] très bonne
   [_] bonne
   [_] faible
   [_] très faible
   [_] ne sait pas

10. Dans l'organisation de votre travail, pouvez-vous concilier les exigences de votre fonction et celles du Processus d'Amélioration de la Qualité ?
    [_] oui, tout à fait
    [_] oui, difficilement
    [_] non
    [_] ne sait pas

11. À votre avis, peut-on concilier qualité et quantité ?
    [_] oui, tout à fait
    [_] oui, difficilement
    [_] non
    [_] ne sait pas

12. Comment percevez-vous l'engagement de votre Direction dans la politique qualité ?
    [_] très fort
    [_] fort
    [_] intermittent
    [_] faible

13. Comment percevez-vous l'engagement de votre responsable direct dans le Processus d'Amélioration de la Qualité ?
    [_] très fort
    [_] fort
    [_] intermittent
    [_] faible

14. Savez-vous mesurer la qualité de votre travail ?
    [_] oui, et de façon chiffrée
    [_] oui, intuitivement
    [_] pas vraiment
    [_] pas du tout
    [_] ne sait pas

15. Voici un certain nombre de facteurs contribuant à l'amélioration de la qualité. Pourriez-vous évaluer l'importance que vous leur accordez ?
Cochez pour chaque facteur la réponse la plus proche de votre opinion.

	fonda-mental	très important	important	secondaire	ne sait pas
1. La connaissance du prix des non-conformités	[_]	[_]	[_]	[_]	[_]
2. La participation à des groupes de travail concernant la qualité	[_]	[_]	[_]	[_]	[_]
3. La connaissance des exigences de vos clients	[_]	[_]	[_]	[_]	[_]
4. La connaissance de leur degré de satisfaction	[_]	[_]	[_]	[_]	[_]
5. L'assistance de votre hiérarchie	[_]	[_]	[_]	[_]	[_]
6. L'assistance du GAQ (Groupe d'Amélioration de la Qualité)	[_]	[_]	[_]	[_]	[_]
7. Une meilleure communication dans votre atelier ou service	[_]	[_]	[_]	[_]	[_]
8. Une meilleure communication dans votre usine	[_]	[_]	[_]	[_]	[_]
9. Une amélioration de votre formation à la qualité	[_]	[_]	[_]	[_]	[_]
10. Une amélioration de votre formation professionnelle	[_]	[_]	[_]	[_]	[_]
11. Des instructions plus claires	[_]	[_]	[_]	[_]	[_]
12. Une organisation mieux adaptée	[_]	[_]	[_]	[_]	[_]
13. De meilleures conditions de travail	[_]	[_]	[_]	[_]	[_]
14. Un meilleur support informatique ou administratif	[_]	[_]	[_]	[_]	[_]
15. De meilleurs outils, matériaux, fournitures	[_]	[_]	[_]	[_]	[_]

16. Parmi les quinze facteurs ci-dessus, quels sont ceux à votre avis qui vous aideraient le plus à améliorer la qualité de votre travail ?
Classez par ordre décroissant les trois facteurs que vous jugez prioritaires aujourd'hui (n° 1 étant la première priorité, puis n° 2 et n° 3) :

Reportez les numéros des facteurs :
n° 1 : ....
n° 2 : ....
n° 3 : ....

17. Avez-vous participé à la formation qualité ?
[_] oui   [_] non
* Si non, passez directement à la question n° 21
* Si oui,

140

18. De quelle formation s'agissait-il ?

[_] S.E.Q.

[_] P. QUAL

19. Votre attitude vis-à-vis de la qualité a-t-elle été modifiée ?

[_] oui, complètement

[_] oui

[_] un peu

[_] pas vraiment

[_] non, pas du tout

[_] ne sait pas

20. Comment évaluez-vous les trois apports suivants ?

	indispensable	très utile	utile	secondaire
un langage commun	[_]	[_]	[_]	[_]
les concepts : PNC, 4 absolus...	[_]	[_]	[_]	[_]
les outils : modèle de processus, CRIME...	[_]	[_]	[_]	[_]

21. **Vous sentez-vous personnellement impliqué(e) dans l'amélioration de la qualité ?**

[_] oui, tout à fait

[_] oui

[_] un peu

[_] pas vraiment

[_] non, pas du tout

[_] ne sait pas

22. **Souhaiteriez-vous y être plus impliqué(e) ?**

[_] oui

[_] non

23. Si oui, à travers quelle(s) action(s) ?

	oui	non	ne sait pas
Groupe d'action corrective : GRAP, GRAC	[_]	[_]	[_]
Mesure de la non-conformité	[_]	[_]	[_]
Groupe de progrès	[_]	[_]	[_]
Participation au GAQ	[_]	[_]	[_]

Autres : ....
....

24. **Avez-vous d'autres commentaires ou propositions à formuler sur le Processus d'Amélioration de la Qualité ?**

....
....
....
....

25. Où travaillez-vous ?
[_] Boussois : Automobile
[_] Boussois : Float et autres
[_] Aniche

25. Êtes-vous ?
[_] ouvrier   [_] agent de maîtrise ou cadre
[_] employé   [_] cadre

26. Etes-vous salarié en contrat à durée déterminée (CDD) ?
[_] oui
[_] non

Merci de votre participation et au prochain BSA Actuel pour les résultats.

> Ces questions supplémentaires sont destinées aux membres du personnel
> qui ont une responsabilité d'encadrement (cadres et agents de maîtrise).

27. Rencontrez-vous des difficultés à faire partager à vos collaborateurs l'engagement qualité ?
[_] oui
[_] non

28. Si oui, quelles en sont les principales causes d'après vous ?
Plusieurs réponses possibles :

[_] 1. l'organisation de votre unité
[_] 2. l'absence ou la non-prise en compte d'objectifs qualité
[_] 3. la gestion de votre temps
[_] 4. votre propre conviction
[_] 5. la pression du quotidien
[_] 6. leur manque de formation
[_] 7. leur indifférence
[_] 8. l'ambiance générale
[_] 9. la non-implication de votre hiérarchie
[_] 10. les conditions de travail peu favorables
[_] 11. autres. Préciser :

29. Voici plusieurs propositions de thèmes pour la prochaine campagne du PAQ.
Classez par ordre décroissant d'importance les trois thèmes que vous souhaiteriez voir le plus développer. N°1 pour le plus important, puis n°2 et n°3 :

N°...... : la mesure
N°...... : la reconnaissance
N°...... : la relation client-fournisseur
N°...... : le prix de la non-conformité
N°...... : les groupes d'amélioration de la qualité
N°...... : le modèle de processus
N°...... : l'erreur zéro
N°...... : autres :

30. De façon plus générale, comment évaluez-vous la qualité de l'information que vous recevez ?
Notez de 0 à 5 chacun de ces sujets à l'aide de l'échelle suivante :

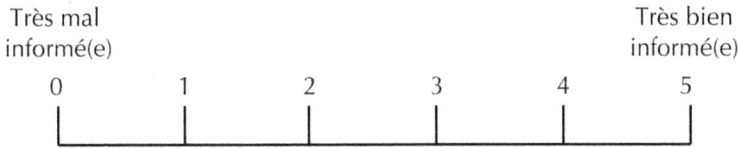

Très mal   Très bien
informé(e)   informé(e)

0	1	2	3	4	5

Note ...... :	la politique de la société, ses projets
Note ...... :	ses résultats financiers
Note ...... :	le marché, les concurrents, les résultats commerciaux
Note ...... :	l'organisation de l'entreprise, ses structures, ses méthodes
Note ...... :	le système de rémunération, les avantages sociaux (congés, retraites...)
Note ...... :	les possibilités de formation, de promotion
Note ...... :	les mouvements de personnel
Note ...... :	ce que les responsables pensent du travail de chacun
Note ...... :	les informations techniques utiles pour le travail

31. Enfin, dernière question, pourriez-vous évaluer votre degré de satisfaction pour chacun des points suivants ?
Cochez la réponse la plus proche de votre opinion.

	très satisfait	satisfait	indifférent	peu satisfait
1. l'information	....	....	....	....
2. les conditions de travail	....	....	....	....
3. l'ambiance de travail	....	....	....	....
4. les avantages sociaux	....	....	....	....
5. votre niveau de salaire	....	....	....	....
6. la formation	....	....	....	....
7. votre emploi	....	....	....	....
8. la sécurité de votre emploi	....	....	....	....
9. autres (précisez) :	....	....	....	....

Encore merci de votre participation.

6.3. Le baroclim®

Dans votre entreprise, sauriez-vous dire si le personnel se montre prêt à s'investir dans les projets et les plans d'action à venir ? Le climat interne est-il celui que vous présumez ? Les efforts de communication interne portent-ils leurs fruits ? Comment les collaborateurs perçoivent-ils leurs managers ?

Pour recueillir ces informations, INergie, conseil en management, a développé une méthode innovante, le baroclim® ou barocom® (noms déposés). Simple et efficace, peu onéreux, le baroclim permet de :
- connaître l'opinion des salariés pour mieux préparer les changements dans votre entreprise
- observer de façon objective leur état d'esprit
- repérer les réticences et les leviers d'action pour les surmonter
- évaluer l'impact et ou l'efficacité des actions entreprises
- adapter les actions futures aux objectifs de l'entreprise et aux attentes des salariés : management, formation, communication interne...

1. Recueillir l'opinion des salariés	▷ *écoute*
2. Mesurer l'opinion pour chaque critère	▷ *mesure*
3. Analyser l'opinion par segment	▷ *management*
4. Suivre régulièrement l'évolution	▷ *pilotage*
5. Se comparer à d'autres entreprises	▷ *benchmarking*
6. Évaluer les leviers d'action/objectif poursuivi	▷ *analyse*
7. Identifier les critères à faire évoluer en priorité	▷ *aide à l'action*

TABLEAU 2.5. *Les sept objectifs du baroclim®*

☞ Et vous ?

Quels moyens d'écoute du personnel avez-vous mis en place dans votre entreprise ?

6.3.1. Une grande souplesse

Le baroclim® est un baromètre de mesure de l'opinion interne. Son objet d'investigation est le plus large qui soit : climat interne, implication, politique de ressources humaines, management, communication interne, culture qualité, systèmes de reconnaissance, perception de l'entreprise...

■ **Le questionnaire comprend plusieurs rubriques**
- 39 critères choisis librement par l'entreprise à l'aide d'une base de plus de 250 critères. Ces critères sont traduits en affirmations

sur lesquelles les salariés expriment leur opinion (de « tout à fait d'accord » à « pas du tout d'accord »)
- un ou plusieurs critères(s) d'ancrage pour le calcul des leviers d'action
- une question ouverte « Avez-vous des commentaires à ajouter ? »
- une question signalétique pour la segmentation.

■ **Les modalités d'administration sont définies avec l'entreprise**
- la définition de la population interrogée et la constitution éventuelle d'un échantillon représentatif (méthode des quotas)
- les 39 questions fermées
- le ou les critère(s) retenu(s) pour la ou les segmentation(s) : site, niveau hiérarchique, ancienneté, fonction...
- le(s) critère(s) d'ancrage retenu(s) : motivation, confiance en l'avenir, implication dans la qualité...
- l'auto-administration ou l'administration assistée ou téléphonique
- le test auprès d'un échantillon d'une dizaine de personnes
- le retour par enveloppe-réponse à INergie pour garantir l'anonymat
- la saisie et le traitement par INergie.

■ **Le calendrier**
La durée moyenne requise pour l'administration d'un premier baromètre est de 6 semaines environ, entre la date d'envoi du questionnaire ou du premier appel téléphonique et la date de présentation des résultats.

6.3.2. Les interrogations possibles

■ **Ne risque-t-on pas de créer des attentes ?**
Créer peut-être. Réveiller sans doute. Mais il est certainement préférable d'analyser les dysfonctionnements éventuels par temps calme plutôt que d'affronter un orage au dépourvu.

■ **L'échelle sémantique est-elle la plus adéquate ?**
La mesure par note, plus précise, s'applique bien à l'évaluation d'un niveau de satisfaction, l'échelle sémantique reflète mieux une perception.

■ **Est-il pertinent de se comparer à des entreprises très différentes ?**
Oui, c'est le principe du benchmarking qui recommande de se comparer au meilleur, quelles que soient son activité, taille, localisation...

■ **L'auto-administration apporte-t-elle des résultats fiables ?**
L'auto-administration (tout salarié qui reçoit le questionnaire écrit est libre de le retourner ou non) est souvent retenue pour des raisons de rapidité et de coût. Les deux écueils, le faible taux de

145

réponse et la non-représentativité, sont atténués par une information hiérarchique et si nécessaire par une relance, et par un redressement systématique. Le taux moyen de réponse au baroclim est de 50 %. L'administration téléphonique ou assistée donne la meilleure fiabilité mais à un coût supérieur.

■ **Un critère d'ancrage donne-t-il les liens de causalité ?**
Le croisement des critères par un critère d'ancrage (par exemple la motivation) indique une corrélation qui mesure l'intensité de la liaison entre chaque critère et le critère d'ancrage. On calcule l'impact de l'opinion de chaque critère sur l'opinion donnée au critère d'ancrage. Plus la corrélation indique un potentiel de progrès élevé, plus l'amélioration de la note de ce critère aura la probabilité d'apporter de la motivation.

6.3.3. Les résultats

■ **L'opinion**
Les résultats sont présentés sous forme de tableaux et graphiques : recueil en %, mesure en notes de -100 à +100, analyse par segment, évolution dans le temps dès la deuxième passation.

Un exemple :

Êtes-vous d'accord avec les affirmations suivantes vous concernant ?	Tout à fait d'accord	Assez d'accord	Pas vraiment d'accord	Pas du tout d'accord
– ma hiérarchie m'informe sur la qualité de mon travail	1	11	32	56
– ma hiérarchie me donne les moyens d'assurer la qualité de mon travail	2	32	45	21
– ma hiérarchie montre l'exemple en matière de qualité	12	45	33	10
– je suis associé(e) aux décisions qui concernent mon travail	14	33	38	15

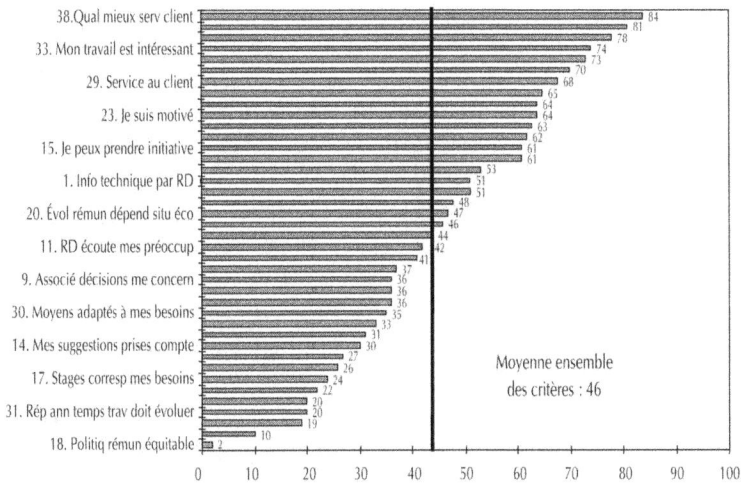

SCHÉMA 2.7. *La mesure de l'opinion*

Valeurs lisibles sur le graphique (de haut en bas) :

- 38. Qual mieux serv client : 84 / 81 / 78
- 33. Mon travail est intéressant : 74 / 73
- 29. Service au client : 70 / 68
- 23. Je suis motivé : 65 / 64 / 64 / 63
- 15. Je peux prendre initiative : 62 / 61 / 61
- 1. Info technique par RD : 53 / 51 / 51
- 20. Évol rémun dépend situ éco : 48 / 47 / 46
- 11. RD écoute mes préoccup : 44 / 42
- 9. Associé décisions me concern : 41 / 37 / 36 / 36
- 30. Moyens adaptés à mes besoins : 36 / 35 / 33
- 14. Mes suggestions prises compte : 31 / 30 / 27
- 17. Stages corresp mes besoins : 26 / 24 / 22
- 31. Rép ann temps trav doit évoluer : 20 / 20 / 19
- 18. Politiq rémun équitable : 10 / 2

Moyenne ensemble des critères : 46

La comparaison avec la base de données INergie

INergie a conduit des études d'opinion dans de nombreuses entreprises, parmi : ABB, Accor, AFPA, AGA, Air France Industries, Air Liquide Santé, ANPE, Atos Services, BICS, Bongrain, Cap Gemini, CCI Nice Côte d'Azur, CCF, Crédit Agricole Touraine-Poitou, Crédit Mutuel, Domofrance, EDF, Elior, Essilor, Europcar, Fly, Fournier, France Télévision, Grange, Leroy-Merlin, MAAF Assurances, Manutan, Metro, MGA, Monsieur Meuble, Sanofi, Simmons, Surcouf, SVP, TéléDiffusion de France, Thomson CSF, TotalFinaElf, Truffaut, Unilog, Valeo...

Soit plus de 100 entreprises regroupant 200 000 salariés.

Questions	Note
La démarche qualité me concerne directement	50
La démarche qualité contribue réellement à la dynamique de succès	56
La démarche qualité est appliquée par tous dans mon entreprise	1
La démarche qualité est respectée par tous dans mon entreprise	- 22
La qualité est prise en compte dans toutes les décisions	7
Ma hiérarchie me renseigne sur la qualité de mon travail	18
Ma hiérarchie montre l'exemple en matière de qualité	17
Ma hiérarchie favorise le travail en équipe	22
Je sais mesurer la qualité de mon travail	68
Je perçois bien les attentes de nos clients	21
La qualité fournie par mon service est bonne	46
J'ai les moyens d'améliorer la satisfaction du client	1

Il est possible d'améliorer la qualité	72
Mes efforts sont reconnus	-10
Mes suggestions sont prises en compte	9
La considération est un comportement répandu	-14
J'ai confiance dans l'avenir de mon entreprise	43
Il fait bon travailler dans mon entreprise	41

TABLEAU 2.6. *Exemples de questions avec leur note moyenne étalonnée de +
100 à – 100 de notre base de données (358 questions) en 2001.*

■ **L'aide à l'action**
La matrice d'aide à l'action par le croisement de l'opinion et d'un
levier d'action hiérarchise les critères sur lesquels il faut agir en
priorité.

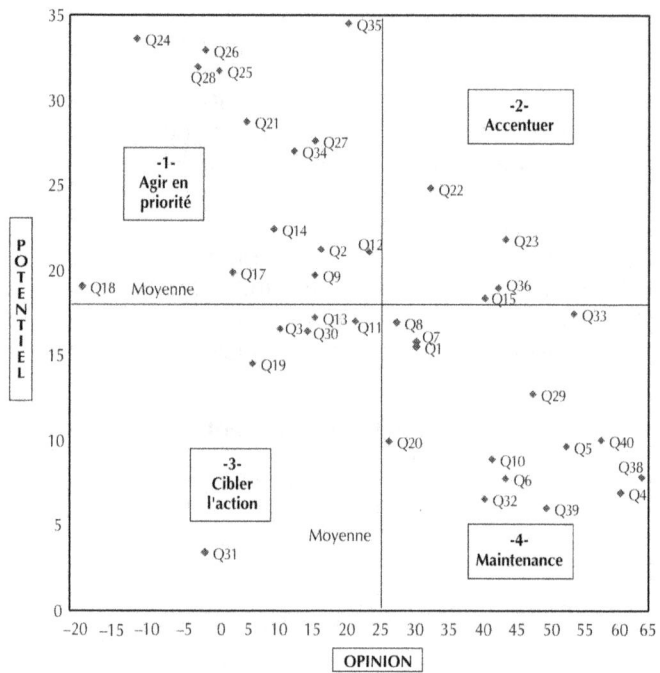

SCHÉMA 2.8. *Matrice d'aide à l'action*

Des exemples de critère d'ancrage :

– J'ai le sentiment de participer à un projet motivant
– J'ai confiance dans l'avenir de mon entreprise
– Je veux participer personnellement et durablement à la démarche qualité
– J'ai un rôle à jouer dans l'amélioration de la qualité
– Je suis bien informé(e) sur la vie de l'entreprise.

148

3

Lancer une démarche qualité

1. L'ENGAGEMENT DE LA DIRECTION

1.1. L'engagement Initial

Trois points-clés sont essentiels pour le lancement d'une démarche qualité.

- L'implication de la direction, et pas uniquement l'accord ou l'adhésion : elle est décisive car elle conditionne le succès de toute l'action.

- Des moyens financiers sont nécessaires.
  Consacrer 1 % par an de la valeur ajoutée de son entreprise sur trois ans à l'amélioration de ses produits et services n'est pas excessif : l'enjeu financier est 10 fois supérieur (10,4 %).

- Enfin, il faut de l'énergie, c'est-à-dire accepter que la qualité devienne et reste une priorité.

Une étude menée par A.T. Kearney et Management Surveys auprès de 200 entreprises indique que *70 % des projets de changement menés dans les entreprises françaises échouent.* La principale cause est *le management assez technocratique qui, estimant avoir raison sur le papier, pense déclencher automatiquement l'adhésion du corps social.*

> ☞ **Et vous ?**
> *Êtes-vous prêt à investir du temps dans la recherche et l'obtention de la qualité ?*
>
> *Et comme vous direz oui, combien ?*

1.1.1. Décliner son projet d'entreprise (établissement/service)

Le projet d'entreprise définit l'avenir que veut se donner l'entreprise. Il se compose de quatre éléments :

- 1. un dessein :   c'est la situation que l'entreprise veut atteindre,
  sa grande ambition,
  sa volonté, sa « nouvelle frontière ».

- 2. des défis :   ce sont les menaces internes et externes auxquelles elle est confrontée.

- 3. des politiques :   ce sont ses réponses aux défis pour réaliser son dessein,
  ce sont ses grands principes d'action.

- 4. des valeurs :   ce sont les comportements estimés dans l'entreprise,
  qui définissent son identité, sa culture,
  son « patrimoine moral ».

☞ Et vous ?

Avez-vous défini une politique qualité dans votre projet d'entreprise ?

Et si vous n'avez ni projet d'entreprise ni démarche qualité, pourquoi ne pas commencer par élaborer votre vision de l'avenir ?

Exemple

L'ENGAGEMENT DE LA DIRECTION
(Exemple issu d'un manuel qualité d'un centre industriel)

La qualité ne relève pas du seul critère technique, et ne concerne pas davantage un seul service de l'établissement, mais doit au contraire faire l'objet d'une application systématique dans toute l'entreprise. C'est ce qu'on appelle le management global de la qualité.

Le processus de mise en œuvre de la qualité doit se faire en pensant constamment au client, qu'il soit interne ou externe à la société. La relation client-fournisseur est un élément essentiel de la qualité du travail de chacun.

L'amélioration générale de la qualité ne peut être atteinte qu'avec la participation active de tout le personnel de l'établissement. Elle est une donnée fondamentale de la compétitivité, dans un environnement concurrentiel de plus en plus agressif.

Je fais donc du management global de la qualité l'action prioritaire de notre centre industriel.

L'objectif du présent manuel qualité est de décrire les dispositions prises pour assurer la pérennité de cette politique. Dans ce cadre, je fais obligation à tout le personnel du centre d'appliquer rigoureusement ce programme. Pour atteindre ces objectifs, je soutiens le responsable qualité à qui je délègue toute autorité pour :

- coordonner et entretenir la politique qualité du centre à tous les niveaux de l'organisation
- s'assurer de la compréhension de cette politique définie dans ce manuel qualité
- vérifier la conformité et l'application des dispositions définies dans ce manuel qualité
- surveiller en permanence l'adéquation du système qualité aux objectifs du centre
- rendre compte à la direction du fonctionnement du système qualité.

Le directeur du centre industriel

EXEMPLE ISSU D'UN MANUEL QUALITÉ D'UNE SOCIÉTÉ DE SERVICE

Notre société a toujours veillé à la qualité de ses prestations vis-à-vis de ses clients, notamment dans son activité principale de service de...

Pour affirmer davantage encore cette politique, j'ai décidé de garantir cette qualité par la mise en œuvre d'un système d'assurance qualité.

Cette démarche est directement liée aux demandes présentées dans ce domaine par nos principaux clients.

Il ne s'agit cependant là que d'une étape dans une évolution à moyen terme plus ambitieuse. Notre objectif est d'inscrire le développement de notre société dans le cadre d'une politique qualité au sens large du terme. Dans une telle optique, nous veillerons à mieux définir et chiffrer nos objectifs, à créer et tenir à jour des procédures écrites et claires, à améliorer nos méthodes tant dans le domaine technique que dans le domaine administratif. Chacun d'entre nous, mieux motivé, mieux formé et informé, pourra améliorer ses performances pour parfaire ce qui en fin de compte est notre objectif final, la satisfaction du client.

Une telle évolution, qui suppose des adaptations nombreuses à tous les échelons de la hiérarchie et un surcroît temporaire de travail, ne peut se faire que progressivement. En ce sens la mise en assurance qualité de notre activité constitue une première étape utile et raisonnable.

Je confie la conception, la supervision générale et la vérification de la mise en place du système qualité au directeur... qui à ce titre prend la charge de responsable assurance qualité. Je lui délègue toute l'autorité nécessaire à cet effet.

Je demande à chacun d'entre vous de vous engager personnellement, comme je le fais moi-même, à respecter les dispositions de l'assurance qualité qui lui sont applicables.

Le président-directeur général

151

1.2. L'engagement permanent

La démarche qualité est affaire d'importance : trop souvent, des décisions contradictoires à la qualité sont prises au seul critère de l'urgence.

Un article intitulé *L'urgence est-elle bonne conseillère ?* publié dans *Science & Vie Économie n°79* a mis au grand jour les fonctions cachées de l'urgence. Les auteurs, chercheurs à Polytechnique et à l'École des Mines, y dévoilent les nombreux intérêts d'une décision hâtive :
- montrer l'exemple en matière de réactivité
- atténuer le choc de logiques contradictoires en prétextant l'obligation de rapidité pour éluder argumentations et contre-argumentations
- juguler les inerties
- passer outre les refus de signature
- créer une impression d'union sacrée autour du décideur
- simplifier les paramètres de décision qui sont de plus en plus complexes et mouvants « de toute façon » pour une décision qui se voudrait rationnelle
- éviter des coûts prohibitifs de recherche de données...

L'urgence apparaît ainsi comme *un excellent antidote pour exercer le pouvoir sans avoir à tenir compte de l'avis de chacun !*

Mais les auteurs dénoncent aussi longuement le manque de long terme, l'incohérence et les risques d'une décision expédiée. Ils concluent à la nécessité de ne pas sacrifier l'importance à l'urgence.

ENGAGEMENT ET CONSIDÉRATION

Propos d'un philosophe sur le monde de l'entreprise (extraits d'une confé-rence d'André Comte-Sponville organisée par l'Association pour le Progrès du Management).

... *C'est parce que tout change et parce qu'on voudrait durer toujours que nous ne pourrons durer qu'à la condition de changer aussi. Ce qui ne change pas meurt. Vivre, c'est changer et c'est dans la mesure seulement où nous nous donnons les moyens de durer. C'est la grande formule du Guépard, dans le film de Visconti : « Il faut que tout change pour que tout continue »...*

... *Considérons la grande opposition que faisaient les anciens stoïciens entre ce qui dépend de nous et ce qui n'en dépend pas. Pour tout ce qui ne dépend pas de nous, c'est-à-dire pour l'ordre du monde, comme disaient les stoïciens, pour le réel, c'est la lucidité qui prime. Et pour tout ce qui dépend de nous, c'est la volonté qui prime. Et ce qui me frappait en vous écoutant les uns et les autres, c'est que la rencontre entre la lucidité et la volonté, cela s'appelle simplement le courage. Celui qui n'a pas peur parce qu'il n'est pas lucide sur les dangers, il n'est pas courageux. Et celui qui est lucide sur les dangers mais qui n'a pas la volonté de se battre, il n'est pas courageux non plus. Le vrai courage c'est la rencontre indissociable entre la lucidité, pour tout ce qui ne dépend pas de nous, et la volonté pour tout ce qui en dépend. Pessimisme de l'intelligence – disons le mot plus juste : lucidité – et optimisme de la volonté, c'est-à-dire courage...*

... *Un mot sur la plus petite des vertus, la politesse. Pourquoi les gens ont-ils envie qu'on leur serre la main quand on les croise dans l'escalier ? Parce qu'ils voudraient que vous les respectiez. La vérité, c'est qu'ils voudraient même que vous les aimiez. Alors qui peut le plus peut le moins. Si vous les aimiez, vous leur serreriez la main. Mais quand on n'est pas capable du plus, et personne ne peut aimer toutes les personnes qu'il croise dans l'escalier, on est tenu, au minimum, au moins. Personne ne peut vous obliger à aimer tout le monde dans votre entreprise ; mais vous êtes tenu moralement de respecter tout le monde. En ce sens, la morale, c'est un semblant d'amour. Agir moralement, c'est agir comme si on aimait. Là où on aime, avec nos enfants par exemple, on n'a pas besoin de morale : on agit pour leur bien par amour et non pas par devoir. On ne nourrit pas ses enfants par devoir. On les nourrit par amour. La morale est un semblant d'amour. Quand on n'est pas capable d'aimer, il faut agir comme si on aimait, c'est-à-dire moralement. Et quand on n'est pas capable d'agir comme si on aimait, quand on n'est pas capable de respecter vraiment les gens, il faut au moins faire semblant, il faut être au moins poli, il faut faire comme si on les respectait, c'est-à-dire leur dire bonjour quand on les croise et pardon quand on les bouscule. L'amour vaut mieux que la morale, la morale vaut mieux que la politesse. Mais comme l'amour fait toujours défaut, on a besoin de morale. Et comme la morale fait toujours aussi défaut, au moins en partie, on a besoin de politesse...*

2. LA DÉFINITION D'UNE POLITIQUE QUALITÉ

2.1. Les objectifs

La norme ISO 9000:2000 définit la politique qualité : *Orientations et intentions générales d'un organisme relatives à la qualité, telles qu'elles sont officiellement formulées par la direction.*

La définition d'une politique qualité est un des principes essentiels du management de la qualité :

La politique qualité et les objectifs qualité sont établis pour fournir un axe d'orientation à l'organisme. Ensemble, ils déterminent les résultats escomptés et soutiennent l'organisme dans la mise en œuvre des ressources permettant d'obtenir ces résultats. La politique qualité fournit un cadre permettant d'établir et de revoir les objectifs qualité. Il est nécessaire que les objectifs qualité soient cohérents avec la politique qualité et avec l'engagement pour l'amélioration continue et que leurs résultats soient mesurables. La réalisation des objectifs qualité peut avoir un impact positif sur la qualité du produit, l'efficacité opérationnelle et les performances financières et donc sur la satisfaction et la confiance des parties intéressées.

2.1.1. Les bénéfices d'une politique qualité

Le cabinet PA Consulting Group a demandé à 687 sociétés quelles sont les retombées à attendre de la qualité lorsque cet objectif est mis en avant dans la stratégie commerciale.

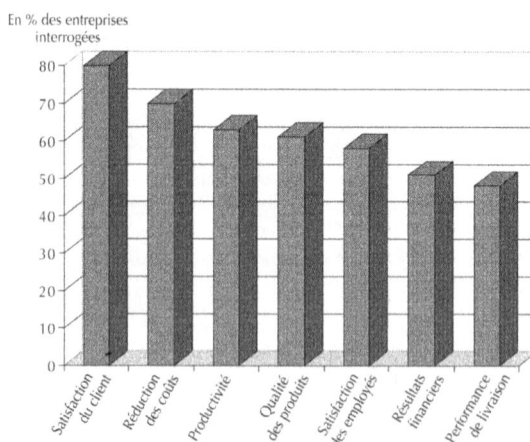

SCHÉMA 3.1.

2.1.2. Des objectifs possibles

Les objectifs peuvent concerner le client, l'entreprise, les salariés ou le marché :

■ **Vis-à-vis du client**
- respecter le « contrat », mieux accueillir, assurer la fiabilité des produits/services, devenir le meilleur, certifier la fiabilité de sa qualité...

■ **Vis-à-vis de l'entreprise**
- améliorer le fonctionnement, décloisonner, économiser, accéder à des appels d'offres, capitaliser le savoir-faire, assouplir les contraintes liées aux contrôles...

■ **Vis-à-vis des collaborateurs**
- appuyer l'action des équipes, fédérer le personnel, entraîner, renforcer l'utilité du service rendu...

■ **Vis-à-vis du marché**
- disposer d'un avantage concurrentiel, se différencier, se développer, obtenir une reconnaissance nationale et/ou internationale...

Exemple

▷ Objectifs assignés à la politique d'assurance qualité (pour le soulagement de la douleur) menée par quatre cliniques mutualistes :
Humain : un soulagement des patients
Médical : un traitement mieux accepté donc mieux suivi
Managérial : des relations internes efficaces
Concurrentiel : des patients mieux recrutés et fidélisés, une notoriété accrue
Mutualiste : un projet humaniste et innovant

▷ Améliorer le service rendu est le premier axe stratégique du plan d'entreprise de la RATP : *Nous devons opiniâtrement améliorer la vie quotidienne de nos voyageurs.*

2.1.3. Le triple apport d'une politique qualité

Une politique qualité répond au moins à trois objectifs :
- satisfaire les besoins du client (et non plus seulement produire de l'excellence),
- au meilleur coût. La sur-qualité est de la non-qualité,
- en engageant auprès de tous une dynamique de succès.

Priorité d'abord aux problèmes internes. Le système qualité d'abord. Investissez en premier lieu dans de bons outils, une informatique performante...

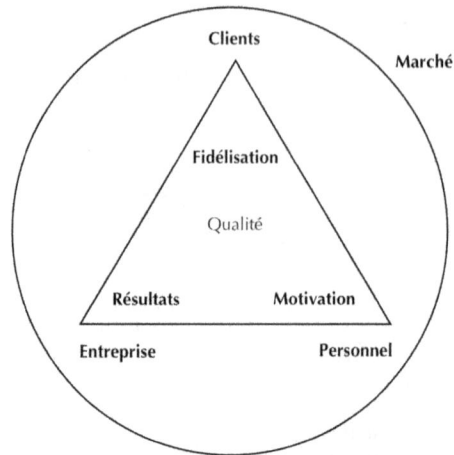

SCHÉMA 3.2. *La qualité au cœur de l'entreprise*

2.1.4. Questions clés pour définir une politique qualité

Définir une politique qualité nécessite de se poser les questions suivantes :
• Quel niveau de service devez-vous fournir ?
• Que souhaitez-vous atteindre ?
  – définition d'objectifs chiffrés et avec une échéance : le client, l'amélioration permanente, le développement, l'efficacité du service ?
• Quel système qualité voulez-vous mettre en place ?
  – standards qualité, structure organisationnelle, responsabilités, centralisation ou décentralisation, procédures, procédés, ressources
• Quelles stratégies proposez-vous ?
  – intérêt, rôle de chacun, pilotage, calendrier, communication...

CINQ AUTRES CONSEILS POUR DÉFINIR VOTRE POLITIQUE QUALITÉ

• Relisez votre politique. Est-ce du discours ?
• Votre politique apporte-elle clairement du sens (direction et signification) ?
  – Existe-t-il une hiérarchie par rapport aux autres politiques : diversification, équipement, informatique... ?
  – Vise-t-on le client, l'établissement, la notoriété... ?
• Avez-vous défini les principes d'action ?
  – « Bottom-up » ou « top-down » ?
  – Un service ou tous ensemble ?
• Votre politique est-elle réellement spécifique à votre entreprise ?
• Vérifiez que votre politique qualité :
  – n'est pas optionnelle : impérative pour tous et pour chacun
    est méthodique : rigoureuse sans être rigide
    est concrète : quels sont les résultats chiffrés que vous en attendez ?

2.2. L'appui des référentiels

Les référentiels sont des canevas précieux à double titre : ils indiquent à la fois l'ensemble des composantes d'une politique qualité et pour la définition de cette dernière, les questions à se poser. Trois référentiels sont proposés ici :
• Le Malcolm Baldrige National Quality Award
• le référentiel EFQM
• le référentiel du Prix français de la Qualité.

2.2.1. Le référentiel Malcolm Baldrige

Ce prix créé en 1987 est décerné chaque année par le président des États-Unis.

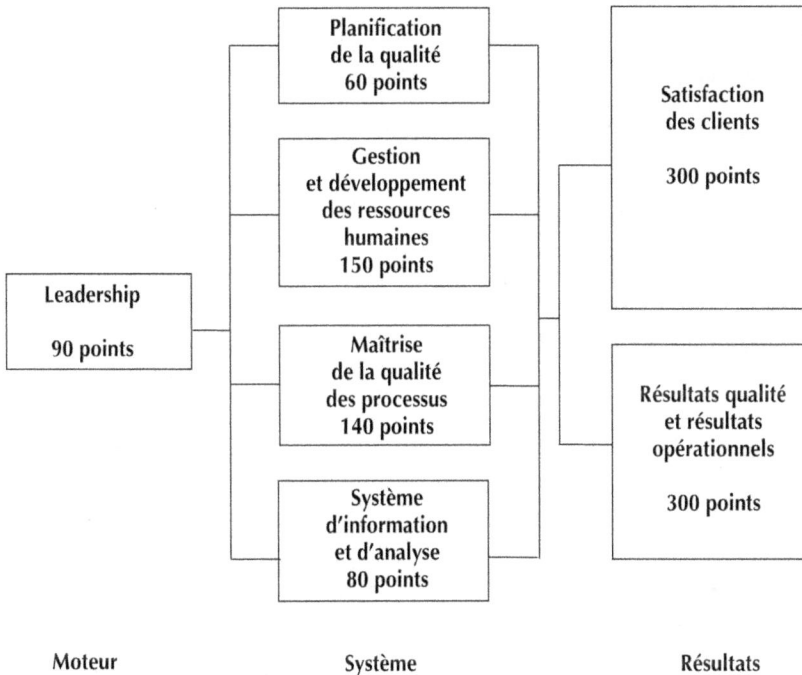

SCHÉMA 3.3. *Le référentiel Malcolm Baldrige National Quality Award*

157

2.2.2. Le référentiel EQA (European Quality Award) ou modèle EFQM

Le prix européen de la qualité créé en 1991 par l'EFQM (European Foundation for Quality Management) évalue l'entreprise sur la façon dont sa politique et sa stratégie :
- se fondent sur le concept de qualité totale
- s'appuient sur des informations opportunes et complètes
- constituent la base des plans d'entreprise
- sont communiquées en interne
- sont régulièrement revues et améliorées.

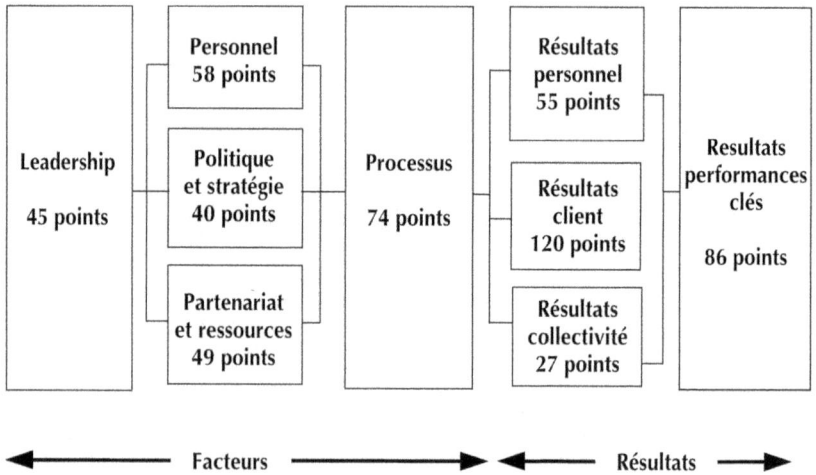

Schéma 3.4. *Le modèle d'excellence EFQM*
(total des points attribués : 548 points)

2.2.3. Le Prix Français de la Qualité (PFQ)

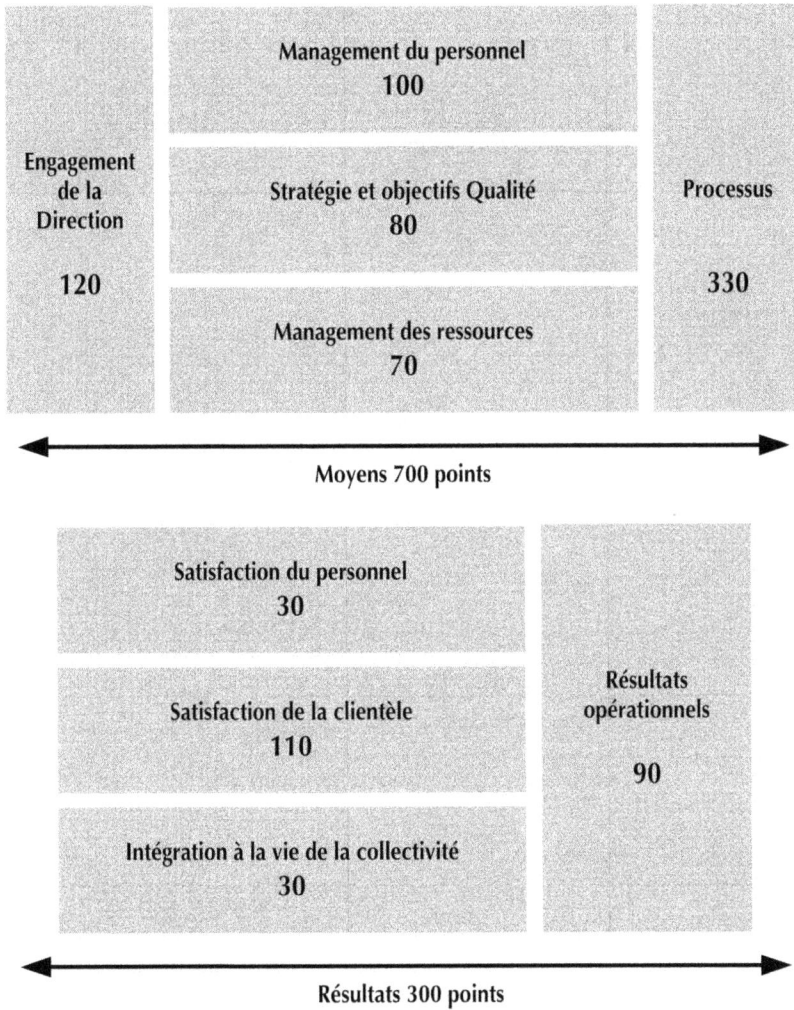

Engagement de la Direction 120	Management du personnel 100	Processus 330
	Stratégie et objectifs Qualité 80	
	Management des ressources 70	

← Moyens 700 points →

Satisfaction du personnel 30	Résultats opérationnels 90
Satisfaction de la clientèle 110	
Intégration à la vie de la collectivité 30	

← Résultats 300 points →

SCHÉMA 3.5. *Le PFQ, créé en 1992, comprend 30 questions, en 9 chapitres, cotées sur 1 000 points*

159

Exemple

Le développement du système qualité d'une société de conseil

Aspects à maîtriser	Niveau 1 Maîtrise de la qualité d'une mission	Niveau 2 Système qualité de la société de conseil		Niveau 3 Certification
		Processus-clés du conseil	Aspects généraux	
1. Relations contractuelles et commerciales	Lettre de proposition selon structure type	Approche commerciale Analyse des besoins des clients	Mercatique Soutien après la vente	Fonction du référentiel
2. Ressources humaines	Affectation des consultants ayant la compétence appropriée	Programmation des travaux Repérage, entretien, développement des compétences	Développement des ressources humaines Formation à la qualité	
3. Conduite des missions	Évaluation à chaque phase des missions Audits	Méthode de conduite des missions	Tableau de bord qualité Revues Boucle corrective	
4. Ressources techniques	Documentation technique	Capitalisation méthodologi-que	Gestion de la documentation technique	
5. Supports	Formalisation d'un dossier de mission	Logistique Support interne	Documentation qualité Manuel qualité	
6. Prestations extérieures	Contrôle des prestations revendues		Maîtrise du système qualité des sous-traitants Achats	
7. Démarche qualité	Orientations qualité Plan qualité de la mission		Politique qualité Système qualité Audits qualité	

Source Syntec Conseil

2.3. La structure d'une politique qualité

Une entreprise qui souhaite mettre en place une politique de qualité peut définir son plan de mise en place :

1. Le cadre de référence
2. Les objectifs poursuivis
3. Les enjeux de la démarche qualité
4. Les principes d'action
5. Les acteurs

6. Les actions proposées
7. L'architecture de la démarche
8. Le plan de mise en œuvre et le calendrier
9. Le pilotage et le tableau de bord
10. Le budget prévisionnel

> *Qui n'est pas prêt à déplacer les montagnes, à recevoir de plein fouet le mascaret des idées reçues et des lieux communs confortables, la pression souvent malveillante des gens en place, ne doit pas se lancer dans la bataille ambiguë du changement.*
>
> Hervé Sérieyx
> *Le Big bang des organisations*
> Calmann-Lévy

La qualité n'est pas un mouvement caritatif. Mener une politique qualité « en option » à coup sûr la gadgétise.

2.3.1. L'architecture

Elle peut se représenter de la manière suivante :

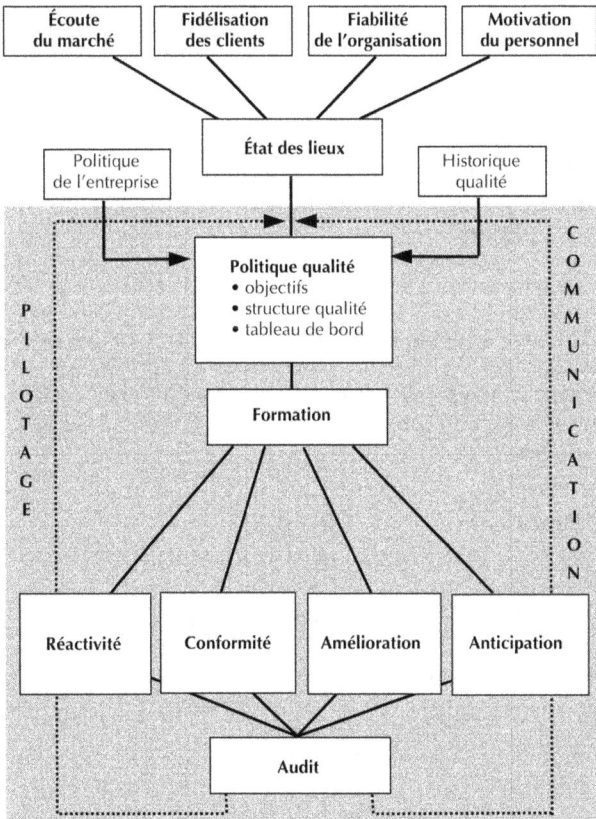

SCHÉMA 3.6. *Architecture classique d'une politique qualité*

2.3.2. La trousse à « outils » qualité

Parti pris : les autres outils et méthodes qualité comme l'analyse de la valeur, le kaïzen, le juste-à-temps, la métrologie, le SPC, les plans d'expérience... ne sont pas présentés ici en raison de leurs applications trop spécifiques.

Cible externe

Certification	Traitement des réclamations
Benchmarking	Mesure de la satisfaction
Identification des besoins latents	Engagements de service
Moyens	***Résultats***
Structure qualité	Revues qualité
Charte qualité	Autodiagnostic qualité
Bonnes pratiques	Étude d'opinion interne
Assurance qualité	Coûts qualité
Plan d'action qualité	Audit qualité
Formation	Suggestions
Groupes de travail	Tableau de bord qualité
Relations client-fournisseur	Visites-mystère
Autocontrôle	Intéressement à la qualité
Communication interne	

Cible interne

L'idéal est de mettre en œuvre en priorité les outils relatifs aux résultats externes, puis aux moyens internes, aux résultats internes et enfin aux moyens externes.

Exemple

La CCMSA (Caisse Centrale de la Mutualité Sociale Agricole) est l'organisme-tête de réseau regroupant les 78 caisses réparties en France. Une réflexion a été menée avec un groupe de travail pour proposer à chaque caisse une démarche adaptée à ses objectifs selon une progression à trois niveaux :

1. Niveau de base

2. Niveau supérieur

3. Niveau d'excellence.

A chaque « outil » a été attribué un numéro correspondant au niveau de qualité selon trois critères :

– la pertinence d'un outil au regard des spécificités de la MSA
– les résultats attendus
– la facilité et mise en œuvre.

Cible externe

Certification : 3
Benchmarking : 2
Identification des besoins latents : 3

Traitement des réclamations : 1
Mesure de la satisfaction : 1
Engagements de service : 2

Moyens

Résultats

Structure qualité : 1
Charte qualité : -
Bonnes pratiques : 1
Assurance qualité : 1
Plan d'action qualité : 1
Formation : 1-2-3
Groupes de travail : 1-2-3
Relations client-fournisseur : 3
Autocontrôle : -
Communication interne : 1-2-3

Revues qualité : 1
Autodiagnostic qualité : 1
Étude d'opinion interne : -
Coûts qualité : 3
Audit qualité : 3
Suggestions : 2
Tableau de bord qualité : 1
Visites-mystère : 2
Intéressement à la qualité : 3

Cible interne

163

3. LES STRATÉGIES DE MISE EN PLACE

3.1. Les stratégies de Crosby et de Juran

3.1.1. Programme d'amélioration de la qualité de Philip Crosby

Philip Crosby, dans son livre *La qualité, c'est gratuit* (Economica), propose le programme d'amélioration de la qualité suivant :

- 1. L'engagement de la direction
- 2. L'équipe d'amélioration de la qualité
- 3. La mesure de la qualité
- 4. Le coût de la qualité
- 5. Prise de conscience de la qualité
- 6. Actions correctives
- 7. Planifications zéro défaut
- 8. Formation
- 9. Jour « zéro défaut »
- 10. Elaboration des objectifs
- 11. Suppression des causes d'erreurs
- 12. Montrer de la reconnaissance
- 13. Conseil qualité
- 14. Poursuite permanente de l'action

3.1.2. Organiser l'amélioration de la qualité selon Joseph Juran

Dans son livre *La qualité dans les services* (AFNOR), Joseph Juran fait les préconisations suivantes :

- Formuler la politique de qualité autour de quelques grands principes :
  - La qualité est la priorité numéro 1
  - Nous devons nous améliorer chaque année
  - Tout le monde doit participer
  - Les résultats influeront sur la notation au mérite.

- Évaluer les principaux facteurs :
  - Qualité contre concurrence
  - Coût de la non-qualité
  - Efficacité des lancements de nouveaux produits
  - Rendement de l'investissement lié à des améliorations antérieures.

- Intervenir dans la notation au mérite des dirigeants pour apprécier :
  - La qualité des opérations
  - Les améliorations apportées.

- Instaurer de nouvelles mesures pour juger :
  - Les progrès au niveau de l'amélioration de la qualité
  - Les résultats obtenus par les produits
  - Les résultats obtenus par les dirigeants.

- Mettre en place un système de projet pour :
  - Rechercher les projets
  - Trier les propositions
  - Sélectionner les projets
  - Désigner des équipes de projet.

- Identifier les besoins de formation dans les domaines suivants :
  - Le processus d'amélioration
  - La résolution des problèmes
  - La constitution des équipes
  - La dynamique de groupe
  - La participation
  - Divers.

- Identifier les personnes à former :
  - Coordinateurs
  - Présidents des équipes
  - Membres des équipes
  - Divers.

- Organiser la formation :
  - Programme des cours et modules d'enseignement
  - Recherche du matériel didactique
  - Recherche des éducateurs
  - Budget
  - Calendrier des cours.

- Fixer les responsabilités pour la réalisation des projets :
  - Rédiger la charte de l'équipe
  - Désigner des responsables pour la nomination :
    - des coordinateurs
    - des membres des équipes
    - des présidents.

165

- Mettre en place le soutien logistique aux équipes :
  - Temps pour travailler sur les projets
  - Préparation du diagnostic
  - Aide au diagnostic (personnel)
  - Installations pour l'expérimentation
  - Installations pour la mise à l'épreuve des théories
  - Aide pour surmonter les obstacles.

- Organiser la coordination :
  - Réunions des coordinateurs
  - Réunions des présidents des équipes
  - Comptes rendus intermédiaires sur l'avancement des projets
  - Examens par les niveaux hiérarchiques supérieurs.

- Recommander les rôles dévolus à la haute direction :
  - Examiner et approuver la politique
  - Autoriser la mise en place de l'infrastructure :
    - conseil de qualité
    - système de projets
    - rôles et responsabilités
    - programme de formation
    - assistance aux équipes
    - programme de coordination
    - programme de publication des résultats
  - Examiner et approuver les révisions :
    - dans les tableaux de résultats
    - dans le système de notation au mérite
  - Examiner les comptes rendus intermédiaires sur l'avancement des projets
  - Écouter le rapport final de chaque équipe
  - Participer aux projets
  - Participer à la formation.

- Élaborer un programme de publication des résultats :
  - Remise de récompense pour marquer :
    - la fin de la formation
    - la contribution des coordinateurs
    - l'achèvement des projets
  - Utilisation de supports divers :
    - papier à en-tête de l'entreprise, etc.
    - presse, TV, radios locales
  - Présentation du rapport final à la direction.

3.2. La stratégie d'INergie

C'est presque le plan de notre ouvrage :

ÉTUDIER	▷	L'état des lieux
S'ENGAGER	▷	Le lancement
AGIR	▷	L'amélioration
SUIVRE SANS CESSE	▷	Le pilotage

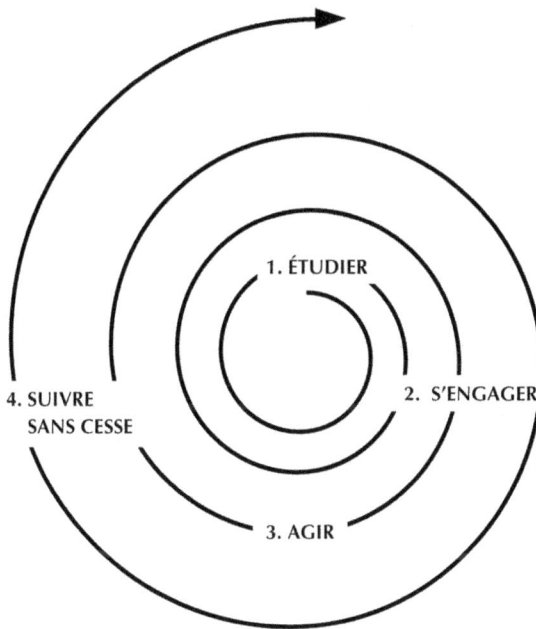

Schéma 3.7. *La spirale du progrès*

3.2.1. Les pré-requis

Pour se donner les chances de succès, certaines précautions sont à prendre :

■ **S'assurer de l'implication de toute la direction**
Pour changer les pratiques, il faut :
• informer, montrer, ouvrir
• former, éduquer
• impliquer dans la décision de mise en œuvre
• expérimenter dans des secteurs volontaires
• valoriser

167

- faire respecter les nouvelles règles de jeu (rappelez-vous les lois anti-tabac !)
- inciter financièrement.

Ce n'est donc pas uniquement des discours, mais des moyens, du temps et de l'énergie. Les dirigeants oublient souvent ces deux derniers points.

■ Choisir l'opportunité

La charge de travail conduit aussi à la fatigue et à la tension. Le choix du moment du lancement de la démarche est primordial.

On ne peut pas regarder les étoiles quand on a un clou dans sa chaussure.

Proverbe chinois

■ Ne pas mésestimer la culture d'entreprise

La marge de manœuvre est étroite entre la mise en œuvre non négociable de la démarche et son appropriation nécessaire.

« Accroître la liberté individuelle au sein de l'entreprise peut conduire à déstructurer partiellement l'entreprise. La culture d'entreprise doit assurer que chacun connaisse les objectifs de l'entreprise, y adhère et conduise sa propre action vers la réalisation des objectifs », disait Michel Galiana-Mingot, alors président-directeur général de Sony France.

3.2.2. Où commencer ?

Paolo Fresco, l'ancien n°2 de General Electric, déclarait dans *l'Expansion* n° 553 :

Les grandes sociétés consacrent jusqu'à 70 % de leur temps à se parler à elles-mêmes et le reste à servir le client.

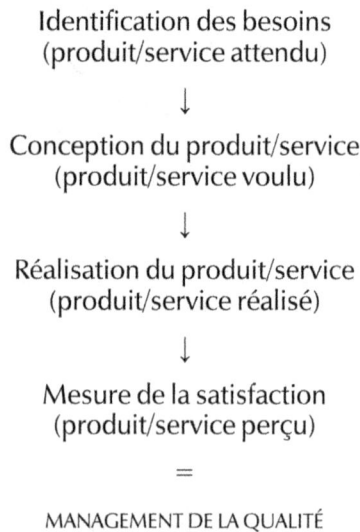

Identification des besoins
(produit/service attendu)

↓

Conception du produit/service
(produit/service voulu)

↓

Réalisation du produit/service
(produit/service réalisé)

↓

Mesure de la satisfaction
(produit/service perçu)

=

MANAGEMENT DE LA QUALITÉ

Idéalement il faudrait commencer par l'identification des besoins. Impérativement s'il s'agit d'une nouvelle activité.

Pragmatiquement en fonction des résultats de l'état des lieux et de l'intérêt des collaborateurs : toute « entrée » est pertinente pour améliorer la qualité !

Beaucoup d'entreprises commencent en fait par des actions ponctuelles sur les services associés ou les processus-supports : accueil, excès d'imprimés, courrier interne... C'est bien. Mais il est recommandé de s'attaquer en priorité aux processus-clés.

3.3. Les principes de mise en place

Une entreprise qui souhaite mettre en place une politique qualité doit se prononcer sur cinq principes :
* la nomination d'une structure de pilotage ou la responsabilité du management
* la centralisation ou la décentralisation
* l'implication de tous immédiate ou différée
* l'avancement dispersé ou de conserve de chaque unité
* la promotion ou la discrétion.

Mettre l'entreprise au service du client exige une véritable révolution dans l'esprit de son management.

Michel Crozier in Service News n°15

👉 **Et vous ?**

Vous souhaitez promouvoir la qualité.

Est-ce un critère d'évaluation dans vos entretiens annuels ?

3.3.1. Une structure interne ou externe ?

Le tableau suivant recense les avantages respectifs d'une solution interne ou de l'intervention d'un consultant. N'attendez pas d'avis objectif de la part de l'auteur puisqu'il est consultant !

Avantages pour une entreprise de faire appel à un :	
salarié	consultant
– Connaissance de l'entreprise	– Objectivité, œil neuf
	– Indépendance hors hiérarchie, extérieur
– Coût faible/consultant	– Crédibilité, compétence
	• métier, expérience
	• vue d'ensemble
	• méthodes
– Acquisition d'un savoir-faire pour l'entreprise	– Souplesse d'utilisation rôle éventuel de fusible
– Réalisme des recommandations	– Originalité des recommandations
	– Confidentialité si nécessaire
– Disponibilité	– Facilité d'accès aux personnes, documents...
	– Impact, adhésion plus forte à un extérieur

3.4. Les quatre étapes

La démarche comprend quatre phases. Ces quatre étapes correspondent aux qualités attendues d'un manager : lucidité, volonté, courage et ténacité.

■ **1. Réalisation de l'état des lieux**
  • Historique qualité
  • Analyse des réclamations
  • Audit et diagnostic qualité
  • Enquête de satisfaction
  • Étude d'opinion interne

■ **2. Engagement de la direction**
  • Définition de la mise en place
    – objectifs de la démarche
    – personnalisation du concept et des enjeux
    – principes de mise en place
    – plan d'action et calendrier
    – modalités de pilotage
    – budget
  • Chiffrage des objectifs
  • Adaptation de la méthodologie : outils, illustrations
  • Mise en place des tableaux de bord

■ **3. Amélioration de la qualité**
  • Information
  • Formation des équipes à la qualité totale
  • Elaboration et mise en œuvre des plans d'action qualité
  • Implication de chacun et de chaque unité

■ **4. Pilotage de la démarche**
  • Suivi et évaluation des résultats
  • Communication
  • Valorisation et promotion

Exemple

UN EXEMPLE DE MISE EN PLACE DANS UN ÉTABLISSEMENT DE SANTÉ

Phase 1 : Diagnostic
  • Audit qualité
  • Conduite d'une enquête patients
  • Historique et politique qualité de l'établissement
  • Analyse des réclamations

Phase 2 : Préparation
  • Création d'un groupe de travail (future équipe qualité) pour proposer une politique qualité et un projet de démarche qualité
  • Approbation par la direction, la CME (Commission Médicale d'Établissement) et le CA (Conseil d'Administration)

- Intégration des remarques et validation de la politique et de la démarche qualité lors de la première revue qualité
- Nomination du responsable qualité et de l'équipe qualité, cooptation des équipes opérationnelles

Phase 3 : Mise en œuvre
- Formation des équipes opérationnelles et des personnels concernés
- Information du personnel de l'établissement
- Mise en place du plan d'action qualité : élaboration des protocoles, charte, groupes de travail
- Accompagnement de chaque équipe opérationnelle :
  - par le responsable qualité au quotidien
  - par l'équipe qualité hebdomadairement
  - par la direction lors de la revue qualité

Phase 4 : Pilotage
- Communication interne
- Rapport mensuel du responsable qualité à la direction : réalisé le mois écoulé, difficultés rencontrées, prévu le mois prochain, recommandations
- Animation d'une revue qualité trimestrielle : 2 h
  - Composition : la direction, l'équipe qualité, un membre du CA, les équipes opérationnelles et les cadres concernés
  - Calendrier : avant la CME pour restitution
- Information de la CME par le responsable qualité
- Information du CA par le directeur

L'EXEMPLE D'UNE ENTREPRISE DE SERVICES

Ce très grand groupe français travaille dans les services au public. Voici les recommandations proposées à l'issue d'une étude de ses pratiques qualité :
- principes d'action pour mettre en œuvre une politique qualité
- modalités d'appropriation
- quelques écueils possibles à éviter.

Principes d'action pour mettre en œuvre une politique qualité
- La qualité se fabrique : elle est donc de l'entière responsabilité de la hiérarchie. Elle n'est pas en plus du management, elle est au cœur du management. Les actions sont à mettre en œuvre par les métiers.
- D'abord assurer les basiques : la qualité de service ne peut être supérieure à la qualité des personnes qui le fournissent. Quand le bateau prend l'eau, il vaut mieux écoper que rechercher des clients.
- Puis identifier les réelles attentes clients. Exemple de Renault qui avait beaucoup investi sur l'accueil des concessionnaires alors que la demande du client est de se rendre le moins souvent possible chez son garagiste.
- Partir du client pour définir les niveaux de qualité attendue. Le Groupe a trop tendance à parler au nom du client. Ceci veut dire qu'il faut partir du terrain et non du siège, ceci veut aussi dire que le collaborateur ne devrait pas hésiter à proposer les services qu'il détecte pertinents chez le client.
- Adopter une définition unique des processus avec des degrés d'application locale forts. L'architecture est ainsi réduite à son minimum, c'est-à-dire à des murs porteurs, le reste ne s'assimilant qu'à des cloisons...

Exemple

- Solliciter fréquemment les membres du comité exécutif. Rien ne se fera si les plus hauts dirigeants ne manifestent pas non seulement leur accord et leur adhésion, mais aussi leur volonté d'action, leur valorisation et leur présence.
- Utiliser et jouer tous les réseaux internes existants.
- S'appuyer sur et développer tous les projets en cours : pérenniser le succès de l'ARTT, encourager les certifications, mais en même temps communiquer sur la vérité de la qualité de service rendu au client. Définir un certain nombre de principes à la fois précis pour ne pas y échapper et contractuels pour obtenir l'accord des organisations syndicales.
- Jouer la stratégie du jeu de go : encourager toute unité à développer son assurance qualité jusqu'à la professionnalisation, puis commencer à relier les têtes de pont solides.
- S'appuyer sur le « légitimisme » des collaborateurs, expliquer que c'est pour le bien de l'entreprise et objectiver les résultats dans les budgets annuels (à inclure dans le management de la performance).
- Améliorer avant de promettre ou de communiquer.
- Ne pas opposer les performances de qualité à celles de la gestion de moyens : on peut travailler vite et bien !
- Suivre : le pilotage doit être organisé, adopté par la direction générale et diffusé à tous.

Modalités d'appropriation

Les actions proposées ici ont pour objectif de faciliter concrètement la diffusion de la culture qualité. Leur pertinence doit être étudiée avec les personnes concernées et intégrées si elles s'avèrent utiles dans les plans d'action correspondants.

- Former le management à se remettre en cause.
- Faire venir en comité opérationnel des grands comptes mécontents.
- Intégrer des objectifs qualité dans les plans de progrès.
- Ne pas systématiser la mobilité triennale.
- Valoriser les succès qualité.
- Ne pas plaquer la qualité comme un gadget : laisser du temps, montrer le chemin, respecter l'évolution.
- Organiser des séminaires itinérants auprès des entreprises qui ont réussi la mise en œuvre de politiques qualité.
- Organiser pour tous les cadres plusieurs « écoutes clients » par an.
- Organiser une communication interne spécifique qualité.
- Intégrer dans le tableau de bord des suggestions en priorité le nombre d'idées mises en œuvre plutôt que celles émises.
- Montrer et démontrer l'intérêt financier des démarches qualité.
- S'intégrer dans le mois de la qualité (organisé par le Mouvement Français pour la Qualité) en octobre.
- Rendre les directeurs d'entité plus animateurs.
- Demander à la direction générale d'adopter plusieurs pratiques symboliques du nouvel état d'esprit de service.
- Associer les responsables opérationnels dans les réflexions qualité.
- Définir l'avantage personnel qu'apporte la qualité à un collaborateur.
- Créer une filière pour les responsables qualité : proposer deux niveaux de classification.
- Certifier les unités locales, particulièrement pour leur impact commercial.
- Bénéficier du consensus autour de la qualité. Personne n'est contre. On pourrait ajouter : « On a tous à y gagner ! ».

Quelques écueils possibles à éviter

- Institutionnaliser l'initiative pour faire progresser la qualité. Le risque est présent, comme le montre l'exemple des cercles de qualité qui ont fait long feu : cela a été vécu comme un gadget managérial. La qualité ne doit pas être perçue comme un carcan.
- Laisser à l'inverse toute liberté aux entités. Il faut en terminer avec le « à votre bon cœur ! » et le caritatif. La qualité n'est pas une politique optionnelle. La qualité doit être structurée, elle ne peut pas s'appuyer que sur les bonnes volontés.
- Confisquer la qualité au siège ou donner des leçons. Les manifestations de la qualité existaient et existent tous les jours concrètement sur le terrain.
- Tomber dans l'incantation ou le discours. La qualité nécessite un propos concret et opérationnel, il faut l'expliciter. La culture du Groupe est instrumentale, une démarche outillée est essentielle.
- S'arrêter à l'assurance qualité de quelques sites. Un réseau ne fonctionne que si tous les maillons sont bons : l'assurance qualité est nécessaire, elle est loin d'être suffisante.
- Se fixer un objectif ambitieux immédiatement pour le Groupe : être le premier européen dans tel domaine, finaliste à l'EFQM... Il faudra choisir un drapeau une fois la crédibilité de la démarche assurée.
- Déclarer que « la qualité totale est l'écoute du client » car chaque collaborateur le fait chaque jour et que personne ne l'écoute en retour.
- Lancer l'année de la qualité. La qualité est un effort quotidien ! La qualité apparaîtrait comme une mode, alors qu'elle doit devenir un mode de management.
- Trop communiquer sur la qualité : on en a déjà beaucoup parlé, la gadgétisation n'est pas loin. C'est une stratégie d'association étroite, pragmatique et progressive qu'il faut mettre en œuvre.
- Préférer à qualité totale le terme plus simple : qualité ou qualité de service.

☞ Et vous ?

On ne vend plus ce qu'on fabrique, on fabrique ce qu'on vend.

Conséquence : chacun doit développer au-delà de la maîtrise de son métier compétences comportementales et relationnelles.

4. LA STRUCTURE QUALITÉ

4.1. La nécessité d'une structure qualité

Une structure qualité est indispensable dans une politique d'assurance qualité. La première exigence des normes ISO 9000 « Responsabilité de la direction » stipule que la direction « doit nommer un de ses membres qui, nonobstant d'autres responsabilités, doit avoir une autorité définie pour :

a) assurer qu'un système qualité est défini, mis en œuvre et entretenu conformément à ces normes

b) rendre compte à la direction du fonctionnement du système qualité pour en faire la revue et servir de base à son amélioration ».

La structure qualité peut être composée d'une ou plusieurs personnes.

■ **Missions**
- Aider la direction à définir la politique qualité, à la coordonner et à la piloter
- Proposer et faciliter la mise en œuvre des étapes et moyens nécessaires pour assurer la réussite de la démarche qualité au sein de l'entreprise
- Assister à la demande tous les services : conseil, formation, communication...
- Alerter sur les résistances.

■ **Principales fonctions**
- Former les équipes des services volontaires à la démarche qualité
- Aider à concevoir/diffuser les méthodes et outils qualité
- Conduire en interne ou en externe les enquêtes ou audits nécessaires
- Animer la revue qualité de l'entreprise (une par trimestre).

■ **Rattachement hiérarchique**
- Direction de l'établissement

LES FAMILLES DE MÉTIERS

Le guide des métiers de la qualité (Vincent Defourny et Agnès Peter – INSEP Editions) propose un classement des 10 000 professionnels de la qualité en France en quatre grandes familles de métiers.

Les familles	Les dénominations courantes	Les missions principales
Les pilotes	– directeur qualité – responsable qualité – coordonnateur qualité...	Piloter, coordonner, concevoir...
Les réalisateurs	– responsable assurance qualité – technicien assurance qualité – fiabiliste, statisticien – métrologue – contrôleur qualité – responsable certification – qualiticien...	Réaliser, faire, mettre en œuvre, mettre sous contrôle...
Les auditeurs	– auditeur interne – auditeur externe – expert...	Examiner, vérifier, auditer...
Les transmetteurs	– animateur qualité – consultant qualité – faciliteur – formateur qualité – expert...	Transmettre, conseiller, convaincre, préparer, former...

On est loin de 1958, date de la naissance des deux premières fonctions qualité en France chez Renault et Simca.

La professionnalisation de l'emploi n'est pas encore totale.

Le turn-over des responsables et la diversité des activités expliquent l'appellation plus fréquente de fonction qualité que de métier.

4.2. Son rôle

La structure qualité conçoit, organise, facilite et pilote la démarche qualité.

■ **Conception**
- Proposer la politique qualité
- Élaborer la stratégie de mise en place de la qualité
- Définir les moyens de pilotage et de communication

■ **Organisation**
- Gérer et animer le système qualité

175

- S'assurer de la gestion des documents et enregistrements liés à la qualité
- Assurer la veille réglementaire et la gestion des documents réglementaires et des normes applicables
- Superviser l'état des lieux
- Coordonner les actions qualité
- Vérifier que les fournisseurs adhèrent et coopèrent au système qualité

■ **Facilitation**
- Sensibiliser chacun à la nécessité de la qualité
- S'assurer que la politique qualité est comprise, mise en œuvre, entretenue et efficace
- Apporter outils et méthodes
- Documenter et argumenter la demande de moyens pour améliorer la qualité
- Identifier les freins éventuels et proposer les actions palliatives

■ **Pilotage**
- Suivre l'avancement de la démarche qualité : organisation et coordination des revues de direction, indicateurs qualité, traitement des réclamations clients, traitement des écarts et des actions correctives et préventives...
- S'assurer de l'implication de chacun
- Statuer sur toutes les décisions et arbitrages importants
- Rendre compte du fonctionnement du système qualité à la direction
- Informer des résultats obtenus
- Valoriser les réussites
- Promouvoir la démarche qualité en interne et en externe

La structure qualité aide à la hiérarchie, elle ne s'y substitue pas.

Exemple

**LES MISSIONS DE LA FONCTION QUALITÉ
D'UN GRAND GROUPE INDUSTRIEL FRANÇAIS**

1. Animation et promotion de la qualité
- Promouvoir l'esprit qualité
- Former et informer les personnels
- Développer la qualité totale

2. Gestion de la qualité
- Fixer des objectifs qualité
- Organiser la documentation qualité
- Analyser les niveaux de qualité

3. Assurance de la qualité
- Garantir la tenue des revues qualité
- Mesurer les niveaux qualité
- Surveiller la qualité
- Évaluer les fournisseurs et sous-traitants

- Piloter les actions correctives
- Entretenir des relations avec les services qualité extérieurs

4. Décisions et arbitrages
- Traiter les dérogations
- Piloter les expertises
- Pouvoir interrompre tout processus
- Autoriser la présentation en recette et la livraison

L'ennemi n°1
de la structure
qualité : le budget
anorexique !

Exemple

L'ANALYSE DES MISSIONS ATTRIBUÉES À LA DIRECTION DU DÉVELOPPEMENT DE LA QUALITÉ D'UN GRAND GROUPE FRANÇAIS PUBLIC
(extrait d'un état des lieux des pratiques qualité mené par INergie)

La décision de création d'une Direction du Développement de la Qualité s'appuie sur une orientation du plan stratégique qui vise à mettre le client au cœur de nos organisations, en particulier en améliorant la satisfaction de tous les clients et en développant une culture qualité dans l'ensemble de l'entreprise. Précisément, avoir plus de la moitié des clients de ce Groupe « tout à fait satisfaits » d'ici deux ans est l'un des objectifs du plan stratégique.

Huit missions ont été attribuées par le directeur général. Comment les développer à partir de l'état des lieux des pratiques qualité réalisé ?

1. Veiller à la cohérence de la mise en œuvre des processus qualité au sein du Groupe. Les compétences de l'Audit seront mises à contribution pour appuyer cette démarche

Tout est à faire ici, la demande de mise en perspective étant formulée plusieurs fois. Il faut raisonner client. C'est-à-dire que les structures territoriales doivent se sentir plus co-traitantes d'un processus global que propriétaires de leur territoire.

Intervenir sur un ou plusieurs processus très sensibles pour le client, les mettre à plat, nommer un propriétaire de ces processus, développer la pression de gestion pour les mettre en œuvre et assurer une mesure externe.

Trouver quelques actions à forte visibilité et à résultat rapide sur des processus transversaux...

2. Contribuer à mettre le client au cœur de l'organisation en particulier par l'information et la formation des agents et de l'encadrement

La culture de monopole doit s'estomper au profit d'une logique service.

Il serait pertinent d'établir un glossaire de la qualité qui soit commun à tous les agents, ne serait-ce par exemple pour rebaptiser la Qualité de Distribution taux de service et pour définir le terme qualité.

Puis recenser les « best practices » et concevoir un guide d'appui méthodologique.

Généraliser l'écoute clients et apprendre à anticiper leurs besoins latents.

177

3. **Conforter le management de proximité dans sa recherche de qualité totale en appuyant son action sur la participation des agents et en intégrant le système de suggestions dans ce dispositif**

Il est indispensable de passer par le management de proximité. Il faut de la confiance pour faire progresser la qualité. Cela passe par la capacité du management puisque la mise en œuvre d'une démarche qualité ne demande rien d'autre que de la méthode, de la volonté et de la pédagogie.

4. **Mieux exploiter les travaux du médiateur et des différentes structures de réclamations des clients**

Il serait souhaitable de sensibiliser chacun au traitement d'une réclamation pour re-satisfaire et détecter une opportunité pour un ré-achat.

Le rattachement, la neutralité et la capacité d'analyse de la DDQ incitent à étendre cette mission à la mise en exergue de tout dysfonctionnement au sein du Groupe. La DDQ publierait un rapport d'étonnement : l'enjeu serait de faire accepter que tout dysfonctionnement est source de progrès.

5. **Formaliser une démarche aboutissant à une charte de qualité fixant les engagements du Groupe en matière de qualité vis-à-vis de ses clients**Un très gros chantier est ici ouvert (parallèle avec EDF GDF Services). Sont à définir des engagements simples (quelques-uns par métier) et précis.

6. **Intégrer dans le tableau de bord de gestion du Groupe des indicateurs de mesure de la qualité**

Les mesures doivent concerner la satisfaction clients : actives (note de satisfaction) et passives (réclamations). Elles doivent être déclinées jusqu'à chaque entité et agrégées quotidiennement pour la direction générale. Les indicateurs retenus doivent refléter les attentes clients.

7. **Constituer un centre d'expertise qualité (démarches à engager, mesures de non-qualité, certification, audit...) à la disposition de tous les managers du groupe pour les aider à développer la qualité dans leurs activités**

Le besoin et l'attente existent. Le Groupe est une enseigne globale de holding avec des métiers différents, d'où :
• capitaliser et mettre en transversal
• respecter l'identité de chacun : certaines problématiques sont communes, d'autres non.

8. **Favoriser une communication interne et externe pour que ce projet majeur du Groupe soit compris par tous les publics et que chacun sente la part qu'il peut y jouer.**

Les démarches qualité nécessitent beaucoup de communication et de pédagogie, et non des effets d'annonce ou des propos théoriques. L'objectif est d'améliorer la compréhension et la mise en œuvre des processus visant à la satisfaction des clients.

Lancer une campagne « L'esprit de service ».

LES CARACTÉRISTIQUES D'UN PROFESSIONNEL DE LA QUALITÉ

Quel profil-type ?

- motivé : c'est la première condition évidente
- personne de contact et de bon sens
- connaissant bien le terrain, l'entreprise et ses fonctions
- rigoureux
- intelligent : capable d'intégrer la démarche et d'adapter les méthodes/outils
- capable de gérer les difficultés
- crédible : capable de se faire écouter des directeurs
- et reconnu par son entourage
- tenace : capable d'imposer la voix du client

Quelles compétences ?
- les enjeux et les concepts de la qualité
- les outils d'analyse et l'état des lieux
- les démarches d'amélioration qualité
- les méthodes et outils de traitement de problème
- l'assurance qualité
- le pilotage et la communication interne
- les expériences réussies en matière de satisfaction clients.

Le non-respect de ces critères a conduit plusieurs entreprises à décrédibiliser leur fonction qualité : le responsable qualité était le fidèle collaborateur, mais bras cassé qu'il fallait caser !

4.3. Réussir le lancement de la démarche qualité

La mise en œuvre de la démarche qualité s'apparente à la conduite de projet. Quatre facteurs-clés de réussite sont à prescrire :

■ 1. La nomination d'un « bon » chef de projet

Le professeur Shoji Shiba définit trois mises en garde : le chef de projet ne doit pas être autoritaire, mono-discipline et pessimiste. Il doit travailler en réseau, de façon souple et transverse et faire preuve de charisme.

Un chef de projet est rigoureux, imaginatif, débrouillard, dynamisant, sans peur des critiques...

Il doit être aussi un grand professionnel pour éviter qu'un manque de crédibilité de sa part puisse conforter un manque de motivation des participants.

■ 2. Son rattachement au directeur de l'entreprise/établissement

La mission du chef de projet doit être confiée et suivie par le plus haut niveau de l'entreprise/établissement : c'est la seule façon d'éviter les pressions du terrain, de défendre la voix du client contre les habitudes locales et de détenir de l'autorité statutaire.

Attention néanmoins aux écueils : renforcement que tout vient du siège, assimilation du chef de projet à l'œil de Moscou, moindre stimulation de la hiérarchie à s'approprier la démarche... La qualité peut rapidement devenir un enjeu de pouvoir !

Un responsable qualité reporte au « ppch » de son entité : le plus petit commun hiérarchique !

■ 3. La bonne gestion de son temps

Le succès de la plupart des choses dépend de l'appréciation exacte du temps qu'il faudra pour les réussir.

Montesquieu

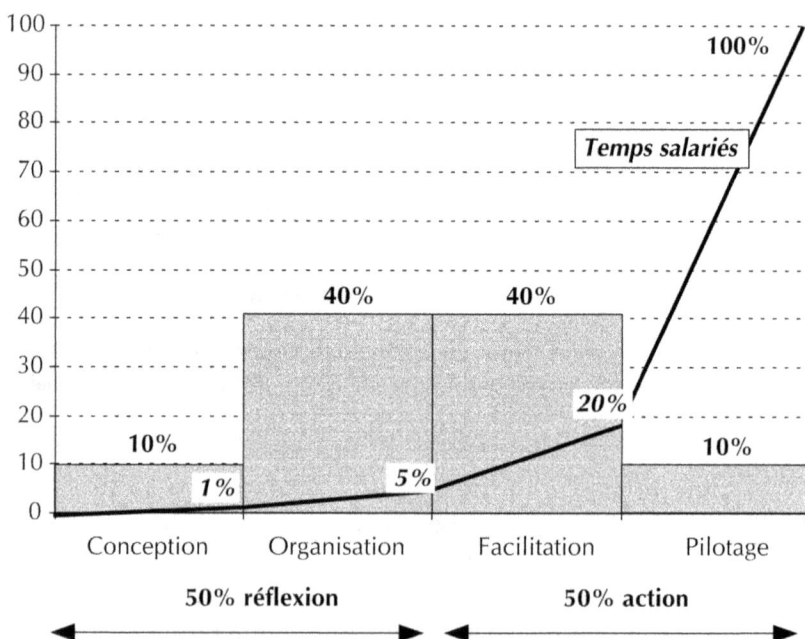

SCHÉMA 3.8.

Répartition des temps consacrés
• en diagramme par le chef de projet
• *en courbe pour les salariés*

90 % de la réussite d'un projet est dans sa préparation. L'autre moitié dépend de son pilotage !

■ 4. Le respect de quelques règles
• quadriller le terrain,
• s'appuyer sur un premier cercle d'alliés et les aider,
• créer des équipes projet bien sûr en fonction des compétences des participants, mais surtout en fonction de leur complémentarité,
• montrer aux participants l'efficacité de leurs apports,

- enrichir le projet des remarques des opposants en y apportant des amendements ou des réponses,
- utiliser quelques nouveaux vocables,
- ne pas se rendre propriétaire de son projet,
- aller ni trop vite ni trop lentement,
- communiquer régulièrement et largement.

La règle fondamentale reste d'éviter les enlisements internes de la démarche pour conserver la dynamique de la fidélisation : le client.

Ce n'est jamais le nombre d'opposants qui empêche la mise en place d'une réforme douloureuse : c'est le manque d'alliés.

Olivier d'Herbemont et Bruno César, *La stratégie du projet latéral* **(Dunod)**

4

Améliorer la qualité

1. LA CHARTE QUALITÉ

1.1. La définition

Le mot charte vient du latin *charta* « papier ».

Une charte qualité est un document d'une page maximum qui présente les exigences internes que l'entreprise se donne en matière de qualité.

Cette charte doit être comprise et applicable par toute l'entreprise : elle est ainsi déclinée le plus souvent par métier, par famille d'emplois, par établissement, par filiale.... Elle est alors illustrée par des applications concrètes dans le travail quotidien.

▷ La SAT s'est dotée d'une charte qualité. Le document, interne à l'entreprise, a pour objet d'exploiter les principales lignes directrices de la politique à mettre en œuvre en matière de qualité. La charte définit les axes de réflexion et d'action dans ce domaine. Elle s'impose à tous.

☞ **Et vous ?**

Avez-vous un document précisant votre engagement en matière de qualité ?

Pourrait-on lire au frontispice de votre entreprise :
Qualité, Fiabilité, Efficacité ?

183

1.2. Les objectifs

- Définir avec précision l'engagement collectif de l'entreprise en matière de qualité.

- Sensibiliser ses collaborateurs à la qualité.

- Souligner sa volonté en tant que direction.

- Encourager l'élaboration d'outils d'amélioration et de mesure de la qualité.

La charte est un ensemble d'engagements de maîtrise professionnelle ou d'attitudes personnelles et non de résultats ou de moyens.

⚠ Attention

Les directions aiment bien concevoir de tels documents qui définissent leurs exigences internes en matière de qualité. L'écueil souvent rencontré est l'absence de mise en œuvre de ces exigences. Il arrive même souvent que des directions estiment que leur travail de promotion de la qualité s'arrête avec la publication d'un tel document.

La qualité ne se décrète pas.

1.3. Les modalités d'élaboration

La mission fondamentale de toute entreprise est de fournir un produit ou service qui répond aux besoins des clients.

D'où la démarche classique :
1. identifier ses clients cibles
2. identifier et définir leurs besoins et l'ordre de priorité
3. traduire les besoins du client en spécifications
4. traduire les spécifications en engagements internes
5. mesurer les écarts entre engagements et réalisations
6. supprimer les écarts

L'élaboration de la charte qualité intervient à la quatrième étape : la charte résume l'ensemble des engagements internes de l'entreprise à respecter ses spécifications.

Trois éléments sont essentiels dans l'élaboration d'une charte :
- constituer un groupe de travail représentatif des métiers et des statuts de l'établissement
- décliner par famille d'emplois
- définir un système de mesure du respect des points de la charte.

Dès que ces engagements internes sont tenus, et dans la mesure où ils permettent à l'entreprise de se différencier de ses concurrents, l'entreprise peut s'en faire le promoteur dans sa communication externe. Ils deviennent alors des engagements de service.

Exemple

▷ La Redoute : livraison en moins de 48 heures.
▷ FNAC : vos photos développées en moins de 24 heures.

1.3.1. Quelques critères pour définir les engagements d'une charte

Un engagement doit être en soi :

- pertinent : sa mise en œuvre a pour finalité une amélioration de la qualité des contributions de chacun

- applicable à chacun dans son activité

- compréhensible : formulé en termes simples et accessibles à tous

- mémorisable : sa formulation incite les personnes à s'y référer

- mobilisateur : sa formulation incite les personnels à les mettre en œuvre

- mesurable/évaluable : les résultats issus de sa mise en œuvre peuvent être vérifiés (enquêtes, audits, visites-mystères...)

- fédérateur : tous les métiers, fonctions, unités, établissements... sont concernés

- cohérent avec les autres engagements : il s'agit d'en vérifier l'exhaustivité et d'éliminer toute redondance.

L'engagement peut être aussi :

- distinctif : il permet de se différencier de la concurrence

- innovant : l'engagement d'aujourd'hui sera le standard de demain.

Évitez la charte style : « *Nous sommes les meilleurs. D'ailleurs c'est écrit sur notre document* **». Définissez et validez votre charte de façon réaliste !**

Exemple

LA CHARTE QUALITÉ DU JACQUARD FRANÇAIS
entreprise située à Gérardmer (Vosges) spécialisée
dans la fabrication de linge damassé haut de gamme
destiné à la table, l'office et la salle de bains.

Nous nous engageons à :
- contrôler visuellement et à l'unité la qualité de chaque article,
- aider à la vente par une documentation et des supports de communication plus abondants,
- intensifier notre effort de créativité en matière de dessins et coloris,
- mieux mettre en valeur nos articles par une présentation plus attrayante,
- améliorer la fiabilité de nos délais et la clarté de nos documents par la modernisation de notre système administratif,
- offrir le meilleur accueil à toute question posée et y répondre sous 48 heures,
- développer notre capacité d'écoute par des relations plus fréquentes.

Exemple

LA CHARTE QUALITÉ D'AIR FRANCE

1. Le contrat : « La priorité client »

2. L'engagement : « La qualité c'est moi »

3. La simplification : « Pour plus d'efficacité »

4. La mesure : « Des scores pour guider »

5. Le contact : « Le sourire est dans le contrat »

Exemple

PROJET DE CHARTE POUR UNE ASSOCIATION
D'ÉTABLISSEMENTS HOSPITALIERS ET DE SERVICES D'ASSISTANCE

Nous sommes professionnels de santé au service de tous ceux que nous accueillons dans nos établissements.
La qualité de nos prestations repose sur deux valeurs fondamentales :
- le respect de la personne : nous respectons sa dignité, son intégrité, sa sensibilité, son intimité et sa liberté
- le respect des obligations professionnelles : nous appliquons avec rigueur les dispositions légales et réglementaires et notamment la déontologie, et mettons en œuvre les recommandations professionnelles.

Pour promouvoir ces valeurs au sein de nos établissements, chacun d'entre nous prend six engagements :

1. Accueillir
L'accueil est une relation chaleureuse et personnalisée que nous devons à tous ceux qui font appel à nos services. L'écoute et l'information de nos interlocuteurs sont des composantes essentielles de la qualité de l'accueil.

2. Être disponible

C'est notre capacité à prendre le temps, tout en respectant les délais : le temps d'expliquer, le temps de répondre à l'imprévu, sans pour autant perturber le prévu, le temps d'analyser une situation ou de prendre une décision.

3. Répondre aux exigences de sa fonction

Nous accomplissons nos missions de soins et d'éducation dans le respect des normes et des recommandations professionnelles. Notre manière d'agir contribue à l'image de qualité de notre service.

4. Être performant

Soucieux du bien-être des personnes, nous cherchons à atteindre nos objectifs dans les meilleures conditions de qualité et de coût.

5. Mieux travailler ensemble

La collaboration de chacun est une condition primordiale de notre efficacité collective. Nous mettons en commun les informations permettant le meilleur fonctionnement possible de nos activités médicales, éducatives et sociales et traitons toutes les demandes qui nous parviennent.

6. Progresser en permanence

La qualité de notre service se construit au quotidien. Elle implique de mettre à jour ses connaissances, d'accepter d'être évalué et de construire ensemble des propositions d'amélioration.

PROJET QUALITÉ DU GROUPE SITA
Le Groupe SITA est une filiale du groupe Suez
leader mondial de la propreté urbaine.

QUALITÉ DU SERVICE

1. Service rendu = service attendu
Chacun doit connaître le service qu'on attend de lui.
Et la prestation sera conforme à tous les points du cahier des charges.

2. Professionnalisme
L'exécution du service doit être réalisée dans les règles de l'art en garantissant la sécurité : il faut faire bien du premier coup.

3. Présentation personnelle

4. Propreté du matériel

5. Propreté des installations

SITA a pour mission la propreté. Le Groupe doit être inattaquable dans ce domaine.

6. Image de l'entreprise et du groupe
Il s'agit de connaître le Groupe et de le promouvoir à l'extérieur.

QUALITÉ DES ATTITUDES

7. Être disponible
La souplesse et la flexibilité permettent de répondre à tout imprévu.

8. Se remettre en cause personnellement
C'est la base de tout progrès.

9. Communiquer
C'est accepter et encourager les remarques d'autrui, et transmettre l'information.

10. Accueillir, être courtois
Ce comportement est fondamental dans une société de service.

11. Contribuer à l'esprit d'équipe

12. Respecter l'environnement
Le Groupe SITA doit être le premier écologiste de France.

La déclinaison par famille d'emplois

Le Projet Qualité a été décliné pour les quatorze familles d'emplois du groupe SITA.
Plusieurs objectifs à cette déclinaison :
- s'assurer que le Projet Qualité est bien spécifique au Groupe
- apporter à chacun des illustrations concrètes et immédiatement applicables de la mise en œuvre du Projet Qualité.
  Les points proposés sont des exemples d'action, des illustrations, ce ne sont en aucun cas des fiches de fonction ou des définitions de poste.
- démontrer ainsi la pertinence du Projet Qualité
- vérifier qu'aucune idée importante n'est omise.

Définition des emplois types :

Fonction Principale	Famille d'emplois
Exploitation	1. ripeur, manœuvre, balayeur
	2. conducteur de véhicule ou d'engin
	3. agent de maîtrise d'exploitation, chef de centre ou de secteur
	4. responsable d'exploitation de l'entreprise, chef d'établissement.
Entretien	5. réparateur, dépanneur
	6. chef d'atelier, responsable du matériel.
Commercial	7. attaché commercial
	8. responsable d'agence ou d'activité.
Administration	9. employé administratif ou comptable
	10. secrétaire de direction
	11. cadre administratif ou technique : chef comptable, ingénieur, chef de produit.
Direction	12. chef de service du siège
	13. directeur d'entreprise régionale ou spécialisée
	14. président, directeur au siège.

Sont présentées ci-après les déclinaisons pour les fonctions les plus significatives :
1. ripeur, manœuvre, balayeur
8. responsable d'agence ou d'activité.

1. RIPEUR, MANŒUVRE, BALAYEUR

QUALITÉ DU SERVICE

1. *Service rendu = service attendu*
Ramasser les ordures qui tombent à côté.
Remettre la poubelle à sa place.

2. *Professionnalisme*
Respecter les règles de sécurité.
Coordonner son rythme à celui de l'équipe.

3. *Présentation personnelle*
Porter la tenue propre.

4. *Propreté du matériel*
Entretenir son chariot (pour le balayeur).

5. *Propreté des installations*
Garder son vestiaire propre.

6. *Image de l'entreprise et du Groupe*
Connaître l'entreprise et ce qu'elle fait.

QUALITÉ DES ATTITUDES

7. *Être disponible*
S'adapter aux exigences imprévues du service.

8. *Se remettre en cause personnellement*
Proposer des améliorations.

9. *Communiquer*
Accepter de recevoir les remarques des usagers.

10. *Accueillir, être courtois*
Rester courtois en toutes circonstances.

11. *Contribuer à l'esprit d'équipe*
Être à l'heure pour démarrer.

12. *Respecter l'environnement*
Être le plus silencieux possible.

8. RESPONSABLE D'AGENCE OU D'ACTIVITÉ

QUALITÉ DU SERVICE

1. *Service rendu = service attendu*
Être attentif aux détails des engagements vis-à-vis des clients.

2. Professionnalisme
Réaliser les objectifs prévus pour tenir les budgets.

3. Présentation personnelle

4. Propreté du matériel

5. Propreté des installations
S'assurer chaque jour de la propreté des tenues, des matériels, des installations...

6. Image de l'entreprise et du Groupe
Faire connaître les activités de l'entreprise et du Groupe en menant des actions au sein de la vie socio-économique régionale.

QUALITÉ DES ATTITUDES

7. Être disponible
Savoir répondre aux urgences avec discernement.

8. Se remettre en cause personnellement
Analyser régulièrement ses résultats avec son directeur général.

9. Communiquer
Informer son personnel de la vie de l'agence et de l'entreprise.

10. Accueillir, être courtois
Accueillir personnellement chaque nouveau salarié.

11. Contribuer à l'esprit d'équipe
Encourager l'esprit d'équipe.

12. Respecter l'environnement
Se faire le porte-parole de la réglementation concernant les déchets.

2. LA FORMATION DES COLLABORATEURS

2.1. Les objectifs de la formation

Former, c'est conduire une personne à améliorer son

- savoir
- savoir-faire } compétence
- vouloir faire   motivation

Car efficacité = compétence x motivation

Les objectifs d'une formation sont donc triples :

1. Transmettre des connaissances : APPORT DE TECHNIQUES

2. Perfectionner des aptitudes : ENTRAÎNEMENT À L'ACTION

3. Modifier les attitudes : ÉVOLUTION COMPORTEMENTALE

☞ **Et vous ?**

La mobilité de l'environnement fragilise les certitudes acquises par le savoir et l'expérience.

Deux remèdes : l'écoute du client et la formation permanente.

2.2. Les stratégies d'apprentissage

Les méthodes actives de formation comportent trois principes :

- **La découverte** : L'adulte intègre plus facilement une connaissance quand il peut la relier à son modèle de pensée.

- **L'activité** : « *Le meilleur moyen de comprendre, c'est de faire.* » Kant

- **La dynamique de groupe** : De tout groupe, se dégage une force différente de la somme de celles des individus. Cette force est facilement maîtrisable en petits groupes.

Une formation séparée de l'application est rarement efficace.

191

2.2.1. La théorie des deux cerveaux

Le professeur SPERRY a reçu le prix NOBEL de médecine en 1981 pour avoir mis en évidence la dissymétrie fonctionnelle des hémisphères cérébraux.

* L'analogie du cerveau gauche avec l'ordinateur sert assez bien à décrire son fonctionnement. Il saisit des données digitales et il les traite en conséquence.
* Le cerveau droit est plus difficile à décrire que le cerveau gauche, puisqu'il fonctionne à partir de flashs. D'un seul coup, il saisit une réalité complexe et il la saisit comme une arborescence. C'est-à-dire qu'autour d'un mot, il y a une série d'autres mots, d'autres images.

Une pédagogie active permet un dialogue constructif entre les deux cerveaux.

Cerveau gauche	Cerveau droit
Analyse	Synthèse
Raisonnement	Intuition
Logique	Esthétique
Mathématiques	Sensation
Mots	Images
Chiffres	Métaphores
Linéarité	Globalité
Progressivité	Instantanéité

2.2.2. La nécessaire implication des participants

Ce n'est pas parce que les choses sont difficiles qu'on n'ose pas, mais parce qu'on n'ose pas qu'elles sont difficiles.

Apprendre, c'est utiliser toutes ses ressources mentales pour penser et ainsi franchir l'écart entre le connu et l'inconnu. D'où la nécessité d'un climat favorisant, sécurisant aussi.

Apprendre, c'est à prendre ou à laisser. Prendre est un acte personnel.

Apprendre, c'est s'approprier, c'est prendre avec soi. C'est à prendre et ce que je prends, je le comprends.

La compréhension est le résultat de la préhension. Si c'est le résultat de l'appréhension (au sens de la peur), je ne comprends pas, je ne peux pas apprendre. Apprendre, c'est se saisir de quelque chose.

L'objectif du formateur n'est pas d'enseigner, mais bien de permettre aux formés d'apprendre, de s'approprier. Pour mener à bien ce processus, le formateur pourra se poser diverses questions :

- Qu'est-ce qui peut éveiller la curiosité et l'envie d'apprendre ?
- Qu'est-ce qui va faciliter la mémorisation ?
- Qu'est-ce qui va faciliter la compréhension ?
- Qu'est-ce qui va faciliter la mise en œuvre ?

Vous ne pouvez rien enseigner à quelqu'un. Vous pouvez seulement l'aider à trouver ses réponses par lui-même.

Détermination des méthodes pédagogiques		
Enoncé de l'objectif	Descriptif de l'objectif	Méthodes pédagogiques privilégiées
-1- SAVOIR	• Acquisition : de connaissances de vocabulaire • Appel à la mémoire	**Méthodes informatives et interrogatives** • Débats – échanges • Questions-relances • Témoignages-films • Exposés • Relectures • Exercices de mémorisation
-2- SAVOIR-FAIRE	• Acquisition : de connaissances de vocabulaire • Appel à la mémoire	**Méthodes démonstratives et actives** • Études de cas, exercices • Entraînements, simulations • Réalisations concrètes • Travaux en sous-groupes • Créativité
-3- SAVOIR ÊTRE	• Attitudes Comportements • Appel aux valeurs et aux croyances	**Méthodes actives** • Jeux de rôles • Simulations • Créativité • Analyses du vécu du groupe • Réflexion individuelle

SCHÉMA 4.1. *Les méthodes pédagogiques*

193

2.3. La mise en œuvre d'une action de formation

Le schéma 4 illustre la démarche de mise en œuvre d'une action de formation.

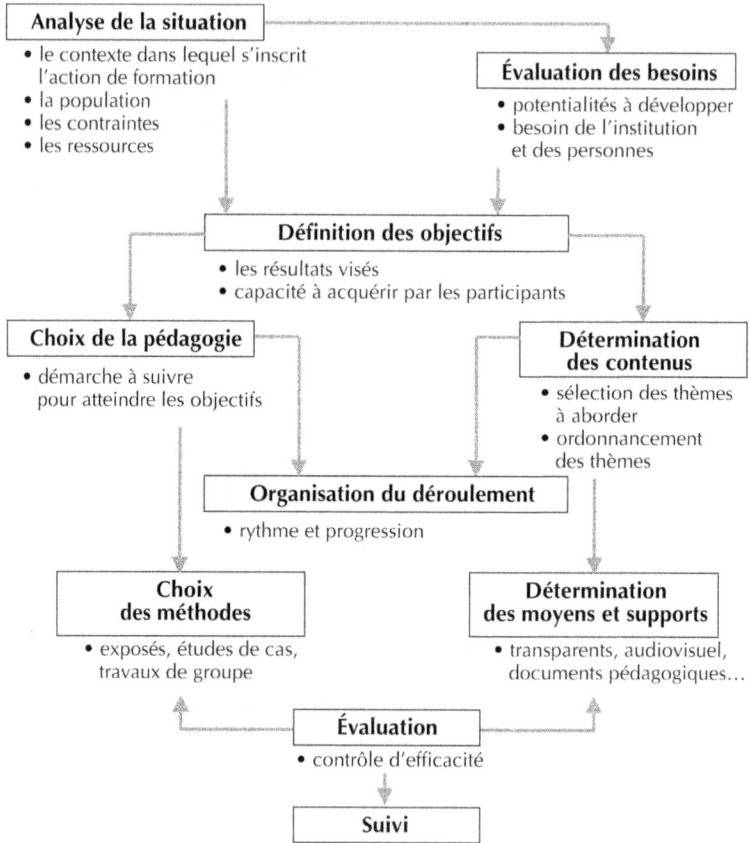

Analyse de la situation
- le contexte dans lequel s'inscrit l'action de formation
- la population
- les contraintes
- les ressources

Évaluation des besoins
- potentialités à développer
- besoin de l'institution et des personnes

Définition des objectifs
- les résultats visés
- capacité à acquérir par les participants

Choix de la pédagogie
- démarche à suivre pour atteindre les objectifs

Détermination des contenus
- sélection des thèmes à aborder
- ordonnancement des thèmes

Organisation du déroulement
- rythme et progression

Choix des méthodes
- exposés, études de cas, travaux de groupe

Détermination des moyens et supports
- transparents, audiovisuel, documents pédagogiques...

Évaluation
- contrôle d'efficacité

Suivi

SCHÉMA **4.2.** *La mise en œuvre d'une action de formation.*

2.3.1. Conseils pour bâtir une séquence pédagogique

Pour réussir une action de formation, il est essentiel de définir des objectifs, de partir de la situation des participants, de leur donner une vision globale du sujet... sans oublier d'impliquer la hiérarchie.

■ 1. Se donner des objectifs

CE QUE JE SOUHAITE QUE LES PARTICIPANTS	
Ressentent	Apprennent Comprennent
Retiennent Concluent	Fassent

TABLEAU 4.1. *Les objectifs pédagogiques*

■ 2. Partir des représentations que les formés se font du sujet
- leurs pré-acquis,
- leur expérience du sujet,
- leurs perceptions – leurs images,
- leurs sentiments-ressentis – peurs/craintes ou souhaits/désirs.

Il est important que cette phase soit la plus ancrée possible dans le concret, de façon à donner du sens aux nouveaux concepts d'acquisition.

C'est un non-sens de démarrer une thématique nouvelle par une définition abstraite sur laquelle personne n'a prise.

■ 3. Faire découvrir aux formés les diverses phases, approches, angles de vue, de façon à ce qu'ils aient une vision globale du sujet.

Pour ensuite pouvoir focaliser sur le détail.

Ici, les questions de « A quoi cela peut servir, à qui, dans quelles circonstances, par quelles utilisations... ? » ont tout leur sens.

Éventuellement, faire préciser aux formés leurs propres objectifs par rapport à cette thématique.

■ 4. Impliquer la hiérarchie

Différents systèmes existent :
- Un système d'entretien par la hiérarchie : avant et après
- Des questionnaires d'évaluation à froid
- Les échanges entre formés
- La possibilité de démultiplier les nouveaux acquis autour de ses collaborateurs
- Un projet mis en place faisant appel aux nouvelles compétences
- Une communication des réalisations effectuées par les stagiaires
- Les rencontres stagiaires / encadrement : en cours de formation et après
- Des groupes de suivi et de supervision
- L'accompagnement de formation sur le lieu de travail
- Un système de tutorat
- Le plan de carrière
- Un plan de formation personnalisé...

Exemple

L'EXEMPLE DE LA FORMATION À LA CERTIFICATION

Objectifs
- Comprendre les exigences du système qualité de l'entreprise et des normes ISO
- Savoir mettre en conformité ses pratiques avec les exigences de ces normes
- Être capable de participer à la construction du système qualité de son unité

Déroulement

J 1 *Matin* Introduction/programme/tour de table
Cas Pizzeria : présentation
Synthèse

Après-midi Visite de l'usine
Historique, définitions qualité, normes
1. Responsabilité de la direction
2. Système qualité

J 2 *Matin* 3. Revue de contrat
4. Maîtrise de la conception
5. Maîtrise des documents et des données
6. Achats
7. Maîtrise du produit fourni par le client
8. Identification et traçabilité du produit
9. Maîtrise des procédés

Après-midi 10. Contrôles et essais
11. Maîtrise des équipements de contrôle, de mesure et d'essai
12. État des contrôles et des essais
13. Maîtrise du produit non conforme
14. Actions correctives et préventives
15. Manutention, stockage, conditionnement, préservation et livraison
16. Maîtrise des enregistrements relatifs à la qualité
17. Audits qualité internes
18. Formation
19. Prestations associées
20. Techniques statistiques
Bilan des chapitres de la norme ISO 9001

J 3 *Matin* Rappels
Les outils de la qualité
Les procédures et indicateurs qualité
Mise en pratique sur le cas Pizzeria

Après-midi Suite du travail en sous-groupe
Présentation
Tour de table pour synthèse de la formation

3. LES DÉMARCHES DE RÉSOLUTION DE PROBLÈME

3.1. La nécessité d'une démarche

Le modèle mathématique n'est pas suffisant pour traiter un problème. À l'école, les problèmes sont simples :

- 1. Toutes les informations sont données.

- 2. Il existe une seule solution.

- 3. Le plus souvent, il n'y a qu'une seule façon de trouver la solution.

- 4. La solution est toujours vraie.

Dans la vie, on raisonne plus en termes d'adéquation que d'équation.

**Votre collaborateur fait trop d'erreurs ?
Deux solutions opposées sont possibles. Que lui remontez-vous ?**

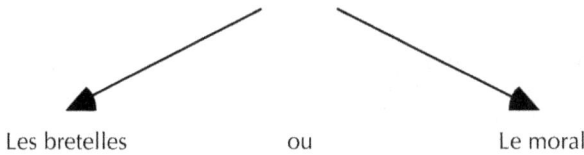

Les bretelles   ou   Le moral

Et de plus, chacune des deux solutions peut mener
aux deux mêmes résultats opposés !

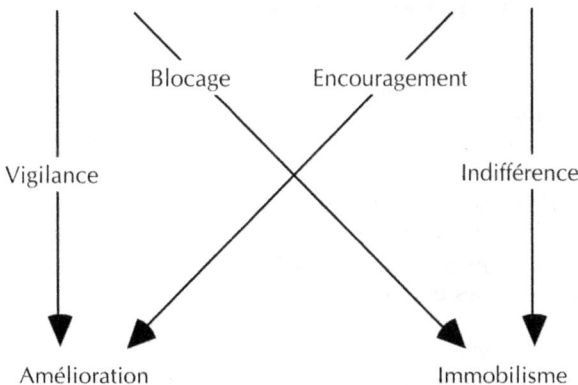

Blocage   Encouragement

Vigilance   Indifférence

Amélioration   Immobilisme

SCHÉMA 4.3. *L'incertitude des solutions*

3.1.1. Le cahier des charges d'une démarche de résolution de problème

Une démarche de résolution de problème doit être dans l'idéal :

- 1. la plus simple possible : courte, compréhensible, mémorisable ;
- 2. applicable à tous les problèmes (professionnels, personnels) ;
- 3. respecter un rythme d'une étape par réunion d'1 à 2 heures.

Il n'y a pas une méthode unique pour étudier les choses.
Aristote
Traité de l'âme

☞ **Et vous ?**

Faites-vous partie de la tribu des yakas ? Êtes-vous un yaka, fils de yaka, petit-fils de grand yaka ?

OÙ EN ÊTES-VOUS DE VOS PROBLÈMES ?

1. On ne sait pas que l'on a des problèmes.
2. On a conscience de l'existence de problèmes, mais on ne sait ni les localiser, ni les mesurer.
3. On connaît la nature de ses problèmes, mais on ne sait pas les résoudre.
4. On pressent de nombreuses causes, mais on ne distingue pas les véritables causes.
5. On connaît la ou les causes, mais on ne sait pas y remédier.
6. On détient plusieurs solutions, mais on ne sait pas les comparer pour choisir.
7. On connaît la solution, mais on ne sait pas la mettre en œuvre.
8. On ne vérifie pas l'efficacité de la solution.
9. On n'étudie pas les possibilités de généralisation de la solution.
10. On ne valorise pas le travail effectué, ni les résultats obtenus.

Six exemples

1. DISCOURS DE LA MÉTHODE
Œuvres philosophiques – Descartes – 1637

LES QUATRE PRÉCEPTES FONDAMENTAUX DE LOGIQUE

Le premier était de ne recevoir jamais aucune chose pour vraie, que je ne la connusse évidemment être telle : c'est-à-dire, d'éviter soigneusement la précipitation et la prévention ; et de ne comprendre rien de plus en mes jugements, que ce qui se présenterait si clairement et si distinctement à mon esprit, que je n'eusse aucune occasion de le mettre en doute.

Le second, de diviser chacune des difficultés que j'examinerais, en autant de parcelles qu'il se pourrait, et qu'il serait requis pour les mieux résoudre.

Le troisième, de conduire par ordre mes pensées, en commençant par les objets les plus simples et les plus aisés à connaître, pour monter peu à peu, comme par degrés, jusqu'à la connaissance des plus composés ; et supposant même de l'ordre entre ceux qui ne se précèdent point naturellement les uns les autres.

Et le dernier, de faire partout des dénombrements si entiers, et des revues si générales, que je fusse assuré de ne rien omettre.

2. GROUPES DE PROJET TABLEAU DE BORD
(Nestlé)

1. Poser le problème
Reformuler le problème
Rassembler les résultats
Relever l'information
Étudier le problème

2. Faire le diagnostic
Rechercher les causes possibles
Classer les causes
Vérifier les causes

3. Agir
Rechercher les solutions possibles
Choisir les solutions
Présenter les solutions à la hiérarchie
Faire un plan de mise en œuvre

4. Contrôler les résultats

5. Standardiser les résultats

3. LA MÉTHODE DE RENAULT-FLINS

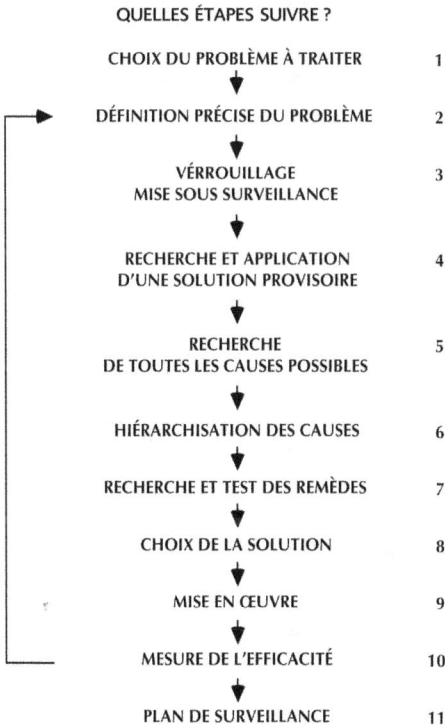

QUELLES ÉTAPES SUIVRE ?

CHOIX DU PROBLÈME À TRAITER	1
DÉFINITION PRÉCISE DU PROBLÈME	2
VÉRROUILLAGE MISE SOUS SURVEILLANCE	3
RECHERCHE ET APPLICATION D'UNE SOLUTION PROVISOIRE	4
RECHERCHE DE TOUTES LES CAUSES POSSIBLES	5
HIÉRARCHISATION DES CAUSES	6
RECHERCHE ET TEST DES REMÈDES	7
CHOIX DE LA SOLUTION	8
MISE EN ŒUVRE	9
MESURE DE L'EFFICACITÉ	10
PLAN DE SURVEILLANCE	11

4. UNE DÉMARCHE À EDF-GDF

1. Identifier et choisir un problème
    dégager des problèmes
    les classer par ordre de priorité
    choisir un problème

2. Se représenter la situation
    bien formuler le problème ; définir le but
    identifier les personnes concernées
    recueillir les faits

3. Rechercher les causes du problème
    analyser la situation
    rechercher les causes possibles
    vérifier les hypothèses sur les causes

4. Imaginer les solutions
    chercher des solutions
    chiffrer des solutions
    choisir une solution

5. Planifier et suivre l'action
    présenter les propositions en vue d'une décision
    prévoir qui fait quoi, avec quels moyens, dans quels délais
    prévoir le suivi et l'évaluation des actions entreprises

5. LA MÉTHODE DE TRAITEMENT DE PROBLÈME AU CENTRE INDUSTRIEL ALCATEL DE LAVAL

0 Choisir un sujet
1 Poser le problème
2 Rechercher les causes
3 Rechercher les solutions
4 Définir les critères de choix
5 Comparer solutions et critères
6 Choisir une solution... et la proposer
7 Mettre en œuvre la solution
8 Contrôler les résultats
9 Standardiser

6. LA DÉMARCHE IBM

1. Choix du problème
2. Acquisition de données et mesure(s)
3. Recherche des causes principales
4. Recherche des solutions
5. Choisir une solution qui élimine une ou plusieurs des causes principales
6. Mise en œuvre de la solution
7. Suivre les résultats
8. Standardiser
9. Généraliser

3.2. Le para-problème® - INergie

Le préfixe « para » exprime l'idée de « protection contre ».

Le para-problème® est la démarche utilisée pour recouvrer la santé : observation, diagnostic, remède et traitement.

P OSER
1. Sélectionner un problème
2. Définir le problème et l'objectif

A NALYSER
3. Rechercher les causes possibles
4. Vérifier les causes principales

R ÉSOUDRE
5. Rechercher les solutions
6. Choisir une solution (ou plusieurs)

A GIR
7. Mettre en œuvre le plan d'action
8. Suivre l'action

3.2.1. Sélectionner un problème

Découvrir un problème, c'est prendre conscience d'un écart entre une situation réelle non satisfaisante et une situation souhaitée.

■ 1. **Recenser tous les problèmes de l'unité** en utilisant par exemple le remue-méninges

■ 2. **Traiter « à la volée » les problèmes à solution immédiate**

■ 3. **En sélectionner quelques-uns** avec un outil comme le vote pondéré
En cas de désaccord, utiliser l'analyse multi-critères ou la matrice de compatibilité

Ne prenez pas un problème trop vaste, mais décomposez-le si possible en sous-problèmes.

■ 4. **Pour un groupe de travail, proposer à la hiérarchie trois problèmes à traiter par ordre de préférence**

QUELS CRITÈRES DE CHOIX POUR LE PREMIER PROBLÈME ?

Il est préférable de s'assurer que le premier problème à traiter est :

■ 1. **Pertinent** : du ressort de la mission du groupe de travail (critère impératif)

■ 2. **Simple** : bien circonscrit pour permettre l'application aisée et rapide de la méthode au point de vue technique

■ **3. Mesurable** : dans la situation actuelle et dans les résultats escomptés

■ **4. Motivant** : les participants doivent y voir un intérêt direct

Vérifiez que le problème n'est ni trop urgent, ni en cours de traitement ailleurs.

3.2.2. Définir le problème et l'objectif

Il s'agit de formuler le problème de façon précise et chiffrée, un universitaire dirait l'étendue et les limites du problème, de telle sorte qu'une personne extérieure puisse appréhender la nature, l'importance et l'actualité du problème.

■ **1. Décrire la situation actuelle**
PQQOQCC
organigramme
ordinogramme

■ **2. Chiffrer la situation actuelle**
feuilles de relevé
tableaux
graphiques
diagramme de Pareto
histogramme

■ **3. Décrire la situation souhaitée**
• se fixer un objectif chiffré dans le temps
• construire le tableau de bord

Soulever un problème, c'est bien. Le poser, c'est mieux. Cette étape est importante : un problème bien posé est à moitié résolu !

3.2.3. Rechercher les causes possibles

■ **1. Lister toutes les causes possibles**
remue-méninges

■ **2. Classer les causes par nature**
diagramme causes-effet

Mais bien sûr chercher les causes, pas les responsables.

3.2.4. Vérifier les causes principales

■ **1. Estimer la (ou les) cause(s) principale(s)**
vote pondéré

■ **2. Valider ensuite sur le terrain**
feuilles de relevé

tableaux
graphiques
enquêtes

■ **3. Classer les causes entre elles**
diagramme de Pareto

Une cause trop générale doit inciter à l'identification des causes plus fines, et donc à la recherche des causes de causes.

3.2.5. Rechercher les solutions

■ **1. Lister toutes les solutions possibles aux causes retenues**
remue-méninges

■ **2. Ne retenir que les solutions les plus pertinentes.**
vote pondéré

L'appel à un « spécialiste » de l'entreprise, voire à des fournisseurs ou à des experts, peut être utile pour la recherche des solutions.

Des chercheurs qui cherchent, on en trouve, mais des chercheurs qui trouvent, on en cherche...

Écouter et choisir entre les avis, voilà le premier pas de la connaissance. Voir et réfléchir sur ce qu'on a vu, voilà le second pas de la connaissance.

Confucius, *Livre des sentences,* VIe siècle avant J.-C.

3.2.6. Choisir une solution (ou plusieurs)

■ **1. Définir des critères de choix**
 • retenir quelques critères : coût, efficacité, quantité, délais, sécurité, confort, esthétique...,
 • les quantifier,
 • les pondérer.

■ **2. Confronter les solutions aux critères**
analyse multi-critères
matrice de compatibilité

■ **3. Choisir la (ou les) solution(s)**
Vérifier que toutes les solutions ont été soigneusement examinées. La solution idéale est celle qui satisfait tous les critères.

■ **4. Proposer une ou plusieurs solutions.**

⚠ **Attention**

Un groupe de travail n'est pas une structure de décision, mais une force de proposition.

203

Exemple

Exemples de critères de choix

TROPHÉE DE LA « VOITURE DE L'ANNÉE »
• sécurité
• confort
• performances
• innovation technique
• compétitivité
• valeur par référence au prix de vente

UNE BONNE FACTURATION
• exactitude
• clarté
• commodité de classement, de suivi
• rapidité

LES CARACTÉRISTIQUES DE LA COMMUNICATION INTERNE IDÉALE
1. fiabilité
2. rapidité
3. régularité
4. adéquation aux publics
5. prise en compte de tous
6. simplicité
7. attrait
8. exhaustivité

3.2.7. Mettre en œuvre le plan d'action

■ 1. Préparer la mise en œuvre
PQQOQCC
tableaux
graphiques
PERT
diagramme de Gantt

■ 2. (Faire) Réaliser et vérifier la mise en œuvre

3.2.8. Suivre l'action

■ 1. Mesurer et contrôler les résultats
PQQOQCC
tableaux
graphiques
diagramme de Pareto
histogramme

■ 2. Établir le compte rendu de l'ensemble du problème traité et le présenter

■ 3. Proposer une généralisation éventuelle

☞ **Et vous ?**

Comment travaillez-vous ?

P **OSER**
1. Sélectionner un problème
2. Définir le problème et l'objectif

A NALYSER
3. Rechercher les causes possibles
4. Vérifier les causes principales

R ÉSOUDRE
5. Rechercher les solutions
6. Choisir une solution (ou plusieurs)

A GIR
7. Mettre en œuvre le plan d'action
8. Suivre l'action

Phases étudiées	Comportements au travail
Aucune	l'autruche
1.	suicidaire
1, 2	révélateur, rapporteur (le corbeau !)
1 ▷ 6	y'a qu'à, faut qu'on
1, 1, 2, 1, 2, 3, 1, 2, 3, 4...	pointilleux, frileux
1 ▷ 3 ▷ 6	expéditif
1, 2 ▷ 6, 6, 6, 6.	borné
1, 2, 3, 4...	analyste (journaliste ?)
1, 2, 3, 4, 5, 5, 5...	indécis, hésitant
1, 2, 3, 4, 5, 6.	immobiliste
1, 2, 3, 4, 5 ▷ 8	éminence grise (consultant ?)
1, 2, 3, 4 ▷ 6.	instinctif, intuitif
1, 2, 3, 4 ▷ 7.	empirique
1, 2, 3, 4, 5, 6 ▷ 8	cérébral, théoricien
1, 2, 3, 4, 5, 6, 7.	trop confiant
1, 2, 3, 4, 6, 5, 6, 7, 8	pervers
1, 7, 3, 2, 4...	confus, brouillon
▷ 6.	« je sais tout »
▷ 6, 7, 8	irréfléchi, tête baissée
▷ 7.	exécutant
▷ 8	audit, arriviste
1 ▷ 8	patron

4. Quelques outils méthodologiques

4.1. Méthode = démarche + outils

Une méthode est un ensemble d'outils organisés entre eux suivant une certaine démarche :
- la démarche est le para-problème, en huit phases
- les outils présentés ici sont parmi les plus utilisés par les cercles de qualité ; mais il en existe bien d'autres...

Les zones noircies indiquent les utilisations habituelles des outils en fonction des phases de la démarche.

On distingue deux types d'outils :

- les outils de base : ■

- les outils complémentaires : □

Outils \ Démarche	Remue-méninges Participac-tion	Vote pondéré	PQQOQCC	Diagramme de Pareto Tableaux Graphiques	Analyse multi-critères Matrice de décision	Diagramme causes-effet
1. Sélectionner un problème	■	■			□	
2. Définir le problème			■	■		
3. Rechercher les causes possibles	■					■
4. Vérifier les causes principales		■		■		
5. Rechercher les solutions	■					
6. Choisir une solution		■			□	
7. Mettre en œuvre le plan d'action				■		
8. Suivre l'action				■		

4.1.1. Le remue-méninges (brain-storming)

■ **Objectif**
Recueillir ou susciter le plus grand nombre d'idées possible.

■ **Principes**
- Un individu a plus d'imagination en groupe que seul.
- La production d'idées est accrue quand l'individu n'est pas soumis à la critique.

D'où quatre règles fondamentales :
- Tout dire
- En dire le plus possible
- Ne pas critiquer ni commenter
- Piller les idées des autres

■ **Modalités d'utilisation**
1. Présenter et afficher le thème de réflexion avec les règles de travail (demander l'accord du groupe)
2. Recueillir toutes les idées au tableau(-papier). Dépasser une moyenne de 5 idées par participant
3. Exploiter chaque idée :
   - éliminer les idées superflues et les redites
   - regrouper éventuellement par thème

Laissez à chacun toute liberté, à la fois dans sa participation et dans ses idées.

4.1.2. Le bombardement de points de vue

■ **Objectif**
Éclairer une recherche sous le plus grand nombre d'angles possible.

■ **Principe**
Cet outil de créativité permet de relancer et de démultiplier une recherche d'idées.

■ **Modalités d'utilisation**
1. Écrire le thème de recherche.
2. Demander aux participants d'y réfléchir en se mettant à la place :
   - du président
   - du client
   - du directeur
   - du concurrent
   - du chef de service
   - des fournisseurs
   - du délégué syndical
   - des prescripteurs
   - ...
3. Recueillir les idées dans le cadre du remue-méninges.

Utilisez cet outil si vous voulez mettre un « turbo » à votre créativité !

207

4.1.3. La participaction®

■ Objectifs
- Optimiser le rendement et la qualité des réunions (créativité, résolution de problèmes, élaboration de plans d'action...).
- Accroître l'implication des participants.

■ Principe
C'est une technique de dynamisation du travail de groupe qui s'appuie sur le recueil et l'analyse de données écrites. Avantages :
- rapidité : à nombre d'idées comparable, le temps de réunion moyen est réduit de 20 %,
- productivité : l'émulation créée aboutit à un nombre d'idées supérieur à celui d'un remue-méninges « traditionnel »,
- qualité : la consigne de concision favorise la formulation de propositions précises,
- mouvement : chacun se lève et apporte ses idées.

■ Modalités d'utilisation
- Présenter la consigne de travail et laisser une ou deux minutes de réflexion.
- Demander aux participants d'écrire en gros leurs propositions sur des étiquettes auto-collantes : sept mots maximum par idée.
- (Faire) afficher les étiquettes au tableau-papier.
- Exploiter les idées : faire développer et discuter les propositions.
- Sélectionner les idées les plus pertinentes : vote pondéré, utilisation d'un code couleur...

Insistez sur la qualité de la formulation des idées : compréhensibles par tous, des faits plutôt que des opinions...

4.1.4. Le vote pondéré

■ Objectif
Sélectionner les idées les plus importantes.

■ Principe
Cet outil permet d'éliminer les idées secondaires et de se consacrer aux plus importantes. Il a la même fonction que l'écrit d'un concours : il sélectionne les meilleurs, mais ne décide pas des admis.

■ Modalités d'utilisation
1. Distribuer à chaque participant un capital de points (de 3 à 10 en fonction du nombre d'idées) à répartir par valeurs entières sur les idées qui lui semblent importantes
   Fixer éventuellement une note maximale par idée
2. Noter les points de chacun au tableau et additionner
3. Favoriser des échanges autour des seules idées qui ont reçu un grand nombre de points.

▷ Un exemple : le trophée de la voiture de l'année
Le jury est composé de 56 journalistes spécialisés représentant 21 pays européens. Chaque juré dispose d'un capital de 25 points à répartir entre 5 voitures avec une note maximale de 10 points.
Résultat 2000 : Toyota Yaris
Résultat 2001 : Alfa Romeo 147

Ne confondez pas cet outil de sélection avec un outil de décision.

4.1.5. La matrice multi-critères

■ **Objectif**
Permettre à un groupe de trouver un consensus sur un choix d'idées : problèmes, solutions, actions...

■ **Principe**
À chaque fois qu'une décision doit être prise en fonction de plusieurs critères, le groupe se met d'accord sur le choix des critères et leur poids.

■ **Modalités d'utilisation**
1. Définir avec le groupe les critères de choix et les noter sur le tableau-papier : performances, délais, coûts, simplicité, facilité... et les étalonner.
2. Établir avec le groupe le barème de pondération pour chaque critère retenu en fonction de l'importance qui lui est accordée. Exemple :
4 pour la rapidité, 3 pour le confort, 2 pour la sécurité, 1 pour le coût.
3. Construire la matrice multi-critères :
   • une ligne pour chaque critère de choix pondéré
   • une colonne pour chaque idée.
4. Recueillir et totaliser les notes :
   • chaque membre du groupe attribue une note de 0 à 3 à chaque idée au regard des critères retenus,
   • les notes sont affectées du cœfficient de pondération du critère,
   • le total des notes attribuées à chaque idée détermine le résultat global au regard de l'ensemble des critères.
5. Retenir l'idée qui totalise le plus de points.
6. Redéfinir les critères en cas de difficulté.

■ **Cet outil d'aide à la décision présente six atouts :**
1. Toutes les solutions sont examinées.
2. Chaque solution est étudiée au regard de tous les critères.
3. La nécessité de remplir chaque case oblige chacun à se mettre d'accord.
4. La solution idéale, quand elle existe, est immédiate.

5. Les limites des solutions optimales étudiées sont aussi mises en évidence.
6. La formalisation des réponses permet une référence rapide.

Exemple

Un exemple d'analyse multi-critères

Objectif : aller seul de Paris à Lyon dans les meilleures conditions de délai, confort, coût et sécurité

Cahier des charges :
- rapidité : moins de 3 heures de centre-ville à centre-ville
- confort : possibilité d'écrire pendant le trajet et d'étendre ses jambes
- sécurité : risques d'accident et d'agression $\leqslant$ 1 %
- coût : $\leqslant$ 80 €.

Notation de 0 à 3 selon la satisfaction du critère

Critères	Ponté-ration	Solutions							
		TGV (1°classe)	Total	Avion	Total	Voiture	Total	Auto-stop	Total
Rapidité	4	3	12	2	8	1	4	0	0
Confort	3	3	9	2	6	0	0	1	3
Sécurité	2	3	6	3	6	1	2	0	0
Coût	1	2	2	0	0	1	1	3	3
Total			29		20		7		6

4.1.6. Le PQQOQCC

■ **Objectif**
Décrire précisément un problème, une action ou une activité.

■ **Principe**
Cet outil oblige à un questionnement exhaustif. Il est très précieux pour s'assurer qu'aucune ambiguïté ne subsiste. C'est un anti-flou redoutable !

■ **Modalités d'utilisation**
Répondre aux questions :

POURQUOI ?   Intérêt de traiter le problème
                       Objectif de l'action
                       Raison de l'activité

QUI ?   Personnes concernées, nombre, qualification

QUOI ?   Définition, nature, objet du problème, de l'action
             ou de l'activité

OÙ ?   Lieux

QUAND ?   Moment, durée, fréquence, dates

COMMENT ?   Comment se manifeste le problème ?
             Comment se déroule l'action ou l'activité (moyens,
             manière, méthodes, assistance...) ?

COMBIEN ?   Coût du problème
             Budget de l'action, financement
             Chiffrage du quoi

■ Le pourquoi ne s'applique pas aux causes du problème (phase 3
  du PARA-PROBLÈME), mais au pourquoi il est important de traiter
  ce problème.

Exemple

L'hexamètre de quintilien	Les circonstances (rhétorique)	Instruction criminelle
Qui (qui)	La personne	Quelle est la victime ?
Quid (quoi)	Le fait	Quel est le crime ?
Ubi (où)	Le lieu	Où l'a-t-on commis ?
Quibus auxiliis (par quel moyens)	Les moyens	Par quels moyens ou avec quels complices ?
Quomodo (comment)	La manière	De quelle manière ?
Quando (quand)	Le temps	À quel moment ?

TABLEAU 4.2. *Illustrations du PQQOQCC*

J'ai six honnêtes serviteurs.
Ils m'ont appris tout ce que je sais.
Leurs noms sont : qui ? quoi ? où ? quand ? comment ? pourquoi ?

Rudyard Kipling

■ Ce questionnement est à la base de toute fiche-action :
  • libellé de l'action
  • objectifs
  • détail de l'action
  • responsable et contributeurs
  • moyens et budget
  • calendrier
  • indicateurs d'avancement.

211

4.2. Le diagramme causes-effet

■ **Objectif**

Visualiser l'ensemble des causes produisant un effet donné regroupées par famille

■ **Principe**

Le diagramme causes-effet est une représentation par grande catégorie de l'ensemble des causes à l'origine d'un effet. Il est aussi appelé diagramme d'Ishikawa ou diagramme en arête de poisson. Mais la Marine nationale n'a pas retenu cette deuxième appellation et préfère la pieuvre.

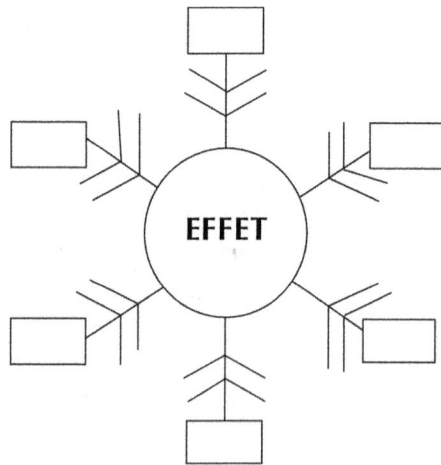

SCHÉMA 4.4.

■ **Modalités d'utilisation**

1. Définir en groupe les principales familles de causes. Plusieurs moyens mnémotechniques peuvent être proposés :
   - H3M : Hommes – Machines – Matières – Méthodes
   - 5M : Main-d'œuvre – Matériel – Matières – Méthodes – Milieu (ou Management)
   - QQOQCC
   - Étapes du procédé
2. Construire le diagramme en positionnant les familles de causes et en intégrant les causes plus fines.
3. Sélectionner par vote pondéré les familles de causes, puis les causes les plus graves et/ou les plus récurrentes.

MÉTHODES

Service

Temps de préparation

Commande égarée

Arrangement des tables

Salle trop grande

MACHINES

Alimentation

Vétusté

Capacité des fours

Plaques chauffantes

Fours à micro-ondes

Entretien

REPAS CHAUD SERVI FROID

Ustensiles

Assiettes

Plats

Chauffe-plats

Situation

Température

MATÉRIAUX

Temps de cuisson

Attitude

Nombre

Absentéisme

Compétence

Formation

PERSONNEL

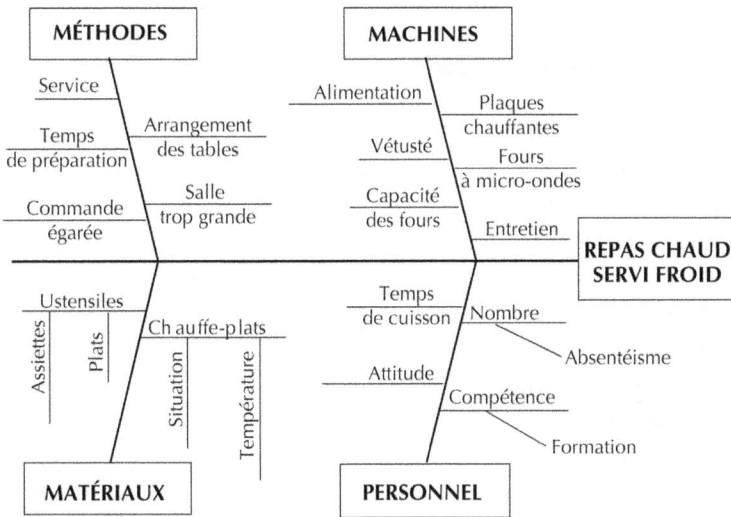

Schéma 4.5. *Le diagramme causes-effet*

La difficulté réside souvent dans l'identification des familles de causes car elles doivent être exhaustives, distinctes et peu nombreuses.

4.3. Le diagramme de Pareto

■ **Objectif**
Visualiser les données classées par catégorie et par ordre de grandeur.

■ **Principe**
Cet outil de classement permet de répondre aux questions :
• dans quelle catégorie existe-t-il un problème ?
• quel degré d'influence exerce-t-il ?
C'est un histogramme ordonné qui permet de vérifier que 20 % des causes expliquent souvent 80 % d'un effet.

■ **Modalités d'utilisation**
1. Collecter les informations et les classer par nombre d'observations
2. Construire le diagramme en commençant par l'observation la plus fréquente, puis suivre l'ordre décroissant
3. Afficher le diagramme obtenu, et surtout le tenir à jour.

Pour comparer deux diagrammes entre eux, utiliser l'échelle des ordonnées pour créer une homothétie entre les deux mesures.

UN EXEMPLE DE PARETO

Analyse quantitative de 415 réclamations clients

Nature de la réclamation	Nombre	%	% cumulé
1) Produit non livré	212	51	51
2) Facture non comprise	100	24	75
3) Accueil désagréable	29	7	82
4) Produit non conforme	20	5	87
5) Commercial en retard	16	4	91
6) Attente SAV	12	3	94
7) Difficulté téléphone	9	2	96
8) Facture erronée	8	2	98
9) Aspect abîmé	5	1	99
10) Divers	4	1	100
TOTAL	415	100	-

Tracé du diagramme

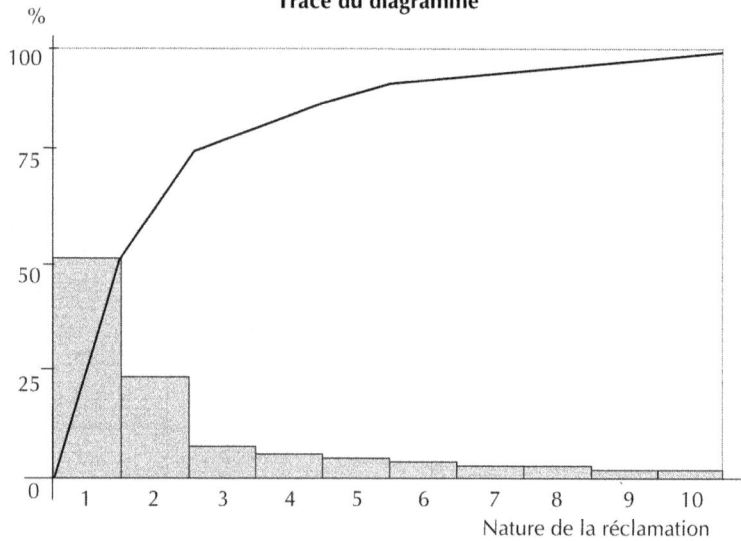

SCHÉMA 4.6. *Le diagramme des réclamations*

4.4. La prospective régressive

■ Objectif
Définir un plan d'action
C'est à la fois un outil de créativité et un outil d'aide à la décision.

■ Principes
On produit plus d'idées à plusieurs.
On produit plus d'idées quand on n'est pas critiqué.
On est plus à l'aise pour expliquer le passé que pour prévoir l'avenir.

La prévision est difficile, surtout quand elle concerne l'avenir.

Pierre Dac

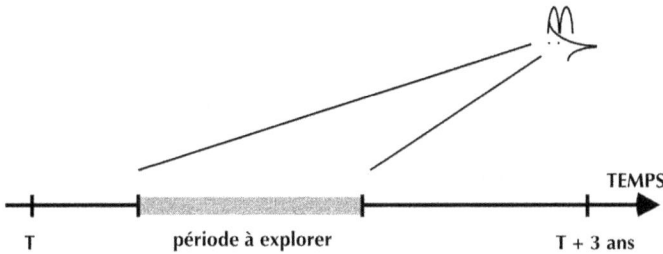

SCHÉMA 4.7.

Sans bases solides, la prospective tourne au pronostic.

Alain Minc

■ Modalités d'utilisation
1. Diviser le groupe en deux et afficher la consigne de travail pour chaque sous-groupe :
   - *Nous sommes à T + 3 ans.*
     Tous nos clients se plaignent de notre non-qualité. Que s'est-il passé ?
   - *Nous sommes à T + 3 ans. Nous venons de recevoir le prix mondial de la qualité. Que s'est-il passé ?*
2. Recueillir le maximum d'idées (exprimées au passé)
   - Tout dire
   - En dire le plus possible
   - Ne pas critiquer ni commenter
   - Piller les idées des autres
3. Reprendre toutes les idées et évaluer leur pertinence et leur probabilité
   - Est-ce un facteur d'échec ou de succès ?
   - Est-il probable ?
4. Définir les actions nécessaires
   - Éviter les facteurs d'échec probables
   - Favoriser l'émergence des facteurs de succès peu probables et conforter l'occurrence de ceux probables
5. Confronter les actions proposées par chaque sous-groupe

Différenciez bien les facteurs probables des facteurs possibles. Tout est possible, mais est-ce probable pour autant ?

4.5. Le dessin-miroir

■ **Objectif**
Faire réfléchir chaque participant sur un thème donné.

■ **Principe**
Cet outil permet d'initier en commun une réflexion et de recueillir à la fois idées et perceptions des participants, tout en créant une ambiance de travail détendue. Il est aussi appelé micro-modèle.

■ **Modalités d'utilisation**
1. Diviser le groupe en sous-groupes de trois ou quatre participants.
2. Écrire la consigne au tableau :
   « Dessinez la réponse à la question :
   Comment voyez-vous la qualité de votre unité ?
   ou Quel avenir voulez-vous donner à votre entreprise ?
   ou Pour vous, la qualité, qu'est-ce que c'est ? »
3. Distribuer transparents et feutres. Préciser que les dessins-miroirs ne doivent pas comporter de mots.
4. Projeter les transparents réalisés par chaque sous-groupe et les faire commenter par les autres sous-groupes.
5. Noter les remarques au fur et à mesure et faire discuter.

La possibilité de s'évader du discours formel fait apparaître des points de vue souvent originaux et non dits.

5. LES GROUPES DE TRAVAIL

5.1. Avantages et difficultés du travail en groupe

5.1.1. Les avantages

Le travail en groupe permet de :

■ Recueillir l'avis de chacun sur un sujet
  ▷ Enrichir le sujet avec les idées et les analyses de chacun

■ Confronter les points de vue des participants
  ▷ Adopter une vision et un langage communs

■ Susciter la créativité en multipliant les idées originales et les réflexions sur un thème
  ▷ 1 idée + 1 idée = 3 idées

■ Impliquer chaque individu dans un processus d'analyse de critique et de décision
  ▷ Le rendre solidaire d'une action collective

Toute puissance est faible, à moins que d'être unie

Jean de La Fontaine
Le vieillard et ses enfants (1668)

☞ Et vous ?

Descartes écrit que
le bon sens est la chose du monde la mieux partagée.

Rémusat parle
du sens commun, mais c'est justement le sens rare.

L'expérience du travail en groupe nous fait opter pour la seconde définition. Et vous ?

5.1.2. Les difficultés

■ Opinion du groupe pas nécessairement supérieure à celle d'un expert
  ▷ Attention aux « vraies fausses » solutions

■ Pression de la conformité qui affaiblit la créativité
  ▷ Attention au moins-disant consensuel

■ Domination des personnalités les plus affirmées
  ▷ Attention aux blocages

L'appartenance à un groupe nous fait adopter, à notre insu, des stéréotypes qui influent sur notre jugement, nos réactions affectives et nos décisions.

Roger Mucchielli,
La dynamique des groupes, ESF

217

- **Amplification des comportements individuels**
  ▷ Attention aux débordements

⚠ **Attention**

Le travail en groupe n'est pas si facile.

Cela demande du temps, de la discipline et de l'humilité.

Le secret : professionnaliser l'animation.

5.2. Une définition

Un groupe de travail est constitué de personnes compétentes et concernées qui mettent en commun leurs expériences, leurs opinions et leurs propositions pour traiter un thème déterminé.

Les modalités de travail en groupe varient beaucoup selon les entreprises.

▷ AIR LIQUIDE *Santé* ajoute dans ses groupes un « candide éclairé » !
Le groupe se réunit à l'initiative d'un animateur qui est à la fois :

- pilote ▷ déclenche la réflexion des participants sur le thème et impulse les actions à mener

- faciliteur ▷ aide le groupe à progresser vers l'objectif et rend compte des résultats obtenus.

Lorsque le thème est complexe, les fonctions de pilotage et de facilitation peuvent être confiées à deux personnes différentes.

▷ Chez General Electric, les « Work Out » réunissent de 10 à 50 personnes selon les problèmes à traiter : tous les intervenants concernés y participent. Ils sont animés par un cadre formé à cette fonction. Les séances durent de 2 heures à plusieurs jours... jusqu'à ce qu'une solution soit trouvée.

▷ À l'usine Renault Sandouville (montage des Safrane et des Laguna), des groupes de 5-6 opérateurs et chefs d'unité se réunissent 30 minutes tous les quinze jours pour étudier les possibilités de réduction des coûts de production à qualité constante. La plupart des membres sont formés aux techniques du travail en groupe.

☞ **Et vous ?**

Vos collaborateurs sont-ils sensibilisés et formés aux principes et aux méthodes du travail collectif ?

Avez-vous mis un GTI (Groupe de Travail et d'Innovation) dans votre moteur qualité ?

5.3. Méthodologie

Un travail de groupe efficace se structure habituellement en cinq étapes :
- 1. exploration : définition du thème, de sa problématique, traitement des données factuelles, recueil des opinions...
- 2. création : recherche et formulation de propositions, d'idées nouvelles...
- 3. exploitation : sélection et analyse des idées les plus pertinentes
- 4. décision : confrontation des idées à des critères de choix
- 5. application : mise en forme des idées retenues.

Le groupe détermine avec l'animateur la date, la fréquence et la durée des réunions.

Souplesse et fermeté en réunion ne sont pas incompatibles.

Exemple

▷ Chez Elis, un chevalet rappelle à chacun :
- la contribution attendue : écouter, proposer, rédiger le compte rendu
- la conduite à tenir : éviter les digressions, la passivité, l'agressivité...

Deux hypothèses expliquent la frilosité créative :
- L'imagination a mauvaise réputation, disqualifiée d'emblée par Platon, traitée de « maîtresse d'erreur et de fausseté » par Pascal ou de « folle du logis » par Malebranche. Aussi la raison se méfie-t-elle de ses extravagances, de sa puissance de divagation et de ses excursions hors de la réalité.
- Et si la nouvelle idée était la bonne ? L'obligation de changer méthodes et habitudes freine toute démarche innovante qui pourrait remettre en cause le confort de la maîtrise et de la certitude.

☞ Et vous ?

Comment faites-vous pour concilier imagination, rigueur et plaisir du travail en groupe ?

5.4. Réussir une animation

L'animation d'un groupe se décline en trois fonctions-clés :

■ Fonction de production
- identifier les compétences nécessaires (personnes et documents)
- utiliser une méthode adaptée au sujet
- faire le point, présenter des synthèses partielles
- structurer les débats
- maintenir la discussion dans le thème
- (faire) réaliser le compte rendu
- ...

- **Fonction d'organisation ou de facilitation (consacrer un temps de préparation au moins égal au temps de réunion)**
  - définir l'ordre du jour, la durée, la fréquence des réunions
  - choisir une salle, prévoir les équipements nécessaires
  - convoquer les participants
  - diffuser les documents
  - ...

- **Fonction de régulation**
  - encourager les silencieux, freiner les bavards
  - concilier les points de vue
  - dépassionner et arbitrer si nécessaire
  - injecter de l'énergie
  - respecter les horaires
  - arbitrer si nécessaire
  - ...

☞ Et vous ?

Lorsque vous animez un groupe de travail, posez-vous en permanence trois questions :

- **Production** ▷ **le groupe progresse-t-il vers l'objectif ?**

- **Organisation** ▷ **le groupe dispose-t-il des moyens pour travailler ?**

- **Régulation** ▷ **le groupe évolue-t-il dans un climat de cohésion ?**

Exemple

RÈGLES DE FONCTIONNEMENT DES GTI CHEZ SURCOUF

■ Définition

Un GTI (Groupe de Travail Inter-services) est une structure constituée d'un pilote et de six à huit volontaires compétents et concernés qui mettent en commun leurs expériences, leurs opinions et leurs propositions pour traiter un thème déterminé.

■ Mission

Son objectif est de proposer au comité de direction la façon de mener à bien la mission dont il a été investi. Il se dissout après la validation de ses propositions par le comité de direction.

Il est important de privilégier des solutions rapides, simples et visibles.

■ Modalités de fonctionnement

Le GTI se réunit environ tous les quinze jours à l'initiative du pilote. Les réunions durent de 1 à 2 heures. Un compte rendu est élaboré à chaque réunion dans les 24 heures, et si possible pendant la réunion ; il est diffusé aux participants et aux membres du comité de direction.

Un reporting mensuel est réalisé par chaque pilote en comité de direction. Le tableau de bord mensuel est affiché dans l'entreprise.

■ Rôle du pilote

Le GTI est animé par un pilote (souvent un membre du comité de direction) qui est désigné en comité de direction. Son rôle est triple :

Production : proposer une lettre de mission avec objectif chiffré et calendrier de travail et mener à bien sa mission : organiser la collecte d'informations, poser les problèmes, coordonner les actions, effectuer des synthèses, informer des résultats obtenus, mesurer...

Facilitation : situer l'enjeu et la contribution du GTI dans le développement de Surcouf, apporter outils et méthodes, aider à l'obtention de tout moyen nécessaire, anticiper les difficultés prévisibles, communiquer, valoriser les réussites ...

Régulation : s'assurer de l'implication de chacun, s'assurer de la dynamique du groupe, obtenir un arbitrage sur toutes les décisions et arbitrages importants...

■ Choix des participants

Les participants sont sélectionnés en fonction de cinq critères :

- la motivation
- la compétence par rapport à la mission du GTI
- la charge de travail
- la capacité à rediffuser
- l'intérêt de l'entreprise.

Un souhait : être en CDI avec plus de trois mois d'ancienneté.

La composition des groupes sera affichée.

■ Rôle des participants

Leur rôle est multiple :

1. Contribuer
2. Respecter les règles de fonctionnement du GTI
3. Être innovant. L'obligation de changer méthodes et habitudes freine souvent toute démarche innovante
4. Faire simple
5. Échanger avec les non-participants. Le GTI doit s'intégrer dans le fonctionnement de l'entreprise : susciter et recueillir les remarques des collègues et apporter les amendements ou les réponses systématiquement. Il est important que le groupe ne se rende pas propriétaire de son projet et donc que chacun communique régulièrement et largement.

Le travail inter-réunions doit être fait en temps masqué.

■ **Calendrier**

Le pilote définit le calendrier prévisionnel des réunions à la première réunion. Le mois de décembre sera évité.

L'ensemble des propositions doivent être remises avant la fin du premier semestre.

Le GTI est prioritaire sur le quotidien.

5.4.1. La charte INergie du participant d'une réunion

La charte du participant élaboré par INergie comprend quinze points :

1. Arriver à l'heure.

2. Eteindre son portable.

3. Ne pas fumer.

4. Apporter toute information jugée utile pour le groupe, et pas uniquement celles de son ressort fonctionnel (et mieux, les diffuser avant la réunion).

5. Suivre les méthodes de travail proposées et s'investir dans les réponses aux questions posées.

6. Respecter les temps impartis.

7. Ne pas monopoliser la parole, éliminer les détails dans les exposés.

8. Laisser chacun parler à son tour.

9. Écouter de façon positive : ce que j'aime dans votre idée, c'est...

10. Coopérer, c'est-à-dire partager la co-responsabilité des objectifs par son engagement personnel.

11. Faciliter le travail de l'animateur en évitant de prendre sa place ou de dissiper l'entourage par trop d'interventions ou d'apartés.

12. Effacer toute trace de susceptibilité à l'écoute des remarques : les faits, pas les opinions.

13. Rester simple : attitude, langage...

14. Communiquer dans son unité les résultats de la réunion pour informer et pour recueillir toute remarque.

15. Et ne pas oublier l'humour !

Que faites-vous ?	Propositions
1. Trois sur les huit participants de la réunion qualité mensuelle sont présents à l'heure prévue.	1. Attendez 10-15 minutes (recherchez les absents), puis dans la mesure du possible, commencez la réunion en modifiant si nécessaire l'ordre du jour.
2. Une discussion entre deux participants à propos des réclamations clients tourne à l'aigre.	2. Rappelez-les à l'ordre courtoisement et présentez la charte de fonctionnement du travail en groupe.
3. Un participant monopolise la parole sur la réduction des coûts.	3. Questionnez d'autres participants, organisez un tour de table. Si rien n'y fait, remerciez le « bavard » et demandez-lui de laisser les autres s'exprimer.
4. Un aparté se crée entre trois participants sur les résultats de l'audit.	4. S'ils sont dans le sujet, élargissez la discussion aux autres participants. Sinon, recentrez les débats.
5. Votre revue qualité est plus longue que prévue. Vous ne pourrez pas conclure la réunion à l'heure annoncée.	5. Évaluez la durée probable de débordement et proposez si possible de prolonger la réunion. Sinon, programmez une nouvelle réunion.
6. Personne ne propose d'objectif d'amélioration pour son service.	6. Laissez 2-3 minutes de réflexion et organisez un tour de table.
7. Un participant critique systématiquement toutes les propositions.	7. Demandez-lui systématiquement ce qu'il propose. N'engagez pas la discussion avec lui : ne réfutez pas plus de deux fois une même objection, renvoyez-la au groupe.
8. Votre méthode d'animation est remise en cause.	8. Comparez les avantages et les écueils de chaque méthode et faites valider par le groupe.
9. Un participant se lève et commence un exposé sur le juste-à-temps.	9. Si son intervention est dans le sujet de la réunion, accordez-lui 5 à 10 minutes. Sinon, demandez-lui d'intervenir lors d'une prochaine réunion.
10. Le groupe manifeste des signes de lassitude.	10. Faites une synthèse partielle. Posez une question de relance ou aménagez une pause si le moment est opportun.

TABLEAU 4.3. *Les pièges à déjouer*

6. LA PARTICIPATION DE CHACUN

6.1. L'engagement individuel

■ **Objectif**

Faire prendre en charge par chaque collaborateur :
- la conformité de son activité au référentiel retenu
- l'amélioration de la qualité de ses prestations et de celles de son entreprise.

■ **Modalités**

L'engagement individuel prend la forme de trois modes d'implication :

1. L'application des méthodes de travail

Solliciter l'engagement de chacun nécessite que l'entreprise ait donné au préalable les méthodes et les moyens de travail.

Les méthodes sont les référentiels : charte qualité, bonnes pratiques, procédures, tableau de bord...

Dans le domaine du service, il est important aussi de bien faire connaître la nature et l'étendue de chaque service vendu pour éviter de mettre en difficulté le personnel en contact avec les clients.

▷ Il n'y a pas de jambon-beurre chez McDonald's !

Toute facilité apparente, toute réussite sont les fruits d'une rigueur intime.
Gérard Bauër
(1888-1967)

2. L'autocontrôle

C'est l'assurance de sa qualité. Cette modalité de travail, qui est impérativement intégrée dans les méthodes de travail de l'entreprise, est essentielle pour réaliser des travaux sans défaut. Elle est développée plus loin dans le chapitre.

3. Le volontariat

Chacun peut s'investir dans la qualité de plusieurs façons :
- ses initiatives à travers une boîte à idées ou tout autre système de recueil de suggestions, comme la fiche d'anomalie ci-après. L'important est qu'il soit encouragé dans la remontée de dysfonctionnements.
- sa participation à des groupes d'action ou d'amélioration de la qualité. L'encadrement doit accompagner tous ces efforts qui tendent à améliorer la qualité de l'activité du service : formation, participation, reconnaissance, communication, incitations...

Qui veut faire quelque chose trouve un moyen. Qui ne veut rien faire trouve une excuse.

L'amélioration de la qualité du travail est un grand facteur de satisfaction personnelle. Avez-vous remarqué combien l'enthousiasme facilitait toute démarche ?

Les organisations ont toujours visé la qualité... sans pour autant l'atteindre complètement.

Il leur faut aujourd'hui professionnaliser leur approche :
- impliquer chacun sans exception,
- faire preuve de rigueur,
- ajouter à leur logique métier une logique client,
- et être tenace car le quotidien est l'ennemi n°1.

Toute personne peut et doit contribuer au progrès de son travail. C'est à l'entreprise de faciliter cet engagement : on ne motive pas les gens, ils se motivent !

Exemple

EXEMPLE DE FICHE D'ANOMALIE

Émetteur :   Diffusion :

Date :

1. POSER : Quelle anomalie ?
Description :

Personnes concernées :

Lieu :

Fréquence, périodicité :

Conséquences de l'anomalie :

2. ANALYSER : Existe-t-il des causes probables ?

3. RÉSOUDRE : Peut-on envisager dès à présent des solutions ?

_____

_____ A remplir par le destinataire

4. AGIR : Solutions retenues :

Date d'information de l'émetteur :

225

Exemple

IL S'AGIT DE NE DÉCOURAGER PERSONNE !

Un bienfaiteur anonyme a composé la liste suivante dans le but d'aider ceux qui manqueraient d'arguments pour « descendre » une idée neuve.

1. Notre problème est différent.
2. Nous l'avons déjà essayé.
3. Nous n'avons pas le temps.
4. Nous n'avons pas le personnel.
5. Que voulez-vous ? Que nous fassions acccomplir le travail dont nous sommes responsables ou devenir des ingénieurs des méthodes ?
6. Notre entreprise est trop petite pour ça.
7. Notre société est trop grande pour ça.
8. Nous avons toujours fait comme ça.
9. Notre méthode actuelle est rentable et a passé avec succès l'épreuve du temps.
10. Ça n'est pas pratique.
11. Trop moderne.
12. Trop démodé.
13. Notre entreprise n'est pas encore prête pour ça.
14. Nous en avons déjà trop fait dernièrement.
15. Vous n'apprendrez pas à un vieux singe à faire des grimaces.
16. Notre équipe jeune et aspirant au progrès n'en a pas besoin.
17. Cela va rendre notre équipement obsolescent.
18. Le nouvel équipement que nous avons commandé le rendra inutile.
19. Ça ne paiera jamais.
20. N'allez pas trop vite.
21. C'est presque ce que nous faisions jusqu'à présent.
22. Ça paraît bon sur le papier, mais ça ne marchera pas.
23. Cela viole les règles d'une saine comptabilité.
24. Cela viole les principes de l'engineering.
25. Ça n'est pas une bonne méthode de direction.
26. Cela va provoquer un mauvais effet sur les salariés.

27. Ce sont de pauvres relations publiques.
28. Les syndicats n'aimeront pas ça.
29. Le président sera contre.
30. Les commerciaux le tueront.
31. Ce n'est pas du tout dans notre culture.
32. Les financiers ne donneront pas leur accord.
33. La compagnie ne l'achètera jamais.
34. C'est en dehors de mon champ de responsabilité.
35. Cela va contre la politique de la maison.
36. Nous n'avons pas le pouvoir de décider.
37. Cela va prendre des dimensions inacceptables.
38. La méthode présente marche. Pourquoi vouloir tout changer ?
39. C'est une bonne idée, mais...
40. Il y a le pour et le contre.
41. Ça n'est pas prévu au budget.
42. Qu'est-ce que nos clients vont penser ?
43. Trop compliqué.
44. Trop simple.
45. Mon cousin a travaillé à un endroit où ils ont essayé ça, et...
46. Ça n'a aucun sens.
47. Tu vois, gars, ceci ne me regarde pas.
48. Demandez à quelqu'un d'autre d'en faire l'étude.
49. Faisons un rapport.
50. Laissons ceci en suspens.
51. Formons une commission.
52. Cela ressemble au travail de certains états-majors.
53. Classons cette affaire, pour un moment.
54. Il faut tout reformuler.
55. Ça va causer plus d'ennui que cela en vaut la peine, si l'on change.

56. Ça n'est certainement pas une bonne idée.
57. C'est contraire à une saine opinion.
58. Ce n'est pas notre problème.
59. Soyons réalistes.
60. Faisons d'abord une étude de marché.
61. Ils vont mourir de rire, si nous essayons ça.
62. Nous perdrons de l'argent à long terme.
63. J'ai eu la même idée il y a dix ans.
64. Personne n'a jamais essayé.
65. Pourquoi ne pas laisser quelqu'un d'autre essayer et tirer les marrons du feu ?
66. C'est impossible.
67. L'expérience vous apprendra...
68. C'est une grande idée pour d'autres, mais nous n'en avons pas besoin chez nous.
69. Bien sûr, ce serait magnifique si ça marchait, mais qu'adviendrait-il si ça rate ?
70. C'est fait pour gagner du temps, mais nous l'avons déjà essayé et ça en prend.
71. Pourquoi changer ? Ils n'aiment donc pas ce que nous faisons ?
72. Ça ne m'émeut pas du tout.
73. Nos gens voient les choses d'une toute autre façon.
74. Ce que nous faisons, maintenant, est en avance sur tout ce qui se fait d'autre dans le secteur.
75. Nous faisons déjà ça en quelque sorte.

En cas de besoin seulement, à une étape suivante, vous pourrez toujours dire :

76. J'ai toujours pensé que ça marcherait.
77. Les meilleures excuses sont celles que vous ne faites pas.

6.2. L'autocontrôle

■ **Définition**
Mode de contrôle selon lequel une personne physique exerce son propre contrôle sur les résultats de son travail (NF X 50-120).

■ **Avantages**
  • Détecter le défaut dès son apparition
  • Responsabiliser les collaborateurs à la qualité de leur travail
  • Améliorer ainsi à terme la qualité du produit ou service.

La séparation des éléments de décision, d'action et de contrôle est de plus en plus coûteuse.

Bernard Galambaud

■ Ce sont en fait cinq principes de la qualité qui sont appliqués dans l'autocontrôle : l'excellence, la mesure, la remise en cause, la responsabilité de chacun et la ténacité.

☞ Et vous ?

Tous les salariés de votre entreprise ont-ils les moyens de maîtriser la qualité de leur travail ?

Votre entreprise favorise-t-elle le sens de l'initiative ?

Le grade prime-t-il l'idée ?

6.2.1. Les principes de mise en place de l'autocontrôle

1. Progressivité
Commencer par les postes qui se prêtent facilement à l'autocontrôle.

Sans implication de la hiérarchie dans la mise en œuvre, peu de chance de succès.

2. Préparation
Définir pour chaque poste les consignes à respecter et les contrôles à réaliser en fonctionnement normal et en cas d'incident.
Informer les salariés de la mise en place prochaine de l'autocontrôle.

3. Formation par l'encadrement
Expliquer l'autocontrôle : enjeu, objectifs et modalités pratiques.
Etendre si possible le programme de formation à la connaissance du produit ou service, de l'unité, du marché...

4. Suivi
S'assurer de la bonne prise en charge de cette nouvelle méthode de travail.

Exemple

L'exemple du Club Med

Quoi de plus simple que d'être moniteur de tennis, de tenir une boutique ou de s'occuper d'enfants ? Mais comment aider les 20 000 G.O. dans le monde à vérifier que chacun n'oublie rien des pratiques attendues ?

1. Spécificités tennis	Placer une croix dans la colonne concernée : O = OUI N = NON NV = Non Vérifié								
Auto-contrôle effectué par :									
Points de contrôle	Date :			Date :			Date :		
	O	N	NV	O	N	NV	O	N	NV
Installation de l'activité									
• Le club-house est propre et rangé									
• La fontaine à eau est remplie et les gobelets sont mis à disposition									
• Tous les paniers sont remplis (40 balles par panier)									
• Les raquettes sont prêtées pour les leçons, les parties libres et les événements									
• Les balles sont prêtées uniquement pour les leçons et les événements									
Relations GO/GM									
• Ils aident les GM à trouver des partenaires									
Déroulement de l'activité									
• Les GO organisent les parties libres									
• Le GO vérifie l'équipement des GM									
• Le GO rappelle les règles de sécurité									
• Les distances entre les joueurs sont respectées									
• Le GO remet une raquette à chaque GM									
• Après le cours, le club-house est propre et rangé									
• À la fin du cours, les balles sont ramassées									

229

Exemple

2. Boutique POINTS DE CONTRÔLE	Placer une croix dans la colonne concernée : O = OUI N = NON NV = Non Vérifié						
À l'extérieur de la boutique							
• La vitrine est mise en valeur							
• Les articles présentés en vitrine sont étiquetés							
• La vitrine est éclairée jusqu'à 1 h au minimum							
• La vitrine est parfaitement propre							
• Les horaires sont affichés							
• La boutique est ouverte aux horaires prévus							
• La porte est ouverte							
A l'intérieur de la boutique							
• La boutique est propre (sol, mobilier)							
• Les cabines d'essayage sont propres							
• L'éclairage est suffisant							
• La musique d'ambiance est au bon niveau							
• La température est agréable							
• Il n'y a pas d'odeur anormale							
• Les vêtements sont correctement rangés (pliés, cintres)							
• Les stocks sont suffisants (pas de rupture)							
• Tous les produits sont impeccables (bon état, propreté...)							
• Le matériel est présent et en bon état :							
• sacs							
• papier, pochettes cadeaux, ciseaux...							
• épingles, mètre...							
• La caisse est rangée et propre							
• Tous les articles sont étiquetés							
• Les vêtements sont regroupés par univers							
• Le GM peut circuler facilement							
• Le GM peut accéder et toucher tous les produits							

Exemple

Sur l'animation de la boutique								
• La vitrine est renouvelée 3 fois par semaine								
• La mise en place est régulièrement modifiée								
• Un défilé de mode est organisé 1 fois par semaine								
• Des jeux, promotions sont organisés 1 fois par semaine								
Sur les GO								
• Leur apparence est agréable (coiffure, maquillage...)								
• Ils portent la tenue Boutique, elle est propre								
• Ils sont dynamiques, souriants								
Sur la relation GO/GM								
• Il salue tout GM qui rentre								
• Il se rend disponible pour le GM								
• Il sait parler des produits								
• Il sait conseiller le GM dans son choix								
• Il propose l'essayage								
• Il sait prendre une retouche (selon pays)								
• Il sait enregistrer une retouche (selon pays)								
• Il propose l'échange								
• Il accompagne le GM en caisse								
• Il respecte les procédures d'enregistrement et d'encaissement								
• Il emballe soigneusement les achats dans un sac								
• Il sait inciter le GM à revenir								
• Il accompagne le GM à la porte et le salue chaleureusement								

3. Enfants POINTS DE CONTRÔLE	Date : O N NV	Date : O N NV	Date : O N NV
Activités			
• Les activités sportives proposées au Mini Club Med sont conformes au Trident			
• Le programme permet d'alterner activités manuelles et activités de réflexion ainsi qu'activités d'extérieur et activités d'intérieur			
• Le programme des activités est affiché			
• Les enfants choisissent leurs activités			
• Pour les activités sportives, le GO accompagne les enfants à l'activité			
• Pour les activités créatives, ludiques, le GO assure l'activité			
• Le GO explique les règles de l'activité			
• L'activité terminée, le matériel et la salle sont rangés			
• Au Baby, Petit Club Med, le cahier de liaison est rempli au cours de la journée			
Déjeuner, goûter, dîner			
• Les menus sont définis en début de saison			
• Les plats proposés sont variés			
• La présentation des plats est soignée			
• Les enfants sont placés par groupe d'âge et par langue			
• Les GO assistent les enfants			
• Les horaires des repas sont respectés			
Repos			
• Chaque enfant a sa couchette pour la semaine			
• Les enfants sont en tee-shirt et ont leur doudou			
• Après la sieste, la salle est aérée			
Fin de journée			
• Les parents signent la feuille de départ ou de présence (enfant jusqu'à 12 ans)			
• Le GO exprime un mot gentil à l'enfant			

Exemple

Exemple

• Après le départ des enfants, la salle est rangée								
• Les tables de change sont désinfectées								
Participation au spectacle • Les répétitions sont courtes								
• Les costumes sont propres, variés et valorisants								
• Le maquillage valorise l'enfant								
• Les enfants portent des chaussures sur scène								
• La scène est propre								
• Sur scène, des points de repère sont installés								
• Après le spectacle, un cocktail est organisé								
Relation GO/GM • Le GO s'adresse directement à l'enfant ou au parent								
• Le GO connaît parfaitement le fonctionnement du service Enfants								
• Le GO s'adresse aux enfants en se mettant à leur hauteur								
• Le GO suscite la participation de tous les enfants dans une activité								
• Le GO fait boire les enfants régulièrement								

7. LES SYSTÈMES DE SUGGESTIONS

7.1. DÉFINITION ET OBJECTIFS

Un système de suggestions est un dispositif de promotion, de valorisation et de reconnaissance d'idées concrètes de progrès au travail.

Cette définition suscite trois commentaires :
- le terme dispositif semble plus souple que le terme système.
- trois missions sont attribuées à ce dispositif :
  - promouvoir les idées nouvelles en s'appuyant sur les capacités d'initiative et de créativité de chacun et sur le management
  - valoriser la valeur ajoutée par chaque suggestion
  - reconnaître les résultats obtenus pour favoriser cette nouvelle culture.
- suggestion (*Petit Robert*) : *idée, projet que l'on propose, en laissant la liberté d'accepter, de faire sien ou de rejeter*. Il s'agit donc d'une proposition dont l'objet est de faire progresser l'entreprise ou son service : améliorations et innovations sont bienvenues.

Exemple

▷ Alstom Transport a lancé en 1996 le dispositif CréAction.
Une CréAction est une amélioration, une invention ou une idée de progrès utile pour le service ou l'entreprise.
- En règle générale, elle prend naissance dans le domaine où évolue son CréActeur et concerne donc le travail, les outils, les méthodes...
- Chaque fois que possible, ce dernier aura appliqué ou cherché à appliquer son idée
- La CréAction peut s'inscrire partiellement ou totalement dans la mission d'une personne, mais elle doit témoigner d'une certaine valeur ajoutée
- Elle est rédigée et formalisée après sa mise en œuvre ; donc l'idée ou la suggestion devient CréAction lorsqu'elle est appliquée
- Elle peut être émise soit par un individu soit par un groupe ou une équipe
- La récompense intervient après la mise en application.

▷ La Poste a lancé en 1993 un double dispositif d'innovation participative (même si elle s'améliore en permanence depuis Louis XI !).
Deux définitions :
- Une idée de proximité est une idée concrète, simple, facile et rapide à mettre en œuvre. Elle est peu coûteuse. Elle s'inscrit dans une démarche managériale avec attribution d'un budget à chaque équipe engagée.
- Une idée Poste est une idée formalisée sur une fiche Idée Poste. Elle est expertisée par le métier car elle impacte les processus. Elle peut demander un financement important. Des primes sont attribuées aux innovateurs. Elle est généralisable à toute La Poste.

7.1.1. Des idées... et des hommes

Trois postulats doivent rester à l'esprit :

■ **1. Nous avons tous des idées**
- durant notre temps libre : 50 à 80 % de notre potentiel créatif est utilisé
- durant notre travail : 10 à 30 % de notre potentiel créatif est utilisé.

Nos capacités d'initiative et de créativité sont sous-employées, tout le monde peut (et devrait) émettre des suggestions.

■ **2. Nous aimons nous investir**
Le nombre croissant d'associations créées depuis quelques années est significatif de la volonté, et peut-être d'un besoin, de chacun de s'impliquer dans une activité. Le potentiel existe.
Les gens acceptent de moins en moins une vision réductrice de leur travail ; ils veulent se mobiliser.

■ **3. Les entreprises ne mobilisent pas assez nos capacités de création**
INergie dispose d'une base de données Baroclim® représentative de plus de 200 000 salariés. À la question : *Je me sens soutenu(e) dans mes initiatives,* la note obtenue est de 14 (sur une échelle allant de - 100 = pas du tout d'accord à + 100 = tout à fait d'accord). La marge de progression est grande !

L'humanité est encore bien jeune ! On a reconnu que les noirs avaient une âme au dix-neuvième siècle. On a reconnu que les femmes étaient intelligentes en 1944 (attribution du droit de vote). On douterait encore que les gens soient capables de bonnes idées !

L'innovation ne doit pas être une désobéissance qui a réussi !

7.1.2. Historique : de la boîte à idées...

■ **1. Mettre en place une boîte à idées est en soi une excellente idée...**
Les objectifs sont clairs : il s'agit de recueillir et de susciter des idées pour améliorer le fonctionnement de l'entreprise.

▷ Entreprises et salariés y trouvent leur compte. De nombreuses sociétés comme TotalFinaElf, Kodak, Peugeot, Renault, Sodexho, Société Générale, UAP... proposent des systèmes de boîte à idées depuis longtemps.

Les idées portent généralement sur l'amélioration d'un processus ou d'un poste de travail. La proximité du terrain est souvent à l'origine des idées applicables. Des formulaires types sont mis à disposition du personnel.
Deux exemples de formats :
- Votre idée ; le domaine d'application de votre idée ; la meilleure façon de la réaliser ; les économies possibles.
- Les faits ; les causes ; les effets ; la suggestion.

■ **2. L'inconvénient est que la plupart de ces boîtes ne se remplissent pas...**

Trois causes sont fréquentes :

• Manque de simplicité

La plupart des systèmes mis en œuvre sont de vraies usines à gaz. Le salarié doit remplir un dossier de 4 pages qui doit satisfaire 15 critères, le photocopier en 3 exemplaires et attendre plusieurs semaines pour s'entendre dire au hasard d'un couloir que son idée est toujours à l'étude...

• Manque de communication

Les solutions ne sont ni connues ni reconnues et ni capitalisées.

• Manque d'intégration dans le management

Le court-circuit de la hiérarchie et l'individualisme sont souvent constatés dans ces systèmes mis en place.

Si tu veux nourrir un homme un jour, tu lui donnes un poisson. Si tu veux le nourrir toute sa vie, tu lui apprends à pêcher.

7.1.3. ... au système de suggestions

■ **Il est essentiel de respecter quelques facteurs-clés de réussite**

• Cultivez la « pêche » plutôt que l'achat des « poissons » du personnel

• Structurez la démarche : faites-la porter par la direction générale, nommez un chef de projet, obtenez un budget, donnez des échéances...

• Communiquez énormément : l'enjeu est de faire évoluer des comportements, soyez prêt à prendre votre bâton de pèlerin...

• Facilitez le travail de chacun : donnez tous les chiffres à ceux qui le souhaitent, formez aux méthodes créatives...

• Soyez professionnel : accusez réception des suggestions sous 48 heures, examinez-les dans la semaine, expliquez de vive voix pourquoi une idée n'est pas retenue

• Valorisez : convertissez toutes les économies en argent pour qu'elles soient concrètes, récompensez d'une façon ou d'une autre, reconnaissez l'ingéniosité...

Un bon système de suggestions doit produire 10 idées par an par salarié. (moyennes de 60 au Japon et de 0,4 en France !)

Boîte à idées	Système de suggestions
1. Démarche isolée	1. Démarche intégrée
2. Quelques idées qui sortent de l'ordinaire	2. De nouvelles améliorations simples relatives au travail quotidien
3. Une très faible participation	3. Une participation plus large
4. Une durée de traitement élevée	4. Une réalisation rapide
5. Déconnexion de la suggestion et de la réalisation	5. Participation de l'auteur de la suggestion à la réalisation
6. Une hiérarchie contournée	6. Une hiérarchie qui doit s'impliquer
7. Une reconnaissance financière	7. Diverses formes de reconnaissance

7.1.4. Un double objectif : le progrès par la créativité

■ **1. Améliorer le fonctionnement de son service et de l'entreprise**
Cela engendre trois retombées :
- l'amélioration de la performance (clients ou en interne) par l'optimisation du fonctionnement de l'organisation,
- un partage de l'intelligence collective,
- des réductions de coûts et/ou du retour sur investissement.

■ **2. Ancrer un état d'esprit de progrès permanent et imaginatif dans la culture de l'entreprise**
Le dispositif a pour ambition d'introduire dans l'activité quotidienne le réflexe de démarche de progrès continu à tous les niveaux. Le système impliquant tout le monde, un résultat majeur est d'obtenir un personnel plus impliqué dans l'amélioration continue.

Exemple

▷ Le guide du questionnaire de l'EFQM (European Foundation for Quality Management) *Mesurer le niveau d'excellence* prévoit au chapitre 3. *Personnel* la question : *Votre organisation dispose-t-elle d'un processus qui implique l'ensemble du personnel dans l'apport d'améliorations ?*

Beaucoup peut s'acheter, s'apprendre ou se copier. Mais plus difficilement l'enthousiasme et la créativité. L'entreprise y trouve un réel savoir-faire différenciateur.

7.2. Modalités

7.2.1. Structurer la démarche

Structurer la démarche implique de :

■ Créer un comité de pilotage et éventuellement en établissements.
Le comité de pilotage :
- est présidé par un membre du comité de direction
- se réunit 1 fois par mois
- est composé d'au moins un membre du comité de direction, du chef de projet, des correspondants et d'experts si besoin
- fait vivre et évoluer le système
- décide de la valorisation des suggestions
- prévoit et contrôle le budget de fonctionnement et de primes.

■ Nommer un chef de projet
Le chef de projet :
- consacre, suivant la taille du groupe, de 50 à 100 % de son temps aux suggestions
- joue un rôle actif dans l'animation du système
- pilote les correspondants
- assure le secrétariat du comité de pilotage
- capitalise et consolide le tableau de bord
- organise la valorisation : challenges, la fête de l'idée, trophées...
- s'assure de l'implication des membres de la direction.

■ Nommer des correspondants au sein de chaque établissement
Le correspondant :
- est le relais de l'établissement
- est volontaire
- consacre, suivant la taille de son établissement, de 10 à 20 % de son temps pour assurer cette fonction en plus de ses fonctions normales
- assume le rôle de faciliteur au sein de son établissement
- organise la communication interne
- s'assure de la diffusion des suggestions retenues.

7.2.2. Associer le management

Le rôle de la hiérarchie directe ou du N+1 est essentiel :
- développer les idées et le progrès continu au sein de son équipe
- évaluer la qualité des suggestions
- décider de leur mise en œuvre
- proposer les récompenses auprès des N+2

Les managers doivent être fortement sensibilisés aux enjeux et aux apports du système en tant qu'outil de management.

Un système de suggestions est un puissant levier pour le management. Il concilie le management des collaborateurs et le management des idées.

QUELQUES CONSEILS POUR DEVENIR MANAGER D'IDÉES

- Évitez le management trop tatillon
  La créativité fleurit dans un environnement flexible et dépérit sous l'effet d'un contrôle excessif.

- Encouragez les efforts
  Si vous pénalisez ceux qui prennent des risques mais qui n'ont pas abouti, c'est un moyen sûr de tuer l'initiative à l'avenir.

- Orientez la créativité vers des objectifs clairs et précis
  Il est de la responsabilité du cadre d'améliorer le fonctionnement de son service continuellement. Le système de suggestions est une opportunité.

- Investissez du temps
  S'améliorer prend du temps, mais c'est un devoir, c'est même une nécessité pour sortir du quotidien. Inversez la spirale « engrenante » : « Plus on a de problèmes et moins on a de temps pour s'améliorer. »

- Pratiquez les méthodes créatives de travail en groupe
  Une sensibilisation-formation officialise le droit à penser différent !

- Communiquez en permanence
  Il s'agit de développer le réflexe de la suggestion, de provoquer les idées !

CONSTRUISEZ VOS PROPRES ARGUMENTAIRES

Préparez-vous à répondre à de nombreuses réticences à l'implantation d'un système de suggestions. D'expérience, en voici quelques-unes :

1. C'est une faible récompense pour une grande économie
2. Certains services comme la conception, les méthodes, l'informatique... ont plus de facilité
3. La démarche est en fait un palliatif au blocage des salaires
4. On va nous demander de plus en plus de suggestions
5. Je ne suis pas payé(e) pour donner des idées
6. Je suis déjà payé(e) pour donner des idées
7. Je n'ai pas le temps
8. Mon responsable m'a dit que ce n'était pas prioritaire
9. Je ne vais pas gagner de l'argent sur le dos d'un collègue
10. La suggestion, c'est la liberté. Votre dispositif est un carcan
11. La reconnaissance du travail bien fait me suffit
12. J'attends depuis des mois l'explication des motifs qui ont fait que ma suggestion de l'année dernière n'a pas été retenue
13. Ce système essaie de masquer en fait la faiblesse de notre management
14. C'est encore du papier !
15. C'est bon pour les exécutants...

Exemple

▷ Accor (130 000 personnes) a lancé en 2000 une vaste démarche appelée innov@ccor. Un argumentaire a été construit pour préciser ce qu'est une bonne idée :
  • améliorer le service rendu au client
  • résoudre un problème qui revient souvent
  • éviter une dépense inutile
  • simplifier ou améliorer une procédure
  • adopter une procédure vue et appréciée ailleurs
  • réduire un délai.

Ce n'est pas :
  • réparer un matériel défectueux
  • exprimer un besoin d'achat
  • critiquer les autres
  • réduire ou compromettre la sécurité ou la qualité de service
  • aller à l'encontre des réglementations en vigueur.

7.2.3. Valoriser

L'objectif d'un système de suggestions est de libérer, stimuler, provoquer et reconnaître les initiatives. La difficulté est d'identifier les bonnes !

Il est important de chiffrer la valeur ajoutée par chaque suggestion de façon juste et équitable, c'est-à-dire par rapport à l'idée en soi et aux autres idées.

Exemple

▷ Renault avait créé un fonds de suggestion qui prévoyait une rémunération de 50 % à ceux qui avaient participé et de 50 % à tous. Le système s'oriente vers un dispositif plus personnalisé avec un plafond de 30 000 F.
En cas de prime importante (> 1 000 F), le N+1 doit demander l'avis de son chef de département. Et au-delà de 5 000 F, l'avis du directeur d'établissement est requis.

▷ Accor propose en sept langues un processus de sélection des idées à l'aide de trois critères (évaluation de 0 à 5) : impact, originalité, facilité de mise en œuvre.
La décision prise par le responsable hiérarchique débouche sur quatre possibilités : approfondir, mettre en application, transmettre à un décideur/expert, refuser.

▷ Principes de construction du système de récompense d'Alstom Transport
• valoriser autant les gains chiffrables que les non chiffrables
• encourager les petites idées
• répondre (N + 1) à toute CréAction sous 15 jours et expliquer si non retenue
• évaluer le nombre de points obtenus (N+1), seulement après sa mise en application et selon la grille présentée à la page suivante
• personnaliser la remise des récompenses :
  – 20 points, attribution par le N+1
  – de 21 à 30 points, attribution par le N+1 et le N+2
  – de 31 à 70 points, attribution par le comité CréAction
• proposer des bonus pour les idées très importantes qui sont « hors système »
• pour une CréAction émise par un groupe, diviser la récompense par le nombre des participants
• ne pas autoriser une personne mandatée sur une mission particulière à déposer de CréAction liée à cette mission, sauf si elle apporte un plus significatif par rapport à sa mission.

GRILLE D'ÉVALUATION D'UNE *CRÉ*ACTION
CHEZ ALSTOM TRANSPORT POUR L'ACTIVITÉ BUREAU
(un point équivaut en moyenne à 1,5 €)

GAINS CHIFFRABLES

Points		0	1	2	3	4	5	6	7	8	9	10	11	12	13	14	15	
Gains mensuels nets en milliers de francs		<0,2	<0,2	>0,4	>0,8	>1,5	>2,3	>3,3	>4,4	>5,7	>7,2	>9	>10,7	>12,7	>15	>17	>20	PTS
Gains temps/heures de travail par mois		<3	>3	>6	>12	>22	>34	>49	>66	>85	>108	>135	>160	>190	>225	>255	>300	PTS
Gains surfaces/m²	Extérieur	0	20	40	60	80	100											PTS
	Intérieur	0	10	20	30	40	50											PTS
	Bureau	0	5	10	15	20	25											PTS

GAINS NON CHIFFRABLES

Domaines / Points	0	1	2	3	4	5	
Sécurité/Sûreté/ Confidentialité	Aucune amélioration	Limitation d'un risque mineur	Suppression d'un risque mineur	Limitation d'un risque grave	Suppression d'un risque grave	Suppression d'un risque très grave	PTS
Conditions de travail (physiques et intellectuelles)/ Confort	Aucune amélioration	Amélioration légère de l'environnement de travail et des tâches	Environnement amélioré au point de ne plus être déplaisant et tâches pénibles éliminées	Environnement à problème nettement amélioré	Environnement rendu plus plaisant et tâches grandement facilitées	Amélioration très importante de l'environnement et des tâches de travail	PTS
Qualité du produit et/ou service	Aucun impact	Qualité du produit maintenue ou amélioration limitée	Élimination des causes sources de défauts	Un type de défaut éliminé, les vérifications ne sont plus nécessaires	Qualité et fiabilité améliorées ; opérations de contrôle éliminées	La valeur du produit perçue par le client (interne et externe) est augmentée et l'image de l'entreprise est améliorée	PTS
Autres (fiabilité – délais – satisfaction clients – économies difficiles à chiffrer...)	Aucun gain	Gain faible	Gain significatif	Gain mesurable	Gain important	Gain très important	PTS
Efforts personnels, implication en dehors de la mission permanente	Aucun gain (simple émission d'idée)	Petits efforts : croquis, description de solutions qui ne nécessitent pas un investissement important	Efforts assez importants : proposition structurée pour laquelle l'investissement temps reste limité	Efforts importants : proposition structurée pour laquelle l'investissement temps et mise en œuvre par l'auteur	Efforts très importants par l'importance du problème et par la difficulté de mise en œuvre de la solution	Efforts très très importants : investissement hors temps de travail	PTS
Champ d'application potentiel	Poste de travail	Peut être étendue à d'autres services	Peut être étendue à d'autres départements	Peut être étendue à d'autres établissements	Peut être étendue à d'autres Business ou Directions fonctionnelles	Peut être étendue à l'ensemble du Secteur Transport	PTS
Originalité, créativité	Reprise d'une idée existante avec adaptation dans un autre secteur	Amélioration limitée d'une idée existante	Amélioration importante d'une idée existante	Nouvelle idée entraînant une amélioration limitée de l'existant	Nouvelle idée entraînant une amélioration importante de l'existant	Grande innovation avec efforts importants sur qualité, coût, délais, personnel	PTS

SOUS-TOTAL 1 :   R =   PTS

BONUS :   B =   PTS

Pour les personnels dont le coefficient est ≥ à 255

Abattement lié à la fonction	Cré*ACTION* peu relative à la fonction	Cré*ACTION* substantiellement relative à la fonction	Cré*ACTION* entièrement relative à la fonction
%	20 %	30/40 %	50 % et plus

MINORATION :   %   PTS

   PTS

Le comité de direction est exclu des récompenses.
L'abattement n'est pas applicable aux petites idées (< 21 points).

RÉSULTAT FINAL :   PTS

7.2.4. Reconnaître

Voici quatre modalités simples pour impliquer durablement des personnes (le degré zéro de la reconnaissance étant d'examiner l'idée proposée) :

■ **1. Economique**

C'est l'enjeu prioritaire de toute entreprise. Sans commentaires, les grilles d'attribution sont là.

■ **2. Professionnelle**

L'initiative et la créativité sont à prendre en compte dans les grilles des entretiens d'appréciation : l'imagination et le progrès sont des qualités essentielles chez un collaborateur, pas encore assez considérées.

■ **3. Honorifique**

Les réussites sont à porter de la connaissance de tous, et particulièrement de la direction générale dont le rôle est de manifester intérêt et gratitude.

■ **4. Convivialité**

En fait la grande joie de la bonne idée réside dans le plaisir de sa découverte. Un repas, un voyage, une sortie entre créateurs... rappellent et valorisent tous les efforts fournis et stimulent l'envie de continuer.

Et pourquoi pas un peu d'humour ?
Premier prix : un déjeuner avec le président
Deuxième prix : deux déjeuners avec le président
Troisième prix : trois déjeuners avec le président...

Exemple

▷ Un distributeur international a proposé un large éventail de moyens de reconnaissance à ses correspondants en filiale :
  • Un chèque
  • Le concours de l'idée du mois
  • Tirage au sort d'une idée mise en œuvre
  • Voyage dans une filiale-sœur
  • Rencontre d'autres innovateurs sur d'autres sites
  • Reportage dans le journal interne
  • Affichage systématique des idées mises en œuvre
  • Exposition des réalisations gagnantes
  • Bon d'achat ou chèque-cadeau
  • Remise d'un « objet de valeur » lors d'une réunion du personnel
  • Invitations au restaurant
  • Un ou plusieurs jours de congé
  • Visite du directeur sur le terrain...

7.2.5. Capitaliser

Ce serait dommage de ne pas capitaliser sur ces acquis. Pour cela il faut penser à :

■ **Agréger les informations pour piloter la démarche**
  - résultats obtenus : évaluer la valeur ajoutée de toutes les suggestions au regard de la stratégie de l'entreprise ou de l'établissement
  - avancement de la démarche (ne pas hésiter à mener des audits des systèmes de suggestions en place) :
    - nombre de suggestions proposées, retenues et mises en œuvre
    - valorisation : gains obtenus
    - délai de mise en œuvre
    - nombre de participants...

■ **Se fixer des objectifs ambitieux**
  Aussi bien en termes d'orientation des suggestions (satisfaction client, qualité, sécurité, environnement...) que de progression de la démarche (cf. indicateurs cités au paragraphe précédent)

■ **Créer une banque de données de partage de savoir**
  L'ensemble des suggestions mises en œuvre représentent une mine de progrès potentiels si elles sont mises en œuvre dans l'ensemble de l'entreprise. La mise en place d'un intranet est tout à fait pertinente.

■ **Accompagner d'une communication forte et attrayante**
  - Organiser un forum « écrans ouverts ».
  - Créer un fond d'écran invitant à l'émission de suggestions.
  - Faire vivre le système en proposant un thème champion (par exemple la sécurité ou l'environnement) ou en organisant des challenges pour favoriser le travail en équipe ou pour produire le maximum d'idées...
  - Utiliser les moyens de communication interne ou innover !
  - Organiser la grande fête de la suggestion avec tout le personnel.

Vive l'INovation® !

INergie a créé INovation®, animation théâtrale interactive pour accompagner la remise des prix/oscars/trophées... lors d'une convention dédiée ou à l'occasion d'une réunion générale. L'ambiance est garantie !

Exemple

7.3. Des résultats

▷ Renault est « moteur d'idées » depuis plus de 100 ans ! Renault estime à 150 millions d'euros les gains obtenus grâce aux innovations proposées par le terrain. Antoine Héron, coordinateur initiative et qualité du groupe, ajoute qu'en règle générale, la majorité des percées n'étaient pas prévues : *l'innovation consiste à se mettre à l'écoute de l'inattendu.*

▷ Alstom Transport : bilan après 3 ans de fonctionnement
  • Près de 20 000 CréActions en moyenne par an
    Près de 50 % des CréActions ont rapporté entre 6 et 15 points : 21 % entre 6 et 10 points, 28 % entre 11 et 15 points (cf. grille ci-dessus). Puis 18 % entre 16 et 20 points
  • Les améliorations obtenues concernent :
    – l'organisation : 33 % (simplification des processus, délais, administratif)
    – les conditions de travail : 32 % (amélioration des conditions de travail et d'environnement, ressources humaines, communication)
    – puis la qualité : 14 %, le produit : 11 % et la sécurité : 10 %
  • Les CréActions émises par des groupes ne concernent que 14 % de l'ensemble.

▷ La Redoute a célébré les trophées de la satisfaction clients lancés en janvier 2000 : le concours était destiné à l'ensemble des 6 900 salariés. Regroupés par équipes de 4-5, les participants devaient proposer un projet visant à améliorer concrètement le service aux clients dans plusieurs domaines : produits, livraison, prise de commande... 550 salariés ont participé.
Juin 2000 : remise des oscars aux 20 meilleures équipes. Les 2 équipes gagnantes classées ex æquo ont proposé :
  • un service de livraison aux handicapés
  • l'informatisation des réponses aux demandes de renseignement par téléphone.

▷ La Poste (plus de 300 000 agents) a eu le recul nécessaire en 2000 pour évaluer le dispositif d'innovation participative qu'elle a créé en 1993. Le directeur du développement de la qualité Jacques Jordan en a analysé les écueils :
  • *L'innovation ne fait pas encore partie du mode normal du management. Elle est essentiellement liée à la personnalité du manager*
  • *Difficulté à mettre en œuvre les idées retenues*
  • *Difficulté à généraliser les bonnes pratiques hors du cadre de départ*
  • *Moyens et démarches de reconnaissance à améliorer.*
Les enseignements qu'il a retirés se structurent en trois axes :
  • *fixer des objectifs simples et précis : nombre d'équipes engagées et pourcentage d'idées retenues mises en œuvre en moins d'un mois*
  • *intégrer l'innovation dans le bilan de performances des cadres*
  • *centrer l'innovation sur la qualité de service.*

BENCHMARKING

Résultats d'une étude de benchmarking conduite par INergie en 2000 auprès de grandes entreprises comme Accor, Alstom, BNP-Paribas, La Poste, Lucas, Renault, Sollac, Solvay...

- **Points communs des systèmes qui fonctionnent bien**
  - Coordination centrale : soit le système s'intègre dans la stratégie de l'entreprise, soit il s'intègre dans un politique de qualité globale d'amélioration continue. Mais dans les deux cas, la DG et les managers sont totalement impliqués.
  - Un réseau de correspondants ou faciliteurs qui ont tous suivi une formation.
  - Lancement de challenges, trophées...
  - Il existe une ligne budgétaire et un suivi de la rentabilité des suggestions : les systèmes de reconnaissance sont différents mais tous présents.
  - Grande maturité des émetteurs et qualité des suggestions, même si elles sont plus axées en moyenne sur l'amélioration des conditions de travail que sur la satisfaction des clients.
  - Les suggestions intéressantes sont transmises à un comité d'experts pour étude plus approfondie en vue d'une généralisation...

- **Difficultés rencontrées par quelques-uns**
  - Mise en œuvre plus difficile des suggestions lorsque l'informatique ou les services généraux sont concernés.
  - Des réponses plus ou moins bien argumentées quand les suggestions ne sont pas reconnues.
  - Confusion entre une suggestion innovante et une idée dans le cadre normal d'une fonction.
  - Sous-estimation du temps nécessaire à la mission des correspondants ou faciliteurs. Non prise en compte de cette part de travail dans leurs objectifs et entretiens annuels d'évaluation.
  - Non-engagement de quelques managers peu entrepreneurs ou qui déclarent d'autres priorités.
  - Absence de revue de l'avancement de la démarche à l'ordre du jour du comité de direction.
  - Faiblesse du soutien du correspondant par la direction du site.

VOTRE PROFIL À LA SERPE

Choisissez les affirmations qui vous correspondent le mieux pour chaque double proposition.

Je suis accepté(e) parce que

A	j'ai une position hiérarchique claire.
B	je représente une vision et des défis indépendamment de ma position hiérarchique.

J'exerce

A	une relation d'autorité sur des employés que je dois gérer.
B	une relation d'influence et de motivation sur mon équipe.

Je suis motivé(e) par

A	des objectifs organisationnels (salaires, primes, avantages sociaux).
B	une vision et des valeurs.

Je me bats pour

A	résoudre les problèmes d'efficacité en restant concentré(e) sur les moyens
B	pour une grande cause : « changer le monde ».

Je suis un

A	facteur d'ordre et de stabilité.
B	facteur de changement et de transformation.

Je préfère

A	minimiser les risques.
B	prendre des risques.

Je suis quelqu'un qui

A	évite le conflit.
B	élimine le conflit sans chercher à l'éviter.

Je suis quelqu'un qui

A	est attaché(e) à un processus rationnel de décision.
B	fait appel à l'intuition même pour des décisions très importantes.

Je suis quelqu'un qui

A	veut mesurer le maximum de paramètres pour piloter au mieux mes objectifs.
B	accepte l'incertitude et ne mesure pas tout.

Je suis quelqu'un qui

A	régule et maintient l'acquis.
B	invente, crée, bouleverse les habitudes.

Notez le nombre de A et de B entourés.
- Autant de A que de B : vous êtes un manager à la fois d'hommes et d'idées.
- Plus de A que de B : vous êtes un manager sans tendance marquée pour le management des idées.
- Plus de B que de A : vous êtes un manager audacieux aimant les idées.

8. LE TRAITEMENT DES RÉCLAMATIONS

8.1. Les cinq enjeux

8.1.1. Enjeu n°1 : la « re-satisfaction »

C'est la définition de la qualité : ensemble de méthodes et de pratiques visant à mobiliser toute l'entreprise pour la satisfaction durable des besoins et attentes des clients au meilleur coût.

Un plaignant ne recherche pas la considération, mais au minimum la prise en considération de son grief.

Une réclamation justifiée est le signe d'un non-respect du contrat de votre entreprise. Plusieurs sont le signe d'un manque de professionnalisme.

Exemple

Une fabrique de meubles met sous surveillance renforcée toute pièce sur laquelle se portent trois réclamations.

C'EST OFFICIEL !

Question n°3.1. du référentiel du Prix Français de la Qualité.
Comment l'entreprise mesure-t-elle la satisfaction de ses clients ?
Décrire comment sont structurées l'identification et l'écoute des clients pour s'assurer que les produits/services répondent bien aux besoins exprimés et permettent de les améliorer.

QUE DISENT LES NORMES ISO 9000 ?

... 8.2.1.1 Mesures et surveillance de la satisfaction client
Il convient que l'organisme sache qu'il existe de nombreuses sources d'informations relatives au client et qu'il établisse des processus pour regrouper, analyser et déployer ces informations...

L'organisme spécifie la méthodologie, les mesures à utiliser, la fréquence du recueil et de l'analyse des données pour les revues...

Les sources d'information sur la satisfaction des clients comprennent par exemple :
1. *les réclamations des clients,*
2. *la communication directe avec les clients,*
3. *les questionnaires et les enquêtes,*
4. *les groupes de discussion,*
5. *les rapports des associations de consommateurs,*
6. *les rapports dans les différents médias,*
7. *les études sectorielles.*

247

... 8.5.2 Actions correctives

Les sources d'information comprennent par exemple :

1. *les réclamations des clients*
2. *les rapports de non-conformité,*
3. *les données de sortie des revues de direction,*
4. *les rapports d'audits internes*
5. *les éléments de sortie de l'analyse des données,*
6. *les enregistrements du système de management de la qualité pertinents,*
7. *les données de sortie des mesures de satisfaction,*
8. *les mesures de processus,*
9. *les résultats d'auto-évaluation.*

Le processus d'action corrective comprend :
* *une définition de causes des non-conformités et des défauts,*
* *l'élimination des causes des non-conformités et des défauts,*
* *les actions appropriées pour empêcher toute récurrence de problèmes,*
* *l'enregistrement de l'activité et des résultats.*

CRITÈRE N° 6 DU RÉFÉRENTIEL DE L'EUROPEAN FOUNDATION FOR QUALITY MANAGEMENT

Dans quelle mesure l'organisation satisfait-elle ses clients externes ?
Où le client externe se définit comme le client immédiat de l'entreprise, ainsi que tous les autres clients de la chaîne de distribution de ses produits et services jusqu'au client final.

6a. La perception que les clients externes de l'organisation ont de ses produits, services et relations clients
Les domaines à traiter pourraient inclure la façon dont les clients perçoivent l'organisation (à partir de sondages clients, évaluations de groupes cibles et de fournisseurs...) en ce qui concerne la qualité des produits et des services :
* aptitude (capabilité) à satisfaire aux spécifications produits et services
* fiabilité des produits et services
* performance en matière de livraison
* prix
* niveau de service
* assistance à la vente et technique
* formation au produit
* accessibilité des personnes *ad hoc*
* documentation
* temps de réaction et capacité de répondre aux besoins du client de manière flexible
* traitement des réclamations
* dispositions de garantie et de cautionnement
* développement de nouveaux produits et services.

6b. Mesures complémentaires de la satisfaction des clients de l'organisation
Les domaines à traiter pourraient inclure une mesure interne de ce qui suit :
* activités répétitives
* nouvelles activités ou perte d'activités
* taux de défaut, d'erreur et de rejet
* performance en matière livraison

- reproductibilité des produits ou services
- durabilité et entretien des produits
- *traitement des réclamations*
- lettres d'éloges ou de remerciements reçus
- *actions correctives résultant de réclamations*
- paiement de garantie
- provisions et dépenses de garantie
- distinctions et récompenses reçues
- publicité dans les médias.

UN ENJEU CONSIDÉRABLE

Une enquête comparative *L'Entreprise – Challenge Qualité* (numéro de décembre 2000) auprès de 202 grands groupes français ont donné des résultats intéressants. Ainsi des réclamations ont été adressées auprès des directions générales :
- 85 % ont répondu (71 % en 98, 58 % en 96) : c'est mieux, mais 31 entreprises ont encore « oublié » de répondre !
- 60 % des entreprises ont fourni des explications sur le problème rencontré, les autres ont donné au client l'impression d'être abandonné ;
- 78 % des courriers sont signés par un interlocuteur ;
- seulement 35 % des entreprises ont répondu par courrier dans les cinq jours ;
- certains dirigeants (Calberson, Louis Vuitton...) répondent directement ;
- 79 % des interlocuteurs se sont engagés à informer par courrier le client des suites données à sa réclamation ;
- 14 % des sociétés ont proposé des lots de dédommagement.

Il existe encore de très gros progrès à réaliser.

Et vous ?

Où positionneriez-vous votre entreprise ?

Votre qualité de service au client fait-elle partie de votre savoir-faire différenciateur ?

8.1.2. Enjeu n°2 : la fidélisation

La satisfaction n'entraîne pas systématiquement la fidélité.

■ **Deux analyses (source Andersen Consulting) montrent que :**
- 85 % des consommateurs sont satisfaits de leur voiture, mais seuls 40 % rachètent la même marque au prochain changement.
- Pourquoi vos clients vous quittent-ils ?
  - 3 % quittent le marché
  - 5 % sont séduits par d'autres

- 10 % vous trouvent moins compétitif
- 14 % sont mécontents du produit
- 68 % vous quittent parce que vous leur avez été indifférent.

■ **Autre analyse (source Institut TARP)**
- La corrélation entre satisfaction et fidélité n'est pas linéaire :
  - clients insatisfaits : 17 % restent fidèles
  - clients assez satisfaits : 47 % restent fidèles
  - clients très satisfaits : 73 % restent fidèles.

Études menées par l'Institut TARP (Technical Assistance Research Program) pour le compte de l'Office of Consumer Affairs – Washington, D.C.

L'enjeu est de transformer le pépin en pépite.

INCITEZ VOS CLIENTS À RÉCLAMER !

Soit un client mécontent (cas d'école bien sûr pour votre entreprise). Quelle est la probabilité qu'il reste client ?

- Le client mécontent ne réclame pas.

Probabilité moyenne de rachat : 10 %

- Le client mécontent réclame. Deux cas :

  1. Sa réclamation n'est pas satisfaite.

Probabilité moyenne de rachat : 17 %

  2. Sa réclamation est satisfaite.

Probabilité moyenne de rachat : 62 %
(95 % si le client pense que la réclamation a reçu une réponse rapide)

Source Institut TARP

☞ **Et vous ?**

Le Français est champion du monde de la critique.

Êtes-vous sûr de bien utiliser tout ce « potentiel » ?

8.1.3. Enjeu n°3 : la différenciation

Partout l'offre dépasse la demande. Seules les entreprises excellentes resteront compétitives.

La spirale du mécontentement incite à élargir le champ et l'intensité de la vigilance. Un bouche à oreille négatif, même non médiatisé, attaque le cœur d'une entreprise : son image.

8.1.4. Enjeu n°4 : une source d'économies

Un client mécontent fait perdre de l'argent :

■ **« Re-satisfaction »**
  • temps passé à recevoir la réclamation
  • temps passé à traiter la réclamation et moyens utilisés : dépannage, remplacement, informatique, dédommagement, remise...
  • litiges et procès perdus

■ **Perte d'un client (coût de substitution et de commercialisation)**
  • manque à gagner : CA/nombre de clients x % de la marge dégagée
  • inefficacité de l'animation du compte-client : budget (promotion + force de vente + PLV + documentation + ...) / nombre de clients

■ **Dégradation de l'image de l'entreprise**
  • coût de la construction de l'image :
    budget communication / nombre de clients.

Rendement de l'investissement dans un dispositif de traitement des réclamations	
Secteur	**Rendement de l'investissement**
• Biens de consommation courante	15 à 75 %
• Banque	50 à 170 %
• Stations d'essence	20 à 150 %
• Biens de consommation durables	100 % +
• Produits électroniques	50 %
• Concurrence de détail	35 à 400 %
• Service automobile	100 % +
	Source Institut TARP

Traiter les réclamations de ses clients n'est pas un coût. C'est une économie : ne pas avoir à reconquérir. C'est aussi une source de profit : identifier les améliorations.

Exemple

Quelques exemples de coût de traitement

▷ BNP
Le service clientèle a pour objectif de « rattraper » 17 000 clients sur les 70 000 qui quittent la banque chaque année.
Il en coûte 240 F par client fidélisé.
« Le remplacer reviendrait dix fois plus cher ».

▷ Entreprise de distribution (CA = 900 MF)
Budget Administration des Ventes : 7,4 MF/an
Évaluation du temps consacré aux litiges : 30 %
Coût d'un litige (500 par mois) : 7,4 MF x 30 %/500 x 12 mois = 370 F

▷ France Télécom
Coût moyen de traitement d'une réclamation évalué dans une direction régionale à plus de 1 000 F

▷ Agence d'une Caisse d'Épargne
Temps de traitement : réception, recherche, réponse, analyse... :
2 heures par réclamation, soit 300 F

▷ Lapeyre
Le coût moyen de remplacement d'un produit est évalué à trois fois son prix de revient.

▷ Secteur automobile
Certains constructeurs taxent d'office leur fournisseur auquel ils adressent pour une réclamation des frais de dossier de 3 000 F.

👉 Et vous ?

Que feriez-vous si votre client vous demande de prendre en charge ses coûts de réclamation ?

8.1.5. Enjeu n°5 : une aide au management

Une entreprise avec réclamation ne peut être heureuse. Personne n'aime une réclamation. C'est un stress. Mais le stress peut être utilisé de façon positive : cela devient le levier d'action le plus efficace.

Encore faut-il vouloir attirer la critique à soi ! C'est rappelons-le le fait de gens courageux. La réclamation offre spontanément et directement cette critique, véritable possibilité d'amélioration qui vient de la personne la plus importante pour une entreprise, le client.

Le paradoxe est que certaines entreprises investissent dans des boîtes à idées alors qu'elles ne traitent qu'à contre-cœur leurs réclamations.

Un jour viendra où seront récompensés les plus forts taux de réclamations !

L'enjeu est de transformer ses collaborateurs en « démineurs » de réclamations. Faire comprendre qu'une réclamation est plus que bienvenue.

8.2. Organiser le traitement des réclamations

Deux critères sont essentiels pour traiter une réclamation :
- la rapidité : cinq jours ouvrables est un délai maximal
- la personnalisation : le client n'est ni une statistique ni un numéro de compte !

Corollaire : répondre tout de suite
- répondre par téléphone pour des raisons de réactivité, d'écoute (45 % des réclamants n'attendent pas de dédommagement financier particulier), de moindre coût et de maintien de la confiance
- ou accusé réception par fax ou e-mail dans les 24 heures pour éviter le « trou noir ».

Il faut former l'ensemble des personnels et en priorité ceux au « front office » à traiter une réclamation : écoute active, reformulation, questionnement...

Il faut surtout ni culpabiliser ni pénaliser ceux qui remontent des réclamations. Ne pas en faire un outil de « benchmarking » interne.

☞ Et vous ?

La transmission d'une réclamation est-elle perçue comme une dénonciation ou comme une source de progrès ?

8.2.1. Quelle stratégie adopter ?

Nous conseillons une démarche en cinq étapes :

- 1. Réaliser un audit des réclamations
  - Typologie, occurrence (relevé pendant 1 mois)
  - Mode de traitement actuel
  - Enjeux pour l'entreprise
  - Recommandations

- 2. Présenter le rapport à la direction générale et proposer l'organisation la plus appropriée : structure, délégation, intégration dans la politique qualité...

- 3. Définir le processus de traitement : recueil, enregistrement, traitement, clôture, suivi, exploitation...

- 4. Mettre en place le processus de traitement et sensibiliser l'ensemble des collaborateurs

- 5. Capitaliser et améliorer

Dis-moi comment ton chef traite les réclamations clients, je te dirai si ton entreprise est à l'écoute de ses clients.

L'entreprise apprenante analyse systématiquement les réclamations avec les personnes concernées et les considère comme des opportunités d'amélioration.

CONTRAINTES HABITUELLES LIÉES AU TRAITEMENT DES RÉCLAMATIONS

- Diversité des produits/services
- Technicité des produits/services
- Gestion perçue comme non prioritaire par la direction générale
- Insuffisance de la coopération des autres services
- Confidentialité des données
- Absence de sensibilisation du personnel
- Manque de délégation
- Absence d'assimilation du personnel
- Discrétion de la communication
- Complexité des structures/circuits
- Rapidité d'évolution des structures/circuits
- Manque de moyens humains
- Faible convivialité de l'informatique
- Absence de procédure
- Non-respect des procédures

LES CONDITIONS DE RÉUSSITE

Elles sont au nombre de quatre :
- Volonté de chacun de se réconcilier avec chaque réclamant
  - ▷ (faire) admettre que la qualité, c'est attirer la critique à soi
- Respect du principe de solidarité
  - ▷ (faire) admettre que l'entreprise est une multiplication de compétences
- Implication du dirigeant
  - ▷ (faire) admettre que la vérité sort de la bouche du client
- Organisation et moyens adaptés
  - ▷ professionnaliser les modes de traitement et de réponse

Essayez d'enfoncer dans la tête de vos supérieurs cette idée : quand un client se plaint, il y a 99 % de chances pour qu'il ait raison. Et si un jour, vous parvenez à les convaincre, il y aura 99 % de chances pour que les clients ne se plaignent plus.

Propos de O.L. Barenton, confiseur Auguste Detœuf

🖝 Et vous ?

N'hésitez pas à proposer à votre directeur général de se rendre chez un client particulièrement mécontent.

Et présentez en introduction de chaque comité de direction une lettre de réclamation clients : l'humilité est l'antichambre du progrès !

8.2.2. Faut-il une structure ?

Quels sont les avantages et les inconvénients ?

■ **Pour**
- disponibilité d'une structure dédiée (le client sait qui appeler),
- plus grande liberté de critique pour le client,
- professionnalisation de la réponse (juridique et relationnelle),
- rôle d'appel (interface entre client et « front-line »),
- homogénéité des réponses entre elles (mais avec le terrain ?),
- maîtrise des délais (n'impliquant pas nécessairement rapidité),
- centralisation des données,
- sécurisation du client (suppression du syndrome de la « patate chaude »),
- proximité de la direction générale,
- facilité à rechercher des solutions correctives.

■ **Contre**
- perception pour le client d'un écran lointain,
- déresponsabilisation des unités locales,
- ajout d'une procédure,
- personnalisation des réponses plus faible
- synergie avec les unités locales quelquefois difficile,
- sentiment d'être contrôlé,
- coût de la structure,
- limite de la polyvalence technique,
- moins de collaboration à la résolution des problèmes.

La réponse appartient à l'entreprise : attentes de ses clients, organisation, secteur d'activité (grande distribution ou clientèle très ciblée), nombre de réclamations... Comme pour les fonctions sécurité, qualité ou communication interne.

Mais le périmètre d'action d'une SRC (Structure Réclamations Clients) est au minimum la réclamation différée adressée à la direction ou à elle-même. Or cela représente moins de 10 % des réclamations !

▷ AXA-UAP reçoit 6 000 réclamations par an : 90 % sont adressées au siège. Le traitement se fait en première instance par les chargés de clientèle puis si appel, par la direction de la qualité (10 %), enfin par un médiateur (10 % des 10 %).

Le rôle délicat de la SRC est de signaler les procédures qui « tuent » le client (exemple des horaires d'ouverture).

8.2.3. Où est rattachée la structure ?

La SRC se positionne à la fois en aval du marketing et en amont de la qualité. Entre attentes et satisfaction.

- La SRC est souvent intégrée au service relations clientèle ou consommateurs qui traite en plus les demandes d'information.

- Un rattachement marketing ou production peut rendre difficile l'accès aux autres fonctions. En revanche, peu de directions marketing exploitent les données de ce qui équivaut à une véritable étude de marché gratuite et renouvelée (malheureusement) en permanence.

- Le rattachement à la direction de la qualité favorise l'indépendance.

- L'idéal est le rattachement à la DG, notamment en phase de démarrage.

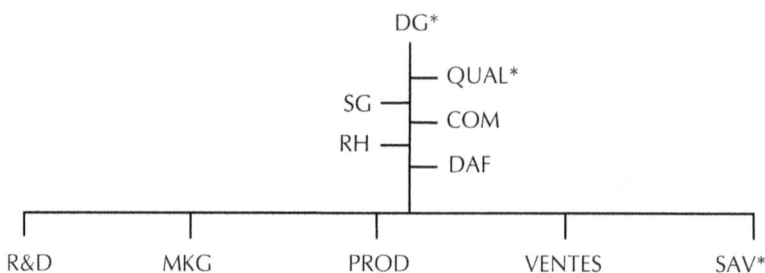

* rattachement fréquent

SCHÉMA 4.8.

La SRC ne doit pas être pour un client :
- ni son avocat : elle défend l'entreprise
- ni son cheval de Troie : elle ne redresse pas les torts. La difficulté est de concilier volonté de satisfaire chaque client et intérêt de l'entreprise.

DES EXEMPLES DE DÉNOMINATION

Sony France : Délégué Relations Consommateurs
Europ Assistance : Direction des Assistances
Procter & Gamble : Service des Consommateurs
Avis : Direction Relations Clientèle
Yves Rocher : Traitement des Ventes VPC
S.T. Dupont : Service SAV International
Accor : Direction Consumérisme et Qualité

Danone : Direction assurance-qualité

IBM France : Direction de la Qualité et de la Satisfaction

Europcar Interrent : International Customer Satisfaction

Rank Xerox : Direction Satisfaction Client

Pizza Hut : Service Clients

BNP : Service réclamations et recours clientèle

Darty : Direction des relations consommateurs

Deux remarques sémantiques

Préférez service à direction : l'apport est plus manifeste.

Préférez clients à clientèle : le client attend une personnalisation

et elle n'est pas toujours « aimable » !

8.2.4. Quel profil type pour diriger une SRC ?

Le profil type d'un(e) responsable de réclamations clients intègre de nombreuses qualités :
• courtoisie
• extraversion
• sens psychologique
• connaissance des produits/services et de leurs cahiers des charges
• capacité d'analyse (« trouble-shooting »), discernement
• facilité de rédaction
• résistance au stress (élégance sous la pression)
• capacité à dire non et le faire accepter
• jovialité
• empathie
• aptitude au travail en équipe

... et beaucoup de sérénité car le ratio habituel est 1 lettre de compliments pour 100 plaintes.

Il faut vraiment aimer les gens !

Exemple

▷ Le vépéciste Quelle propose un profil type pour ses 200 télé-opératrices baptisées conseillères :
• Bac + 2
• rigueur, logique et rapidité
• courtoisie, patience... et fermeté.

Deux impératifs :
– Savoir écouter
– Vouloir écouter.

8.2.5. Mettre en place un processus de traitement

Le traitement d'une réclamation comprend six phases :

■ **1. Recueil (accueil)**
Le point d'entrée accuse réception de la réclamation, remercie et précise éventuellement le délai de réponse.

■ **2. Enregistrement**
La réclamation est qualifiée et codifiée sur un document de saisie, centralisée et fait l'objet d'une déclaration d'anomalie (ou fiche d'incident, d'écoute, de réclamation, de non-conformité, de vigilance, de défaillance...). Les antécédents clients sont étudiés.

■ **3. Résolution**
Soit la SRC transmet la réclamation à l'entité concernée. Le directeur de l'entité ou le correspondant traite la réclamation.
Soit elle répond après analyse de la réclamation : elle en fait copie à l'entité concernée.

■ **4. Clôture**
Elle définit la condition pour classer la réclamation en s'assurant si possible de la « re-satisfaction » du client.

■ **5. Suivi**
Elle agrège toutes les réclamations et publie un tableau de bord.

■ **6. Exploitation**
Elle propose les actions préventives.

DES QUESTIONS À SE POSER

■ **Comment faut-il répondre ?**
- Une erreur grave nécessite la mise en œuvre successive des trois modes de réponse : appel téléphonique immédiat, courrier d'excuses, visite du correspondant et ou de son N+1.

■ **Une double signature est-elle nécessaire ?**
- La double signature (SRC/entité concernée) présente trois risques : retard, absence de recours et perte de l'unicité de la voix de l'entreprise.

■ **Un dédommagement systématique s'impose-t-il ?**
- La réponse à cette question dépend en fait du secteur d'activité et de l'importance économique du réclamant.

■ **Faut-il prévoir le pire ?**
- Faites valider un scénario de crise en cas d'affluence soudaine de réclamations (flux à estimer) pour éviter l'amplification éventuelle d'un mécontentement.

Sensibilisez et communiquez en interne. La réclamation est l'arme anti-ankylose. C'est le meilleur ambassadeur de la remise en cause.

Exemple

▷ Schneider Electric a mis en place une organisation décentralisée pour garantir une qualité de réponse à ses réclamants :
- définition de paramètres pour hiérarchiser l'importance de ses clients
- mise en place de bases de données pour permettre aux opérationnels de traiter les réclamations en direct
- orientation des réclamations complexes vers des spécialistes pour assurer un traitement de fond
- validation de la réponse fournie pour garantir la satisfaction client.

Assurez-vous qu'une réclamation en cours de traitement est connue des services en relation avec le client concerné.

8.3. Savoir répondre à une réclamation

8.3.1. Les critères fondamentaux

Un client vous évalue d'après :
- **l'intérêt que vous lui portez**
  Parlez à la personne, pas à la fonction (il n'y a pas de petit client).
  Prenez des notes.

- **la façon dont vous vous exprimez**
  Soignez votre style et votre vocabulaire.
  N'interrompez jamais votre client (à l'oral).

- **la qualité des informations que vous lui fournissez**
  Soyez factuel.
  Ne donnez pas de leçons.

- **la personnalité dont vous faites preuve**
  Soyez courtois, non courtisan.
  Soyez respectueux, non impressionné.

- **l'image que vous projetez**
  Véhiculez la meilleure image possible.
  Ne parlez jamais en mal de votre entreprise.

⚠ **Attention**

Tout client potentiel craint deux choses : se tromper et être trompé.
Sa réclamation montre que sa crainte était fondée. Soyez apaisant.

8.3.2. Comment répondre par écrit ?

1. **Répondez le plus vite possible**
   En deçà d'une semaine.
   Si la réclamation est grave, téléphonez.

2. Personnalisez votre réponse
Faites référence à son courrier.
Reformulez.
Analysez le problème et ne vous contentez pas d'accuser réception.

3. Présentez des excuses
Ne minimisez jamais les conséquences de l'incident.
Remerciez le client d'avoir présenté ses remarques.

Exemple

Cinq exemples extraits du journal L'Entreprise n°127 :

▷ *Je tenais, par ce courrier, à vous présenter nos plus vives excuses pour la façon dont vous avez été reçu lors de votre dernière visite dans notre magasin (Hermès)*

▷ *Permettez-nous tout d'abord de vous présenter nos sincères excuses pour la perception négative que vous avez eu de nos services (Avis)*

▷ *Nous vous prions de nous excuser, votre mécontentement étant tout à fait légitime (DHL)*

▷ *Les commentaires de nos passagers nous sont précieux. Nous vous remercions d'avoir pris le temps de nous écrire (Lufthansa)*

▷ *Nous vous remercions de nous faire part de votre mécontentement (Louis Vuitton)*

4. Répondez sur le fond
Précisez la démarche que vous allez entreprendre.
Annoncez les mesures correctives que vous comptez prendre.
Intégrez éventuellement un geste commercial.

5. Concluez
Rappelez l'importance que l'entreprise lui attribue comme client.
Signez et écrivez votre nom.
Proposez en cas de litige grave de rappeler dans quelques jours.

QUELQUES RÈGLES POUR BIEN PRÉSENTER UNE ADRESSE

(extraites du Courrier de La Poste en Ile-de-France n°18)

- Les informations sont ordonnées sur six lignes maximum, justifiées à gauche, sans ligne blanche de séparation, du nom à la localité.
- Si l'on fait figurer une raison sociale, elle prend place avant le nom du destinataire.
- L'ensemble ne doit pas dépasser 45 mm de haut et ménager un espace de 20 mm à droite et en bas de l'enveloppe.
- Pas plus de 32 caractères ou espaces par ligne, avec 1 espace entre 2 mots. On peut recourir à des abréviations (B pour bis, bd pour boulevard...), mais le dernier mot entièrement alphabétique ne doit jamais être tronqué.
- Aucun signe de ponctuation à partir du numéro et du libellé de la voie.
- La dernière ligne doit toujours être en majuscules, y compris le terme CEDEX (Courrier d'Entreprise à Distribution EXceptionnelle).
- L'affranchissement se situe au maximum à 74 mm du bord droit de l'enveloppe et à 40 mm du haut.
- Ce sont des règles faciles à respecter, surtout pour les professionnels et les entreprises, mais indispensables à La Poste pour assurer la meilleure qualité de service.

8.3.3. Comment répondre par oral ?

1. **Laissez votre client exprimer sa réclamation.**
   Écoutez-le sans interrompre. Il est sans doute très énervé.
   Montrez-lui que sa réclamation est la bienvenue.
   Prenez des notes.

2. **Reformulez de façon neutre pour isoler le point de désaccord et validez.**
   Cela prouve que vous le comprenez, et vous reprenez l'initiative.
   Verrouillez : *est-ce exact ?*

3. **Qualifiez.**
   Identifiez la nature et l'importance de la réclamation : est-elle fondée et sincère ? Est-elle justifiée ou non recevable ? Est-elle technique, psychologique ou tactique ?
   Demandez des précisions, des faits.
   Demandez les conséquences de l'incident.

4. **Répondez.**
   Tout de suite, c'est le mieux.
   Présentez les excuses de l'entreprise.
   Si le mécontentement n'est pas fondé (cela arrive !), expliquez.
   Si sa réclamation est fondée, cherchez une solution.
   Demandez-lui si elle le satisfait pour reprendre l'avantage.
   Si vous « séchez », dites ce que vous allez faire.
   Si possible, faites un « geste ».

5. **Concluez.**
Rappelez l'importance que l'entreprise lui attribue comme client.
Remerciez d'avoir réclamé et sécurisez-le.
Confirmez par courrier si souhaité.
Proposez de rappeler dans quelques jours.

8.3.4. Quelques conseils

1. **Tenez un registre des réclamations les plus fréquentes et préparez des phrases préventives.**
Exemple : *Je ne paie pas mon loyer parce que ma fenêtre ferme mal.*

2. **Recevez toujours une réclamation avec intérêt.**
C'est un plus que de savoir attirer la critique d'un client.

3. **Soyez courtois en toutes circonstances et faites preuve d'empathie, même si vous avez droit à 3615 Vie privée !**

4. **Ne vous bloquez pas sur une réclamation difficile.**
Reconnaissez qu'elle est difficile, et prenez rendez-vous pour apporter la réponse.

5. **Un doute doit toujours profiter au client.**

6. **Sachez différencier compromis de compromission.**

7. **Éludez les réclamations qui ne présentent aucun intérêt ou qui ne sont que pure provocation.**

Le bon navigateur ne négocie pas avec les écueils, il les évite.

8.4. Capitaliser et améliorer

La réclamation est le rappel permanent pour une entreprise de rester orientée client. La difficulté est de faire remonter les réclamations :

■ **Les personnes sur le terrain ne remontent pas toujours les réclamations qui les impliquent. Le nombre de réclamations est un indicateur qui demande beaucoup de maturité.**

■ **Il faut donner au client l'opportunité de réclamer.**
Exemples :
  • lui demander directement (et pour cela, former tous les personnels au contact)
  • lui indiquer un interlocuteur
  • créer des occasions de contact
  • proposer un engagement de contrepartie.

Les délais de réponse sont définis selon la matrice suivante :

	Important	Moins important
Urgent	24 heures	délais demandés
Non urgent	délais demandés	semaine

8.4.1. Modalités de capitalisation

1. **Vérifier la « re-satisfaction » du réclamant**
   Appeler (en cas de gros litige) le réclamant 15 jours après la réso-lution permet de restaurer la confiance par une démarche active.

2. **Élaborer et mettre à jour des tableaux mensuels et cumulés**
   nombre de réclamations par provenance, cause, secteur...
   délai de traitement
   nombre de lettres recommandées
   Ces indicateurs font partie du tableau de bord qualité.

3. **Prévenir les causes les plus fréquentes de réclamations**
   communiquer en interne
   former le personnel
   créer des groupes de travail *ad hoc*
   intégrer un point qualité à l'ordre du jour des réunions commer-ciales
   impliquer la direction générale dans le suivi.

4. **Progresser**
   instituer la réclamation comme facteur de progrès dans toute l'entreprise
   responsabiliser plus le personnel (« empowerment »)
   proposer des améliorations de produits/services
   faire évoluer les engagements/promesses clients...

5. **Suivre**
   impliquer la direction générale dans le suivi
   établir un diagnostic des solutions apportées
   suivre le montant des compensations, avoirs et gratuités accordés

Toute entreprise a un capital-image. La vulnérabilité de ce capital le rend encore plus précieux. La réclamation vous somme de le défendre.

QUATRE EXEMPLES D'EXPLOITATION

▷ Apple détermine toutes les semaines à partir des appels enregistrés sur sa « hot line » la liste des 10 problèmes majeurs rencontrés par ses clients. Les ingénieurs s'en servent pour améliorer les nouvelles versions d'ordinateurs, mais aussi pour définir de nouveaux produits.

▷ Chez Rank Xerox, les techniciens du SAV (2 000 personnes, soit près de 50 % des effectifs du groupe en France) participent à un programme mondial de suggestions sur la conception et l'amélioration des produits.

Exemple

263

▷ Chez Brandt, la multiplication de plaintes sur un même produit débouche sur des modifications de produit, de présentation, de mode d'emploi.

▷ Chez Boulanger, chaque vendeur doit émettre trois « regrets » par semaine. Ils traquent et chassent ainsi en permanence l'insatisfaction des clients.

Ces entreprises répondent selon le processus suivant :
- 1. Écouter
- 2. S'excuser et/ou compatir
- 3. Trouver une solution spécifique et rapide
- 4. Remercier.

8.4.2. ... Et pour éviter les réclamations

■ Publier les success-stories de résolution de réclamations

■ Organiser des visites de clients mystères

■ Mener des audits qualité

■ Afficher dans toute l'entreprise le baromètre clients
- satisfaction
- résiliations/clients perdus
- réclamations

■ Mettre en place des cartes de garantie

■ Recueillir auprès des clients perdus leur témoignage, non pas pour essayer de les récupérer (encore que...), mais pour éviter pareil incident à d'autres

Tout l'enjeu du traitement des réclamations est de transformer un motif de plainte en un sentiment de satisfaction.

9. LES BONNES PRATIQUES

9.1. Définition

Nous appelons bonnes pratiques les pratiques de base pour exercer une activité avec professionnalisme.

Trois caractéristiques par rapport à l'assurance de la qualité : les bonnes pratiques constituent un corpus de pratiques plus fondamental, plus souple mais moins exigeant dans leur contrôle.

1. Le minimum minimorum de la qualité

Les bonnes pratiques constituent une assurance de la « qualité de base ». Elles sont les règles de l'art d'une entreprise/unité qui définissent les standards d'efficacité de cette entité : productivité, qualité, coûts, délais, sécurité, environnement...

Rappel de notre définition du management de la qualité : ensemble de méthodes et de pratiques visant à mobiliser tous les acteurs de l'entreprise pour la satisfaction durable des besoins et attentes des clients au meilleur coût.
Il s'agit donc bien de pratiques de base qu'il faut définir et appliquer pour être professionnel. Sans celles-ci, il vaut mieux fermer boutique !

Exemple

▷ Surcouf possède à Paris le plus grand magasin au monde d'équipements informatiques : 10 000 m². Le distributeur a souhaité capitaliser son expérience pour des raisons à la fois de professionnalisation et d'intégration des jeunes embauchés. Dix classeurs métiers ont été élaborés pour présenter au collaborateur exerçant le métier les principes et pratiques de leur métier chez Surcouf : standard, accueil, caisse, crédit, achats, ventes magasin, ventes office VPC, internet VAD, services, logistique : réception et expédition.

Il est essentiel de partir du basique (et souvent d'y revenir) !

2. Une définition plus souple et plus large que la procédure

Une pratique signifie (*Petit Robert*) :
• opposé à théorie : *activités volontaires visant des résultats concrets*
• opposé à règle, principe : *manière concrète d'exercer une activité*
• propre à une personne, à un groupe : *manière habituelle d'agir*.

Si une procédure est *la manière spécifiée d'effectuer une activité ou un processus (norme ISO 9000:2000)*, nous définissons la bonne pratique comme la mise en œuvre des règles de l'art, c'est-à-dire la manière professionnelle (non seulement les règles d'action, mais aussi les tours de main et les bons réflexes) d'exercer une activité ou un processus avec efficacité.

Les bonnes pratiques sont ainsi plus larges que de simples procédures qualité et incluent les comportements à adopter. Ce sont des exigences de résultats plus que de moyens.

Notre définition ne recouvre pas par exemple celles des bonnes pratiques de fabrication (BPF) utilisées dans l'alimentation ou des bonnes pratiques de laboratoire (BPL) en pharmacie. Ces bonnes pratiques, qui s'appliquent parfaitement à des processus industriels à forte criticité, restent très axées sur les procédures.

Exemple

« En France, où nul n'est censé ignorer la loi, on recense 150 000 textes de portée générale, dont 7 500 lois et 82 000 décrets d'application...

La loi doit être solennelle, brève et permanente. Elle est aujourd'hui bavarde, précaire et banalisée. »

Renaud Denoix de Saint Marc, vice-président du Conseil d'État dans un article du *Journal du Dimanche* du 21 janvier 2001 intitulé *Trop de lois tue la loi !*

▷ A contrario de l'action politique, l'action qualité ne doit pas se transformer en gesticulation législative !

Exemple

INergie a créé son système d'assurance de la qualité appelé les OBPIN : les Officielles Bonnes Pratiques d'INergie.

Le système repose sur le 3S : Simple, Souple mais Systématique.

3. Un référentiel interne léger et peu formaliste

La mise en œuvre des systèmes d'assurance de la qualité repose (entre autres) sur trois principes :
- l'implication de tous
- la planification, c'est-à-dire la manière structurée d'organiser les activités
- la possibilité de preuve :
  - avant : sous la forme de procédures
  - après : sous la forme d'enregistrements.

Les bonnes pratiques s'appuient sur ces trois principes sauf le dernier :
- elles sont à appliquer de manière homogène et systématique par tous
- elles décrivent les modalités d'action et de conduite à tenir

- mais elles n'imposent pas de systématiser la mesure de chaque action.

Les bonnes pratiques sont ainsi moins exigeantes que les systèmes d'assurance de la qualité puisqu'elles n'obligent pas d'enregistrer tous les dysfonctionnements rencontrés. Cette obligation « refroidit » quelquefois les petites entreprises et les entreprises de service, plus habituées à privilégier la réactivité pour satisfaire le client de façon personnalisée que l'enregistrement pour s'assurer de la conformité.

▷ Un grand cabinet d'avocats, dont la profession est déjà fortement réglementée, a préféré dans un premier temps se doter de bonnes pratiques plutôt que s'orienter vers la certification :
Ces bonnes pratiques, qui rappellent bien sûr les réglementations en vigueur pour que chacun s'y conforme, donnent réponse à des questions quotidiennes comme par exemple :
- qui décide de l'attribution d'une affaire à un avocat ?
- comment empêche-t-on qu'une affaire comportant des intérêts conflictuels soit acceptée ?
- quels accords existe-t-il pour la communication entre l'avocat et le client ?
- comment les délais sont-ils surveillés ?
- comment les dossiers sont-ils classés ?...

Les bonnes pratiques privilégient plus la qualité que l'assurance.

TROIS EXEMPLES DE DÉFINITION

▷ Les lignes directrices tripartites harmonisées de la CIH, intitulées *Les bonnes pratiques cliniques : directives consolidées,* ont été élaborées par un groupe de travail d'experts de la CIH (Conférence Internationale sur l'Harmonisation des exigences techniques relatives à l'homologation des produits pharmaceutiques à usage humain).

Définition : *Une bonne pratique clinique (BPC) est une norme de qualité éthique et scientifique internationale s'appliquant à la conception et à la réalisation d'essais auxquels participent des sujets humains ainsi qu'à l'enregistrement et à la présentation des données relatives à ces essais. Le respect d'une telle norme garantit au public que les droits, la sécurité et le bien-être des sujets participant à l'essai sont protégés, conformément aux principes découlant de la Déclaration d'Helsinki, et que les données sur les essais cliniques sont fiables.*

▷ Le guide de bonnes pratiques d'hygiène pour l'activité de glacier-fabricant monovalent (glaces, crèmes glacées et sorbets) a été conçu à l'initiative de la Confédération nationale des glaciers de France.
Ce document à vocation consensuelle a été rédigé par un groupe de travail composé de professionnels et d'experts dans des domaines bien précis. Les travaux du groupe ont eu pour but de greffer, sur les usages loyaux et

Exemple

Exemple

267

constants d'une profession, les impératifs d'une bonne hygiène. Le groupe a adopté, pour ses activités, les principes de la démarche « HACCP », recommandée au niveau mondial par le Comité du Codex Alimentarius, organisme à vocation normative en matière d'échanges commerciaux de denrées alimentaires et de sécurité des aliments.

Le groupe a ensuite recensé les dangers significatifs pour la filière. Un diagramme de fabrication type a permis d'effectuer l'analyse des causes et a débouché sur l'identification des principaux dangers microbiens.

▷ La Fondation européenne pour l'amélioration des conditions de vie et de travail a édité Le guide de bonnes pratiques pour la gestion d'effectifs vieillissants.

Définition : *Les bonnes pratiques de gestion d'effectifs vieillissants couvrent à la fois des mesures spécifiquement destinées à lutter contre les barrières de l'âge, et des politiques plus générales d'emploi ou de gestion des ressources humaines visant à instaurer un environnement dans lequel chacun pourra développer pleinement son potentiel sans être défavorisé par son âge.*

9.2. Les objectifs

9.2.1. Professionnaliser chaque collaborateur

Il est de la responsabilité de l'encadrement de définir les pratiques à mettre en œuvre au quotidien. Leur formalisation facilite l'appropriation et renforce le professionnalisme.

La définition des méthodes de travail permet de généraliser ce qui se fait de mieux et de le faire partager à chacun.

9.2.2. Harmoniser les méthodes de travail

L'engagement de chacun dans une même démarche de succès, ou tout du moins de progrès, apporte plus de cohésion au sein de l'établissement. Le fonctionnement interne est amélioré : décloisonnement des services, implication de l'ensemble du personnel, échanges entre collaborateurs... Faire appliquer, améliorer, partager et généraliser les meilleures pratiques facilite une des missions de l'encadrement : fédérer par le métier. Mais la tâche est quelquefois difficile.

Plusieurs facteurs expliquent l'hétérogénéité des pratiques :
- l'histoire des établissements
- le manque de rigueur des méthodes en place
- la faible communication managériale sur ce qui se fait de bien
- l'absence de capitalisation
- le syndrome du NIH (« Not Invented Here »)
- l'incompatibilité de certains processus
- la réticence à l'adoption de nouvelles méthodes de travail...

☞ **Et vous ?**

Vos clients sont-ils servis avec la même qualité quels que soient le moment et le lieu ?

Disposez-vous d'un référentiel par métier ?

9.2.3. Capitaliser les méthodes de travail

Définir ses bonnes pratiques permet de formaliser et d'optimiser des méthodes de travail déjà existantes. Mais pas uniquement.

Un des principaux avantages de cette démarche est de pouvoir disposer du « cahier des charges du professionnel » et le remettre à toute personne qui exercerait le nouveau métier. Connaître immédiatement ce qu'il faut faire est nettement plus efficace que d'avoir à tout redécouvrir par soi-même.

Trois applications fréquentes : le recrutement, la prise de poste par mobilité interne, la revue et la mise à jour de l'ensemble des pratiques.

Exemple

▷ INergie réunit tous ses collaborateurs une matinée chaque début d'année pour rappeler, commenter, actualiser et améliorer ses bonnes pratiques.

▷ Une Chambre de Commerce et d'Industrie a défini ses propres bonnes pratiques principalement pour apporter une réponse à la question malheureusement trop souvent vécue : en cas de départ d'un conseiller, comment assurer la pérennité de la prestation ?

9.2.4. Transformer les bonnes pratiques en meilleures pratiques

Les bonnes pratiques, une fois mises en application de façon méthodique et systématique, expriment la maîtrise d'une discipline. Elles deviennent le terreau naturel de deux développements ultérieurs qu'elles fertilisent avec efficacité :
- la mise en place des meilleures pratiques (« best practices ») pour se placer au niveau du (des) meilleur(s)
- la définition de promesses clients ou engagements de service.

La technicité du métier fait la force d'une organisation, la souplesse des collaborateurs fait son efficacité. Les bonnes pratiques concilient ces deux exigences.

9.3. Modalités d'élaboration

9.3.1. Principes

Pragmatisme : formaliser ce qui se fait de mieux sur le terrain

Efficacité : s'appuyer sur les meilleurs dans chaque métier pour crédibiliser la démultiplication ultérieure

Simplicité : les bonnes pratiques doivent être connues, comprises... et appliquées.

9.3.2. Les sept étapes

1. Étude de la documentation existante en matière de professionnalisme et d'assurance de la qualité (notes de service, procédures, instructions, formulaires, imprimés, formations diffusées...) et rencontre des personnes concernées

2. Création d'un comité de pilotage
   Son rôle est de définir-orienter la démarche, l'architecture et le calendrier de l'opération et de s'assurer de la compatibilité des bonnes pratiques entre elles d'un métier/fonction à l'autre. Il se réunit pour lancer l'opération, pour suivre l'avancement et pour tirer le bilan de l'opération-pilote.

3. Mise en place de groupes de travail pour élaborer les bonnes pratiques
   Une démarche participative facilite le réalisme des formulations (fond et forme) et leur appropriation par l'ensemble des personnes concernées.

Exemple

▷ Une grande enseigne hôtelière a constitué 8 groupes composés de 4-6 participants (listes validées par le comité de pilotage) de différents sites pour chaque fonction-clé. Ils étaient animés par un intervenant externe sur la base de 5 séances hebdomadaires d'1/2 journée par groupe pendant deux mois :

1. analyse des processus et identification des tâches-clés et des exigences clients
2. étude des éléments directeurs : coûts, délais, fiabilité, confidentialité, sécurité...
3. élaboration des bonnes pratiques : hommes, procédures, matières, matériel...
4. validation des bonnes pratiques par les utilisateurs et clients
5. mise au point des indicateurs de contrôle et définition des modalités de diffusion.

4. Validation des bonnes pratiques par le comité de pilotage et étude des modalités de communication, de suivi et d'extension
- évolution du référentiel et adaptation des moyens techniques associés (informatique par exemple)
- mise en place des indicateurs
- intégration des bonnes pratiques dans les formations métiers existantes et formation systématique des nouveaux embauchés et des intérimaires
- évaluation semestrielle : un audit interne tournant et un audit externe mené par un organisme indépendant
- déclenchement d'audit en cas de dérive d'indicateur ou à la demande
- bilan avec la direction et élaboration du plan de démultiplication interne

5. Présentation au comité de direction du bilan de cette opération-pilote :
- résultats obtenus, difficultés rencontrées, enseignements...
- extension aux autres fonctions de l'entreprise : architecture, pilotage et calendrier de la suite éventuelle de la démarche.

6. Expérimentation
- appel à candidatures et choix de 3-4 entités-pilotes
- mise en place du référentiel et adaptation des moyens associés
- sélection des indicateurs
- évaluation des entités-pilotes
- bilan de l'opération-pilote et décision d'extension

7. Extension
- démultiplication interne par formation-action animée par la hiérarchie ou formation par un spécialiste extérieur
- intégration des bonnes pratiques dans les formations métiers existantes
- formation systématique des nouveaux embauchés et des intérimaires
- évaluation régulière (au moins une fois par an)
- déclenchement d'audit en cas de dérive
- revue annuelle des bonnes pratiques pour mise à jour du référentiel
- valorisation des réussites

La rigueur et la constance donnent la fiabilité qui donne la confiance.

TROIS EXEMPLES D'ÉLABORATION

1. Logidis a défini 12 engagements de service regroupés en trois thèmes : qualité de préparation optimale, livraison ponctuelle et conforme à la commande, service réactif et à l'écoute du client.
   INergie a formé les 4 000 collaborateurs à ces engagements et en a déduit

Exemple

271

un certain nombre d'améliorations. Exemple pour l'engagement *Préparation des commandes* : *Logidis prépare les commandes de manière à faciliter la gestion des produits en magasin et utilise des supports logistiques et en bon état.*

Les bonnes pratiques formalisées à l'issue de ces formations ont été :
- utiliser des étiquettes de couleur par famille pour éviter les erreurs
- contrôler la cohérence de préparation des palettes : quantités habituellement commandées par le client
- établir des sondages ponctuels et aléatoires : pointage de tous les produits et rapprochement avec le BL
- organiser des contrôles ciblés en plate-forme pour les clients qui réclament souvent
- utiliser la matière silicone pour faciliter le collage des étiquettes sur les colis.

2. La direction générale et la direction qualité d'un grand traiteur ont souhaité mettre en place une qualité de service qui soit :
- irréprochable
- visible pour le client
- mise en œuvre rapidement
- motivante et impliquante pour l'ensemble des collaborateurs
- auditable et contrôlable à tout moment

Les bonnes pratiques ont été définies sous le nom de standards de qualité. Elles reposent sur l'objectif de faire bien, vite, efficace, propre et sûr du premier coup. C'est la prestation de base. Si peu de salariés pensaient qu'il est possible de concilier ces exigences, encore moins nombreux étaient ceux qui connaissaient la manière d'y parvenir. Or sans ces fondamentaux, le mot professionnalisme n'existe pas. Le respect du contrat est le minimum que le client peut attendre, ne pas satisfaire ces « basiques » revient à se mettre hors jeu. Ces exigences relèvent du strict minimum nécessaire.

Les standards de qualité constituent l'outil de base pour agir. Leur application est contrôlée par la direction qualité. Ils sont plus larges que de simples procédures qualité car ils incluent des comportements et des attitudes professionnelles à adopter.

Logistique	Chauffeur-livreur (fixe et extra)
Mission	Assurer la livraison des denrées périssables et du matériel nécessaires à la bonne réalisation des réceptions
Tenue	*Tenue vestimentaire* Le port de l'uniforme est obligatoire : il se compose d'un pantalon gris, d'une chemise bleue, d'une cravate bleue et d'un blazer bleu marine. L'uniforme doit toujours être propre et impeccable. Les chaussures de sécurité fournies par la société doivent être obligatoirement portées. *Tenue physique* Il est important de véhiculer une bonne image de soi et de la société tout en respectant des règles élémentaires d'hygiène et de sécurité pour le bien-être des clients : coiffure, propreté des mains, rasage de près...

Comportements	La courtoisie et le sourire sont importants. Il convient d'être en toute circonstance serviable et distingué. Le chauffeur-livreur est l'ambassadeur de la société. Il doit garder son sang-froid à tout moment. Il est impératif de rester sobre durant tout le service. L'utilisation des téléphones portables personnels est exclue. Il est interdit de fumer devant les clients et dans les camions de livraison.
Attitude professionnelle	Le chauffeur-livreur doit prendre connaissance des documents et des consignes particulières. Il charge son camion dans les règles et respecte les consignes d'hygiène sous le contrôle des responsables d'expédition. Il effectue les missions qui lui sont confiées en respectant les législations en vigueur : protocole sécurité, code de la route, réglementation liée au transport d'alcool, durée de conduite, vitesse... Il est responsable de son véhicule et doit assurer l'entretien journalier de celui-ci. Il remplit les documents du véhicule. Il assure le nettoyage de ce dernier. Il contrôle et sauvegarde le matériel mis à sa disposition. Il s'engage à signaler le plus rapidement possible à son responsable hiérarchique tout problème survenu lors d'une livraison : panne, accident, difficulté avec le client...
Moyens (documents, matériels, outils...)	Véhicule Moyen de manutention et de déchargement Supports logistiques (palettes et supports d'emballage) Documents de transport : bon de livraison, feuille de route, acquis alcool, bon de retour...

3. L'EXEMPLE EXEMPLAIRE DU CLUB MED

L'exemple du Club Med est exemplaire à plus d'un titre. L'ensemble des métiers des GO (Gentils Organisateurs) ont été analysés et donné lieu à des standards de qualité appelés Quali Signs. Ils ont été élaborés de façon participative par des chefs de service, des chefs de village, des représentants de la direction des opérations et de la direction de la qualité et de l'environnement. Ils intègrent les standards de prestations du Club et les complètent avec des règles de savoir-faire et de comportement.

Trois extraits de Quali Signs sont présentés : enfants, boutique et tennis.

1. Étapes 8, 9 et 10 des QUALI SIGNS Enfants

8 - Le petit GM pratique une animation

- 1. L'activité et les jeux sont préparés à l'avance.
- 2. Les règles de l'activité sont expliquées aux enfants.
- 3. Le GO fait partager son enthousiasme pour l'activité.
- 4. Éventuellement, une activité est créée par nationalité.
- 5. Le GO anime l'activité et la fait avec les enfants.

- 6. Quand l'activité est terminée, les GO et les enfants rangent le matériel et la salle.
- 7. L'aboutissement ou la finalité de l'activité est valorisé (remerciements, récompense, exposition...).

9 – Le petit GM quitte le Baby, Petit, Mini Club Med

Baby et Petit Club Med

- 1. Le GM-Parent est tenu informé du déroulement de la journée à l'aide du cahier de liaison (programmes, activités, déjeuner...), il doit partir rassuré.
- 2. Le GM-Parent récupère toutes les affaires de l'enfant ou en laisse en connaissance de cause (biberon, couches...).
- 3. Il signe la feuille de départ.
- 4. L'enfant part propre.
- 5. Le GO dit au revoir à l'enfant et lui donne rendez-vous au lendemain.
- 6. Quand les enfants sont partis, des GO rangent la salle et désinfectent les tables de change :
  - la serviette est remplacée après chaque change,
  - 2 gants de toilette ou des lingettes sont prévus pour bébé,
  - les changes et produits utilisés sont ceux donnés par les GM.

Mini Club Med

- 1. Le GM-Parent est informé de la journée (programmes, activités...) et l'horaire du repas du soir est rappelé.
- 2. Le GM-Parent récupère toutes les affaires de l'enfant avec l'aide du GO.
- 3. Le GM-Parent signe la feuille de présence pour les enfants jusqu'à 12 ans.

> ⚠ **Un enfant dont les parents n'ont pas signé la feuille de présence part après en avoir informé les GO.**

- 4. Le GO dit au revoir à l'enfant et lui donne rendez-vous pour le soir ou le lendemain.
- 5. La salle est rangée.

10 – Le petit GM participe au spectacle

> ⚠ **Le spectacle n'est pas l'aboutissement de la semaine mais seulement « la cerise sur le gâteau ». Il ne rattrape pas les erreurs passées.**

Baby et Petit Club Med

- 1. Le GO accompagne les enfants sur la scène :
  - ne pas forcer un enfant qui ne souhaite pas aller sur scène,
  - les participations de dernière minute sont acceptées.
- 2. Faire un spectacle n'est pas obligatoire.

Mini Club Med

- 1. Le déroulement du spectacle est expliqué aux enfants :
  - le spectacle est présenté et préparé comme un jeu,

- le GO motive les enfants à participer au spectacle,
- lors de la réunion de départ, le GO insiste sur l'importance de la participation de tous et l'engagement pris dans la démarche (ne pas lâcher l'équipe à la dernière minute).
- 2. Le GO valorise le rôle et le talent de chacun dans la mesure du possible :
  - les capacités des enfants dans le spectacle ne sont pas sur ou sous-estimées,
  - si possible, les enfants choisissent leur rôle.
- 3. Le spectacle est préparé par l'équipe GO :
  - l'équipe GO connaît et respecte le planning de travail (dont les répétitions)
  - un GO est responsable d'un numéro dans le spectacle,
  - les répétitions sont courtes.
- 4. Le spectacle est beau :
  - le décor est mis au point avec le décorateur du Village,
  - les moyens techniques et les hommes de l'animation sont à disposition,
  - les costumes sont propres, variés et valorisants,
  - le maquillage du Club est utilisé et le GO est vigilant aux allergies,
  - le maquillage valorise l'enfant.

> ⚠ **Les GO sont vigilants à la sécurité :**
> **port de chaussures systématique.**

- scène propre,
- installation de points de repère sur la scène.
- 5. Après le spectacle, les enfants sont félicités pour leurs prestations et un cocktail est organisé.

2. Étapes 6, 7 et 8 des QUALI SIGNS Boutique

6 – Le GM règle ses achats

- 1. L'accueil en caisse est agréable :
  - si le GM a été conseillé par un GO, l'accompagner en caisse,
  - si l'encaissement se fait par un autre GO :
    - présenter le GO en caisse,
    - plier éventuellement les articles (gain de temps, surtout s'il y a du monde qui attend).
- 2. La caisse est rangée et propre :
  - disposer du fond de caisse, avec suffisamment de monnaie,
  - avoir suffisamment de papier sur le rouleau de tickets,
  - cacher la poubelle derrière la caisse,
  - bien présenter les articles disposés en caisse ou derrière la caisse
  - retirer tout article posé sur la caisse.
- 3. Le montant de chaque article est enregistré :
  - dans l'ordre où il se présente,
  - si nécessaire, retirer l'antivol,
  - placer au fur et à mesure les articles de part et d'autre de la caisse pour éviter les erreurs d'enregistrement.
- 4. Le GO annonce le montant au GM, si possible dans sa langue, et sans aucun commentaire :
  - somme à régler + « s'il vous plaît »

275

- si vous ne parlez pas sa langue, lui montrer le montant (sur la caisse ou sur le ticket),
- les moyens de paiement en vigueur sont acceptés,
  - espèces du pays,
  - carte bancaire acceptée au Village,
  - carte Club Med

> ⚠️ **Mettre en évidence les cartes bancaires acceptées au Village.**

- si le GM souhaite utiliser un autre moyen de paiement,
  - d'autres solutions sont proposées :
  - lui montrer qu'il est écouté et compris,
  - lui présenter les différentes possibilités,
  - lui expliquer avec tact et diplomatie les raisons du refus.
- à la demande du GM, l'équivalence du montant en devises est calculé.
- 5. Le GO encaisse.
- 6. Les articles sont placés dans le (ou les) sac(s) :
  - plier avec soin chaque article,
  - protéger les produits fragiles (en bois, en verre...)
  - le ticket est glissé dans le sac,
  - le GO remet le sac au GM avec l'anse facilement accessible.
- 7. Le GO remercie le GM.

À la fermeture de la boutique

- 1. La caisse est faite :
  - compter la recette,
  - vérifier la justesse des encaissements par moyen de paiement.
- 2. La caisse est consolidée :
  - réalisé/objectif de la journée et le pourcentage sur le mois.
- 3. Le réassort des ventes de la journée est préparé.

> ⚠️ **Ces opérations s'effectuent portes de la boutique fermées.**

Chaque mois

- 1. La position de fin de mois est transmise :
  - au plus tard le 3 du mois suivant,
  - avec 2 ou 3 lignes donnant le détail des ventes et des problèmes éventuels du mois écoulé.

7 – Le GM quitte la boutique

- 1. La première envie est d'y revenir (même si le GM n'a pas acheté) :
  - le GO donne au GM des raisons de revenir :
    Exemples :
    - *pour découvrir des nouveautés,*
    - *pour que le GM montre l'article porté,*
    - *pour que le GM vienne voir les produits proposés pour un thème,*
    - *pour que le GM vienne voir la nouvelle vitrine,*
    - *pour que le GM présente sa famille, ses amis.*

- 2. À l'extérieur de la boutique, le GO reconnaît le GM :
  - à table, aux soirées, dans le Village,
  - il discute avec lui.
- 3. Le « au-revoir » est chaleureux (même si le GM n'a pas acheté) :
  - le GO accompagne le GM jusqu'à la porte si l'affluence le permet,
  - le GO remercie le GM de sa visite :
    - sourire sincère,
    - décontraction.
  - le GO salue le GM lorsqu'il s'apprête à franchir le seuil de la porte.

> ⚠ Le GO vendeur, même s'il est avec un autre GM,
> salue le GM (oralement ou par un petit signe).

8 – Sécurité

● **Les obligations**
  - Installer le panneau d'interdiction de fumer.
  - Maintenir les moyens de lutter contre l'incendie accessibles en boutique et en réserve.
  - Dégager systématiquement les allées de circulation de la boutique et des réserves.
  - Agir pour la sécurité financière :
    - transférer dans un coffre les recettes contenues dans la caisse lorsque celles-ci sont importantes,
    - vider la caisse à la fermeture.

⊖ **Les interdits**
  - Fumer dans la boutique et dans les réserves.
  - Faire des montages pirates pour les éclairages des vitrines.

3. QUALI SIGNS Tennis

Les Quali Signs communs à tous les sports s'appliquent. S'y ajoutent des Quali Signs spécifiques pour chaque sport. Exemple du tennis :

Le GM arrive au Tennis

- Tout est prêt :
  - le club-house est rangé et propre
  - la fontaine à eau est remplie et les gobelets sont mis à disposition.
- Les raquettes sont disponibles et en bon état, les paniers sont remplis (40 balles par panier) :
  - pour les parties libres, les raquettes sont prêtées et les balles sont en vente à la boutique
  - pour les leçons et pour les événements, les balles sont fournies.
- Les GO aident le GM à trouver des partenaires :
  - ils inscrivent sur un panneau (type effaçable à sec) le nom du GM et son niveau en tennis
  - quand un partenaire est trouvé, ils font la présentation entre les deux GM.

- Les GO suivent l'organisation des parties libres :
  - ils inscrivent les GM sur place
  - ils leur attribuent un numéro de court et suivent le planning d'occupation des courts.

Le GM prend une leçon de Tennis

- Au début du cours, le GO rappelle les règles de sécurité :
  - s'étirer puis s'échauffer
  - les chaussures sont adaptées au terrain
  - les distances entre les joueurs sont respectées
  - les règles de base : se protéger du soleil et boire.
- Le GO remet une raquette à chaque GM.
- A la fin de la leçon, le GO organise le ramassage des balles par les GM : rien ne traîne, le court est impeccable...
- Après le cours, dans le cadre d'un stage, il est souhaitable que le GO déjeune/dîne avec les GM au moins une fois dans la semaine.

Le GM assiste à un événement Tennis

- Si possible, un tournoi est organisé dès le lendemain du jour d'arrivée, pour permettre aux joueurs de faire connaissance.
- L'événement Tennis est préparé :
  - les courts sont réservés
  - un fauteuil est prévu pour l'arbitre en finale.

Sécurité au Tennis

● **Les obligations**
Sur le court :
- Distribuer les balles sans les ramasser : les ramasser lorsque la distribution est terminée.
- Au cours d'une partie, arrêter le jeu lorsqu'il y a une balle au milieu du terrain.
- Vérifier que le terrain est dégagé (pas d'obstacles : feuilles mortes, racines d'arbres, mousse...). Se coordonner avec la maintenance.

Lors d'un événement tennis :
- Interdire aux spectateurs l'accès au terrain.
- Installer les chaises en respectant une distance de sécurité par rapport au terrain.

En cas de pluie :
- Arrêter la leçon ou l'événement.
- Pour les parties libres, conseiller au GM de stopper la partie.

Prévention :
- Informer les GM (surtout les mineurs) des règles de sécurité pour pratiquer sans risque le tennis (s'échauffer, ne pas forcer à la reprise, boire de l'eau, se protéger du soleil...).
- Pour les enfants, respecter la limite d'âge minimum :
  • initiation dans le cadre du Mini Club : à partir de 4 ans,
  • leçon : à partir de 6 ans.
- Afficher la tenue réglementaire du Tennis.

⊖ **Les interdits**

- Faire jouer les GM sur des courts glissants ou dangereux.
- Faire jouer de manière trop intense ou risquée (durée, exposition à la chaleur...).
- Laisser les GM jouer torse nu pendant les leçons.

Tout de même plus sympathique de (re-)lire ses missions sous cette forme directe et vivante qu'embrigadé dans une procédure absconse, non ?

10. LE PLAN D'ACTION QUALITÉ

10.1. La définition

10.1.1. Objectifs

• Formaliser les actions à mener par l'ensemble des collaborateurs pour l'amélioration de la qualité. Le document qui regroupe l'ensemble de ces actions est appelé Plan d'Action (ou d'Amélioration) Qualité
• Définir l'engagement qualité collectif de l'unité

10.1.2. Présentation type d'une action qualité

• Objectif de l'action
• Libellé de l'action
• Personnes concernées : responsable et contributeurs éventuels
• Moyens nécessaires
• Calendrier
• Critère de réussite
• Indicateur d'avancement

Exemple

Exemple d'action menée dans un magasin

Objectif	Action	Personnes concernées	Responsable	Moyens	Calendrier	Avancement
Mobiliser l'ensemble de l'équipe à la qualité	Formation à la qualité	Toute l'équipe du magasin	Directeur	– Consultant extérieur + stage en résidentiel – Budget après appel d'offres	3 × 1 jour 7-14-21 mai	– Bilan « à chaud » – Point 6 mois après

Critère de réussite : plus aucune réclamation non répondue !

☞ **Et vous ?**

Définissez une mesure simple de l'avancement.

Utilisez l'indicateur :
0 = pas démarré,
1 = commencé,
2 = bien avancé,
3 = terminé.

10.1.3. Un peu de vocabulaire (norme ISO 9000:2000)

Les plans d'action ou d'amélioration qualité (différent d'un plan qualité) ont pour objectifs de chasser et/ou de prévenir les non-conformités, c'est-à-dire les non-satisfactions d'une exigence.

Il vaut mieux utiliser le terme non-conformité que défaut dans la mesure où le mot défaut comporte des connotations juridiques, particulièrement celles liées à la responsabilité du fait du produit. La norme insiste sur le fait qu'il convient d'utiliser ce terme avec une extrême précaution.

Pour éviter les non-conformités, trois types d'actions :

- **Correction** (on entend parfois le terme d'action correctrice ou curative) : action visant à éliminer une non-conformité détectée.
  - Une correction peut être menée conjointement avec une action correctrice.
  - Une correction peut être par exemple une reprise ou un reclassement.

- **Action corrective** : action visant à éliminer la cause d'une non-conformité ou d'une autre situation indésirable détectée.
  - Il peut y avoir plusieurs causes à une non-conformité.

- **Action préventive** : action visant à éliminer la cause d'une non-conformité potentielle ou d'une autre situation potentielle indésirable.
  - Il peut y avoir plusieurs causes à une non-conformité potentielle.
  - Une action préventive est entreprise pour empêcher l'occurrence alors qu'une action corrective est entreprise pour empêcher la réapparition.

La correction s'applique à la prestation, les actions correctives et préventives au système documentaire. On agit pour la première sur le terrain, pour les secondes sur le papier.

10.2. Modalités de mise en œuvre

1. Chaque unité définit son propre PAQ en fonction de trois sources.
   - L'état des lieux : recueil des insatisfactions, mesure de la satisfaction clients, évaluation des coûts qualité, étude d'opinion interne, audit qualité...
   - Les objectifs de l'entreprise : volonté d'améliorer le service au client, simplification, mise en application d'un point de la charte ou d'un engagement de service...
   - Et bien sûr le choix de l'unité et des collaborateurs...

2. Chaque salarié se dote en permanence d'au moins une action qualité : un verbe + une échéance + un niveau d'avancement.

3. Chaque unité regroupe dans son PAQ les actions qualité de ses collaborateurs et les suit mensuellement.

4. Le comité de pilotage vérifie le bon avancement des PAQ.

5. La structure qualité affiche le suivi.

Une action qualité n'est pas l'habillage habile d'une consigne (exemple : arriver à l'heure), c'est un progrès par rapport à l'existant.

Le principal écueil est l'absence de ténacité. La dérive fréquente se manifeste par l'espacement des réunions conjoint au report des échéances des actions qualité.

10.2.1. Fixez-vous des objectifs !

Les objectifs sont définis par l'entreprise et déclinés dans chaque unité. Ils sont :
• ambitieux et accessibles
• mesurables, pertinents et compréhensibles
• acceptés par tous
• révisés pour refléter en permanence les attentes des clients.

Ils concernent les trois champs d'intervention de l'entreprise : politique, organisationnel, opérationnel.

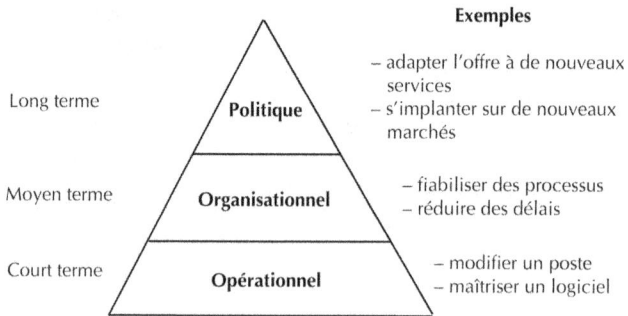

SCHÉMA 4.9. *Se fixer des objectifs*

Ils se situent dans un cycle d'amélioration permanente.

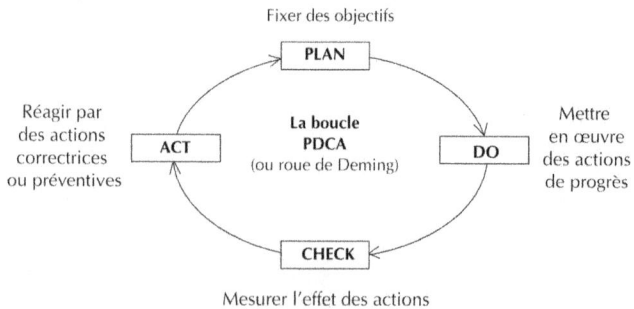

SCHÉMA 4.10. *La roue de Deming*

10.2.2. Évaluez les risques de votre plan d'action

Il y a trois raisons pour ne pas atteindre ses objectifs : la première est de ne pas en avoir, la deuxième d'en avoir de trop nombreux, et la troisième d'en avoir d'inaccessibles.

Voici une liste de douze facteurs qui peuvent augmenter ou diminuer les risques concernant l'action que vous conduisez. Examinez pour chacun d'eux si le risque existe oui, non ou en partie. Encerclez le chiffre dans la colonne correspondante.

Facteurs de risque	Oui	En partie	Non
• Le but final, les objectifs sont définis	0	1	2
• L'action doit durer longtemps	2	1	0
• Il est difficile de planifier les activités	2	1	0
• Les personnes concernées par le projet s'y intéressent activement	0	1	2
• L'action est inhabituelle	2	1	0
• La méthode de suivi du plan d'action est bien définie	0	1	2
• On sait clairement qui décide quoi	0	1	2
• L'équipe est compétente et motivée	0	1	2
• Les partenaires sont nombreux	2	1	0
• Le responsable de l'action est expérimenté	0	1	2
• Les ressources (budget, matériels, hommes) sont rares	2	1	0
• La charge de travail a été évaluée	0	1	2
TOTAL			

Résultats :

Entre 0 et 7 : c'est une action à moindre risque.

Entre 7 et 15 : certains facteurs de risque sont à surveiller de façon précise.

Entre 15 et 24 : attention, la mise en œuvre de cette action comporte des risques importants.

283

Exemple

EXTRAIT DU PLAN D'AMÉLIORATION QUALITÉ DU JACQUARD FRANÇAIS

Objectif	Actions	1. Responsable 2. Contributeurs	Echéancier	Critère de réussite	Bilan au 31/12 (0, 1, 2 ou 3)
Améliorer la brillance de certains articles	Etude de l'utilité du mercerisage	P.G. et J.M.	2e semestre	Aide à la prise de décision	Réalisé sur tous les faux unis collection 3
Stabiliser les dimensions des articles location et collection	Etude des moyens et techniques existants, puis recherche des fournisseurs	J.M.	2e semestre	Solutions adoptées	Nouveau procédé mis en place sur la gamme toilette 2
Améliorer la solidité des coloris en fil teint	Action auprès des fournisseurs existants et recherche d'autres fournisseurs	J.M.	En cours	Zéro défaut à partir de l'année prochaine	Proche du zéro défaut 3
Améliorer la solidité des coloris des articles actuellement teints en pièce	– Mise au point coloristique d'une bande satin chaîne et trame couleurs – Country : ?	1. J.M. 2. Direction des Achats et P.G.	Septembre	Accord DG	Décision prise 3 3
Stabiliser les formes	– Détection des défauts – Réclamations auprès des blanchisseurs – Formation des confection-neurs	1. J.M. S. 2. GAQ J.M. S. J.M. S.	En cours En permanence En permanence	– Zéro retour clients et zéro mise en choix bis pour ce défaut – Zéro réclamation auprès des blanchisseurs – Nombre d'écarts par rapport à notre cahier des charges	Action menée 3 2 2
Faciliter le calandrage des articles location	– Etudes de l'allégement des bandes satin	J.M.	Mai Juin	Accord DG Test auprès des Centres insatisfaits	3
Mettre en conformité les dimensions/fiches techniques	– Relevés statistiques par article – Modification des cartons	1. J.M. 2. J..M. S. 1. P.G.	Fin juillet	Zéro remarque des Achats	3 3
Améliorer la qualité et la communication interne	– Lancement de GAQ	1. J.M. 2. Comité Qualité	Dès qu'il y a un problème du ressort des équipes	Elimination du problème avec l'adhésion des équipes	Nombreux GAQ mais pas assez formels 2
Suivre l'avancement du PAQ	Réunions du Comité Qualité	Comité Qualité	1/mois	Echéancier respecté	2
				BILAN DE L'AVANCEMENT (moyenne arithmétique)	2,3

© Editions d'Organisation

LE CHIFFRAGE DES RÉSULTATS

Cette entreprise a défini dans ses 7 PAQ (un Plan d'Amélioration Qualité par Division) plusieurs centaines d'actions qualité. Un point d'avancement a été réalisé en réunion générale pour évaluer les résultats apportés par chacune d'entre elles. Voici un extrait de l'évaluation du PAQ de la Division Export.

• Calculer le nombre de télécopieurs et de télex nécessaires actuellement pour la Division Export	5' x 11 personnes x 220 j = 220 h
• Étudier la possibilité d'un classement commun des factures Export pour documents douaniers et comptables	20 h/an
• Installer dans la salle télécopie/télex un système de case par destinataire pour aider le dispatching	Sécurité de la distribution
• Isoler les codifications 12 et 14 des emplacements des numéros de facture	12 h/an
• Déterminer précisément les conditions de règlement des clients : zone Sud-Est asiatique	Gain de téléphone : 15 KF/an
• Concevoir un document pour le suivi des règlements d'avance	Clarté
• Faire indiquer par les secrétaires commerciales sur la photocopie du crédit documentaire remis à la comptabilité export : – la notion de confirmation oui ou non, – sur quelle banque	6 h/an
• Mettre à jour les listes des numéros préenregistrés des télécopieurs	90' x 220 j = 330 h
• Gérer et mettre en place les procédures et supports pour les articles pub/promo et PLV	Gestion plus fine

**L'ensemble a rapporté plus de 700 000 euros
pour un investissement initial de 150 000 euros.
Beau retour sur investissement, n'est-ce pas ?**

LE SUIVI DU PLAN D'ACTION

Exemple d'un plan conçu en septembre 2000 à l'aide d'un autodiagnostic avec le référentiel du Mouvement Français de la Qualité par les dix RQR (Responsables Qualité Régionaux) d'une entreprise à réseau national.

Avancement des actions à janvier 2001 (de 0 à 3)	Qui	Quand	Avanc.
1. Engagement de la direction			
• réactualiser la politique qualité nationale	JPR	12/00	3
• réactualiser la politique qualité régionale	RQR	01/01	0
• intégrer l'impact sur la qualité des décisions stratégiques	JPR	12/00	0
• intégrer dans chaque comité de direction (siège et régions) un point qualité	JPR RQR	03/01	1
• intégrer systématiquement dans le journal interne une rubrique qualité signée par la direction	EBS	03/01	0
• faire valider les engagements de services	JPR	01/01	1
2. Stratégie et objectifs qualité			
• communiquer à l'ensemble du personnel la nouvelle stratégie qualité	DD JPR	03/01	0
• déployer la nouvelle stratégie dans chaque entité	RQR	04/01	0
3. Écoute des clients			
• se rapprocher de la direction R&D	EBS	12/00	1
• sensibiliser la nouvelle équipe marketing à la dimension qualité de leur rôle : exploitation de l'IT, surveillance après commercialisation, diffusion des études de marché et de la veille marketing...	EBS JPR	01/01	0
• décider d'organiser des études qualitatives sur des thèmes qualité au niveau national	EBS	11/00	1
4. Maîtrise de la qualité			
• alléger le système qualité : simplifier les documents, intégrer des logigrammes	gestion-naires	02/01	1
• établir les contrats types d'assurance qualité fournisseurs et réaliser leur évaluation	FL	01/01	1
• diffuser systématiquement les actions correctives nationales et régionales entreprises suite aux remontées de non-conformités	EBS	11/00	2
• suivre la création du système qualité pour les process techniques par produit et par service	EBS	03/01	1

5. Mesure de la qualité

• concevoir les indicateurs et suivre un tableau de bord national décliné en région :			
- recenser les indicateurs demandés par chaque région et les diffuser sur intranet	RQR	12/00	1
- recenser les indicateurs demandés par chaque direction du siège	JPR EBS	01/01	0
- recenser les indicateurs liés aux engagements de services et valider	RQR	01/01	2
• suivre le développement de l'application permettant de créer et de suivre dans l'intranet un tableau de bord (respect de nos engagements et efficacité industrielle)	JPR	12/00	0
• analyser, exploiter et communiquer régulièrement les résultats	RQR	à déf.	0
• mettre à disposition la nouvelle classification des écarts	EBS	12/00	1

6. Amélioration de la qualité

• mettre en œuvre le support d'une animation à créer pour qualité :	RQR	2001	0
- réaliser le support	JPR	01/01	1
- lancer l'opération	RQR	03/01	0
• intégrer le traitement des opérations exceptionnelles dans le système qualité	EBS	next CD	0
• organiser des réunions de coordination qualité régionales	RQR	2001	1
• réorienter les revues de direction vers plus de préventif et de décision	RQR EBS	11/00	1

7. Participation du personnel

• mettre en place un cycle de sensibilisation découlant sur un challenge qualité inter-sites (siège inclus)	RQR	04/01	0
• exploiter les résultats de l'étude d'opinion interne	RQR	01/01	0
• inciter les sédentaires à des visites clients et partenaires	RQR	2001	0

8. Résultats

• mener une étude d'opinion interne sur la perception de la qualité	JPR	01/01	1
• valoriser les gains obtenus par l'amélioration de la qualité	RQR	2001	0

11. LES RELATIONS CLIENT-FOURNISSEUR

11.1. Les objectifs

L'entreprise est un ensemble de micro-entreprises qui ont entre elles des relations de client à fournisseur.

La mise en évidence de relations client-fournisseur répond à plusieurs objectifs :
- apporter un meilleur produit ou service à son client, et donc au client final,
- améliorer à terme les flux de production et de prestation,
- éviter les chevauchements de responsabilité et améliorer l'organisation interne,
- améliorer la communication interne.

C'est retrouver le sens du client final à travers ses « clients » directs.

C'est aussi retrouver sa valeur ajoutée.

☞ Et vous ?

Ne vous êtes-vous jamais plaint de quiproquos, voire d'incompréhensions avec vos collègues ?

Savez-vous si vous faites de la sur-qualité ?

11.2. Une nouvelle organisation

Traditionnellement, l'entreprise était structurée de haut en bas : la plupart des anciens organigrammes le montraient bien, quel que soit leur pays d'origine.

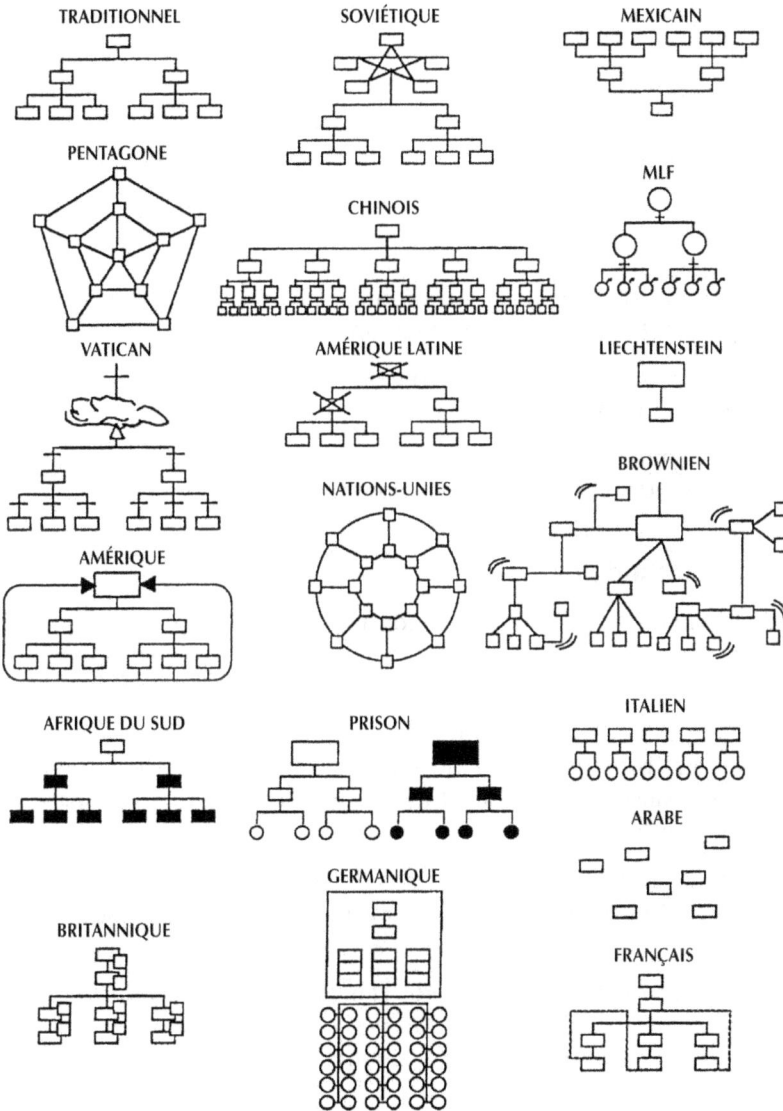

SCHÉMA 4.11.

L'unité de travail n'est plus représentée par son lien de dépendance hiérarchique, mais par sa contribution au fonctionnement de l'entreprise.

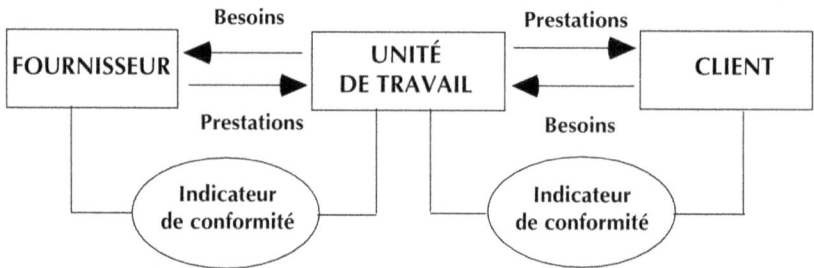

SCHÉMA 4.12.

L'important est de négocier ses imports (ou entrants) pour répondre aux spécifications de sortie (ou sortants).

Cette analyse systématique et régulière permet à chacun de rester vigilant : mon travail est-il utile, efficace et fiable ?

Le succès d'une telle démarche repose sur la pédagogie : beaucoup de fournisseurs dans l'entreprise sont des partenaires obligés.

11.2.1. Méthodologie

■ 1. Identifiez vos clients et vos fournisseurs
Repérez les personnes et les services avec lesquels vous avez des échanges au sein de l'entreprise.

■ 2. Déterminez vos « productions »
Décrivez, précisément et de façon compréhensible par tous, les tâches réalisées dans votre travail quotidien. Toutes vos « productions » ont-elles un client ?

■ 3. Identifiez les véritables besoins de vos clients
Il y a peut-être longtemps que vous ne vous êtes pas posé la question.

■ 4. Comparez les besoins de vos clients avec vos « productions »
Mettez en place des indicateurs de conformité. Menez les actions correctives nécessaires : vérification des documents, respect des délais.

■ 5. Définissez vos exigences vis-à-vis de vos fournisseurs
Vérifiez le niveau de cohérence entre vos exigences vis-à-vis de chaque fournisseur et la satisfaction des besoins de vos clients.

■ **6. Présentez vos conclusions à vos clients et fournisseurs**
Établissez un « contrat » avec chacun d'entre eux, sorte d'engagement réciproque de bonne pratique, d'une page maximum.

⚠ **Attention**

Les deux parties doivent s'engager par un document signé. Ce n'est pas un mauvais jeu de mots, mais il faut que le contrat vaille !

11.3. Le cahier des charges

Initialement, le cahier des charges est un document fixant les modalités de conclusion et d'exécution des marchés publics.

Par extension, le cahier des charges est un document contractuel définissant de façon précise et complète le produit ou service demandé par le client.

Un cahier des charges regroupe l'ensemble des spécifications qui prescrivent les exigences auxquelles le produit ou le service doit se conformer.

Exemple

▷ Exemple du cahier des charges d'un consultant :
  1. Nature de la demande ou énoncé du problème
  2. Principes d'intervention ou méthodologie
  3. Intervention proposée
  4. Calendrier
  5. Charges prévisionnelles
  6. Budget correspondant
  7. Modalités de règlement
  8. Clauses contractuelles.

☞ **Et vous ?**

Avez-vous établi des cahiers des charges pour vos produits et services ?

Quand les avez-vous relus pour la dernière fois ?

11.3.1. Le cahier des charges fonctionnel

Définition (Norme X 50-150)

Le cahier des charges fonctionnel est un document par lequel le demandeur exprime son besoin en terme de fonctions de service et de contraintes.

CONSTITUTION D'UN CAHIER DES CHARGES FONCTIONNEL

1. Présentation générale de la demande

2. Expression fonctionnelle du besoin
- caractériser les fonctions, exprimées en terme de résultats obtenir
- identifier les contraintes
- ordonner les fonctions de service principales (besoins) et les fonctions secondaires ou complémentaires (solutions)
- hiérarchiser les fonctions principales et complémentaires
- valoriser à l'aide de critères d'appréciation
- définir la flexibilité de chaque niveau de critère d'appréciation

3. Appel à variante, s'il y a lieu

4. Cadre de réponse

Ce document est à la base de l'analyse de la valeur. Il contribue à la conception du produit/service le mieux adapté au besoin de l'utilisateur.

11.3.2. L'analyse de la valeur

Définition

C'est une méthode de travail pour réaliser le produit optimal qui satisfait les fonctions nécessaires et elles seules pour un coût minimal.

$$\text{valeur (d'utilisation)} = \frac{\text{fonctions}}{\text{coût}}$$

UN PEU DE CHRONOLOGIE

Il existait plusieurs méthodes pour la réduction des coûts en industrie :
- analyse des temps élémentaires et chronométrage,
- normalisation,
- gestion des stocks,
- préparation et méthodes de fabrication.

■ En 1947, innovation de Lawrence Miles : on considère le produit non plus comme une solution technique, mais comme la satisfaction d'un besoin.

■ En 1959 : création de la SAVE, Society of American Value Engineers.

■ En France : démarrage dans les années 60, essor actuel dans les secteurs industriels.

☞ Et vous ?

Êtes-vous sûr que vos produits et services ne vous coûtent pas trop cher ?

Sont-ils à leur juste valeur ?

MÉTHODOLOGIE

La démarche fondamentale est simple.
1. Quel est le produit ou service ?
2. Combien coûte-t-il ?
3. À quoi sert-il ?
4. Existe-t-il un autre moyen de faire la même chose ?
5. Combien coûterait cet autre moyen ?

Un plan de travail en sept phases est proposé dans la norme X 50-152.
1. Orientation de l'action
2. Recherche de l'information
3. Analyse des fonctions et coûts
4. Recherche d'idées et de voies de solutions
5. Étude et évaluation des solutions
6. Bilan prévisionnel et proposition de choix
7. Suivi de la réalisation

Important

Cette méthode permet de rapprocher deux visions de la valeur :

client : Valeur = Fonction / Prix

production : Valeur = Fonction / Coût.

LE CONTRAT-CADRE DE L'AMEUBLEMENT

1. Objectifs

Le contrat-cadre entre fabricants et négociants conçu par des professionnels de l'industrie et du négoce a pour objectif essentiel d'améliorer le fonctionnement économique de la filière ameublement.

Les recommandations présentées sous forme de contrat-cadre ne constituent pas un code de déontologie, dont le principe a été écarté. Il aurait pu en effet être considéré comme une recommandation professionnelle de conditions générales de vente, et tomber par là sous le coup de la loi Scrivener réprimant les pratiques anti-concurrentielles. Il se serait aussi révélé comme tel d'une

Exemple

application généralisée hypothétique, compte tenu de la diversité des mentalités et des habitudes professionnelles.

Le contrat-cadre se veut un document de travail, constituant un modèle dont les partenaires économiques sont libres de s'inspirer pour tout ou partie pour fixer leurs conditions générales de vente ou d'achat, selon leur volonté et le sens de leurs intérêts à moyen terme. Il est un moyen d'adaptation à l'évolution de la conjoncture et de l'environnement réglementaire.

2. Principes d'élaboration

Le contrat-cadre entre fabricants et négociants est essentiellement fondé sur la réciprocité des engagements. Pour chacune des parties, le caractère contraignant de l'engagement est compensé par le bénéfice procuré par l'engagement de l'autre, qui porte en particulier sur des problèmes parmi les plus cruciaux et les plus irritants de la profession : l'annulation de commande et le non-respect de la date de livraison.

Ces points sont si étroitement liés qu'il importe de tenter de les régler ensemble. Chaque partie doit comprendre que son intérêt passe par la satisfaction de l'autre, et qu'elle ne peut exiger sa rigueur que si elle en manifeste elle-même.

Le contrat-cadre porte sur les éléments essentiels de la transaction :
- la commande
- la date de livraison
- la modification et l'annulation de la commande
- le magasinage
- la réception des marchandises
- le prix
- les conditions de paiement
- la réserve de propriété
- la garantie
- la révision de l'accord d'exclusivité.

3. Illustration : *extrait de la recommandation sur la date de livraison*

Par convention, la date de livraison est la date de réception du produit par le négociant sauf spécification contraire établissant qu'il s'agit de la date départ usine.

En règle générale, la date de livraison indiquée devient ferme après confirmation du fabricant, qui vaut accord de sa part et engagement formel de la respecter. La confirmation de commande est obligatoire dans un délai maximum de 10 jours francs.

Si la date confirmée et donc donnée comme ferme n'est pas tenue, le négociant a la faculté d'annuler sa commande après avoir adressé au fabricant une lettre recommandée avec accusé de réception. Il peut cependant choisir de maintenir sa commande et obtient dans ce cas, sauf s'il y renonce, en compensation, le bénéfice de pénalités de retard selon un barème défini lors de la passation de commande, ou à défaut, selon celui ci-dessous :

- 15 jours   = délai de grâce
- 16 à 30 jours   = 2 % du montant de la commande HT
- 31 à 60 jours   = 4 % du montant de la commande HT
- au-delà de 61 jours   = 6 % du montant de la commande HT

L'EXEMPLE D'UNE BANQUE

Cette grande banque régionale s'est engagée dans l'établissement de contrats de service pour deux raisons :

- Formaliser les relations client-fournisseur entre les caisses locales et les services fédéraux pour préparer l'engagement de la banque et le traduire en obligations réciproques de résultat à l'interne.
- Accorder la priorité aux contrats apportant une réelle valeur ajoutée pour le client interne et/ou le sociétaire tout en augmentant la réactivité et en simplifiant les procédures.

L'objectif du contrat de service est de permettre à un sociétaire de transférer tout ou partie de son activité bancaire à une autre caisse et ceci de façon automatique et transparente pour lui.

1. La situation actuelle

Les transferts inter-caisses entraînent la clôture de compte chez la caisse cédante et une déclaration à la Banque de France.

Cette dernière procède à l'enregistrement des coordonnées du compte clos dans un fichier (FNCI) où sont également consignées toutes les informations relatives aux chèques volés ou perdus.

Ce fichier est accessible, *via* le service RESIST, par les commerçants qui veulent s'assurer de la validité du chèque qui leur est présenté.

Le sociétaire qui utilise, après transfert, les moyens de paiement attachés au compte soldé s'expose à ce que son règlement par chèque soit assimilé à une tentative de fraude. L'opération est assimilée à une escroquerie.

2. La solution proposée

Un engagement réciproque qui neutralise les inconvénients actuels et permet au sociétaire de continuer à utiliser ses moyens de paiement en toute sécurité jusqu'à leur échange.

- Pour la caisse bénéficiaire, deux précautions :
  - prendre un rendez-vous ferme avec son sociétaire à une date se situant à J (date de transfert) + 6 minimum pour lui remettre ses nouveaux moyens de paiement et se faire restituer les anciens.
  - indiquer cette date sur l'imprimé de transfert de compte.
- Pour le service gestion des produits d'épargne comptable et fichier, un dispositif spécifique :
  - reporter la date de transfert et de clôture du compte de chèques au lendemain du rendez-vous convenu.

Un développement informatique permettra l'automatisation complète des transferts et la suppression des dysfonctionnements liés aux moyens de paiement.

3. Le suivi

La mise en œuvre des deux volets de ce contrat de service (client-caisse et caisse-services) est assurée par l'équipe qualité. Ceci en attendant le nouveau programme qui permettra de ne plus considérer les transferts inter-caisses comme des clôtures suivies d'une ouverture.

12. L'ASSURANCE DE LA QUALITÉ

12.1. Les objectifs

12.1.1. Rappel de la définition (norme ISO 9000:2000)

Partie du management de la qualité visant à donner confiance en ce que les exigences pour la qualité seront satisfaites.

L'ancienne définition proposait une approche plus analytique, insistant qu'il s'agissait d'un dispositif qu'il fallait construire (*préétabli*) et mettre en œuvre de façon permanente (*systématique*).

Ensemble des activités préétablies et systématiques mises en œuvre dans le cadre du système qualité et démontrées en tant que de besoin, pour donner la confiance appropriée en ce qu'une entité satisfera aux exigences pour la qualité.

La définition plus longue soulignait en tout cas qu'il ne fallait rien laisser au hasard de l'inspiration ou de l'instant !

12.1.2. Les trois principaux objectifs

- Maîtriser le fonctionnement interne et éliminer les dysfonctionnements
- Capitaliser le savoir-faire
- Améliorer les relations client-fournisseur internes

Il s'agit en fait de répondre à la question : quelles dispositions sont (ou seront) prises pour maîtriser les risques de non-atteinte des objectifs qualité ?

- **Hier : démarche contrôle**
  C'était au client de démontrer au fournisseur la non-qualité du produit.
- **Aujourd'hui : démarche assurance**
  C'est au fournisseur de démontrer au client la qualité du produit :
  – preuves a *priori* par l'organisation
  – preuves a *posteriori* par des résultats de mesure

12.1.3. Du produit au processus

Selon la norme ISO 9000:2000, le processus est un ensemble d'activités corrélées ou interactives qui transforme des éléments d'entrée en éléments de sortie.

Historiquement, l'assurance de la qualité s'est orientée sur le produit, avec la planification d'un certain nombre de vérifications à effectuer sur le produit à des moments précis de son processus de réalisation et notamment à l'achèvement (contrôle final). C'était le contrôle qualité du produit.

Or, on s'est aperçu que la qualité du produit dépendait en fait essentiellement de la bonne organisation et de la bonne exécution des diverses tâches du processus de réalisation.

Aujourd'hui, l'entreprise est analysée comme un réseau de processus décrit par des procédures. C'est la raison pour laquelle l'assurance de la qualité s'est orientée sur les processus dont on distingue généralement deux types : les processus opérationnels et les processus fonctionnels.

1. Processus opérationnels

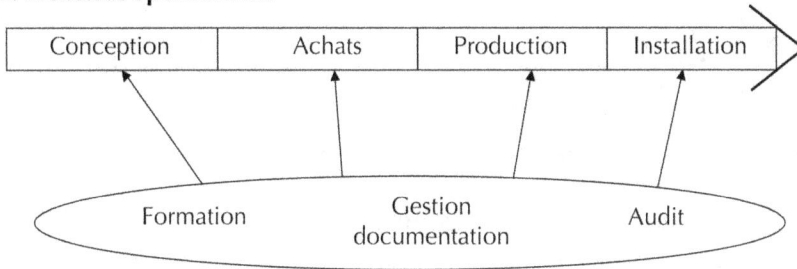

SCHÉMA 4.13. *Un réseau de processus*

2. Processus fonctionnels

☞ **Et vous ?**

L'assurance de la qualité consiste à mettre sous contrôle un ensemble de processus.

Maîtrisez-vous les points critiques de vos processus ?

Vos pratiques sont-elles homogènes ?

12.1.4. Du processus au modèle

Le modèle de processus part du principe très simple que l'entreprise est un processus en termes d'entrants, de transformations (avec valeur ajoutée) impliquant des moyens, et de sortants.

Pour permettre le bon déroulement de ce processus, il faut :
• identifier et comprendre les exigences (besoins et attentes) du client,
• affecter des moyens humains et autres,

- mettre en œuvre des processus cohérents,
- piloter au travers d'éléments de mesure et d'analyse des résultats (cohérence avec les objectifs qualité déployés).

Cette approche peut être schématisée de la façon suivante :

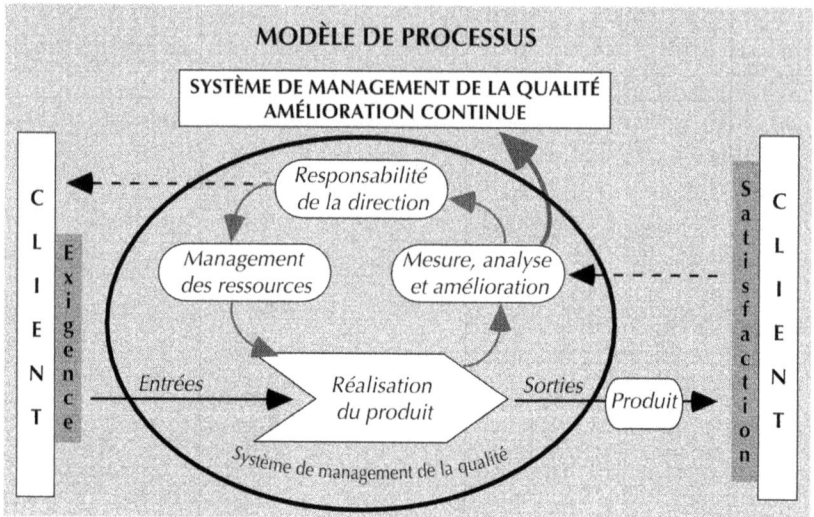

MODÈLE DE PROCESSUS

SCHÉMA 4.14.

Ainsi, les approches qualité sont passées de l'ère de l'autorité à l'ère de la preuve, de l'ère du soupçon à l'ère de la vigilance.

12.1.5. Pour ou contre l'assurance de la qualité ?

Les critiques que l'on entend le plus fréquemment sont :

■ 1. Procédurier
- Le tout-écrit ne conduit pas vraiment au zéro-papier
- C'est l'anti-talent

■ 2. Complexe
- Les référentiels sont à traduire dans un langage quotidien
- Les pratiques sont souvent difficiles à normaliser

■ 3. Lourd
- Le personnel se démotive face à une surcharge de travail

■ 4. Rigide
- La contrainte n'induit pas toujours le progrès

■ 5. Coûteux
- Le retour sur investissement est difficile à mesurer

■ **6. Bureaucratique**
  • On s'assure d'une qualité égale et non de la qualité attendue
  • On s'assure de la fiabilité d'un système et non de son efficacité.

À ces critiques, on peut argumenter que :

• 1. Écrire c'est clarifier – c'est l'anti-bricolage
• 2. Faire simple a toujours été compliqué
• 3. L'important est d'être progressif et communicant
• 4. Il faut donner de la rigueur, pas de la raideur
• 5. C'est à l'entreprise de déterminer si c'est un coût ou un investissement
• 6. C'est un point de passage obligé d'une entreprise vers le management de la qualité !

En fait, c'est souvent la façon d'appliquer l'assurance de la qualité qui complique inutilement la situation.

L'application méticuleuse de toutes les consignes de travail peut très bien s'appeler grève du zèle. L'important est la souplesse !

12.1.6. Comment donner confiance ?

Donner confiance, c'est :
• Fournir des produits ou services qui sont conformes au contrat passé avec le client
• Pouvoir démontrer que des dispositions préétablies et systématiques :
  – ont été prises
  – sont comprises
  – sont appliquées
  – sont efficaces
• Modifier ces dispositions en cas d'écart (bouclage).

Il s'agit de capitaliser le savoir-faire pour maîtriser et améliorer sans cesse le système qualité. L'assurance de la qualité joue alors le rôle d'une cale.

Francisons la roue de Deming :

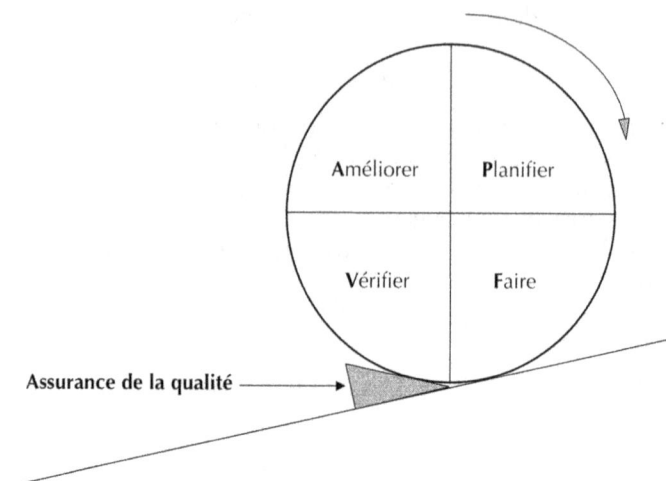

Schéma 4.15. *L'assurance de la qualité empêche le niveau de qualité de redescendre*

S'engager :
- écrire ce qu'on fait
- faire ce qu'on a écrit
- être capable de le prouver
- s'améliorer

Comment ?
- manuel qualité
- respect des procédures
- traces, mesures et indicateurs
- audits, plans d'amélioration

Exemple

▷ *L'assurance de la qualité chez Renault a permis d'obtenir une diminution spectaculaire du nombre de plaintes de clients : - 70 % (Pierre Jocou).*

▷ *L'hôtellerie Formule 1 s'est donné comme objectif de gagner 1F par chambre louée grâce à sa démarche d'assurance de la qualité.*

☞ Et vous ?

L'assurance de la qualité, c'est la confiance a priori.

Comment donnez-vous à vos clients « l'assurance » de votre qualité ?

12.1.7. Système de management de la qualité

Définition (ISO 9000:2000)

Système de management permettant d'orienter et de contrôler un organisme en matière de qualité. Il comprend l'ensemble de l'organisation, des procédures, des processus et des moyens nécessaires pour mettre en œuvre le management de la qualité.

L'assurance de la qualité est une des quatre parties du management de la qualité avec la planification, la maîtrise et l'amélioration.

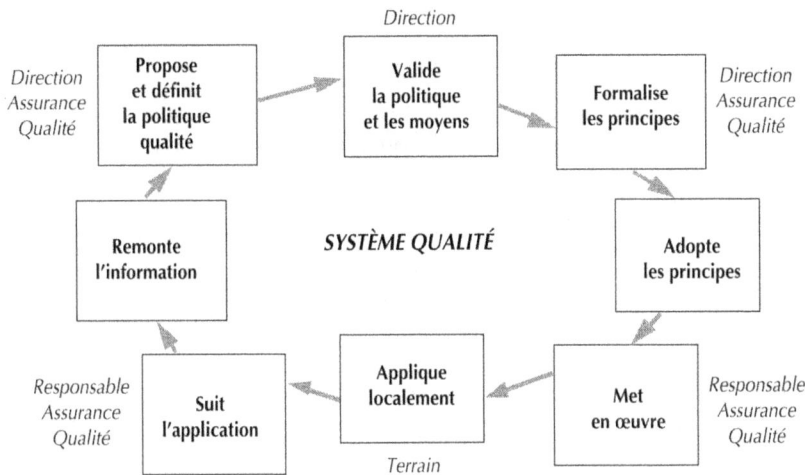

SCHÉMA 4.16. *Le système qualité*

Exemple

▷ Kodak a structuré son système d'assurance de la qualité en 2 composantes : d'une part la maîtrise de la qualité, d'autre part son amélioration.

▷ La SAT distingue dans sa politique de maîtrise qualité deux fondements : construire et assurer.

12.1.8. Quel référentiel ?

Le référentiel qualité peut être interne ou externe. L'intérêt d'un référentiel externe permet d'officialiser la performance du système de management de la qualité d'une entreprise. C'est un atout important vis-à-vis de ses clients.

301

1. RÉFÉRENTIEL INTERNE

Il est défini par l'entreprise en s'appuyant, bien sûr, sur les meilleures pratiques.

Exemple

▷ Valeo s'est doté d'un référentiel Valeo 5 000 plus exigeant que le modèle ISO 9001.
▷ Le laboratoire de recherche et d'innovation de la Mutualité Française, la Fondation de l'Avenir, a créé pour les cliniques mutualistes un référentiel d'assurance de la qualité douleur.

2. RÉFÉRENTIEL EXTERNE

La certification des systèmes de management de la qualité s'appuie sur une norme reconnue internationalement : ISO 9001:2000.

Elle regroupe depuis le 15 décembre 2000 les trois anciens modèles de normes version 1994 :

ISO 9001 :   conception/développement, production, installation et soutien après la vente

ISO 9002 :   production et installation

ISO 9003 :   contrôle et essais finals.

Le systématisme est essentiel. Que vaut une procédure appliquée presque toujours ou très régulièrement ou quasi tout le temps ? Monteriez-vous sur un bateau quasi étanche ? Partiriez-vous dans une voiture dont le conducteur s'engagerait à réussir presque tous ses dépassements ?

12.2. La nécessité d'une documentation qualité

OBJECTIFS

• Définir sans ambiguïté
• Assurer la reproductivité
• Maîtriser et assurer la qualité d'un produit/service

De nombreux documents existent. Leur rôle est triple :
• définir : charte qualité, standards, spécifications...
• organiser : manuel qualité, procédures générales, instructions techniques, modes opératoires...
• prouver : tous les enregistrements qualité, comptes rendus, rapports, relevés...

L'organisation documentaire est habituellement représentée sous forme d'une pyramide :

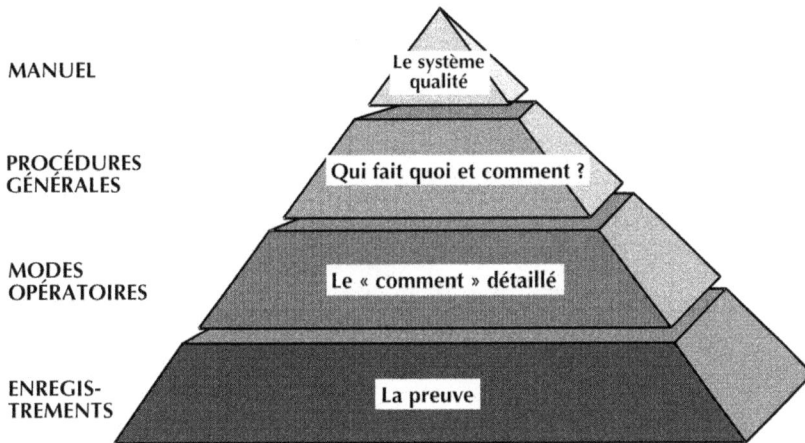

MANUEL — Le système qualité

PROCÉDURES GÉNÉRALES — Qui fait quoi et comment ?

MODES OPÉRATOIRES — Le « comment » détaillé

ENREGIS-TREMENTS — La preuve

SCHÉMA **4.17**. *L'organisation de la documentation qualité*

Exemple

▷ Pour un établissement de santé
• Définir : thésaurus, référentiel...
• Organiser : protocoles, prescriptions...
• Prouver : dossier médical, dossier de soins, staff, enquêtes clients...

12.2.1. L'élaboration d'un manuel qualité

Selon la norme ISO 9000 version 2000, le manuel qualité est un document spécifiant le système de management de la qualité d'un organisme.

STRUCTURE HABITUELLE

• La politique qualité
• Les responsabilités, les pouvoirs et les relations entre les personnes qui dirigent, effectuent, vérifient ou passent en revue les travaux qui ont une incidence sur la qualité
• Les procédures et les instructions du système qualité
• Les dispositions pour revoir, mettre à jour et gérer le manuel.

ADAPTATION

• Un manuel qualité peut porter sur tout ou partie des activités de l'entreprise

303

- Le degré de détail et la forme peuvent varier pour s'adapter à la taille et à la complexité de l'entreprise
- Il peut s'appeler selon son objet manuel assurance qualité ou manuel management de la qualité
- Il peut comporter de plusieurs dizaines de pages à plusieurs volumes.

Pensez et écrivez simple et concis : plus la règle est claire, moins on a besoin de règlements.

La perfection est atteinte non pas quand il n'y a plus rien à ajouter, mais quand il n'y a plus rien à retrancher.

Antoine de Saint-Exupéry

12.3. L'élaboration d'une procédure

TROIS DÉFINITIONS POSSIBLES D'UNE PROCÉDURE

- *Manière spécifiée d'effectuer une activité ou un processus* (ISO 9000:2000)
- Suite d'opérations dont la mise en œuvre et l'enchaînement logique sont prédéfinis pour l'accomplissement d'une séquence particulière (du cycle de production par exemple)
- Ensemble des règles et des modalités d'action qui doivent être respectées pour obtenir un résultat déterminé.

STRUCTURE

Une procédure comporte généralement :
- l'objet et le domaine d'application d'une activité
- ce qui doit être fait et qui doit le faire
- quand, où et comment cela doit être fait
- quels matériels, équipements et documents doivent être utilisés
- comment cela doit être maîtrisé et enregistré.

MODALITÉS D'ÉLABORATION

1. Évaluer la pertinence de rédiger ou non une procédure
2. Établir les points essentiels
3. Identifier les étapes critiques
4. Bâtir le logigramme
5. Rédiger le projet de procédure
6. Faire adhérer le personnel concerné
7. Rédiger la procédure
8. Vérifier la compréhension
9. Approuver la procédure

En fait, une procédure doit être comme une robe : assez large pour couvrir l'essentiel du sujet et assez courte pour donner envie de la suivre !

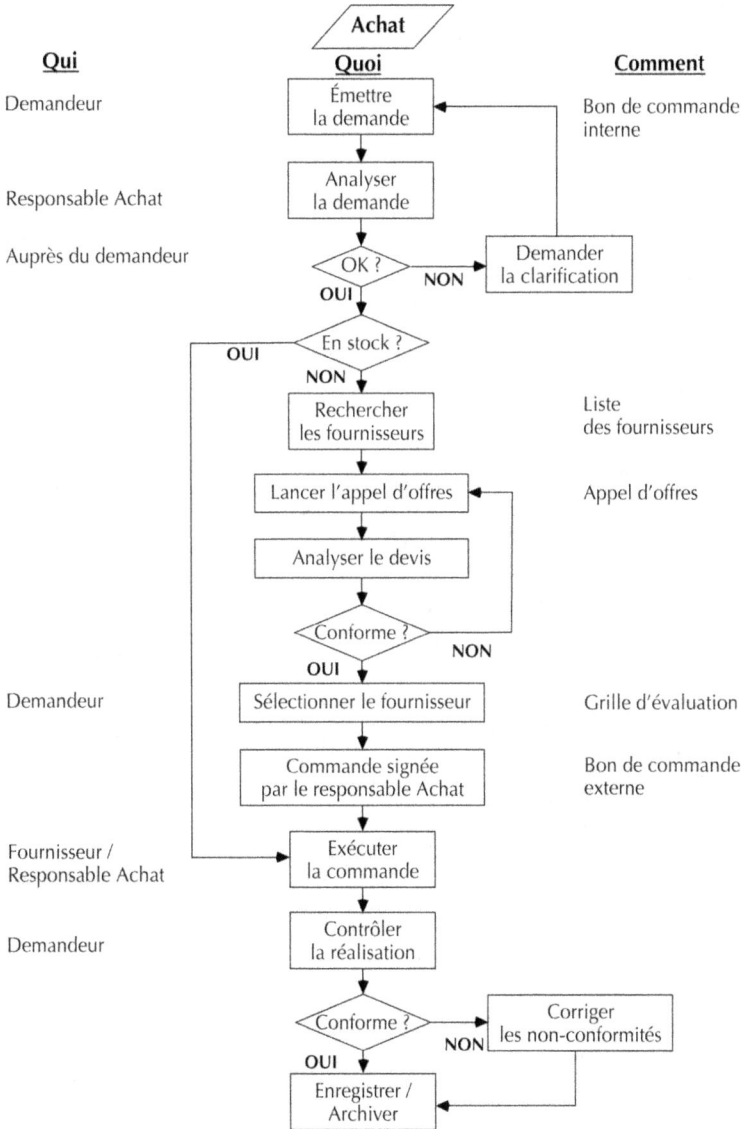

Qui	Quoi	Comment
	Achat	
Demandeur	Émettre la demande	Bon de commande interne
Responsable Achat	Analyser la demande	
Auprès du demandeur	OK ? — NON → Demander la clarification	
	OUI	
	En stock ? (OUI / NON)	
	Rechercher les fournisseurs	Liste des fournisseurs
	Lancer l'appel d'offres	Appel d'offres
	Analyser le devis	
	Conforme ? — NON	
	OUI	
Demandeur	Sélectionner le fournisseur	Grille d'évaluation
	Commande signée par le responsable Achat	Bon de commande externe
Fournisseur / Responsable Achat	Exécuter la commande	
Demandeur	Contrôler la réalisation	
	Conforme ? — NON → Corriger les non-conformités	
	OUI	
	Enregistrer / Archiver	

SCHÉMA **4.18**. *Exemple de procédure*

305

LES PROCÉDURES EXISTENT DEPUIS LONGTEMPS !

RÉPUBLIQUE FRANÇAISE – DÉPARTEMENT DES ARDENNES

SANTÉ PUBLIQUE

DÉBITS DE BOISSONS

NETTOYAGE de la VAISSELLE et des VERRES

ARRÊTÉ PRÉFECTORAL DU 19 AVRIL 1950

ARTICLE PREMIER

L'article 108 ter du Règlement Sanitaire Départemental du 2 Janvier 1938 est complété ainsi qu'il suit :

A. Dans les hôtels, restaurants, cafés et tous débits, la vaisselle doit être lavée à l'eau très chaude, savonneuse, additionnée de 5 % de carbonate de soude ou d'eau de Javel, une cuillerée à café par litre, rincée ensuite à l'eau pure très chaude et enfin essuyée énergiquement avec des torchons très secs et très propres.

B. Les verres seront lavés dans un récipient contenant de l'eau javellisée et passés ensuite au jet, mais jamais dans une « plonge » à eau stagnante, vite polluée. Ils seront essuyés énergiquement, contrairement aux usages en cours.

C. Dans les hôtels de plus de trente lits, il est interdit de procéder au nettoyage de la vaisselle à l'étage même.

D. À défaut de linge de table, les nappes en papier seront exigées dans tous les hôtels et restaurants.

E. Les Services d'Hygiène devront procéder à des enquêtes périodiques inopinées pour voir si le règlement est observé et appliquer des sanctions s'il y a lieu.

F. Le présent règlement sera affiché obligatoirement dans tous les hôtels, restaurants, cafés et débits.

ARTICLE 2

M. le Secrétaire Général de la Préfecture, MM. les Sous-Préfets, MM. les Maires, M. le Directeur Départemental de la Santé, sont chargés, chacun en ce qui le concerne, de l'exécution du présent arrêté qui sera inséré au Recueil Administratif de la Préfecture.

Le Préfet,
Maurice DAUDIN.

Mézières, le 24 avril 1950.

Pour ampliation,
Le Secrétaire Général,
A. BOLLORE.

LA PROCÉDURE DES PROCÉDURES (EXTRAITS)

1. Généralités
2. Description globale du processus
3. Identification des documents qualité
4. Phase de rédaction des documents qualité
5. Phase d'approbation des documents qualité
6. Phase de diffusion et de gestion des documents qualité

	Procédure Générale Qualité Procédure des procédures	Page : X / Y
Codification : P/XI/01	Révision : 1	Date d'application :
Rédigé par Marc Toubien Approuvé par Jean Registre	Date : Date :	Visa : Visa :
Diffusion contrôlée ❏		Diffusion non contrôlée ❏
	Émetteur : Gestion de la Qualité	

1. Généralités

Objectif de la procédure	Définir les règles d'élaboration, de diffusion et de gestion de toutes les procédures et instructions de la société X.
Domaine d'application	• La procédure « Gestion des documents qualité » s'applique à l'ensemble du système qualité tel que défini dans le manuel qualité. Elle concerne donc les processus clés et complémentaires de la société X.
Documents de référence	• Manuel d'Assurance Qualité en vigueur • Norme ISO 9001:2000
Définitions et principes	• Toutes les définitions comprises dans la norme ISO 9000:2000 (vocabulaire qualité disponible auprès du Responsable Qualité). • RQ : Responsable Qualité. • Comité de pilotage : lieu privilégié pour le suivi et le management de la qualité. Les revues de direction ont également lieu lors des comités de pilotage (cf. procédure revue de direction P/XI/03).
Responsabilités	L'ensemble des personnes désignées et participant à l'élaboration des procédures doit respecter les directives de la présente procédure.

2. Description globale du processus

Moyens et matériels	Toute procédure est élaborée conformément à la maquette de procédure (Logiciel Word) disponible auprès du RQ.
Une élaboration en trois étapes	L'élaboration de la procédure qualité comporte les trois étapes suivantes : 1. Phase de rédaction 2. Phase d'approbation 3. Phase de diffusion et de gestion. ...

307

3. Identification des documents qualité

Composantes identifiées

Toute procédure est identifiée dans chacune de ses trois composantes :
• page de garde
• page(s) de suite
• annexes.

Page de garde

La page de garde comporte les renseignements suivants :
• le logo (à gauche)
• le titre de la procédure
• le numéro de page / nombre total de pages
• le numéro de codification
• le dernier indice de révision (indice augmentant à chaque modification de 1/10 : passage de 1.0 à 1.1, à 1.2.....)
• la date d'application
• le nom, la date et le visa du rédacteur
• le nom, la date et le visa de l'approbateur
• le mode de diffusion : contrôlée ou non
• l'émetteur
• une convention de lecture, si nécessaire.

Pages de suite

L'en-tête de chaque page de suite comporte les renseignements suivants :
• le logo (à gauche)
• le titre de la procédure
• le numéro de page / nombre total de pages
• le numéro de codification
• le dernier indice de révision
• la date d'application.

Annexes

Les documents annexés comportent les renseignements suivants :
• la mention « Annexe », suivie d'un numéro d'ordre : elle complète la • pagination des documents
• le numéro de page / nombre total de pages : la pagination de chaque document annexé est dépendante du document de base
• le même numéro de codification que celui de la procédure à laquelle ils sont rattachés.

Identification des types de documents qualité

Les cinq types de documents qualité sont identifiés comme suit :
• M = Manuel (exemple : MAQ)
• P = Procédure
• I = Instruction
• G = Document divers
• F = Fiche

Principe de codification des documents

Le principe de codification conformément aux processus clés et complémentaires de la société X est le suivant :

Description	Codification
Type de document	1 caractère (lettre) : G, F, I, M ou P
Processus décrit	1 chiffre romain de I à X selon le type de processus (cf. manuel assurance qualité)
Numéro d'ordre	un chiffre arabe d'ordre de création du document.

Exemples de numérotation
• Procédure « Gestion des propositions » : P/I/01
• Fiche d'amélioration : F/XI/02

4. Phase de rédaction des documents qualité

Un processus en trois étapes

Étape 1 :
Proposition de rédaction

Toute personne estimant nécessaire la rédaction d'une nouvelle procédure (ou la modification d'une procédure existante) doit effectuer les opérations suivantes :

Phase	Action
1	S'informer auprès du RQ des documents existants ou en cours de modification, avant toute action de sa part
2	Expliciter sa demande et ses besoins

Étape 2 :
Lancement de la rédaction

Le RQ, suite à la proposition de rédaction et avec l'accord du CP, lance la rédaction de la procédure.
En cas de refus de lancement, la décision est justifiée soit par le RQ soit par le CP (enregistrement sur le compte rendu de CP). Le RQ prévient le demandeur en cas de refus.

Étape 3 :
Rédaction, vérification, visa du rédacteur

La rédaction, la vérification et le visa rédacteur concernant le projet de la procédure s'effectuent de la manière suivante :

Phase	Intervenants	Action
1	RQ et/ou rédacteur(s) nommé(s)	Rédiger le projet de procédure à l'aide de la présente procédure en vigueur
2	RQ/rédacteur(s) et utilisateurs concernés	Effectuer une vérification tout au long du projet en s'assurant notamment de la conformité à la norme ISO 9001:2000 et à l'activité de la société X
3	RQ	Codifier le projet de procédure selon la présente procédure
4	RQ/Rédacteur	Viser le projet de procédure

Un plan en trois parties

Une procédure qualité (ou instruction) comporte dans la mesure du possible trois parties :
1. Généralités
2. Tableau de processus
3. Logigrammes.

1. Généralités

La partie Généralités comprend les informations suivantes :
• le titre de la procédure (obligatoire) : il est court, clair et précis.

- l'objectif de la procédure (obligatoire) : il décrit la mission de la procédure qualité.
- le domaine d'application (obligatoire) : il décrit les processus concernés.
- les documents de référence (obligatoire) : ce sont les documents contractuels (norme, spécification...) ou les documents internes (procédures, modes opératoires, instructions...) qui, directement ou indirectement, traitent du même sujet et sont disponibles.
- les définitions et principes : ce sont des définitions spécifiques à la compréhension de la procédure.
- les responsabilités (ou personnes concernées ou intervenants) : ce sont les responsabilités mises en œuvre pour l'exécution des opérations.
- les modes d'exécution et d'application :
  - moyens et matériels : à définir, si besoin
  - données d'entrée : ce sont des documents, informations, matières et produits nécessaires au démarrage du processus ou sous-processus
  - les étapes : description succincte des étapes.

2. Tableau de processus

Le tableau de processus est l'outil retenu pour faciliter la compréhension de la procédure car il permet le repérage et synthétise les opérations de la procédure :

- les étapes de la procédure sont numérotées
- chaque activité de la procédure, objet d'une étape, est définie
- les responsables de chaque étape sont désignés par fonction
- les documents associés à chaque étape sont précisés : mode opératoire, instruction, document de saisie des résultats, fiche...

Présentation Le tableau de processus se présente sous la forme suivante (il est toujours suivi de l'explication de chaque étape, sous la forme de logigrammes ou de texte si impossibilité pratique d'en faire un).

Étape	Objet	Responsables	Documents associés
1			

3. Détail des étapes sous forme de logigrammes

Les logigrammes explicitent le tableau de processus en décrivant :

- l'organisation du processus : les opérations sont détaillées et reprises dans l'ordre chronologique des étapes
- les instructions spécifiques mises en œuvre pour l'exécution de certaines opérations (elles sont portées sur le côté, ce qui allège la lecture de l'ordinogramme)
- les auto-contrôles à effectuer au cours d'une opération
- les documents d'enregistrement (et les personnes par lesquelles ils sont rédigés, gérés et exploités).

Conventions de lecture Par convention et dans la mesure du possible, la lecture des logigrammes s'effectue de la manière suivante :

- le déclenchement représentant la condition négative N se traduit par une lecture horizontale

- à l'issue de l'action correspondante, le lecteur passe systématiquement à la ligne suivante (sauf déclenchement vers une action plus éloignée dans l'ordinogramme et qui est représenté par un numéro d'ordre).
  1. Nota bene : les lettres O et N signifient OUI et NON. Elles figurent systématiquement sur les branches et le N doit figurer dans la mesure du possible sur la branche horizontale.

Conseils de rédaction

Par souci de lisibilité, le rédacteur de la procédure qui est par défaut le RQ suit les conseils ci-dessous :
- les phrases sont courtes, claires et construites avec un sujet, un verbe et un complément si nécessaire
- les opérations à effectuer sont décrites au présent de l'indicatif ou à l'infinitif
- l'utilisation d'adjectifs et d'adverbes est à éviter
- les termes utilisés sont homogènes dans la procédure.

5. Phase d'approbation des documents qualité

Étape	Objet	Responsables	Documents associés
1	**Approbation** **Visa de l'approbateur**	• Directeur général • Comité de pilotage	• Procédure visée en rédaction • Procédure « Procédure des procédures » P/XI/01

Le directeur général avec le soutien du CP et du RQ approuve, sur le fond et la forme, l'ensemble des documents qualité en regard du système qualité.
Si nécessaire, il sollicite une approbation collégiale par le comité de pilotage (enregistrée sur le compte rendu de CP) :

Si	Alors
le fond de la procédure n'est pas conforme au système qualité	reprendre la rédaction de la procédure
la forme utilisée dans la procédure n'est pas conforme aux exigences de la procédure « La procédure des procédures »	apporter des corrections à la forme de la procédure

6. Phase de diffusion et de gestion des documents qualité

La phase de diffusion et de gestion se décompose en trois étapes :

Étape	Objet	Responsables	Documents associés
1	**Diffusion**	• RQ	• Procédure approuvée • Mails • Documents de suivi G/XI/01
2	**Destruction des documents périmés et archivage**	• RQ	• Procédure approuvée • Mails • Documents de suivi G/XI/01
3	**Modifications**	• Redéroulement des diverses étapes précédentes	

Étape 1 :
Diffusion
contrôlée
interne

Les procédures qualité sont établies pour l'usage interne de la société X.
La diffusion contrôlée interne des procédures s'effectue de la manière suivante :

Phase	Responsabilité	Action
1	Le Responsable Qualité	Envoyer au(x) destinataire(s) un mail « de disponibilité des documents qualité » à la suite d'une mise en application après création ou modification ou suppression pure. Seuls les documents mis dans le répertoire informatique « Documents qualité en vigueur » sont applicables. Les destinataires peuvent réaliser des copies papier, mais elles ne sont pas considérées comme document qualité applicable et ne font pas foi lors des audits
2	Destinataire(s)	Accuser réception du mail « de disponibilité des documents qualité »
3	Le Responsable Qualité	Mettre à jour le système de gestion documentaire à partir des mails « de disponibilité des documents qualité » sur le documents de suivi des documents qualité (G/XI/01)

Diffusion non contrôlée Les procédures qualité ne peuvent être diffusées à l'extérieur de la société X qu'à titre exceptionnel et confidentiel.
Dans ce cas, les modalités de diffusion sont les suivantes :
toute reproduction des procédures est interdite
les procédures révisées ne sont pas diffusées mais tenues à disposition des destinataires.

Étape 2 : Destruction des documents périmés/archivage Le Responsable Qualité initie la récupération, la destruction et l'archivage des documents qualité.

Archivage et documents périmés Le Responsable Qualité doit appliquer les trois règles suivantes :

Règle	Action
1	Conserver et classer les originaux papier des procédures en état de validité
2	Archiver les originaux papier de procédures périmées durant 3 ans
3	Gérer, mettre à jour et conserver sur fichier micro-informatique (réseau + unité centrale de la Gestion Qualité) les documents qualité et faire des sauvegardes régulières.

Validité et application des procédures Le Responsable Qualité doit effectuer les opérations suivantes :

	Action
1	Vérifier la validité des procédures en possession des membres du personnel (sans se substituer aux audits)
2	Contrôler leur application (sans se substituer aux audits)

Étape 3 : modification Toute modification d'une procédure suit le déroulement du tableau de processus. À partir de la révision 1 :
• toute modification est signalée par un trait vertical dans la marge gauche
• la fiche d'opportunité de rédaction / de modification est en page de garde du projet de modification.

État récapitulatif Le Responsable Qualité gère l'état récapitulatif de diffusion des procédures de la manière suivante :

Phase	Action
1	Créer l'état récapitulatif « suivi des documents qualité » (G/XI/01)
2	Mettre à jour et suivre l'état récapitulatif « suivi des documents qualité » (G/XI/01)
3	Diffuser un tableau de bord synthétisant les évolutions liées aux procédures et instructions à l'occasion de chaque comité de pilotage.

12.4. L'assurance de la qualité de ses fournisseurs

12.4.1. Les objectifs

L'objectif principal d'une assurance de la qualité de ses fournisseurs est d'améliorer la qualité des produits et services achetés.

Autres objectifs :
* éviter de perturber l'exploitation et ainsi améliorer les délais,
* déléguer le contrôle aux fournisseurs et ainsi réduire les coûts de contrôle,
* prévenir les défauts plutôt que les corriger et ainsi réduire les coûts de non-qualité,
* réduire le nombre des fournisseurs parce qu'il vaut mieux cultiver les bons fournisseurs afin que la qualité de leurs produits soit régulière et s'améliore jusqu'à la perfection.
* faciliter la libération des produits entrants.

Engager des relations durables avec ses fournisseurs conduit à une source mutuelle d'économies et à une confiance partagée pour anticiper les évolutions. La fidélité créée permet d'associer aux développements.

☞ Et vous ?

L'assurance de la qualité de vos fournisseurs n'est-elle pas la voie la plus rapide et la plus sûre pour parvenir à la confiance et au partenariat ?

12.4.2. La mise en œuvre

Mettre en place un système d'assurance de la qualité, c'est définir avec le fournisseur les informations nécessaires pour la bonne exécution des contrats et signer avec lui un engagement pour qu'il :
* respecte un cahier des charges pour chaque produit ou service,
* assure lui-même le contrôle du respect des normes précisées dans le cahier des charges,
* respecte certaines procédures de litige,
* accepte des visites surprises de son lieu de production,
* n'effectue pas de modification technique des produits ou services sans prévenir.

Exemple

▷ L'exemple de Bénéteau est célèbre. Son fournisseur de catalyseur a changé la composition du produit sans rien dire. Résultats : un millier de coques de voilier First cloquées, plus de 70 MF de préjudice.

▷ Plus récemment sur le même sujet, un article du Monde du 18-11-00 indiquait que les constructeurs français de voiliers de plus de 6 mètres étaient contraints de rappeler environ 3 000 bateaux en raison de pièces défectueuses fournies par un sous-traitant défectueuses. Au coût de 15 000 à 20 000 francs par gréement changé, « l'opération va coûter des dizaines de millions de francs aux chantiers. »

▷ Un industriel du siège a signé un cahier des charges avec tous ses fournisseurs bois et sous-traitants : cela lui a demandé plus d'un an ! Résultat : ses retours bois ont diminué de 20 % en deux ans.

L'actualité de la vache folle a démontré la nécessité d'une traçabilité.

Exemple

UN EXEMPLE DE CONTRAT

Engagement de l'industriel

Qualité du produit : engagement au SAV gratuit pendant trois ans dans des conditions normales d'utilisation.

Qualité de l'emballage : protection complète pour le transport et la manipulation jusqu'au domicile du client.

Prix : tout changement de prix devra être soumis dix semaines avant application.

Modification : toute modification technique devra être signalée.

Etiquetage : selon la norme européenne y compris pour les contremarques.

Visite du lieu de production : sans avis préalable.

Information : le magasin recevra catalogue, tarifs, photos et échantillons de tissus.

Livraison : ponctualité avec le délai et prévenir pour toute modification.

Un cahier des charges ne s'improvise ni ne s'impose. Privilégiez méthode, temps et confiance.

Engagement du distributeur

Exposition en magasin de la gamme complète, sous contrôle du représentant.

Catalogue : à la libre disposition des clients.

PLV : utilisation complète de la PLV fournie par l'industriel.

315

13. LA CERTIFICATION

13.1. L'intérêt de la certification

Deux définitions sont possibles :

■ *Assurance donnée par écrit par un organisme qualifié et indépendant tendant à attester qu'un produit/service présente régulièrement certaines qualités spécifiques, résultant de spécifications énoncées dans un cahier des charges ou une norme officielle* (AFNOR)

■ Acte par lequel une autorité reconnue atteste de la conformité d'une organisation, d'un système, d'un produit... à un référentiel (règlement, norme...)

L'intérêt vis-à-vis de l'externe est de :

• Assurer la fiabilité de la réponse aux exigences clients
• Accroître la confiance du client en garantissant le respect d'un référentiel par un organisme indépendant
• (Dé)montrer la maîtrise de ses procédés de façon objective
• Disposer d'un avantage concurrentiel
• Accéder à des appels d'offres
• S'ouvrir aux marchés européens et internationaux
• Inciter les fournisseurs à adopter les mêmes niveaux d'exigence
• Obtenir une reconnaissance nationale et internationale

Vis-à-vis de l'interne, l'intérêt est de :

• Améliorer les dispositions d'assurance qualité, à savoir :
  – maîtriser le fonctionnement interne et éliminer les dysfonctionnements
  – capitaliser le savoir-faire
  – améliorer les relations client-fournisseur internes
• Assouplir les contraintes liées aux nombreux audits
• Fédérer et motiver le personnel
• Alléger les contrôles et les recettes
• Bénéficier d'une évaluation extérieure

La certification provient du besoin de confiance d'un client dans la capacité de son fournisseur à le satisfaire dans la durée.

13.1.1. Quatre freins

1. L'inconvénient souvent rencontré est la non-intégration de la démarche certification dans la stratégie générale de l'entreprise : le dirigeant, pressé par la concurrence ou par un gros client, souhaite obtenir son certificat à moindre frais et sans perturbation

pour son organisation. La certification est obtenue pour un système artificiel qui survit rarement à l'audit de suivi.

2. Les salariés craignent l'asphyxie de la surcharge de travail, le bachotage laborieux et la lourdeur de la gestion documentaire, première cause de remarques (13 %) et de non-conformités (10 %).

3. Aujourd'hui, la certification développe de moins en moins une image de pionnier. Le ressort de l'innovation ne joue plus.

4. À l'extérieur, le client estime que la maîtrise par un fournisseur de son système de management de la qualité est la « normale »...

Nos études prouvent qu'aujourd'hui le consommateur ne hiérarchise pas les signes de qualité. La fonction de « rassurance » est la même pour les signes de qualité certifiée que pour des signes institués par l'entreprise elle-même.

Robert Rochefort, directeur du CREDOC

Deux pièges sont à éviter

1. Faire rimer rigueur avec lourdeur. Il ne s'agit pas de rigidifier le savoir-faire, mais de le formaliser pour le clarifier et le pérenniser.

2. Considérer la certification comme une fin en soi. La fin des efforts se profilerait dès le diplôme obtenu.

13.2. Les normes ISO 9000

La série de normes *Qualité et systèmes de management ISO 9000* est, parmi les 13 000 normes publiées par l'ISO depuis sa création en 1947, l'une des plus connues et celle qui a remporté le plus grand succès. Les normes ISO 9000 sont devenues une référence internationale en matière d'exigences de la qualité dans les échanges entre entreprises.

ISO (International Organization for Standardization) est une fédération mondiale de 138 organismes nationaux de normalisation. Un projet de norme prend effet à la fois quand 75 % au moins des 90 comités membres votants sont d'accord et que les 2/3 des votes exprimés par les membres qui ont participé à l'élaboration du document sont favorables.

La certification selon les normes ISO 9000 est une attestation de conformité par rapport à un référentiel d'exigences, le seul reconnu internationalement pour toutes les entreprises.

Aux causes bien nées, la valeur n'attend pas le nombre des années !

Les normes ISO 9000 sont jeunes :

– première publication en 1987,

– première révision débutée en 1991 et achevée en 1994,

– deuxième révision en 2000.

A fin 2000, plus de 400 000 certificats ont été délivrés dans le monde !

13.2.1. L'énorme famille des ISO 9000

La famille des normes ISO 9000

- donne des conseils pour le management de la qualité et des modèles pour l'assurance de la qualité,
- décrit les éléments qu'un système qualité doit englober, mais pas la façon dont une entreprise met ces éléments en œuvre,
- peut s'appliquer à tout secteur d'activité.

Les dispositions définies par une norme permettent ainsi de garantir et de fournir la preuve que les non-conformités qui apparaissent tout au long du processus seront détectées et éliminées avant livraison, n'atteignant donc pas le client. Ces dispositions sont pour le client l'assurance de la qualité.

■ **ISO 9000 : Systèmes de management de la qualité – Principes essentiels et vocabulaire**
La norme clarifie les principaux concepts relatifs à la qualité et donne les lignes directrices et les principes pour la mise en place d'un système qualité.

■ **ISO 9001 : Systèmes de management de la qualité – Exigences**
C'est la norme d'assurance de la qualité qui regroupe les trois anciens modèles.

■ **ISO 9004 : Systèmes de management de la qualité – Lignes directrices pour l'amélioration des performances**
La norme définit les lignes directrices pour l'établissement et le maintien d'une qualité efficace dans l'entreprise. Elle permet de développer et de mettre en œuvre des systèmes de management de la qualité. Elle constitue un référentiel d'auto-évaluation.

■ **ISO 10011 : Lignes directrices pour l'audit des systèmes qualité**
La norme comprend trois parties : 1. Audit ; 2. Critères de qualification pour les auditeurs de systèmes qualité ; 3. Gestion de programmes d'audit.

© Éditions d'Organisation

13.2.2. De la version 1994 à la version 2000

Les principaux changements des normes ISO 9000 sont :

- un renforcement des exigences managériales avec l'engagement de la direction,
- la composante ressources humaines, mise en valeur en termes de formation et de compétences,
- la prise en compte des résultats pour mesurer la pertinence des objectifs qualité et juger de l'efficacité de la démarche,
- la poursuite du recentrage vers le client avec le développement de dispositions concernant l'identification des besoins et exigences du client comme base de la politique qualité, la communication avec lui et la mesure de sa satisfaction,
- une orientation très ferme vers la démonstration de l'efficacité des processus plutôt que l'existence de procédures et en particulier du processus d'amélioration permanente.

La nouvelle norme ISO 9001 adopte une structure en quatre principaux blocs.

1. Le premier bloc *responsabilité de la direction* décrit l'ensemble des dispositions impliquant directement le management avec l'identification des besoins et exigences du client (et des parties intéressées dans le cas de l'ISO 9004), la définition de la politique qualité et des objectifs associés, la planification de la qualité, la revue de direction.

2. Le chapitre *management des ressources* distingue les aspects liés aux ressources humaines (formation, qualification, compétences) et les autres types de ressources (installation, environnement de travail...).

3. Dans la partie *réalisation du produit*, sont traités non seulement les processus directement liés à la réalisation des produits/services, mais aussi les processus liés au client avec les dispositions de l'actuelle revue de contrat et de nouvelles exigences sur la communication avec le client.

4. Enfin le dernier bloc *mesure, analyse et amélioration* reprendra tout ce qui relève de la mesure (sur le produit, le processus, mais aussi la satisfaction du client), de l'analyse des données, des actions correctives et préventives et le processus d'amélioration continue.

13.2.3. La structure de la norme ISO 9001:2000

1. **Domaine d'application**
   1.1. Généralités
   1.2. Périmètre d'application

2. **Référence normative**

3. **Termes et définitions**

4. **Système de management de la qualité**
   4.1. Exigences générales
   4.2. Exigences relatives à la documentation

5. **Responsabilité de la direction**
   5.1. Engagement de la direction
   5.2. Écoute client
   5.3. Politique qualité
   5.4. Planification
   5.5. Responsabilité, autorité et communication
   5.6. Revue de direction

6. **Management des ressources**
   6.1. Mise à disposition des ressources
   6.2. Ressources humaines
   6.3. Infrastructures
   6.4. Environnement de travail

7. **Réalisation du produit**
   7.1. Planification de la réalisation du produit
   7.2. Processus relatifs aux clients
   7.3. Conception et développement
   7.4. Achats
   7.5. Production et préparation du service
   7.6. Maîtrise des dispositifs de surveillance et de mesure

8. **Mesures, analyses et amélioration**
   8.1. Généralités
   8.2. Surveillance et mesures
   8.3. Maîtrise du produit non conforme
   8.4. Analyse des données
   8.5. Amélioration

Il est essentiel d'expliquer aux salariés l'intérêt d'une norme pour éviter qu'ils perçoivent la démarche comme une contrainte : ce n'est pas métro-boulot-iso !

13.3. Démarche pour l'obtention de la certification

Voici une démarche classique pour se préparer à la certification.

- **Lancement de la démarche**
  - Préparation : définir le périmètre de l'activité et de l'entité à certifier
  - Information interne
  - Compte rendu

La charge de travail dépendra de l'activité et de l'entité à certifier. Mais la durée totale du processus sera aussi fonction de l'engagement de la direction et des moyens humains consacrés, de l'existence d'une tradition écrite et du degré de maturité par rapport à la qualité. Comptez néanmoins de un à deux ans !

- **Analyse de la situation actuelle**
  - Analyse de l'existant
  - Évaluation des dysfonctionnements

- **Accompagnement de la démarche**
  - Formation des groupes de travail
  - Accompagnement dans l'élaboration du manuel qualité
  - Communication interne
  - Audits blancs
  - Suivi de l'avancement

- **Avant la certification**
  - Réalisation d'un audit pour vérifier la cohérence et le respect des procédures
  - Mise en place des actions correctives et préventives éventuelles

D'expérience, commencez par les processus et non par les chapitres de la norme.

13.3.1. Trois questions avant de se lancer

- **Combien ça coûte ?**
  Pour estimer le coût, il faut considérer :
  - les coûts externes tels qu'honoraires du consultant, achat d'équipement de gestion documentaire, formation, réalisation de matériels de formation ou de sensibilisation du personnel ;
  - les coûts externes de l'organisme certificateur, principalement l'audit ;
  - les coûts internes, essentiellement le temps passé par les différents collaborateurs. Ce sont de loin ces coûts qui sont les plus importants.

Coût selon la taille de l'entreprise (en nombre de personnes)			
Moins de 200	200 à 500	500 à 1000	Plus de 1000
0,9 MF	1,1 MF	1,2 MF	1,8 MF

Source : Les Échos, septembre 1998

■ **Combien ça rapporte ?**

Une démarche ISO est l'occasion de remettre à plat l'ensemble de l'entreprise. L'expérience montre des gains de productivité.

La démarche permet de redéfinir les responsabilités, de simplifier les circuits. Elle permet de réduire les non-conformités (défauts, pannes...), sources de coûts et de perte de clients.

D'après une étude réalisée pour BVQI en 1998, la rentabilité des entreprises certifiées IS0 9000 a été améliorée de 15 % au cours des deux années qui ont suivi leur certification.

■ **Utiliser un consultant ou non ?**

En France, la moitié des entreprises certifiées ont fait appel à un consultant, l'autre moitié ayant fait la démarche seule. Les possibilités de l'entreprise, notamment en personnel compétent et en budget, déterminent fortement la décision. Souvent, les entreprises appartenant par exemple à un groupe peuvent faire appel à des personnes d'autres entités déjà certifiées.

Le langage qualité est « isotérique ». N'hésitez pas à vous faire aider, foi de consultant !

Un consultant peut apporter une connaissance de l'application de la norme dans différents contextes, une énergie complémentaire pour maintenir la pression ou relancer la démarche, des prestations spécifiques en matière de formation, notamment, des outils et des méthodes qui facilitent le travail et le rendent plus efficace.

A fin 2000, 15 886 certificats (sur 408 631 délivrés) avaient été retirés.

Les causes analysées par l'ISO sont les suivantes :
– échec à l'audit de « recertification » : 2 168
– arrêt de l'entreprise pour des raisons de :
    1. retour sur investissement insuffisant : 335
    2. pas d'avantage business : 562
    3. autres raisons ou non spécifiées : 10 520
– changement de périmètre : 910
– arrêt de l'activité : 1 391.

13.3.2. Le choix d'un organisme certificateur

1. Le client ▷ certification par seconde partie
Exemples :
    • RAQ1/AQAP 110 : Règlement sur l'Assurance de la Qualité

- Allied Quality Assurance Publication : publication interalliée d'assurance qualité (DGA)
- TQE Telecom Qualité Entreprises (France Telecom)

Une seconde partie ne peut délivrer un certificat ISO 9000.

2. **Indépendant du client ▷ certification par tierce partie**

Les principaux organismes internationaux de certification de systèmes qualité ISO 9000 sont issus des grands groupes créés au XIXᴱ siècle ou au début du XXᴱ siècle, pour les besoins de contrôle et d'inspection des navires et de leurs cargaisons, ou des équipements industriels. Exemples : APAVE (Association des Propriétaires d'Appareils à Vapeur et Electriques), Bureau Veritas, SOCOTEC (SOciété de COntrôle TEchnique), Lloyds, Norske, SGS (Société Générale de Surveillance)...

Plusieurs organismes certificateurs interviennent aujourd'hui en France :

- AFAQ – Association Française pour l'Assurance de la Qualité
- ASCERT INTERNATIONAL (filiale d'AFAQ, d'APAVE et de SOCOTEC) – France
- BVQI (Bureau Veritas Quality International) – Franco-britannique
- BSI (British Standard Institution) – Grande-Bretagne
- DEKRA–ITS Certification Services GmbH – Allemagne
- DNVC (Det Norske Veritas Certification) – Norvège
- LRQA (Lloyd's Register Quality Assurance) – Grande-Bretagne
- SGS ICS (International Certification Services) – Suisse
- TÜV CERT – Allemagne

Vérifiez que la compétence et l'impartialité de votre organisme certificateur ont bien été habilitées par le COFRAC (COmité FRançais d'ACcréditation).

13.3.3. Vos collaborateurs sont-ils prêts ?

1. **Les questions qui vous seront posées**
- Quelle est votre mission ?
- Où est-elle définie ?
- Pouvez-vous me décrire votre travail ?
- Quels sont les documents qui vous seront nécessaires ?
- Pouvez-vous me les montrer ?
- Que faites-vous en cas d'anomalies ?
- Si vous constatez une non-conformité ?
- Votre appareil de mesure est-il étalonné ?
- Quels documents établissez-vous ou complétez-vous ?
- Quel est l'objectif d'amélioration de la qualité dans votre secteur ?

- Comment savez-vous que les documents que vous utilisez sont à la bonne édition ?
- ...

2. À vous de répondre
- Courtoisement : soyez ponctuel, accueillant et confiant
- Loyalement : il ne sert à rien de dissimuler
- Simplement : ne répondez qu'aux questions qui vous sont posées
- Concrètement : aidez-vous des documents mis à votre disposition
- Par des faits : excluez les opinions.

☞ **Et vous ?**

Avez-vous formé vos collaborateurs à accueillir des auditeurs ?

13.4. L'après-certification

13.4.1. Quatre actions à mener

1. FÉLICITER L'INTERNE

L'entreprise grâce à la certification a déjà fait un grand bond en avant :

L'entreprise est passée de la culture orale à la culture écrite, de l'étape 0 : Réactivité à l'étape 1 : Maîtrise.

Bravo à ceux qui ont écrit les procédures et à tous pour les appliquer !

2. COMMUNIQUER À L'EXTÉRIEUR

La communication sur la certification peut s'appuyer sur trois principaux éléments :
- la publicité : dans les revues spécialisées et même à la télévision
- la lettre d'information : annonce aux clients et prospects par courrier (ou fax ou mail) de l'obtention de la certification
- la communication globale de l'entreprise : intégration du logo de l'organisme certificateur sur le papier à lettres, sur les objets publicitaires, sur les véhicules...

3. INTÉGRER LA MAÎTRISE DU SYSTÈME QUALITÉ DANS UN PROJET MOBILISATEUR PLUS LARGE : LE MANAGEMENT PAR LA QUALITÉ

La tentation de rentabiliser l'acquis et de ne pas investir dans une amélioration continue des performances est fréquente après la certification. Mais il reste l'étape 2 : Amélioration et l'étape 3 : Anticipation.

DIX-HUIT PISTES DE PROGRÈS POUR L'APRÈS-CERTIFICATION

- la définition d'une vision commune et partagée sur les objectifs et la stratégie de l'entreprise
- l'extension de la certification à d'autres activités et/ou sites
- la généralisation de relations client-fournisseur internes
- la mise en œuvre de méthodes complémentaires : AMDEC, Kaïzen, SPC, plan d'expérience...
- la certification ISO 14 000 (environnement)
- la certification de services
- la réduction des délais de réponse aux réclamations clients
- l'élévation des niveaux de satisfaction et de fidélisation clients
- le développement du leadership individuel de l'encadrement
- la simplification des processus
- le développement de l'adhésion de tous les niveaux de l'entreprise
- la diminution des coûts
- la définition d'engagements de service
- la conduite d'un benchmarking
- l'identification des besoins latents
- la participation à des prix et concours qualité
- la création d'un challenge qualité interne
- l'intéressement à la qualité...

4. ET PRÉPARER LES AUDITS DE SUIVI (1 AN ET 2 ANS APRÈS) ET DE RENOUVELLEMENT (3 ANS APRÈS)

14. LES ENGAGEMENTS DE SERVICE

14.1. Définition

Un engagement de service est une promesse vérifiable faite au client.

Le terme d'engagement de service symbolise mieux que garantie de service la volonté quotidienne de l'entreprise de satisfaire ses clients.

L'engagement de service s'inscrit dans la stratégie globale de développement de l'entreprise. Il s'impose d'autant plus que :
* le service est perçu par le client comme présentant des risques élevés
* l'entreprise veut capitaliser sur la très grande qualité de ses services
* l'entreprise veut adresser un message de différenciation.

L'engagement est chiffré : promettre les meilleurs délais ou maintenir des prix bas en permanence reste très flou si délais ou prix ne sont pas étalonnés.

L'engagement va au-delà de la prestation de base. Il propose :
* ce qui rassure : la clarté et la disponibilité, c'est-à-dire l'information, le conseil, l'accueil, la courtoisie, la simplicité de la demande, le conseil personnalisé, la rapidité, le service complet, le suivi, la garantie...
* ce qui donne envie : la valeur ajoutée par rapport à la concurrence, l'étalonnage vis-à-vis du monde extérieur, l'anticipation, l'originalité, la chaleur ajoutée[®]...

Un engagement de service renforce la valeur perçue par le client. C'est un engagement de résultats (et non de moyens comme l'est la certification).

14.1.1. Quel cahier des charges ?

Un engagement de service doit répondre à trois caractéristiques :

■ Pertinent pour le client
Promettre un étiquetage prix irréprochable ou le respect de délais semble le minimum qu'on puisse attendre aujourd'hui d'un commerçant ou d'un distributeur.
Servir, c'est rendre service !

■ Discriminant pour le client (au moins par rapport à la loi ou aux pratiques du marché)
* S'engager sur l'établissement d'un devis gratuit pour l'étude

d'aménagement d'une cuisine n'apporte aucune valeur ajoutée :
tous les cuisinistes le proposent.
* Le « satisfait ou remboursé » est dépassé. C'est maintenant le
« satisfait quoiqu'il arrive ! »

■ **Vérifiable**
* Comment s'assurer du respect des engagements malheureusement fréquents dont le libellé commence par *Contribuer à* ... ?
Que penser d'une entreprise qui s'engage sur *Garantir le bon
prix* sans autre explication ?

Exemple

▷ La vache folle a fait réagir McDonald's qui a publié dans tous ses restaurants
six engagements pour garantir l'origine et la qualité de ses steaks hachés :
1. Origine française
2. 100 % pur bœuf
3. Origine garantie
4. Fournisseurs sélectionnés
5. Fabrication contrôlée
6. Traçabilité jusqu'au restaurant.

⚠ **Attention**

*Vos engagements doivent prendre en compte les meilleures
pratiques professionnelles, mais aussi nationales. Il existe un
référentiel implicite. Par exemple : pour le téléphone, répondre en
moins de trois sonneries et pour un courrier, répondre en moins de
huit jours...*

327

Exemple

La problématique : début 90, les études d'image et de satisfaction aboutissent aux mêmes conclusions : EDF et GDF ne sont pas assez attentives à leurs clients et leurs interventions ne sont pas assez rapides.

La réponse : EDF-GDF mobilise en 1994, après 2 ans d'étude et de test, ses 80 000 salariés sur la garantie des services.

Les 9 engagements d'EDF-GDF SERVICES

4 Heures	Engagement de dépannage électricité. Vous n'avez plus d'électricité mais vos voisins en ont encore. Nous nous engageons à faire intervenir notre équipe de dépannage au maximum dans les 4 heures qui suivent votre appel.	**4 Heures**	Engagement de dépannage gaz. Vous n'avez plus de gaz mais vos voisins en ont encore. Nous nous engageons à faire intervenir notre équipe de dépannage au maximum dans les 4 heures qui suivent votre appel. En cas d'urgence, notre intervention est toujours immédiate.
2 Jours	Engagement de mise en service. Vous emménagez dans un nouveau domicile, nous nous engageons à mettre en service le compteur existant dans les 2 jours ouvrés seulement.	**8 Jours**	Engagement d'installation : devis. Si votre domicile ne possède pas de compteur, nous nous engageons à vous envoyer le devis de branchement dans les 8 jours.
2 Jours	Engagement de résiliation. Vous déménagez et vous voulez résilier votre contrat. Nous nous engageons à intervenir dans les 2 jours ouvrés qui suivent votre demande.	**15 Jours**	Engagement d'installation : travaux. Dès réception des accords nécessaires, nous nous engageons à réaliser les travaux dans les 15 jours.
2 Heures	Engagement de rendez-vous. Vous souhaitez un rendez-vous à domicile. Nous nous engageons à venir dans une plage horaire de 2 heures si vous le demandez.	**8 Jours**	Engagement de courtoisie. Vous avez pris la peine de nous écrire, nous nous engageons à vous répondre dans les 8 jours.

Engagement de résultat

Si l'un ou l'autre de ces 8 engagements pris, pour le compte d'Electricité de France et de Gaz de France, n'était pas respecté, nous nous engageons à vous envoyer un chèque de 150 francs, preuve de notre volonté de vous offrir un service de qualité et de notre confiance dans la compétence de nos agents.

328

14.2. Objectifs

Définir et diffuser ses engagements de service répondent à de nombreux objectifs :

1. **Vis-à-vis des clients**
   - Renforcer la confiance des clients envers l'entreprise, sécuriser
   - Fidéliser les clients
   - Formaliser le noyau dur de l'offre de services
   - Réduire l'incertitude des clients lors de l'achat de service
   - Professionnaliser l'image de l'entreprise en la positionnant par rapport aux meilleures pratiques du marché

2. **Vis-à-vis de l'organisation**
   - Fiabiliser le système, maîtriser les processus
   - Améliorer la qualité des services
   - Contribuer à assurer la pérennité de l'entreprise

3. **Vis-à-vis de la concurrence**
   - Positionner l'entreprise parmi les meilleurs
   - Apporter à l'entreprise un avantage concurrentiel pour gagner des parts de marché
   - Obliger les concurrents à se positionner sur ses engagements

4. **Vis-à-vis des salariés**
   - Harmoniser les comportements face au client
   - Mieux impliquer chacun dans son travail
   - Afficher un niveau de performance et montrer les voies d'amélioration
   - Fédérer les efforts de chacun pour un résultat collectif
   - Valoriser le personnel en contact avec les clients
   - Améliorer les relations internes

Un client qui achète un service achète une promesse. On essaie une robe ou une voiture, mais pas un événement ou un avocat. Il faut donc rassurer et crédibiliser.

L'honneur commande de rendre service sans être servile.

Philippe d'Iribarne

Exemple

▷EDF-GDF :

« La garantie des services »

Nous avions trois raisons de nous lancer dans l'aventure :
- *Nous sommes une entreprise de service public, et donc une entreprise de services. Notre devoir est de coller aux attentes des clients.*
- *Il nous semblait important de pouvoir afficher notre niveau de performance vis-à-vis des clients, même si, de fait, dans beaucoup d'entreprises on réalise déjà ce type de performance.*
- *Nous vivons de plus en plus dans un monde d'engagement et de garantie. On ne pouvait pas échapper à ce mouvement.*

▷Assistance publique des hôpitaux de Paris :
« Charte du patient hospitalisé »
L'objectif de la présente charte est de faire connaître concrètement les droits essentiels des patients accueillis dans les établissements de santé, tels qu'ils sont affirmés par les lois, décrets, circulaires...

▷AACC (Association des Agences Conseil en Communication) :
« Charte qualité »
La démarche qualité apparaît indéniablement comme l'une des réponses les plus appropriées pour retrouver de nouvelles marges de manœuvre, combler leur déficit d'image et faire reconnaître la valeur ajoutée qu'elles apportent.

Si vous ne disposez pas d'avantages concurrentiels clairs, difficiles à copier et visibles en permanence, votre seule stratégie sera alors de vous battre sur les prix.

Exemple

VOS CLIENTS INTERNES APPRÉCIERAIENT CERTAINEMENT VOS ENGAGEMENTS !

INergie a mené en novembre 2000 une étude auprès des services généraux de 29 grandes entreprises françaises : Accor, Aérospatiale, AGF, Air France, Alcatel, Bouygues, Cap Gemini, Carrefour, Danone, Fiat, France Télécom, Galeries Lafayette, GDF, IBM France, LVMH, Nestlé, Péchiney, Philips, RATP, Renault, Saint-Gobain, Sanofi-Synthélabo, Schneider Electric, Société Générale, Suez-Lyonnaise, Thomson, TotalFinaElf, Usinor, Vivendi.

À la question : Avez-vous déjà élaboré des engagements de service ?
• 25 directions des services généraux ont répondu négativement, mais 3 ont entrepris de mettre en œuvre des engagements de service courant 2001
• 2 directions des services généraux (Bouygues et la RATP) disposent d'indicateurs (ou critères) qualité, mais qui ne sont pas connus de leurs clients internes
• AGF a élaboré un contrat de service
• Seul Renault a défini des engagements de service.

L'exemple de Renault
Le publipole reprographie est un des huit départements des services généraux de Renault. Leurs engagements sont au nombre de cinq :
Nous nous engageons à :
• *assurer votre accueil en moins de 5 minutes*
• *fournir une assistance technique et commerciale permanente pour la conception de vos dossiers*
• *donner dans 100 % des cas un délai adapté à vos besoins et à la nature de vos travaux*
• *respecter 100 % des délais négociés*
• *garantir la sécurité du traitement de vos documents confidentiels.*
Le publipole propose deux garanties :
• *vous contacter rapidement en cas de difficulté*
• *refaire immédiatement tout travail non conforme à votre demande.*
Trois indicateurs hebdomadaires sont mis à jour sous la responsabilité du chef de centre :
– *nombre de personnes accueillies en plus de 5'*
– *nombre de réclamations*
– *nombre de délais négociés non tenus.*

14.3. Le contenu

■ **1. Caractéristiques des engagements**

- Il est déconseillé de présenter des critères de conformité : *s'engager à réaliser la prestation vendue au prix convenu* constitue réellement le minimum (sauf bien sûr si cette prestation est rare).
- Il n'est pas souhaitable non plus de s'engager sur des critères sans grand enjeu pour l'entreprise. De nombreux distributeurs proposent :
  Vous trouvez moins cher ailleurs dans les 30 jours qui suivent votre achat et dans un rayon de 30 km, nous vous remboursons la différence, sur preuve d'achat et après vérification.
  Mais qui ira courir tous les autres distributeurs de la ville et des environs pour gagner au final quelques cents ? C'est prendre le client pour dupe.
- Il est essentiel de se doter d'engagements différenciant. Il vaut mieux promettre :
  - des performances particulières *livrer en moins de..., se rendre disponible sous..., vous dépanner dans les...* plutôt que de la ponctualité *respecter les délais et/ou les rendez-vous annoncés* qui semble pour le moins évident
  - des résultats plutôt qu'une obligation de moyens, quelquefois flous comme *rechercher la meilleure solution pour le client*
  - des engagements originaux par rapport à ce que proposent les entreprises même d'autres secteurs car *prévenir en cas de retard* ou *répondre à votre réclamation sous 8 jours* deviennent des pratiques usuelles

■ **2. L'engagement de la direction, symbolisé éventuellement par la signature d'un ou plusieurs membres de la direction**

■ **3. Si possible, un « engagement de respect des engagements », avec ou sans contrepartie financière.**

Vérifiez que vos engagements de service concernent bien l'activité principale de votre service.
S'engager sur l'accueil sera perçu comme inutile si la prestation de base n'est pas assurée.

14.3.1. Faut-il une contrepartie financière ?

Dans un certain nombre d'entreprises, les engagements incluent un engagement de résultat assorti d'une contrepartie financière en cas de non-respect. Citons quelques exemples :

▷ Dans les 9 engagements d'EDF GDF SERVICES, le neuvième est un engagement de résultat : *Si l'un ou l'autre de ces 8 engagements pris, pour le compte d'EDF ou de GDF, n'était pas respecté, nous nous engageons à vous envoyer un chèque de 150 francs, preuve de notre volonté de vous offrir un service de qualité et de notre confiance dans la compétence de nos agents.*

▷ L'opération *En temps et en heure* du Crédit Lyonnais : *Si nous ne respectons pas nos délais, c'est vous qui gagnez 50 francs.*

▷ Le contrat de Bank One Texas Trust : *Si vous n'êtes pas satisfait de la qualité de notre service sur une année, nous vous rembourserons les frais payés, ou toute partie des frais que vous estimerez juste.*

▷ La « Charte Service Client : nos 15 engagements » de la Compagnie Générale des Eaux et du Syndicat des Eaux d'Ile-de-France : *Délai garanti. En cas de non-respect des délais, nous nous engageons à vous offrir 10 000 litres d'eau.*

▷ En cas de non-respect d'un engagement, la Bred offre un chèque-sourire (250 F) à titre de dédommagement : 14 000 ont été donnés en un an. Plusieurs effets positifs :
  • la banque reconnaît son erreur
  • le réclamant reçoit de l'argent
  • cet engagement le conforte dans la perception d'une banque qui veut réellement fidéliser ses clients.

Une contrepartie financière crédibilise les engagements, particulièrement dans les secteurs du business-to-consumer. Dans le b-to-b, la proximité relationnelle évite la perception du service aveugle : un dédommagement personnalisé est préférable.

☛ Et vous ?

Allouez un budget à chaque unité pour financer les contreparties financières et répartissez le solde entre les membres de l'unité.

Ils s'engageront très vite à respecter leurs engagements !

14.3.2. L'importance de la formulation

▷ Un engagement de Courtepaille : *Ce que vous avez commandé n'est pas à votre goût ? Nous vous invitons à faire un autre choix.*
Cela signifie-t-il qu'un nouveau choix est possible ou qu'il sera offert ?

▷ Dekra-Its est un groupe international spécialisé dans la certification de services. Il s'est doté d'engagements de service et chose rare, a défini leurs limites d'application.

Nous nous engageons à...	Nous ne garantissons pas...
Soutenir par nos services le processus d'amélioration de la qualité et de la sécurité	Que tout s'améliorera par la certification et que la qualité des processus sera automatiquement meilleure
Apporter un bénéfice maximum à nos clients dans la résolution des conflits entre accréditation légale et demandes du marché	Que nous sommes les moins chers par rapport à la concurrence
Ne jamais interpréter les lois et normes au détriment de nos clients	Que nos clients obtiendront un certificat dans tous les cas
Réaliser nos services de façon ouverte, honnête et transparente	Que le résultat de nos évaluations correspondra toujours aux vues de nos clients

14.4. Modalités d'élaboration

■ **1. Choix des services, des segments-cibles et des niveaux d'exigence**
  - Analyses préalables : besoins des clients, segmentation, valeur perçue par les clients, concurrence (« best practices »), processus internes, dysfonctionnements et points forts...
  - Élaboration de la première version des engagements de service

■ **2. Aménagement de l'organisation interne**
  - Étude de faisabilité et des conditions de mise en œuvre
  - Reconfiguration des processus de production des services concernés après avoir étudié leur cohérence et leur rentabilité
  - Formalisation des nouvelles procédures

■ **3. Validation des engagements de service**
  - Test auprès de clients et d'organisations de consommateurs
  - Expérimentation aveugle sur des sites-pilotes
  - Validation des nouvelles procédures internes
  - Formalisation de la version définitive des engagements de service
  - Identification d'indicateurs pour mesurer la tenue des engagements

■ **4. Appropriation des engagements de service**
  - Plan de mise en œuvre des changements organisationnels internes
  - Plan de formation
  - Plan de communication interne

■ **5. Mise en œuvre des engagements de service**
  • Lancement officiel des engagements de service
  • Plan media
  • Modalités de capitalisation
  • Évaluation des résultats

■ **6. Actualisation des engagements de service**

⚠ **Attention**

Testez la faisabilité interne et l'intérêt externe de tout engagement avant de le communiquer.

**UNE COMPAGNIE D'ASSURANCES
EN MATIÈRE DE RÉPARATION AUTOMOBILE**

Cette compagnie d'assurances a défini trois orientations stratégiques pour augmenter la valeur de ses offres commerciales :
• *se différencier par le service : répondre aux attentes de fond de ses clients (assistance globale, information et conseil, disponibilité), être irréprochables sur les services de base, développer des services à valeur ajoutée sur lesquels les réseaux sont « légitimes »*
• *formaliser un engagement concret de service sur chaque attente prioritaire*
• *mesurer la perception des clients : mettre sous contrôle ses prestations.*

Méthodologie mise en œuvre pour rechercher des engagements
1. *Recherche des attentes de fond et mesurer la satisfaction des clients sur celles-ci : groupes-miroir clients sinistrés, études quantitatives et qualitatives, réclamations*
2. *Benchmarking intra et extra professionnel : positionnement de la concurrence par rapport aux attentes prioritaires des clients, détection des meilleures pratiques*
3. *Formalisation d'engagements potentiels et sélection : analyse d'impact satisfaction/fidélité, élaboration du « package » en fonction du couple importance-niveau de satisfaction, test*

Calendrier : 18 mois (pour associer tous les partenaires)
Septembre N : lancement d'un groupe de projet spécifique
Février N + 1 : test d'impact en agence et marketing-mix : « package » des services, nom, argumentaire, promotion (supports PLV...)
Octobre N + 1 : formation du réseau
Janvier N + 2 : lancement national, puis suivi national et régional

Résultats après 3 ans
Points positifs :
• *excellente perception des clients (satisfaction > 90 %)*
• *acculturation des équipes commerciales à une logique formalisée de service*
• *développement de l'orientation client-fournisseur en interne*
• *extension en cours à l'habitation et à l'assurance santé individuelle*

Points perfectibles :
- *difficultés à obtenir le respect des engagements par les garages agréés*
- *remise du questionnaire d'appréciation aux clients non systématique*
- *valorisation insuffisante de la charte d'engagement comme atout de différenciation.*

À noter : il faut apprendre aux commerciaux à présenter les engagements.

Exemple

L'EXEMPLE D'UN DISTRIBUTEUR-INSTALLATEUR

Un grand distributeur-installateur, étant « certifié de partout », décide de dynamiser sa démarche qualité en la rapprochant des attentes clients.
Il conduit sa démarche en trois étapes :
- identification des objectifs d'une telle démarche
- croisement des engagements/objectifs pour évaluer leur pertinence
- élaboration du tableau de bord.

1. IDENTIFICATION DES OBJECTIFS
D'UNE DÉFINITION D'ENGAGEMENTS DE SERVICE

Objectifs vis-à-vis des clients
- Renforcer la confiance des clients
- Fidéliser les clients
- Améliorer l'image de l'entreprise

Objectifs vis-à-vis de l'organisation
- Fiabiliser le système

Objectifs vis-à-vis de la concurrence
- Positionner l'entreprise parmi les meilleurs
- Apporter à l'entreprise un avantage concurrentiel pour gagner des parts de marché
- Obliger ses concurrents à se positionner sur ses engagements

Objectifs vis-à-vis des salariés
- Afficher un niveau de performance
- Mieux impliquer chacun dans son travail
- Valoriser le métier
- Fédérer les efforts de chacun pour un résultat collectif et pour développer un sentiment d'appartenance et de fierté

Les objectifs une fois définis, un certain nombre d'engagements ont été définis à partir des besoins et attentes des clients.

2. VÉRIFICATION DE LA PERTINENENCE DES ENGAGEMENTS
(de 0 = aucune utilité à 3 = tout à fait pertinent)

	Client	Organi-sation	Concur-rence	Salariés
1 – Qualité perçue				
Propreté des produits	3	3	3	3
Propreté des installations	3	2	3	1
Propreté des camions	2	1	1	1
Tenue vestimentaire des intervenants	3	1	3	2
Accueil téléphonique	3	3	2	3
2 – Commercial				
Fournir le total cumulé des consommations avec les factures (ou sur site Web)	3	2	3	0
Respecter les délais convenus de fourniture de devis sous 24h	3	3	3	1
Accuser réception des réclamations clients par téléphone dans les 24h et y répondre dans les 5 jours par écrit	3	3	3	2
Répondre en < 3 sonneries, et avec le bon interlocuteur en < 15''	3	3	3	3
3 – Distribution – conditionnement				
Prévenir systématiquement de toute livraison partielle	3	3	2	1
Fournir au client les bulletins de livraison	0	3	0	1
4 – Partenaires				
Établir sur place un CR pour rapidement corriger toutes les anomalies éventuelles	3	3	3	3
Respecter les délais contractuels pour le démarrage des travaux	3	3	2	2
Rendre compte sur place de chaque dépannage	3	2	1	2
Confirmer notre visite de maintenance au moins 8 jours à l'avance	3	1	1	2
5 – Homme de permanence jour				
Vous faire parvenir le CR d'intervention hors heures ouvrables	3	2	1	2
Convenir d'un dépannage d'une plage horaire d'intervention maximum de 2 h	3	3	2	2
6 – Coordinateur technique				
Assurer la formation du client aux consignes de sécurité	3	3	2	3
Respecter les délais de mise en service	3	3	2	2

3. ÉLABORATION DES INDICATEURS DE SUIVI

1. Qualité perçue
- Propreté des produits : nombre de produits hors référentiel photo sur nombre de produits livrés
- Propreté des installations : respect de la directive nationale (à créer), ainsi que prévoir des audits
- Propreté des camions : contrôle tous les lundis matin
- Tenue vestimentaire des intervenants en clientèle : contrôles des commandes de vêtements, du port des vêtements et de leur propreté tous les lundis matin
- Accueil téléphonique : enquête annuelle

2. Commercial
- Fournir le total cumulé des consommations avec vos factures : oui-non
- Respecter les délais convenus de fourniture de devis sous 24h : nombre de délais non respectés
- Accuser réception des réclamations clients par téléphone dans les 24h et y répondre dans les 5 jours par écrit : tableau de suivi des réclamations
- Répondre en < 3 sonneries, et avec le bon interlocuteur en < 15'' : enquête annuelle

3. Distribution – conditionnement
- Prévenir systématiquement de toute livraison partielle : informatiser l'information de report de livraison dans Iris
- Fournir au client les bulletins de livraison : nombre de bulletins livrés / nombre de clients et réclamations

4. Partenaires
- Établir sur place un CR pour rapidement corriger toutes les anomalies éventuelles : nombre de devis proposés / nombre de rapports contenant au moins une anomalie
- Respecter les délais contractuels pour le démarrage des travaux : nombre de délais non respectés
- Rendre compte sur place de chaque dépannage : nombre de R.I. signés par le client / nombre de B.T.
- Confirmer notre visite de maintenance au moins 8 jours à l'avance : nombre de lettres envoyées / nombre de contrats

5. Homme de permanence de jour
- Vous faire parvenir le CR d'intervention hors heures ouvrables : nombre de comptes rendus arrivés / nombre d'interventions en dehors des heures
- Convenir d'un dépannage d'une plage horaire d'intervention maximum de 2 h : nombre de délais non respectés

6. Coordinateur technique
- Assurer la formation du client aux consignes de sécurité : nombre de clients ayant suivi une formation / nombre de clients
- Respecter les délais de mise en service : nombre de jours de dépassement / directive.

337

14.4.1. Quatre clés du succès

Les clés du succès sont au nombre de quatre : l'implication de la direction, l'adhésion de tous, une communication forte et une révision régulière.

■ **1. L'implication directe de la direction**
Deux missions fondamentales :
1. La validation du choix des engagements de service. Ils doivent :
   - s'intégrer dans la stratégie globale de l'entreprise
   - augmenter de façon significative la valeur perçue par le client (un engagement trop prudent ne suscite aucun intérêt)
   - être à la fois réalistes et ambitieux pour éviter un blocage interne.

2. Le suivi des engagements de service. Il faut vérifier :
   - auprès du client qu'il est connu et qu'il reste pertinent
   - sur le marché qu'il est connu et qu'il reste différenciant
   - en interne qu'il est tenu et qu'il reste rentable.

Exemple

▷ Les 15 engagements des ADP (Aéroports De Paris) et leurs composantes ont été élaborés lors de vingt ateliers. Chacun a construit le parcours client spécifique à la prestation étudiée, identifié toutes les attentes satisfaites ou non satisfaites en prenant en compte la diversité des profils de clients, et proposé une première définition d'engagements de service. L'ensemble a ensuite été soumis à l'approbation des chefs de département puis des directeurs concernés.

■ **2. Adhésion de tous les acteurs internes**
Le rôle de l'encadrement est ici prépondérant : l'unité a-t-elle les moyens de respecter les engagements ? Comment assure-t-elle la maîtrise des processus de production des services ?
L'engagement de service constitue un puissant levier de management interne pour fédérer les collaborateurs : le travail d'équipe est impératif pour associer tous à l'élaboration des engagements et surtout pour aider chacun à les tenir. Car lorsqu'un problème survient, le réflexe d'attribution de responsabilité au service amont ou aval l'emporte quelquefois sur celui de contribution à la solution. On entend alors : *A nos marques, partez ! Engageons-nous... et allez-y !*

■ **3. Une communication forte**
La communication interne et externe doit être soutenue et continue. Il faut le dire souvent et longtemps.
1. En interne : l'enjeu est de favoriser la mobilisation pour que chaque collaborateur s'approprie totalement les engagements. La mise en place d'indicateurs, leur mise à jour régulière (au moins hebdomadaire) et leur affichage dans un endroit réservé au per-

sonnel rappellent de façon permanente l'ardente obligation de respecter ses engagements.

2. En externe : il faut bien évidemment le faire savoir au marché. Les clients sont toujours sensibles à l'engagement d'un fournisseur grâce à une position claire.

Exemple

▷ La Bred a décidé de communiquer fortement :

1. À ses clients particuliers :
- lettre du directeur général
- PLV en évidence dans toutes les agences
- une page dans tous les chéquiers
- deux affichages vitrine pendant un mois
- déclinaisons dans les conventions

2. En interne :
- réunion de tous les collaborateurs avant le lancement
- réunion trois mois après le lancement avec les directeurs d'agence
- un quatre-pages
- un tapis de souris
- un écran de veille.

Un résultat : l'engagement de répondre en moins de 48 heures pour un prêt habitat sans hypothèque a accru le nombre de prêts de 13 %.

■ 4. La capitalisation

Rafraîchir ses engagements de service s'impose régulièrement :
- les clients ont de nouvelles exigences (besoins et attentes)
- les engagements s'usent par leur exposition trop longue
- la concurrence renchérit.

Annoncer un engagement n'est pas une démarche sans risque !
- Non tenu, il diminue la satisfaction.
- Tenu, il augmente le niveau d'attentes, se banalise et incite à plus de performance.

PETITS EXERCICES

1. QUE PENSEZ-VOUS DU CONTRAT DE CONFIANCE DARTY ?

Pour s'engager envers sa clientèle, DARTY a établi le présent Contrat de Confiance. Ce contrat précise les prestations, les services et les garanties dont bénéficient exclusivement les produits vendus par DARTY.

ARTICLE 1

Les prix : DARTY garantit le remboursement de la différence.
DARTY s'engage à rembourser la différence de prix au consommateur qui la constaterait dans les 30 jours qui suivent l'achat chez DARTY, sur sa demande écrite et à l'aide du « coupon de remboursement » qui lui a été remis lors de son achat. Le prix, objet de la comparaison, doit être affiché moins cher, dans la zone définie ci-après, chez un détaillant ou dans un magasin DARTY, porter sur un appareil identique, de même marque, de même référence et disponible à la vente dans les mêmes conditions, notamment de service.

ARTICLE 2

Le choix DARTY.
DARTY s'engage à vous proposer en permanence le choix le plus large possible d'appareils électrodomestiques, dans chacun de ses magasins, dans le souci de vous permettre de bien choisir l'appareil qui correspond à vos besoins.

ARTICLE 3

Les garanties du service DARTY.
DARTY s'engage, pendant la durée de la garantie, à vous assurer la garantie des interventions (pièces, main-d'œuvre, frais de développement, de réglage et de réparation), dans les conditions suivantes :
- 2 ans : pour les appareils des rayons « Télévision », « Vidéo », « Gros Appareils Ménagers » (interventions à domicile),
- 2 ans : pour les appareils des rayons « Aspirateurs » et « Hi-Fi » (à déposer en magasin ou en atelier),
- 1 an : pour les appareils des rayons « Petits Appareils Ménagers », « Son et divers », « Téléphonie et Bureautique », « Appareils photo numériques » à déposer en magasin ou en atelier ; pour les micro-ordinateurs, assistance téléphonique et interventions à domicile.

La définition de nos rayons figure en annexe du présent « Contrat de Confiance ».
La garantie ne s'applique pas à la réparation de dommages résultant d'une cause externe à l'appareil (par exemple d'un accident, d'un choc, de la foudre, de la tempête, d'une fluctuation du courant...), d'un emploi, d'une installation ou d'un branchement non conformes aux spécifications ou prescriptions du constructeur, d'une utilisation nuisible à la bonne conservation de l'appareil, d'une utilisation à caractère commercial ou collectif, de l'utilisation de périphériques, d'accessoires ou de consommables inadaptés. Pour les micro-ordinateurs, la garantie ne s'applique pas, en outre, pour des dommages

résultant d'une modification de programme ou de paramétrage de données, ou d'un défaut de logiciel, DARTY ne pouvant, de plus, être tenu pour responsable de la destruction de fichiers et de la perte de logiciel consécutives à des pannes, ni de dommages occasionnés par l'utilisation de logiciels acquis par des moyens illégaux (copie).

En tout état de cause, la garantie légale concernant les défauts et vices cachés s'appliquera conformément à la loi.

Enfin, DARTY s'engage à appliquer les dispositions spécifiques des garanties contractuelles des constructeurs et des importateurs sur les appareils qu'il vend ou répare.

La garantie DARTY s'applique dans la zone définie ci-après, ainsi que dans les limites géographiques d'intervention des autres sociétés françaises à l'enseigne DARTY.

ARTICLE 4

« Extension de garantie » pour des appareils des rayons « Télévision », « Vidéo », « Gros Appareils Ménagers », « Aspirateurs », « Hi-fi » (sauf enceintes), les Micro-ordinateurs et les Télécopieurs.

DARTY s'engage à vous proposer de souscrire, au moment de l'achat ou dans les 15 jours suivants, une « Extension de Garantie » en complément de la garantie DARTY gratuite.

Cette prolongation de garantie est un contrat payant de dépannage : elle porte de 2 à 5 ans les dispositions prévues à l'article 3 pour les appareils des rayons « Télévision », « Vidéo », « Gros Appareils Ménagers », « Aspirateurs », et « Hi-fi » (sauf enceintes).

Elle porte la garantie soit de 1 à 2 ans, soit de 1 à 3 ans pour les Micro-ordinateurs et de 1 à 3 ans pour les Télécopieurs.

ARTICLE 5

Prolongation de garantie en cas d'immobilisation d'au moins 7 jours pour tout appareil sous garantie DARTY.

DARTY s'engage à prolonger votre garantie en cours du temps d'immobilisation de votre appareil si ce temps est d'au moins 7 jours.

Ce délai partira du jour de prise en charge de votre appareil par DARTY.

DARTY s'engage à réduire au minimum les éventuels délais d'immobilisation des appareils, en atelier ou au domicile du client, qui peuvent être imputables aux contraintes des constructeurs ou des importateurs.

Alors, combien de réels engagements ?

2. QUIZ : LES EXEMPLES SUIVANTS SONT-ILS DE VÉRITABLES ENGAGEMENTS DE SERVICE ?

	OUI	NON
1. *Certifier la conformité aux standards qualité les plus élevés*		Eurest
2. *Service après-vente : 50 F d'indemnité par jour de retard*	GO Sport	
3. *Un complément unique de prix quel que soit le bouquet et le lieu de livraison en France et dans le monde*		Interflora
4. *Être proche de nos clients*		Vivendi
5. *Être à l'écoute 7 jours/7, 24 heures/24*	Quelle	
6. *Vous accompagner quels que soient vos besoins*		Itineris
7. *Vous permettre de renouveler régulièrement votre téléphone mobile à des conditions privilégiées, pour profiter d'Internet et des nouvelles technologies*		Bouygues Telecom
8. *Pour vous, nous organisons systématiquement un entretien sous 10 jours avec un conseiller lors de l'ouverture de votre compte*	Crédit Agricole	
9. *Vous proposer un réseau chaque jour renforcé*		Itineris
10. *Le délai n'est pas respecté ? Vous êtes notre invité.*	Courte-paille	
11. *Vous avez pris la peine de nous écrire, nous nous engageons à vous répondre dans les 8 jours*	EDF GDF	
12. *Livrer vos colis partout en France le lendemain avant 13 h*	SERNAM	
13. *Une grande variété de tarifs vers toutes les destinations de l'Alliance*		Skyteam
14. *Vous donner la liberté d'évoluer et le droit de changer d'avis*		Itineris
15. *Un projet de financement n'attend pas. C'est pourquoi nos conseillers mettent tout en œuvre pour vous proposer une solution clés en main en 15 minutes*	Cetelem	
16. *Offrir une cuisine de Chefs*		Eurest
17. *Remboursement ou échange de tout matériel non satisfaisant, qu'elle qu'en soit la raison*		FNAC
18. *Qualité des prestations : notre personnel est très qualifié, l'ensemble de notre budget formation lui est destiné*		FMC
19. *Nous nous donnons 15' pour vous apporter une solution si d'aventure un petit problème dont nous pourrions être responsables se présentait à vous*	Ibis	
20. *On vous rembourse la différence si vous trouvez moins cher ailleurs*		Engage-ment de prix très peu engageant !
21. *Conformément à la loi Informatique et Libertés du 6 janvier 1978, vous disposez d'un libre droit d'accès et de rectification des données vous concernant*		C'est une obligation !

15. LE BENCHMARKING [1]

15.1. Définition et objectifs

Quelques définitions du benchmarking :

■ **Historique**
*Le benchmark est un repère de géomètre marquant une position...
et utilisé comme point de référence..., norme d'après laquelle quelque chose peut être mesuré ou évalué* (dictionnaire *Webster*).

■ **Pionnière**
*Le benchmarking est un processus continu d'évaluation de nos pro-
duits, services et méthodes par rapport à ceux des concurrents les
plus sérieux ou des entreprises reconnues comme leaders* (David
Kearns, directeur général de Xerox Corporation, groupe initiateur
du processus en 1979).

■ **Formelle**
*Le benchmarking est un processus continu d'évaluation des perfor-
mances des produits-services, des fonctions, des méthodes et des
pratiques par rapport aux meilleurs mondiaux, concurrents ou non
(Certification et management de la qualité,* Editions Weka*).*

■ **Opérationnelle**
*Le benchmarking est la recherche des méthodes les plus performan-
tes pour une activité donnée, permettant de s'assurer une supériorité. (Le benchmarking,* Robert Camp, Les Editions d'Organisation*).*

Les pratiques des autre entreprises induisent chez vos clients de nouveaux standards et référentiels. C'est à l'aune de ces nouvelles pratiques que vos services sont dorénavant évalués.

15.1.1. Les objectifs du benchmarking

Les objectifs ont varié. Il peut s'agir de :
• rechercher constamment, analyser et appliquer les méthodes les
  plus performantes utilisées dans une activité ;
• étalonner ses performances par rapport au meilleur des meilleurs
  (« dantotsu » en japonais) ;

---

1. Prenons ici la licence d'écrire le mot benchmarking sans guillemets malgré son
absence des dictionnaires français et sans trait d'union pour respecter l'orthographe
des dictionnaires anglais Chambers et Harrap's.

- fixer des objectifs à la fois ambitieux et crédibles en s'appuyant sur ce qui se fait de mieux ;
- définir et mettre en œuvre des plans d'action pour atteindre ces objectifs.

Le but est en fait formulé dans le titre du livre de Robert Camp : *Le benchmarking pour atteindre l'excellence et dépasser vos concurrents.*

On distingue habituellement trois catégories de benchmarking :

■ **Interne : on vise l'efficacité.**
Comparaison opérée à l'intérieur de l'entreprise : directions régionales entre elles.

■ **Concurrentiel : on vise le leadership.**
Comparaison avec les concurrents directs : chambre syndicale, union patronale, association professionnelle...

■ **Générique : on vise l'excellence.**
Comparaison de la même fonction ou d'une pratique de travail dans des secteurs d'activité différents :
- un hôpital s'adresse à un constructeur automobile pour améliorer sa logistique d'approvisionnement,
- une entreprise de produits frais s'adresse à une messagerie de presse pour réduire ses invendus,
- le Crédit du Nord s'adresse à McDonald's ou au Club Med pour améliorer son accueil.

15.2. Le processus de benchmarking

Un processus de benchmarking se déroule selon Robert Camp en 10 étapes regroupées en 4 phases.

■ PLANIFICATION	1. Identifier l'objet des recherches
	2. Sélectionner les meilleures entreprises
	3. Choisir la méthode de collecte des données
■ ANALYSE	4. Déterminer l'écart de performance
	5. Fixer les futurs seuils de performance
■ INTÉGRATION	6. Communiquer les résultats du benchmarking et les faire accepter
	7. Établir des objectifs fonctionnels
■ ACTION	8. Élaborer des plans d'action
	9. Démarrer des actions spécifiques et assurer le suivi de la progression
	10. Redéfinir les benchmarks

15.2.1. Planification

■ **Étape 1 : Identifier l'objet des recherches**
* Le sujet de l'enquête de benchmarking est-il une émanation de la mission du département ou de la nécessité d'améliorer ses produits/services ?
* Le sujet choisi est-il crucial pour le bon fonctionnement du département ? Est-ce un facteur essentiel du succès ?
* Le sujet et le but du benchmarking ont-ils été examinés avec l'encadrement du département concerné et les clients ?

■ **Étape 2 : Sélectionner les meilleures entreprises**
* Les entreprises sélectionnées sont-elles les meilleures pour la recherche considérée ?
* A-t-on envisagé tous les différents types de benchmarking pour cette sélection des leaders ?

■ **Étape 3 : Choisir la méthode de collecte des données**
* A-t-on préparé un questionnaire avant de commencer la collecte ?
* Les questions ont-elles été pré-testées en interne ?
* A-t-on pensé aux sources internes ?
* A-t-on collecté les informations disponibles dans le domaine public ?
* A-t-on envisagé de rechercher les informations à la source, notamment par des visites d'entreprise ?
* Les différentes méthodes de collecte ont-elles été passées en revue avant le lancement de l'enquête ?
* Les bases d'un partage d'information ont-elles été définies avant la collecte ?

SOURCES POSSIBLES D'INFORMATION

Internes

- Base de données et documentation
- Analyse de produits
- Rapports internes, études précédentes
- Publications internes

Recherches particulières

- Réactions de la clientèle
- Enquêtes téléphoniques
- Visites en entreprise
- Recours à un service de recherche
- Panels
- Réseaux privés
- Consultants

Externes

- Associations professionnelles
- Revues professionnelles
- Rapports effectués sur le secteur
- Publications spécialisées par fonction
- Magazines économiques
- Séminaires, colloques, conférences, salons, foires...
- Internet
- Banques de données du secteur, bibliothèques, centres de documentation
- Experts du secteur
- Fournisseurs
- Sources universitaires
- Contacts personnels chez les concurrents
- Annonces, documents publicitaires et commerciaux
- Bulletins d'information

☞ **Et vous ?**

Seules 5 à 15 % des sources sont confidentielles.

Avez-vous fait le tour de toutes les sources ouvertes ?

15.2.2. Analyse

■ Étape 4 : Déterminer l'écart de performance

- Le benchmarking a-t-il permis de repérer des différences de méthodes ?
- Les méthodes ont-elles révélé les raisons des différences observées ?

Exemple

ANALYSE COMPARATIVE DE MÉTHODES

Méthodes et commandes	Entreprise							
	A	B	C	D	E	F	G	H
TÉLÉPHONE								
• Horaire	8 h-20 h	8 h-17 h	24 h-24 h	8 h-17 h	8 h 30-20 h	8 h-17 h	9 h-17 h	8 h 30-18 h
• Disponibilité produit	Confirmé			Confirmé	Confirmé		Confirmé	Confirmé
• Prix				Confirmé	Confirmé		Confirmé	Confirmé
• Délai expédition							24 h	24 h
• Délai livraison	Confirmé		Donné par opératrice				2-7 j ouvr.	5 j ouvr.
COURRIER	Oui - bon dans catalogue	Oui - sur papier libre avec n° de référence			Oui - bon dans catalogue	Oui - bon dans catalogue	Oui - bon sur demande	Oui - bon dans catalogue
AGENCE LOCALE AUTRES	Télex	Oui Représentant		Oui Représentant	Représentant IBM Distributeurs agréés	Oui	Oui Distributeurs agréés	Oui
30 JOURS de date	oui	10 jours majoration 2 %/mois Pénalité	Exigé	Oui	Paiement à réception Exigée	Paiement à réception	Oui Exigée	Oui Exigée
• Approbation du crédit								
AUTRES MÉTHODES								
• A la livraison		Amex, visa, MC		Amex, visa, MC	chèque	Amex, visa, MC	Visa, MC	
• Carte crédit		Oui		Oui				
• Chèque/cash								
MONTANT MINIMUM								
• Courrier	Aucun	Quantités mini. stipulées	Aucun					
• Téléphone	Aucun		Aucun					
• Bureau local			Aucun					

Source : Catalogue de vente directe des principaux fabricants de matériels de bureau

■ **Étape 5 : Fixer les futurs seuils de performance**
  • La projection de l'écart a-t-elle pris en compte la connaissance des tendances pour les leaders de la profession ?
  • L'écart a-t-il été traduit en termes d'actions stratégiques et tactiques ?

La force de notre groupe repose sur l'enrichissement mutuel. La semaine prochaine, nous allons passer 4 jours à appliquer à tous les métiers du groupe les meilleures idées qui ont été retenues.

Jack Welch, ancien président de General Electric

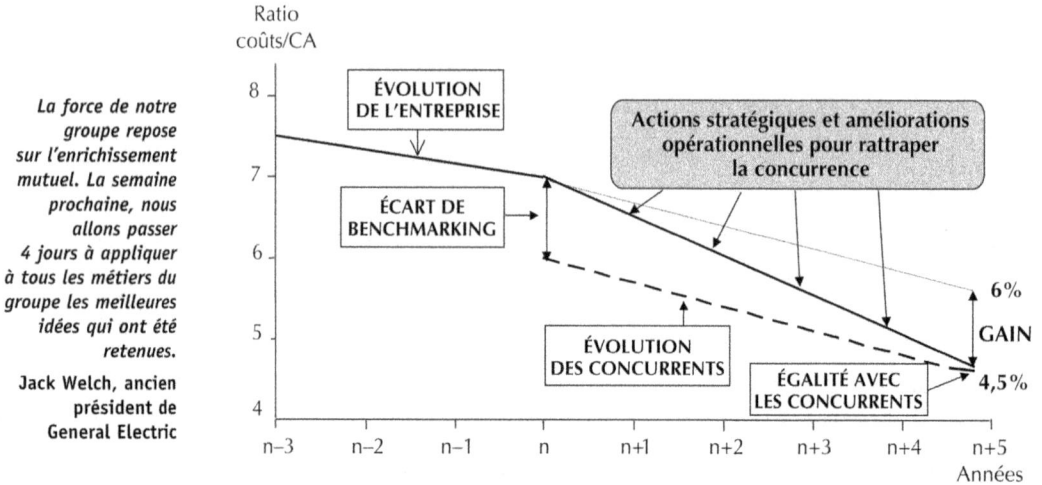

SCHÉMA **4.19**. *Évolution de la productivité d'une fonction logistique sur 5 ans : + 25 % de gain*

15.2.3. Intégration

■ **Étape 6 : Communiquer les résultats du benchmarking et les faire accepter**
  • Le récapitulatif de l'opération fournit-il résultats-clés, conclusion et recommandations ?
  • L'encadrement et le personnel adhèrent-ils aux résultats du benchmarking ?

■ **Étape 7 : Établir des objectifs fonctionnels**
  • Les conclusions sont-elles traduites en principes opérationnels ?
  • Les objectifs antérieurs ont-ils été revus pour tenir compte des résultats du benchmarking ?

Exemple

▷ Xerox a publié en interne le compte rendu d'une visite de benchmarking menée dans des centres de distribution non directement concurrentiels. Les logisticiens ont découvert des taux de productivité meilleurs que les leurs. Résultats :
  • une volonté d'en savoir plus,
  • l'adaptation de plusieurs de ces méthodes au profit de l'entreprise,

- l'élargissement du champ du benchmarking, de concurrentiel à fonctionnel et orienté vers la recherche de la supériorité,
- l'intégration de comptes rendus annuels du benchmarking dans les plans stratégiques.

15.2.4. Action

■ **Étape 8 : Élaborer des plans d'action**
- Le plan d'action montre-t-il clairement comment combler l'écart ?
- Les collaborateurs ont-ils été associés à l'élaboration du plan ?
- Le plan d'action a-t-il été soumis à une analyse de faisabilité ?

■ **Étape 9 : Démarrer des actions spécifiques et assurer le suivi de la progression**
- Le plan d'action a-t-il été mis en œuvre ?
- Les références fixées par le benchmarking ont-elles été intégrées aux processus de planification, de management, de recherche de la qualité et au processus financier ?
- A-t-on mis sur pied un processus de pilotage ?

■ **Étape 10 : Redéfinir les benchmarks**
- Existe-t-il un plan d'ajustement des benchmarks ?
- Le benchmarking est-il institutionnalisé au sein de l'entreprise ?
- L'entreprise a-t-elle atteint une position de leadership ?

On ne nous demande pas d'être bons. Nous devons être meilleurs que nos concurrents.

Jean-Marie Messier *in J6m.com*

15.3. Les modalités de mise en œuvre

Le benchmarking doit faire l'objet d'un large consensus, sous la direction et l'impulsion de l'encadrement, avec le soutien des unités concernées.

L'effort de benchmarking doit être permanent : existence d'un centre d'expertise qui peut fournir des consultations, étude et classement systématique de toute information qui peut être intéressante en vue d'une utilisation ultérieure.

Le benchmarking peut être effectué par ceux qui seront chargés de mettre en œuvre les résultats : sous la responsabilité de l'encadrement des départements concernés, avec l'aide d'experts pour un emploi efficace du processus.

Il faut faire appel à la fierté des unités concernées et leur montrer que le benchmarking est un moyen d'y parvenir.

Les opérations de contrôle doivent comprendre une discussion des progrès par rapport aux objectifs fixés par le benchmarking.

Ne confondez pas !

	MARKETING	ANALYSE CONCURRENTIELLE	BENCHMARKING
Objectif global	Analyser les marchés, leur segmentation, l'impact des produits-services	Analyser les stratégies des concurrents	Analyser les résultats et les méthodes des meilleurs
Objet d'étude	Marché Besoins explicites, implicites et latents des clients	Stratégies des concurrents	Méthodes de travail les plus performantes

15.3.1. Conditions de réussite du benchmarking

Les facteurs de réussite d'une action de benchmarking sont les suivants :
• Avoir la volonté de changer et de s'adapter en fonction des apports du benchmarking
• Mobiliser activement l'encadrement
• Bien connaître son entreprise pour pouvoir la comparer aux autres
• Prendre conscience que d'autres entreprises peuvent faire mieux
• Rechercher les entreprises leaders dans leur domaine
• Reconnaître que la concurrence évolue sans cesse et qu'il faut viser haut
• Vouloir satisfaire les exigences du client
• Rechercher les méthodes les plus efficaces
• Concentrer l'effort sur les sources de coût les plus importantes
• Intégrer les méthodes les plus efficaces du meilleur des meilleurs
• Faire preuve de créativité, d'ouverture sur les idées nouvelles dans l'application des nouvelles méthodes
• Savoir partager les informations avec ses partenaires du benchmarking
• Savoir faire un effort soutenu, convaincre et fédérer une équipe
• Savoir communiquer sur le processus et les résultats du benchmarking
• Utiliser les outils d'amélioration de la qualité
• Institutionnaliser le benchmarking dans l'entreprise.

15.3.2. Facteurs d'échec du benchmarking

Ne vous découragez pas. Les enquêtes de benchmarking prennent du temps. Il faut collecter et analyser beaucoup d'informations pour parvenir aux quelques chiffres recherchés. Parmi les principaux facteurs d'échec d'une action de benchmarking, citons :

• De fausses informations ou trop-plein d'informations

- Un manque de suivi dans le retour d'information
- Un manque de cadre de référence commun aux acteurs
- Une négligence des ressources
- Un manque de synergie entre acteurs
- Un manque de motivation, résistance aux changements :
  - difficulté à se remettre en cause.
  - réticence à accepter que d'autres organisations puissent être meilleures.
  - hésitation à copier ce qui est bon.

Exemple

▷ De nombreuses entreprises n'ont pas perçu que la méthode des codes barres, utilisée avec succès dans le secteur des produits alimentaires, pouvait être appliquée immédiatement aux processus de contrôle de leurs produits.

15.4. Les huit principes du code de conduite européen de la pratique du benchmarking

Le *Recueil de bonnes pratiques de management* publié par l'IQM donne de précieux conseils pour réussir une action de benchmarking :

■ 1. Préparation

- Montrez clairement votre engagement en faveur d'un benchmarking réel et efficace par une préparation sérieuse avant un premier contact benchmarking.
- Optimisez le temps de votre partenaire de benchmarking en préparant intégralement chaque échange.
- Aidez votre partenaire de benchmarking à élaborer ses informations en lui fournissant un questionnaire et un ordre du jour avant chaque visite.
- Prenez un avis juridique avant chaque contact benchmarking et spécialement avant l'envoi du questionnaire.

■ 2. Contact

- Respectez la culture d'entreprise de votre partenaire et utilisez les procédures définies ensemble.
- Si votre partenaire le souhaite, adressez-vous aux correspondants benchmarking qu'il aura désignés.
- Mettez-vous d'accord avec l'interlocuteur benchmarking désigné sur les attributions en matière de communication ou de responsabilités. Vérifiez que la compréhension est mutuelle.
- Obtenez l'autorisation des personnes avant de donner leurs noms en réponse à une demande d'un interlocuteur.
- Évitez de communiquer le nom d'un interlocuteur dans un forum public sans sa permission préalable.

- **3. Échange**
  - Acceptez de fournir le même type et le même niveau d'informations que vous demandez à votre partenaire de benchmarking, dans la mesure où cela est conforme à la légalité.
  - Dès les premiers contacts exprimez complètement et clairement vos attentes pour éviter les malentendus et susciter un intérêt commun à l'opération de benchmarking.
  - Soyez loyal et complet.

- **4. Confidentialité**
  - Considérez les données issues du benchmarking comme confidentielles pour les personnes et les organisations impliquées. De telles informations ne peuvent être communiquées à des tiers sans l'accord préalable des partenaires de benchmarking. Lorsque vous demandez l'accord préalable, veillez à définir clairement de quelles informations il s'agit et à qui elles peuvent être communiquées.
  - Toute participation d'une entreprise à une étude est confidentielle et ne doit pas être communiquée à l'extérieur sans son accord préalable.

- **5. Utilisation**
  - N'utilisez les informations obtenues par le benchmarking qu'à des fins définies avec le partenaire et sur lesquelles il est d'accord.
  - L'utilisation ou la communication du nom du partenaire et des informations reçues ou des pratiques observées exige l'accord préalable du partenaire.
  - Les listes d'interlocuteurs et les informations issues du benchmarking sous quelque forme que ce soit ne peuvent être utilisées à d'autres fins que le benchmarking.

- **6. Légalité**
  - Prenez des conseils juridiques en cas de doute sur la légalité d'une activité.
  - Évitez les discussions ou les actions qui pourraient avoir un impact sur la restriction du commerce, le partage de la clientèle ou des marchés, les accords de prix, les conditions des offres, la corruption ou d'autres pratiques anti-concurrentielles. Ne parlez pas de votre politique de prix avec vos concurrents.
  - Évitez d'acquérir des informations par des moyens qui pourraient être considérés comme malhonnêtes, c'est-à-dire l'infraction ou l'incitation à l'infraction à un devoir de confidentialité.
  - Ne divulguez ou n'utilisez pas des informations qui pourraient avoir été obtenues par des moyens malhonnêtes ou qui auraient été divulguées par une autre personne en violation du devoir de confidentialité.
  - En tant que consultant, client ou autre, ne donnez pas à une

autre organisation des données benchmarking sans avoir d'abord obtenu l'accord de votre partenaire de benchmarking et vous être assuré que ces données sont anonymes afin que l'identité des participants soit protégée.

■ **7. Achèvement**
- Respectez en temps utile chaque engagement pris à l'égard de votre partenaire de benchmarking.
- Efforcez-vous d'effectuer chaque opération de benchmarking dans le respect des accords passés entre tous les partenaires de benchmarking.

■ **8. Compréhension et accord**
- Comprenez de quelle manière vos partenaires de benchmarking veulent être traités et traitez-les de cette manière.
- Mettez-vous d'accord avec votre partenaire sur les modalités d'utilisation des informations qu'il vous fournit et n'en faites aucun usage qui pourrait contrevenir à cet accord.

15.5. La veille concurrentielle

15.5.1. Les objectifs

La veille concurrentielle permet de :
- mieux appréhender les nouveaux produits et marchés,
- évaluer l'état de la concurrence,
- détecter les technologies émergentes,
- déceler les dangers (sociétés, brevets et produits concurrents),
- prendre en compte les paramètres politiques et économiques,
- découvrir des idées et solutions inédites,
- trouver des partenaires éventuels,
- prendre les bonnes décisions.

La veille est un outil de pilotage indissociable de la réflexion sur le développement de l'entreprise.

Une entreprise qui pratique la veille concurrentielle :
- connaît ses forces et faiblesses
- cherche à percevoir les signaux de son environnement
- possède un savoir-faire qu'elle veut valoriser et conserver
- maîtrise ses circuits d'information et d'influence.

15.5.2. Quelques principes de veille concurrentielle

Les différents catégories d'informations collectées sont :
- technologique, de savoir-faire
- scientifique et technique : brevets, conception, fabrication

- économique : marché, partenariat
- relative aux contraintes réglementaires, politiques, juridiques...

Pour qu'une veille concurrentielle soit efficace, retenons les principes suivants :
- Une information non partagée est une information perdue.
- Chaque membre de l'entreprise en relation directe ou indirecte avec un concurrent peut rapporter une information.
- Plus le nombre d'informations est grand, plus l'entreprise peut comprendre la stratégie de ses concurrents et anticiper leur développement.

Fini le temps des « re-créations ». Copier, c'est gagné !

- La création de réseaux informels de veille permet de croiser des informations pour mieux cerner les thèmes prioritaires à surveiller.
- Les systèmes de veille doivent être maillés, mis en réseau.
- L'information recueillie doit être maintenue à jour en permanence.

15.5.3. Le concept d'intelligence économique

L'intelligence économique est un processus d'apprentissage systématique et permanent sur l'environnement économique. Son objectif est de préparer l'avenir et de remettre en cause l'ensemble des tabous, des idées reçues et des préjugés cachés ayant cours dans l'entreprise.

L'intelligence économique permet de :
- relever le « quotient d'intelligence » de tous les membres de l'entreprise
- anticiper les changements à venir
- élaborer les stratégies les plus pertinentes pour :

  - apporter un plus aux clients
  - faire des bénéfices dans des marchés et des secteurs d'activité nouveaux.

Deux démarches d'intelligence économique

Dimensions-clés	Démarche centralisée	Démarche décentralisée
Culture d'information	Contrôle par un petit nombre	Partage au sein de l'entreprise
Orientation vers l'avenir	Concentration sur des décisions clés	Questionnement, apprentissage
Structure	Cellule spécialisée	Équipes transversales
Processus	Rôle des spécialistes	Groupes interactifs
Champ	Limité aux hauts dirigeants	Apprentissage généralisé
Horizon temporel	Moyen et long termes	Court et moyen termes
Rôle de l'informatique	Terre à terre	Stratégique
Mémoire de l'entreprise	Centralisée et étroite	Ouverte et large

forte

INCERTITUDE

CULTURE DE QUESTIONNEMENT	CULTURE DE DÉCOUVERTE
CULTURE FONCTIONNELLE	CULTURE DE PARTAGE

faible

faible　　　　COMPLEXITÉ　　　　forte

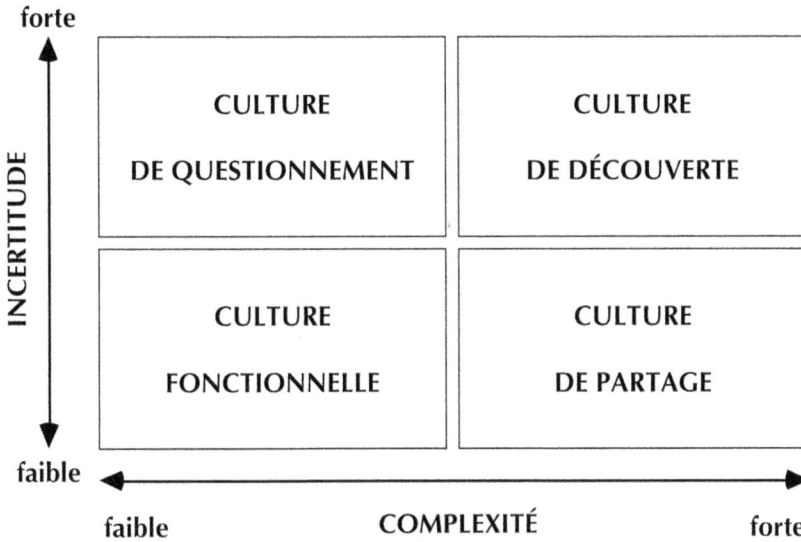

Source : « L'Art du Management », Les Échos 28/2/97

SCHÉMA 4.20. *Cultures d'information*

Le schéma 4.20 montre les quatre cultures d'information façonnées par les perceptions de l'influence de l'incertitude et de la complexité des marchés :
- culture fonctionnelle : le management utilise l'information comme vecteur d'influence ou de pouvoir,
- culture de partage : les dirigeants et le personnel estiment que l'information peut les aider à améliorer leurs performances,
- culture de questionnement : les dirigeants et le personnel considèrent l'information comme un moyen de mieux comprendre l'avenir et de trouver des solutions pour s'adapter aux tendances et orientations futures,
- culture de découverte : les dirigeants et le personnel sont ouverts aux idées nouvelles pour faire face aux crises ou aux changements et cherchent les moyens de distancer la concurrence.

Et vous ?

Concluez ce chapitre par un benchmarking sur votre propre culture d'information !

16. L'IDENTIFICATION DES BESOINS LATENTS [1]

16.1. Définition et objectifs

L'identification des besoins latents est une méthode qui permet d'anticiper sur les besoins latents des clients pour proposer un produit ou un service en avance sur la concurrence.

Cette méthode doit être :
• utilisable par des non-spécialistes (mais formés !),
• à mettre en œuvre en priorité par l'équipe de direction,
• économe de moyens : la méthode repose sur la conduite et l'analyse d'entretiens avec quelques clients bien choisis,
• gratifiante pour le client,
• modulaire dans son application.

Préparons la veille pour le lendemain !

> **Précisions** *(Petit Robert)*
>
> Latent : *qui demeure caché, qui ne se manifeste pas, mais qui est susceptible de le faire à tout moment.*
>
> Implicite : *qui est virtuellement contenu dans une proposition ou un fait sans être formellement exprimé.*

16.1.1. L'intérêt de la démarche

L'avenir ne réside pas dans la répétition de ce que les entreprises savent déjà faire dit Michel Crozier. Identifier au plus vite les besoins latents des clients présente plusieurs avantages :

■ **1. Les entreprises fabriquent des produits/services à performance comparable.**
  • Percevoir les premiers les évolutions du marché donne un atout stratégique.

---

1. Les pages qui suivent ont été élaborées à partir de trois sources :
• le stage Conception à l'Écoute du Marché organisé par le Mouvement Français par la Qualité et diffusé par Shoji Shiba, professeur au M.I.T. et à l'université de Tsukuba, membre du jury du prix Deming
• le livre *La Conception à l'Écoute du Marché* écrit par Shoji Shiba avec la collaboration de Bertrand Jouslin de Noray, Martine Morel, Didier Noyé et du Mouvement Français par la Qualité et diffusé par INSEP Éditions
• le document *Comment progresser vers une ingénierie de la pensée ?* écrit par Chantal Lesage et diffusé par le Mouvement Français par la Qualité.

■ **2. La satisfaction des clients est souvent la première source d'innovation.**
  • Professionnaliser l'écoute du client donne l'orientation clients.

Illustration parfaite
de la démarche
Je l'ai rêvé.
Sony l'a fait.

■ **3. Les attentes émergentes aujourd'hui sont les exigences de demain.**
  • Concevoir une offre innovante donne un avantage concurrentiel.

16.2. Les préalables

■ **1. Maîtriser les deux premiers stades de la qualité**
  • maîtrise (conformité)
  • amélioration permanente (le progrès pas-à-pas) pour aborder l'anticipation qualité (la stratégie de rupture)

■ **2. Connaître le schéma de résolution de problème** : le modèle WV

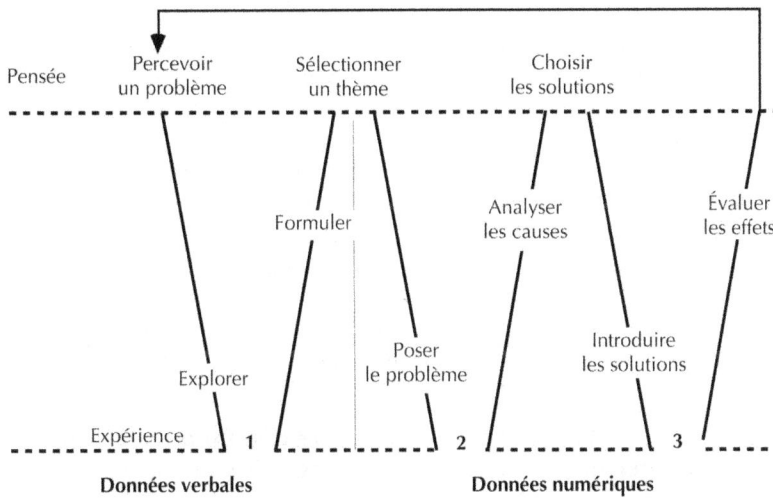

SCHÉMA **4.21.** *Le modèle WV*

*C'est par la logique
que nous prouvons,
mais c'est par
l'intuition
que nous découvrons.*
Henri Poincaré

Données 1 : langage
Données 2 : mélange de statistiques et de verbal
Données 3 : numérique

■ **3. Connaître les principes de la sémantique générale**
  Nous utilisons des mots qui sont des cartes verbales, véritables représentations inexactes et incomplètes de la réalité.
  Ces représentations nous empêchent de connaître et de prévoir les événements et donc d'agir sur eux efficacement.

Certaines attitudes sont nécessaires pour établir de meilleures cartes verbales :
- prendre conscience de nos limites d'observateur :
  - nous percevons une réalité et non la réalité,
  - nous sommes plus spontanément sensibles au langage affectif qu'au langage de la raison : l'opinion masque le fait,
  - nous courons à l'interprétation, d'où de nombreuses inférences indues que nous érigeons ensuite en faits,
  - nous mélangeons les niveaux d'abstraction et donc le sens de ce qui est dit : un Château d'Yquem 1945 n'est pas un Bordeaux quelconque.
- prendre conscience du non-verbal permanent, de la perception silencieuse :
  - nous n'analysons pas assez les signaux non verbaux (donnés par l'interlocuteur et par la situation) : il faut écouter avec les yeux,
  - nous ne maîtrisons pas toujours très bien nos propres signaux non verbaux.

Des techniques sémantiques affinent nos cartes verbales :
- la réaction différée : s'interroger sur le connoté de chaque mot
- l'ajustement espace-temps : se repérer par rapport à l'ici et maintenant
- l'exploration extensionnelle : identifier ce qui différencie des événements ou des personnes que nous généralisons ou assimilons en utilisant la dénotation et l'arborescence
- l'interprétation des termes multi-ordinaux : ne pas se précipiter sur le premier sens venu
- l'expression multi-modale : nuancer des propos binaires
- l'emploi de formules relativistes : penser davantage en termes de degré que d'absolu.

Les Outils du Management de la Qualité (OMQ) ou dits outils de deuxième génération peuvent être utilisés. Ils sont au nombre de sept :
- diagramme des affinités (appelé aussi KJ, du nom du professeur Kawakita Jiro) : décrire et formaliser un problème,
- diagramme matriciel : valider et hiérarchiser les hypothèses de solutions,
- diagramme en arbre : repérer les moyens à mettre en œuvre pour résoudre un problème,
- diagramme des (inter-)relations : rechercher les causes d'un problème en remontant dans l'analyse des enchaînements de causes à effets,
- diagramme des décisions (ou PDPC – Process Decision Program Chart) : analyser les différentes conséquences de la mise en œuvre d'une décision,

- diagramme en flèche (ou sagittal) : programmer et planifier les les actions retenues (exemple du PERT),
- analyse factorielle des données : présenter des données dans une optique d'aide à la décision.

Ces outils facilitent le traitement de problèmes complexes pour lesquels on dispose de données verbales et de peu de données chiffrées. Les trois premiers sont les plus utilisés.

Ce sont aussi les outils des démarches dites de percée :
- la CEM (Conception à l'Écoute du Marché) ou l'identification des besoins latents,
- le « Hoshin », démarche de planification et de déploiement de l'amélioration permanente.

Les gens ne savent pas ce qu'ils veulent jusqu'à ce qu'on le leur propose.

Sir Henry Conran, fondateur de Habitat

16.3. Les principes d'action

16.3.1. Le concept du « market-in »

L'orientation client implique de faire pénétrer la voix du client dans l'entreprise pour influencer aussi bien la façon de travailler que la définition du produit/service. C'est la démarche inverse du « product-out ».

16.3.2. La caractérisation des attentes des clients

Il existe trois formes d'attentes :
- les attentes obligatoires : elles correspondent à des besoins que le client ne formule pas, tellement elles lui semblent évidentes.
  Exemple de la présence d'une roue de secours ou de freins qui fonctionnent quand on achète une voiture neuve.
  Ces attentes ne « créent » pas de satisfaction particulière quand elles sont satisfaites, mais « créent » en revanche du mécontentement quand elles ne le sont pas.
- les attentes proportionnelles : elles correspondent à des besoins clairement exprimés. Plus le client obtient ce qu'il a demandé, plus il est satisfait.
- les attentes attractives : elles correspondent aux besoins latents, c'est-à-dire à des besoins non exprimés car le client n'en a pas conscience tant qu'une offre ne les lui révèle pas.

L'identification des besoins latents a pour finalité de repérer ces dernières pour apporter une réponse innovante.

16.3.3. Le principe du bocal

Il est possible de connaître les clients par des mesures ou par une immersion. Shoji Shiba recommande de « plonger dans le bocal » de son champ d'investigation pour recueillir des données qualitatives.

16.3.4. L'approche ouverte

Plusieurs techniques sont utilisées. L'observation des personnes et l'observation de processus consistent à étudier le comportement des clients en train d'utiliser le produit/service. L'identification des besoins latents pratique une démarche plus proche du client : l'enquête avec questions ouvertes.

16.4. Les quatre phases de la démarche

Il s'agit de :

1. Capter les voix des clients

2. Transformer les voix des clients en attentes clients

3. Analyser qualitativement les attentes clients

La démarche n'est pas pour des gens moyens. Il faut de l'intuition.

Shoji Shiba

4. Définir les nouveaux produits/services.

L'entreprise qui découvre les besoins latents de ses clients sera toujours en avance sur ses concurrents. Il faut innover juste.

16.4.1. Capter les voix des clients

■ Préparer l'action

Pour bien préparer l'action, il faut :
- constituer une équipe projet
  - composition : le comité de direction, extension possible aux collaborateurs (exemple de l'entreprise Favi)
  - rôle : piloter l'action, choisir les clients, définir les modalités...
  - durée de la mission : trois mois environ
  - un chef de projet
- retenir un nombre limité de clients

Nombre
d'idées
nouvelles

90 %

70 %

Nombre
de personnes
interviewées

12   20

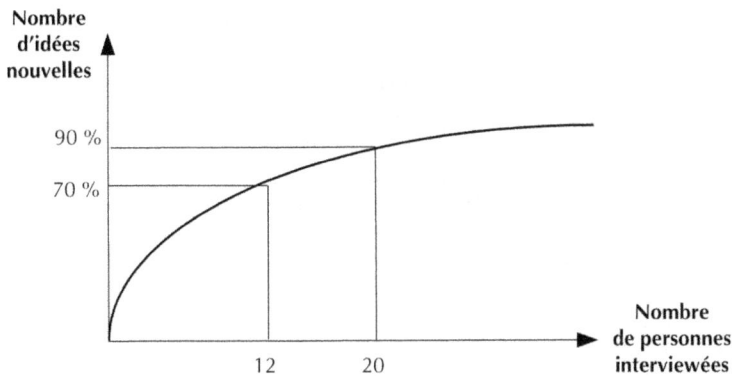

D'après Abbie Griffin et John Hauser

SCHÉMA 4.22. *L'efficacité réside dans la cible*

- choisir ses interlocuteurs :
  - segments de marché
  - clients perdus, mécontents, satisfaits
  - précurseurs, suiveurs, conservateurs...
  Les choisir surtout différents...
- se former à l'écoute du client

Rappel des cinq principes de Kawakita :
  - adopter une vision à 360 degrés : le tour de la situation
  - progresser en pratiquant le « step by step » : les détours féconds du pas japonais
  - profiter du hasard et de la chance : Louis Pasteur disait que « le hasard ne favorise que les esprits qui y sont préparés » !
  - se fier à son intuition : passer de la veille à l'alerte
  - recueillir des informations qualitatives.

■ **Conduire les entretiens**
  La phase proprement dite de l'entretien nécessite de :
  - préparer l'entretien
    - définir 5-6 domaines à explorer (utiliser le diagramme des affinités)
    - penser à des perspectives 360° : volume, coût, qualité, délai... passé, présent, futur
    - élaborer des questions ouvertes :
      - quelles ont été vos difficultés ?
      - quelles nouveautés souhaitez-vous ? Pourquoi ?
      - quels sont les critères que vous privilégiez ? Pourquoi ?
      - dans quelles situations vous imaginez-vous quand vous utilisez ce produit/service ?
    - prévoir des questions relais
  - organiser l'entretien

361

- interviewer à deux, un interviewer et un preneur de notes,
- s'asseoir à côté de l'interviewé pour l'interviewer,
- prendre le maximum de verbatim pour le preneur de notes, écrire en abrégé et toujours sans interprétation.
- recueillir des données qualitatives
  Trois points sont à privilégier :
  - l'occurrence à la multiplicité d'occurrences : une fois, c'est la réalité !
  - la sensibilité à l'intelligence,
  - les images, les symboles.
- conduire l'entretien
  - commencer l'entretien par les questions faciles (le passé),
  - adapter ses questions en fonction de son interlocuteur (noter les critères d'identification : âge, sexe, fonction...) et du déroulement de l'entretien,
  - accepter ce que dit le client (même si on n'est pas d'accord),
  - ne jamais interrompre,
  - suspendre tout jugement,
  - concentrer toute son attention,
  - soigner son attitude non verbale,
  - demander des exemples,
  - ne pas craindre les silences,
  - répéter les mots clés, reformuler,
  - prévoir la conclusion et remercier.

La voix du client doit agir comme un stimulant, un déclencheur de créativité.

CINQ CHOSES À NE PAS FAIRE SI VOUS VOULEZ DEVENIR PRIX NOBEL

1. Croire à son expérience
2. Se soumettre aux autres
3. S'embarrasser de l'inutile
4. Éviter la confrontation
5. Oublier sa curiosité d'enfant

d'après Leo ASAKI
(découvreur de l'effet tunnel dans les semi-conducteurs)

16.4.2. Transformer les voix des clients en attentes clients

■ **Créer des images représentant l'utilisation du produit /service**
Dessiner les images accroît la créativité pour deux raisons :
- la richesse de l'image
- la prise en compte des contextes d'utilisation.

■ **Rapprocher voix du client et images pour en déduire un ou deux points-clés sous forme de caractéristiques**

Exemple

- Voix du client : mes enfants doivent pouvoir utiliser mon téléphone portable
  Image : enfant prévenant sa mère qu'elle peut venir le chercher à la piscine
▷ Points clés : petit (10 cm), résistant à une chute
- Voix du client : mon briquet ne doit pas s'éteindre
  Image : impossibilité d'allumer une cigarette sur un bateau
▷ Points clés : flamme stable au vent, étanchéité, protection de la flamme

■ Formuler les attentes

Cette formulation peut s'effectuer de différentes manières :
- de façon affirmative,
- avec des mots spécifiques qui évitent l'abstraction et qui nuancent la pensée,
- sous forme de besoins plutôt que de solutions,
- en utilisant le verbe être au présent (plutôt que devoir),
- avec sujet (tout ou partie du produit/service), verbe et complément.

Exemple

- Attentes client : Le portable est assez petit pour s'intégrer dans un sac de piscine
  Le portable est assez léger pour être porté par un enfant
  Le portable fonctionne même s'il tombe des mains
- Attentes client : Le briquet fonctionne en temps de pluie
  La flamme du briquet est stable dans le vent

Ce n'est pas en améliorant la bougie qu'on a inventé l'électricité !

■ Sélectionner les attentes essentielles par la méthode de sélection dynamique (voir encadré page suivante).

■ Les présenter à l'aide d'un diagramme des affinités pour s'assurer d'une bonne vision d'ensemble, puis en diagramme en arbre pour faciliter leur traitement.

■ Croiser ces attentes avec les tendances de l'environnement.

- Étudier l'environnement par compilation d'études existantes.
- dessiner des images représentatives des évolutions identifiées
- croiser dans un diagramme matriciel attentes et tendances pour valider la pertinence des attentes identifiées et pour découvrir de nouvelles attentes potentielles
- croiser aussi les images pour en concevoir de nouvelles

*Truisme
L'imagination se nourrit d'images.
Il faut dessiner !*

Exemple

- Tendances sociétales au Japon proposées par Shoji Shiba :
  - technologie : miniaturisation, outils multifonctions, haute technologie, technologie-gadget...
  - économie : augmentation des loisirs, hausse du pouvoir d'achat, accroissement des services...
  - législation : dérégulation, souci de l'environnement...
  - mentalité : travail moins soutenu, individualisme, bien-être social, modernisme, féminisation de la société...
- Demandes des organisations en matière de management : réponse à la complexité, réponse à l'incertitude, réactivité, relationnel...

LA SÉLECTION DYNAMIQUE
(OU SÉLECTION POSITIVE OU MULTIPLE PICKING METHOD)

Objectif
Sélectionner les idées essentielles à partir d'une longue liste

Principe
Tris successifs permettant à un groupe de se mettre d'accord sur une vingtaine d'idées importantes

Modalités
1. Disposer toutes les étiquettes autocollantes (une idée par étiquette) sur un tableau
2. Faire lire en silence toutes les étiquettes
3. Demander à chaque participant de marquer d'un point rouge les étiquettes qui lui semblent importantes. Une étiquette ne peut être cochée plus d'une fois.
   Variante : qualifier chaque idée essentielle avec un point rouge, importante avec un point bleu, secondaire avec un point vert.
4. Mettre de côté les étiquettes non cochées et répéter l'opération avec les étiquettes cochées jusqu'à obtenir environ 1,5 fois le nombre d'idées souhaité (soit une trentaine environ)
5. Faire entourer par chaque participant les x idées essentielles à ses yeux (x = nombre d'idées à retenir/nombre de participants)
6. Construire un diagramme des affinités à partir des idées sélectionnées

À noter : la sélection dynamique par rapport au vote pondéré est une méthode de classement plus longue mais plus vivante.

16.4.3. Analyser qualitativement les attentes clients

Noriaki Kano considère que les attentes peuvent être catégorisées en obligatoires, proportionnelles et attractives (cf. second principe d'action). Cela présente un double intérêt :

- repérer les fonctions attractives pour anticiper et être le premier à concevoir une réponse à un besoin nouveau,
- mettre en valeur que les fonctions attractives évoluent et qu'elles deviennent proportionnelles, puis obligatoires.

**Évolution de la satisfaction du client
selon les fonctions obligatoires, proportionnelles et attractives**

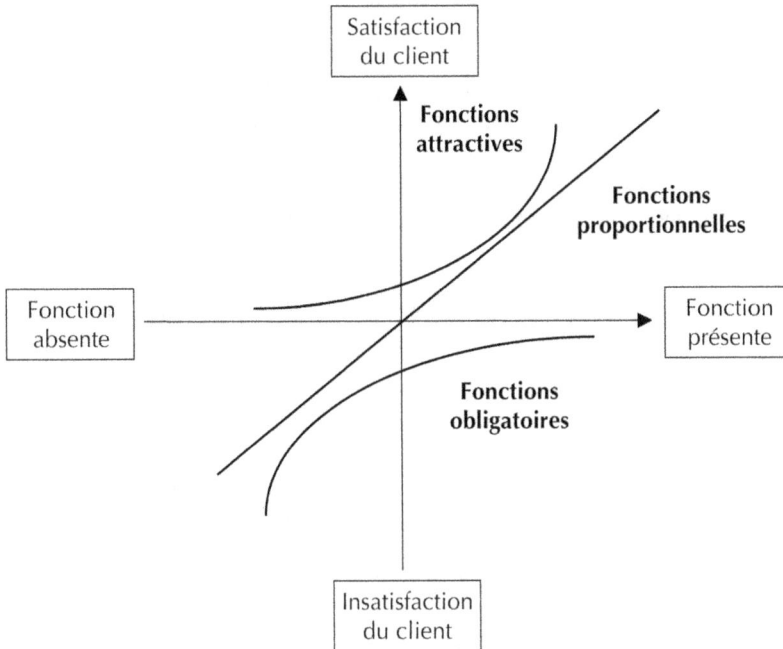

SCHÉMA **4.23**. *Graphe de Kano*

■ **Construire le questionnaire**
- concevoir de dix à vingt questions doubles :
  - quelle serait votre réaction si telle fonction (répondant à l'attente client) existait dans le produit/service ?
  - quelle serait votre réaction si telle fonction était absente du produit/service ?
- éviter la négation pour interroger sur l'absence de la fonction
- tester
- prévoir une introduction expliquant la forme du questionnaire

■ **Administrer le questionnaire**
- questionner une vingtaine de clients (toujours respecter la diversité) et segmenter pour analyser les différences éventuelles
- cinq réponses possibles :

365

- ça me plaît
- c'est normal ainsi
- ça m'est égal
- je m'en contente
- ça me déplaît

- faire hiérarchiser chaque attente : pas, peu, assez ou très important
- conclure par deux questions ouvertes : autres besoins et remarques

■ **Exploiter le questionnaire**
- dépouiller couple de questions par couple de questions
- caractériser la nature de chaque attente client avec la grille suivante

Grille pour situer les réponses au questionnaire Kano

Caractéristique de l'attente client :

A : Attractive   I : Indifférente   P : Proportionnelle

C : Contraire   O : Obligatoire   D : Douteuse

Les attentes ▷ des clients ▽		Absence de la fonction				
		1 me plaît	2 c'est normal	3 m'est égal	4 m'en contente	5 me déplaît
Présence de la fonction	1 me plaît	D	A	A	A	P
	2 c'est normal	C	I	I	I	O
	3 m'est égal	C	I	I	I	O
	4 m'en contente	C	I	I	I	O
	5 me déplaît	C	C	C	C	D

■ **Synthétiser les résultats**
- présenter chaque attente client sur une ligne en précisant en pourcentage le score obtenu à chacune des six caractéristiques
- mentionner en fin de ligne la rubrique dominante
- utiliser la présentation du Massachussets Institute of Technology en utilisant les coefficients de pondération suivants :

	Fonction présente	Fonction absente
• Ça me plaît	4	-2
• C'est normal ainsi	2	-1
• Ça m'est égal	0	0
• Je m'en contente	-1	2
• Ça me déplaît	-2	4

Fonctionne

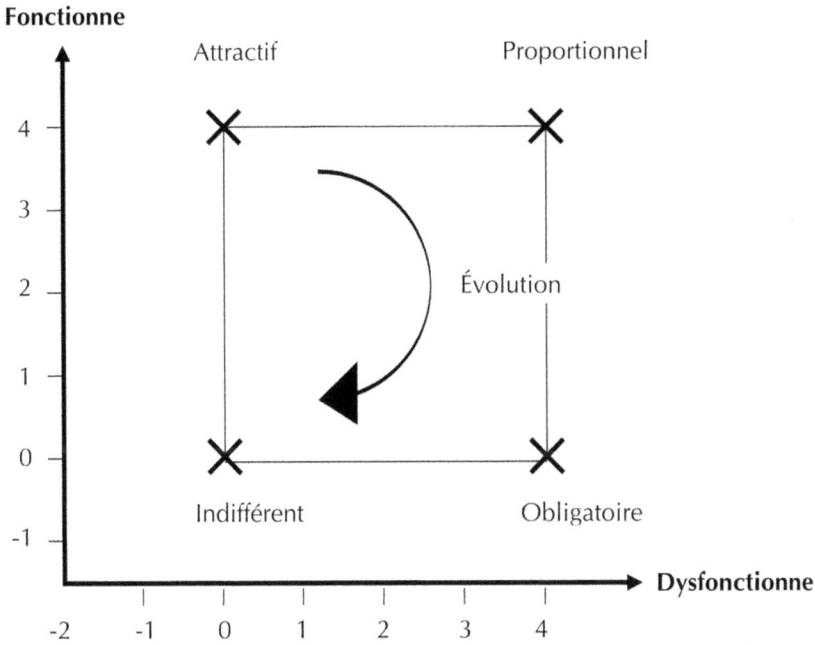

SCHÉMA 4.24. *La grille du MIT*

Cette méthode permet de vérifier la bonne formulation des questions (une réponse en dehors du carré indique un manque de clarté) et de regrouper des groupes d'attentes clients.

16.4.4. Définir les nouveaux produits/services

■ **Sélectionner les attentes stratégiques**
  • se concentrer sur les attentes stratégiques, c'est-à-dire les attentes qui donnent un avantage concurrentiel. Trois sources :
  • les résultats des questionnaires Kano
  • l'importance donnée aux attentes par les personnes interrogées
  • la position des produits/services concurrents (à renseigner par des études d'étalonnage ou des enquêtes terrain)

Ne pas oublier de définir pour chaque attente client des spécifications et des indicateurs qualité.
Deux critères :
la pertinence et la faisabilité de la mesure.

367

■ **Formuler les stratégies**
  • définir une stratégie produit/service avec un ensemble cohérent d'attentes clients
  • formuler chaque stratégie en une phrase et dans un langage client
  • ne pas chercher à répondre à toutes les attentes clients par une même stratégie produit/service

■ **Définir le concept produit/service correspondant**
  • constituer un groupe de créativité
  • décomposer la phrase en différents thèmes et dessiner les réponses sur des étiquettes autocollantes
  • réaliser une sélection dynamique pour retenir les idées qui semblent les plus riches
  • en déduire de nouvelles solutions
  • les comparer avec la stratégie affichée et les noter de 1 à 5
  • valider et rapprocher les attentes clients à l'aide d'un diagramme matriciel en appliquant un coefficient pour tenir compte de la nature des attentes : obligatoire = 1, proportionnel = 3, attractive = 5.

Pour qu'un rêve devienne réalité, il faut d'abord rêver.

Aérospatiale

5

Piloter
une démarche qualité

1. LE SUIVI DE L'AVANCEMENT

1.1. Une responsabilité commune

Tous les acteurs de la démarche qualité sont concernés.

Chaque membre du personnel est responsable opérationnel de ses objectifs qualité.

- La direction :
  - crée un environnement favorable
  - attribue les ressources humaines et matérielles nécessaires
  - pilote, coordonne, oriente, valorise
  - donne l'exemple.

- Le responsable qualité :
  - est responsable fonctionnel de l'avancement de la démarche
  - démultiplie la démarche qualité
  - identifie et apporte les méthodes et outils appropriés
  - donne l'impulsion et dynamise
  - favorise l'appropriation de la démarche
  - s'assure de la cohérence de l'ensemble.

1.2. Le rôle du management

Pour entretenir et suivre la politique qualité, le rôle du manager est essentiel. Il doit :

- **Entretenir la dynamique du succès**
  - s'assurer que politique, stratégie et objectifs sont bien intégrés
  - mettre à disposition les moyens adaptés

Une société ne marche pas avec des règlements établis une fois pour toutes : c'est une création incessante.
Si le monde marche mal, c'est que Dieu, après qu'il eut créé le monde et fixé ses lois, a cru qu'il pouvait se reposer.

Auguste Detœuf

- favoriser les sujets d'équipe et définir les responsabilités
- évaluer les progrès perçus par les clients
- planifier l'amélioration des méthodes et documents

■ **Informer, communiquer**
- évaluer les résultats de chaque action
- les faire connaître à l'ensemble des collaborateurs
- mettre à l'ordre du jour des réunions de service un point qualité
- développer un climat favorable
- diffuser le tableau de bord

■ **Valoriser résultats et participants**
- mettre en avant les principales réussites
- encourager le changement de comportement
- souligner l'enrichissement individuel et collectif
- tenir compte des chances de réussite conditionnée
- par l'environnement
- faire partager l'avancement général

Le sens de la réflexion et une vraie capacité à la remise en question, ce que je pourrais appeler « la vertu scientifique du doute », sont des traits que je qualifierais de Français... C'est lorsque l'on passe à la phase de mise en œuvre que l'on peut discuter de l'efficacité « à la française ». Sur ce point, les Japonais sont sans aucun doute bien meilleurs que nous.
Carlos Ghosn, directeur de Nissan (Le Figaro – mars 2001)

1.3. Les revues qualité

La revue qualité est définie selon la norme ISO 9000:2000 : *Examen entrepris pour déterminer la pertinence, l'adéquation et l'efficacité de ce qui est examiné à atteindre des objectifs définis.*

■ **1. La revue de direction**
Évaluation formalisée, effectuée par la direction au plus haut niveau, de l'état et de l'adéquation du système qualité par rapport à la politique qualité et à ses objectifs.
1. La revue de direction peut inclure de reconsidérer la politique qualité.
2. Les résultats d'audit qualité constituent une des données d'entrée possible de la revue qualité.
3. La « direction au plus haut niveau » désigne la direction de l'organisme dont le système qualité est passé en revue.

■ **2. La revue de contrat**
Actions systématiques effectuées par le fournisseur avant la signature du contrat pour s'assurer que les exigences pour la qualité sont définies de façon adéquate, sans ambiguïté, exprimées par des documents et réalisables par le fournisseur.
1. La revue de contrat est de la responsabilité du fournisseur, mais elle peut être effectuée conjointement avec le client.
2. Une revue de contrat peut être répétée à différentes étapes du contrat si besoin est.

■ 3. La revue de conception
Examen d'une conception mené de façon complète et systématique à l'aide de documents en vue d'évaluer sa capacité à satisfaire aux exigences de la qualité, d'identifier les problèmes et, s'il y en a, de proposer le développement de solutions.
Une revue de conception peut être conduite à toute étape du processus de conception, mais il convient dans tous les cas d'en mener une à l'achèvement de ce processus.

Ces revues et les autres (conception, non-conformité...) permettent d'évaluer la mise en œuvre de la politique qualité de façon régulière et exhaustive.

1.3.1. Le compte rendu

Les fonctions d'un compte rendu sont nombreuses :

- **Rendre compte :**
  1. information des absents
  2. diffusion

- **Fixer ce qui s'est dit :**
  3. focalisation : pas de contrainte de prise de notes
  4. référence : en cas de désaccord
  5. historique : pour un nouveau venu
  6. banques de données : pour statistiques
  7. base d'expérience : si re-discussion

- **Obliger à la synthèse :**
  8. clarification

- **Faciliter la réunion :**
  9. introduction et recadrage : rappel des résultats et des actions à mener
  10. dynamisation : témoignage de l'avancement

- **Préparer l'avenir :**
  11. convocation
  12. répartition des tâches.

☞ Et vous ?

Soyez professionnel : rédigez votre compte rendu en temps réel (l'idéal est de le taper sur votre ordinateur portable et de le faire valider à l'aide d'un projecteur multimédia) et mailez-le juste à la fin de la réunion.

1.4. Trois points de vigilance

1.4.1. L'implication de la direction

La conduite d'une politique qualité suppose :
• la rigueur : différent de la raideur ou de la rigidité
• la volonté de progresser : l'entraînement des équipes
• l'engagement : le contraire du *faites ce que je dis, pas ce que je fais*

L'exemplarité de la direction se manifeste par :
• la nomination d'un responsable qualité
• la participation aux formations qui lui sont destinées
• l'allocation des disponibilités demandées
• l'attribution des moyens financiers nécessaires
• la présence systématique aux revues qualité
• le soutien au déroulement de la démarche en cas de difficulté
• la valorisation de cette politique en interne comme en externe...

1.4.2. L'absence de conflit interne majeur

La tactique des préalables se met naturellement en place quand les divergences sont exacerbées : *OK pour votre démarche qualité, mais seulement après votre accord sur tel autre point...*

Or la qualité s'impose à tous. Chacun doit être conscient de cet impératif collectif.

1.4.3. Le charisme des équipes qualité

Charisme : *qualité qui permet à son possesseur d'exercer un ascendant, une autorité sur un groupe (Petit Robert).* C'est une qualité, ce n'est pas un statut, ni un grade ou une fonction. Un mélange de générosité et de rayonnement. L'art de motiver son entourage.

2. LE TABLEAU DE BORD QUALITÉ

2.1. La définition d'un indicateur de mesure

La mesure augmente la visibilité et favorise la vigilance.

Un indicateur de mesure est un outil qui permet de mesurer :
* l'atteinte d'un objectif
* l'avancement d'une action
* les variations d'un phénomène
* ...

C'est l'instrument de mesure d'un critère.

Il sert à se donner des indicateurs pour favoriser :
* la réactivité
* l'aide à la décision
* la motivation
* la prévention.

☞ Et vous ?

Sauriez-vous gérer un centre de profit sans prévisionnel ni suivi ?

Avez-vous mis en place des indicateurs d'amélioration ?

Et surtout, les tenez-vous à jour ?

2.1.1. Les qualités d'un indicateur

1. Par définition, c'est le reflet fidèle de la réalité	Exemple du thermomètre
• Pertinence de la mesure envisagée	*ne doit pas mesurer l'hygrométrie*
• Couverture du phénomène	*comment donner la t° de toute la France ?*
• Précision : degré de finesse	*les dixièmes pour le corps*
• Exactitude dans : l'étalonnage la variation ▷ pas d'erreur dans la traduction du phénomène, mais un lien biunivoque	*0°C quand l'eau gèle* *+100°C quand elle bout*
• Reproductibilité, indéformabilité ▷ fidélité des mesures dans le temps et l'espace	*mêmes résultats à intervalle différent*
2. C'est aussi la fiabilité de sa mesure	
• Modalités de saisie indiscutables	*> 3' pour prendre la t°*
3. Et en pratique, c'est la facilité de son utilisation	
• Adopté, convenu par le plus grand nombre	*fahrenheit : yes* *celsius : no !*
• Facilité de traitement – saisie-lecture-relevé – transmission – exploitation-gestion	*-> direct : thermo-sonde* *-> délai rapide* *-> courbes d'expérience*
• Déjà expérimenté, maîtrisé si possible	*chaud > 25°C ?* *très chaud > 35°C ?*
• Traduction et codage communs	*parallaxe de la lecture*
• Cohérence de tous les indicateurs ▷ intégration dans un système plus vaste, agrégation dans un tableau de bord	*toutes les t° prises dans les mêmes conditions*

2.1.2. Les qualités d'un indicateur centré client

LE CHOIX DES CRITÈRES

Le critère est la dimension du service que l'on souhaite mesurer. L'important est de rendre compte du service du point de vue du client et non de la production de ce service.

Exemples :
• un bus sans passager, même s'il est à l'heure, n'apporte aucun service
• un magasin parfaitement achalandé mais sans acheteur ne restera pas ouvert longtemps
• un ascenseur qui tombe en panne entre 2 h et 4 h du matin gênera beaucoup moins de monde qu'entre 9 h et 10 h par exemple.

Donc plus que la ponctualité, l'absence de manquants ou la disponibilité qui restent tous des critères essentiels de la « fabrication » du service, il est préférable d'opter pour des critères qui soient perçus par le client.

L'enjeu est de passer d'un critère de performance/conformité de la production (taux de service, de panne, de disponibilité...) à un critère de perception du service vécu par le client (temps d'attente, présence d'un interlocuteur, propreté perçue...).

LES INDICATEURS CORRESPONDANTS

Il s'agit de définir la métrique qui permette de mesurer les critères. Tous les indicateurs centrés client ont un facteur commun : le nombre ou le pourcentage de clients ayant subi une non-conformité par rapport au service spécifié.

Trois étapes :
• définir le service de référence, fonction de trois éléments : attentes clients, référentiel clients acquis auprès d'autres entreprises pour des services similaires (exemples : réponse à un appel téléphonique ou à un courrier, horaires d'ouverture, rapidité du SAV...), ambition de l'entreprise
• établir un niveau d'exigence : 100 % des clients ? Ou moins ?
• fixer éventuellement un niveau d'alerte : ce seuil dès qu'il est atteint déclenche une alerte et la décision de lancer une action corrective et/ou préventive.

Exemple

LISTE DES INDICATEURS COMPOSANT
LE BAROMÈTRE QUALITÉ D'UNE COMPAGNIE AÉRIENNE

INDICATEURS INTERNES

1. Achat du billet
- Réservation téléphonique : pourcentage d'appels perdus, temps moyen d'attente, temps moyen de conversation client
- Nombre de passagers en attente aux comptoirs de vente : en agence, en aéroport

2. Transport à l'aéroport
- Propreté des cars

3. Aéroport départ
- Temps d'attente à l'enregistrement
- Refus d'embarquement : nombre total, taux de passagers
- Nombre de passagers hébergés
- Temps d'attente aux filtres de police au départ
- Nombre de passagers traités au contact
- Ponctualité au départ : absolue, corrigée, cause de retards, durée moyenne du retard, retard moyen passager, taux de passagers retardés, comparaison avec AEA, comparaison avec IATA
- Nombre de passagers qui ratent la correspondance
- Aspect extérieur des avions
- État de la peinture des avions
- Attitude du personnel au sol
- Respect de la procédure d'information aux passagers

4. À bord de l'avion
- État des aménagements cabine
- Propreté cabine
- Contrôle de production en vol
- Incidents techniques en vol
- Indicateur QDS du PNC

5. À l'arrivée
- Ponctualité : absolue, corrigée, durée moyenne du retard

INDICATEURS EXTERNES

- Satisfaction de la clientèle sur le service au sol au départ
- Satisfaction de la clientèle au vol
- Rapports de vol PNC
- Satisfaction de la clientèle à l'arrivée
- Service après-vente, lettres clients : observations au sol, observations en vol, délai de réponse aux lettres
- Baromètre global de satisfaction des passagers

Exemple

TABLEAU DE BORD PROPOSÉ À LA POSTE
(avec exemples d'objectifs)

Être réactif

    Réclamations   Réponse < 8 j

Être conforme

    Très Grande Satisfaction   TGS > 50 %
    Non-conformités   CAP
    Courrier : taux de service   J + 1 > 84 %
    Colis : tracing and tracking   Taux de saisie = 100 %
    SF : délai d'encaissement   < 8 j
    Bureau : attente guichet   < 5'
    Certification   Certificats obtenus en temps

Améliorer

    Nombre de GTI (Groupes de Travail et d'Innovation)
    Nombre d'idées proximité et Poste mises en œuvre
    Motivation   Socioscope

Anticiper

    Recueil d'attentes   Engagements publiés, tenus
    Écoute clients   Tables rondes ARTT
    Visites clients   > 2/an par personne

2.2. Tout se mesure

Mesurer est déterminer la valeur par comparaison avec une grandeur constante de même espèce, prise comme référence (étalon, unité).

Voici trois exemples de phrases entendues dont on mesure mal l'intensité :

1. Le cartable de mon enfant est trop lourd.

2. Le tremblement de terre était terrible.

3. Il y a du vent !

Selon que votre interlocuteur est pleutre ou stoïque, comment pouvez-vous savoir s'il exagère ?

Les expressions semi-quantitatives comme bientôt, beaucoup, souvent... véhiculent plus des ordres de grandeur que de la précision. L'important est de les apprécier à leur « juste valeur ». Pour ce faire, des grilles, repères, unités sont nécessaires.

Exemple

Le cartable de mon enfant est trop lourd

La F.C.P.E. (Fédération de Conseils de Parents d'Elèves) s'est alarmée du poids des cartables. Selon les textes, le poids du cartable ne doit pas excéder 10 % du poids du corps de l'enfant. Or il apparaît qu'il représente 20 % et même pour certains 25 % du poids de l'enfant.

**Un cartable doit peser moins de 10 %
du poids de celui qui le porte.**

Exemple

LE TREMBLEMENT DE TERRE ÉTAIT TERRIBLE

Si tout le monde connaît l'échelle de Charles Richter, moins nombreux sont ceux qui connaissent l'échelle MSK qui permet de mesurer les degrés d'intensité croissante des séismes.

I. Secousse non perceptible
Secousse imperceptible à l'homme, enregistrée seulement par les sismographes.

II. Secousse très faible
Secousse ressentie seulement par quelques individus au repos et surtout par ceux situés aux étages supérieurs des maisons.

III. Secousse faible légèrement ressentie
Secousse ressentie par quelques personnes à l'intérieur des habitations. Vibration analogue à celle causée par un camion léger. Léger balancement d'objets suspendus surtout dans les étages supérieurs.

IV. Secousse largement ressentie
Séisme ressenti à l'intérieur des constructions par de nombreuses personnes, à l'extérieur par quelques personnes. Vibrations des fenêtres, des portes et de la vaisselle, craquement des murs. Les liquides contenus dans les récipients ouverts s'agitent.

V. Réveil des dormeurs
Ébranlement ressenti par toute la population. Constructions agitées d'un tremblement général. Large balancement des objets suspendus. De nombreuses personnes effrayées sortent des habitations.

VI. Frayeur
Crépi fendillé, vaisselle brisée, cloches mises en branle, chute de plâtras.

VII. Dommages aux constructions
Maisons légèrement endommagées, lézardes dans les murs, chute de cheminées, écroulement d'édifices, fissures en travers des routes, tarissement de certaines sources.

VIII. Destruction de bâtiments
Frayeur et panique. Sérieux dommages, fentes béantes dans les murs, chute de clochers d'église, renversement de statues. Petits glissements de terrain.

IX. Dommages généralisés aux constructions
Panique générale. Animaux affolés. Dégâts considérables au mobilier. Un grand nombre de maisons sont rendues inhabitables. Chutes de monuments et de colonnes. Ruptures de canalisations souterraines.

X. Destruction générale des bâtiments
La plupart des bâtiments en pierre et en charpente sont détruites avec leurs fondations. Larges fissures dans le sol. Dommages sévères aux ponts, aux digues, aux barrages. Éboulements.

XI. Catastrophe
Destruction totale des bâtiments en pierre, des ponts et des digues. Crevasses multiples. Grands éboulements de terrain.

XII. Changement de paysage
Rien ne demeure des œuvres humaines. Importants changements dans la typographie, vallées transformées en lac.

Il y a du vent !
L'exemple de la mesure de la force du vent, proposée par l'amiral britannique Francis Beaufort en 1805, montre que des observations qualitatives peuvent être suffisantes pour construire une échelle de mesure.

Échelle dite de Beaufort		Effets observés	Effets observés	Vitesse du vent
N	Nom	sur terre	sur mer, au large	Km/h _Nœuds_
0	Calme	La fumée s'élève verticalement.	La surface de la mer est unie comme un miroir, mais pas nécessairement plane.	<-1 _<-1_
1	Très légère brise	La direction du vent est révélée par l'entraînement de la fumée, mais non par les girouettes.	Il se forme des rides ressemblant à des écailles de poisson, mais sans écume.	1-5 _1-3_
2	Légère brise	Le vent est perçu au visage, les feuilles frémissent : une girouette est mise en mouvement.	Vaguelettes courtes, mais plus accusées. Leur crête a une apparence vitreuse mais ne déferle pas. Par bonne visibilité, la ligne d'horizon est très nette.	6-11 _4-6_
3	Petite brise	Les feuilles et les toutes petites branches sont constamment agitées, le vent déploie des drapeaux légers.	Très petites vagues. Les crêtes commencent à déferler. Ecume d'aspect vitreux. Parfois quelques moutons épars.	12-19 _7-10_

4	Jolie brise	Le vent soulève la poussière et les feuilles de papier, les petites branches sont agitées.	Petites vagues devenant plus longues, moutons assez nombreux.	20-28 *11-16*
5	Bonne brise	Les arbustes en feuilles commencent à se balancer, de petites vagues avec crêtes se forment sur les eaux intérieures.	Vagues modérées prenant une forme allongée. Formation de nombreux moutons, parfois quelques embruns.	29-38 *17-21*
6	Vent frais	Les branches sont agitées, les fils téléphoniques sifflent, l'usage des parapluies devient difficile.	Des grosses vagues (lames) commencent à se former. Les crêtes d'écume blanche sont parfois plus étendues ; quelques embruns.	39-49 *22-27*
7	Grand frais	Les arbres entiers sont agités. La marche contre le vent devient difficile.	La mer grossit. L'écume blanche qui provient des lames déferlantes commence à être soufflée en traînées qui s'orientent dans le lit du vent.	50-61 *28-33*
8	Coup de vent	Le vente casse des branches. La marche contre le vent est à peu près impossible.	Lames de hauteur moyenne, plus allongées. De la crête, commencent à se détacher des tourbillons d'embruns. Nettes traînées d'écume orientées dans le lit du vent.	62-74 *34-40*
9	Fort coup de vent	Légers dégâts des habitations : arrachement de tuyaux, d'ardoises, de cheminées...	Grosses lames. Epaisses traînées d'écume dans le lit du vent. La crête des lames commence à vaciller et déferler en rouleaux.	75-88 *41-47*
10	Tem-pête	Déracine des arbres. Cause des dégâts importants aux habitations.	Très grosses lames à longues crêtes en panache. Epaisses traînées d'écume. Dans son ensemble, la surface des eaux semble blanche. Le déferlement en rouleaux devient intense et brutal. Visibilité réduite.	89-102 *48-55*
11	Vio-lente tem-pête	Ravages étendus (un tel vent est très rarement observé en France).	Lames exceptionnellement hautes. Mer complètement verte de bancs d'écume. Visibilité réduite.	103-117 *56-63*
12	Oura-gan		L'air est plein d'écume et d'embruns. La mer est entièrement blanche, du fait des bancs d'écume dérivants. Visibilité très fortement réduite.	118-133 *64-71*

2.3. Le choix des indicateurs

Voici quelques exemples pour chaque fonction de l'entreprise :

Production :
- taux de défauts sur les produits
- taux de rebuts
- nombre de pannes et durée
- sur-stocks

Marketing :
- notoriété spontanée, assistée
- délai de réponse à une demande client
- délai de sortie des catalogues

Commercial :
- taux de réussite des devis et nombre de réclamations
- nombre d'erreurs dans les contrats commerciaux
- nombre de facturations erronées
- nombre d'impayés
- délais de paiement

Logistique :
- nombre d'erreurs sur les quantités
- nombre de retards de livraison

Informatique :
- nombre de logiciels inutilisés
- nombre de listings inutiles
- nombre de bugs

Comptable :
- nombre d'écritures en retard
- nombre d'opérations de régularisation

Personnel :
- absentéisme
- fréquence et gravité des accidents de travail
- demandes de formations restées sans réponse

Entreprise :
- délai de réponse aux réclamations
- nombre de SAV
- temps d'attente pour joindre un correspondant
- retards aux réunions

Qualité :
- nombre d'actions correctives réalisées
- nombre de suggestions mises en œuvre
- avancement des PAQ
- ...

2.3.1. Comment se mesurer ?

Un tableau de bord qualité présente des indicateurs pertinents, incontestables et compréhensibles.

Pour cela, il faut :
* Mesurer la situation initiale, et bien définir l'entité mesurée
  ▷ Calculer les délais de réponse aux réclamations

* Fixer un objectif chiffré à 6 mois, 1 an, 2 ans avec des objectifs intermédiaires
  ▷ Diminuer le délai de réponse aux réclamations de 15 jours à moins de 5 jours en deux ans (objectif intermédiaire : moins de 10 jours en un an)

* Mesurer régulièrement la situation
  ▷ Calculer tous les mois l'évolution des délais

* Communiquer les résultats aux collaborateurs
  ▷ Tous les mois, faire le point avec les collaborateurs en suivant l'évolution du délai moyen et l'afficher

☞ Et vous ?

Sélectionnez vos indicateurs de mesure.

Qui trop embrasse rate son train !

2.4. Conseils d'affichage

Voici quelques règles et conseils de bon sens :

* utiliser des panneaux d'affichage dans les lieux de passage et nommer un responsable pour leur mise à jour hebdomadaire.

* distinguer indicateurs de qualité : viser le zéro
  indicateurs de performance : viser l'objectif

* jouer la psychologie du chiffre :
  <- 1, tout chiffre est petit
  > 10, tout chiffre est grand
  Multiplier les échelles par 10, 100, 1 000... Viser dans le mille ! et passer du % au ppm (partie par million) : il est plus motivant de gagner 5 000 unités que 0,5.

* distinguer indicateurs de résultat et de processus.
  Le chiffre d'affaires est un indicateur de résultat,
  la façon dont il a été obtenu est un indicateur de processus.

Un parallèle peut être fait avec le football :

	Magasin	Football
Résultat	Chiffre d'affaires	Score
Processus	Nombre d'incidents	Cartons jaunes
	Nombre de devis	Corners obtenus
	Réclamations	Cartons rouges
	Ventes perdues	Penalties
	SAV	Coups francs

Attention. La présentation compte autant que la mesure : l'interprétation des résultats doit être facile pour chacun.

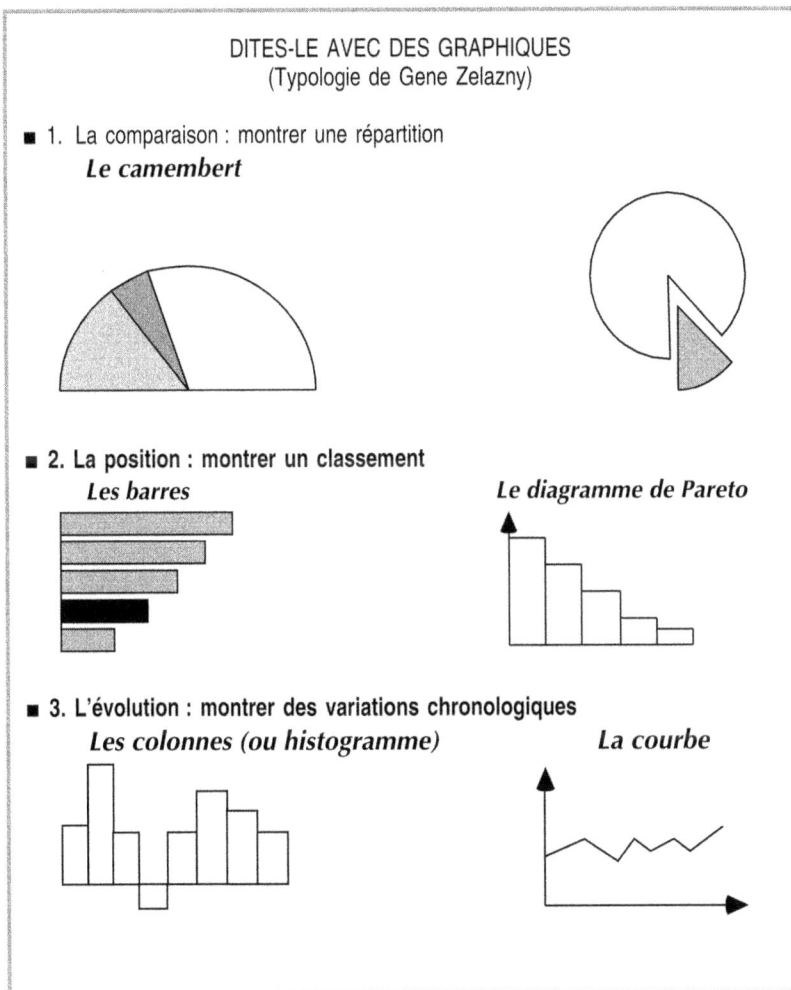

DITES-LE AVEC DES GRAPHIQUES
(Typologie de Gene Zelazny)

■ 1. La comparaison : montrer une répartition
   Le camembert

■ 2. La position : montrer un classement
   Les barres   *Le diagramme de Pareto*

■ 3. L'évolution : montrer des variations chronologiques
   Les colonnes (ou histogramme)   *La courbe*

■ **4. La répartition : montrer une distribution**

L'histogramme

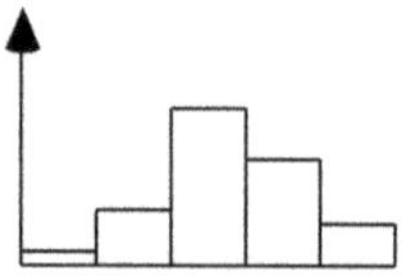

La courbe

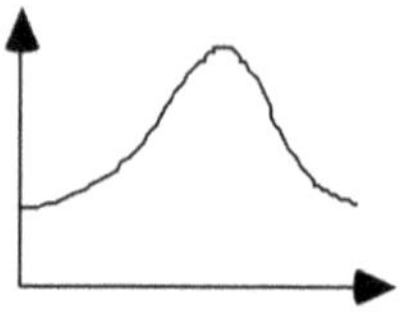

■ **5. La corrélation : montrer un lien**

Les points

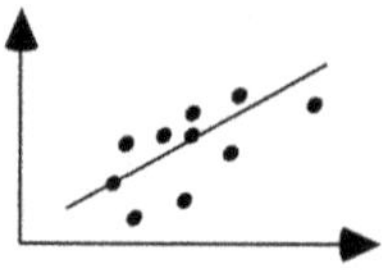

Les doubles barres

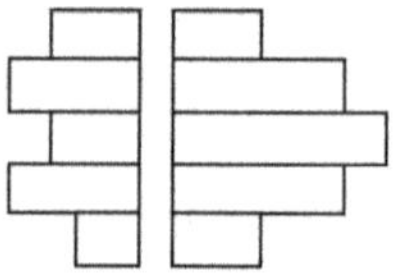

ATTENTION AUX ÉCHELLES !

Janvier	2	réclamations
Février	5	réclamations
Mars	1	réclamation
Avril	4	réclamations

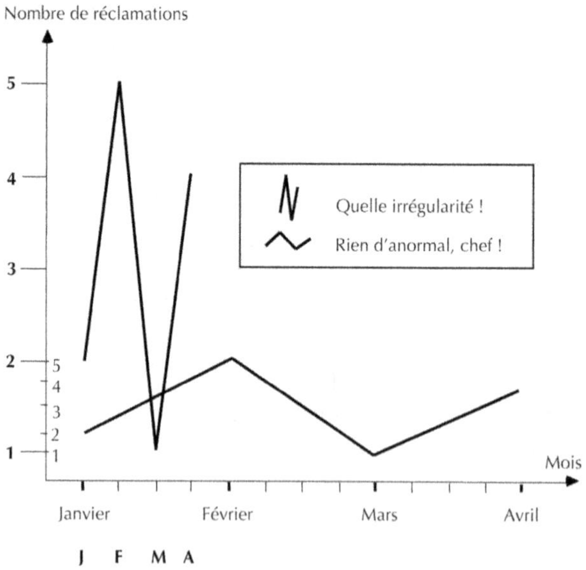
Nombre de réclamations
5
4
3
2
1
5
4
3
2
1
Quelle irrégularité !
Rien d'anormal, chef !
Mois
Janvier
Février
Mars
Avril
J F M A

Attention ! La forme ne véhicule plus le fond, la forme devient le fond.

SCHÉMA 5.1. *Deux graphiques rigoureusement exacts et pourtant bien différents !*

3. LA COMMUNICATION INTERNE

3.1. Les stratégies d'information

Pourquoi ?
Faire adhérer et impliquer tous les collaborateurs
Informer de la politique, de l'état des lieux, du plan d'amélioration qualité et des résultats obtenus

Qui ?
Cible : tous les salariés
Emetteurs : la structure qualité, en liaison avec le responsable de communication interne

Quoi ?
Nature, importance et actualité de la politique qualité
L'état des lieux : études et enquêtes déjà menées
Le(s) plan(s) d'amélioration qualité de l'entreprise
Les moyens d'action de chacun
L'avancement et les résultats

Où ?
Sur les lieux de travail en réunion habituelle (stratégie de la cascade)
Lors d'une réunion générale consacrée à la politique qualité (stratégie de la grand-messe)

Quand ?
Dès la décision de lancement et ensuite de façon permanente

Comment ?
Préparer ces réunions en étant très concret, très près du terrain
Accompagner l'opération par les moyens habituels de communication interne :
• lettre du président/directeur
• article dans le journal interne, voire numéro spécial
• intranet
• audiovisuel
• affichage
• ...
Créer éventuellement une charte graphique spécifique qualité
S'assurer des relais dans les réunions de service (point qualité systématique à l'ordre du jour).

D'expérience, les discours qualité passent mieux s'ils sont illustrés d'exemples quotidiens.

Exemple

LETTRE DE PRÉSIDENT
L'engagement dans l'excellence

La concurrence internationale se durcit, notamment par l'arrivée de grands groupes, les mutations des marchés et des techniques s'accélèrent. Face à cet environnement économique, il nous faut optimiser nos performances.

C'est pourquoi nous avons pris la décision de modifier notre façon de travailler pour améliorer la qualité de nos produits et services, internes et externes.

Nous sommes en effet convaincus qu'à l'avenir, seules seront compétitives les entreprises qui se seront engagées dans une démarche permanente d'amélioration, visant à réduire le surcoût considérable et les pertes de marché qu'engendre la non-qualité sous toutes ses formes : défauts, erreurs, retards, etc.

C'est l'objet de la politique d'excellence déjà inscrite dans notre projet : « Nous devons être à la pointe de l'innovation, améliorer notre compétitivité et offrir à nos clients la qualité optimale de produits et services ».

La mise en place de cette politique implique, pour chaque fonction, que tout travail soit fait en conformité au besoin de l'utilisateur.

La responsabilité en incombe à chaque membre de notre entreprise et en premier lieu à l'encadrement.

Le Comité de Direction s'est engagé auprès de moi dans cette voie. Je compte sur chacun de vous pour rejoindre cette démarche.

Le président-directeur général

Exemple

AFFICHES DE NC NumériCable
RENCONTRE QUALITÉ

10 fausses bonnes raisons pour ne pas faire de la qualité
1. La Qualité ne concerne que le produit
2. La Qualité c'est du luxe
3. La Qualité c'est du travail en plus
4. La Qualité, je n'ai pas le temps
5. La non-Qualité, ce sont nos prestataires
6. La Qualité, ce n'est pas ma priorité
7. Le Zéro Défaut est impossible
8. La Qualité, j'en fais tous les jours
9. La Qualité ne s'applique qu'à certains
10. La Qualité est l'affaire des spécialistes

En marche vers la Certification !

OBJECTIF QUALITÉ

10 bonnes raisons pour faire de la qualité
1. La Qualité, c'est l'excellence du service rendu
2. La Qualité, c'est ce qu'attend notre client
3. La Qualité, ça facilite la vie
4. La Qualité, ça me fait gagner du temps
5. La Qualité, c'est progresser ensemble
6. La Qualité et mon métier ne font qu' un
7. La Qualité, c'est objectif Zéro Défaut
8. La Qualité, c'est faire bien tout le temps
9. La Qualité, c'est l'affaire de tous
10. La Qualité, c'est d'abord un état d'esprit

En marche vers la Certification !

3.1.1. La stratégie de la cascade...

Information :   1. Cadres et partenaires sociaux
                 2. Maîtrise
                 3. Ensemble des salariés

Avantages :   progressivité
                adaptation
                appropriation

Point-clé :   investissez dans une « trousse à outils » support
                des exposés de l'encadrement.

3.1.2. ... Ou la stratégie de la grand-messe ?

Information :   tous les salariés réunis ensemble, le plus souvent à
                 l'extérieur de l'entreprise

Avantages :   unicité du message, simultanéité de l'information,
                engagement collectif

Point-clé :   investissez dans un événement.

La cascade
« mouille » plus
que le goupillon !

3.1.3. Affichez vos engagements !

Voici un exemple d'engagements internes qu'il vous est possible
d'afficher après personnalisation.

Maîtriser
1. Je connais tous les processus de mon métier
2. Je les applique : conformité, délais...
3. Je participe à la correction des dysfonctionnements : suggestions,
   chantiers qualité, groupes de travail...

Satisfaire
1. Je connais les besoins de mes clients internes et externes
2. Je mets tout en œuvre pour les satisfaire
3. Je donne confiance en prévenant toute anomalie

Fidéliser
1. Nous assurons la fidélisation à chaque contact client : appel, courrier, visite, rencontre...
2. Nous répondons aux attentes de chaque client en personnalisant
   notre service
3. Nous contribuons ensemble à la construction de notre entreprise.

☞ **Et vous ?**

Soyez créatif !

Et organisez des réunions appropriées :

- *les assises qualité pour le siège*
- *les rencontres qualité pour les commerciaux*
- *le séminaire qualité pour les chercheurs*
- *le colloque qualité pour les enseignants...*

QUATRE MODES DE RÉUNIONS COMPLÉMENTAIRES

1. Information	2. Echange
• Transmettre des informations techniques, institutionnelles, événementielles... • **Processus** a) Donner les informations b) Tour de table : questions, suggestions, commentaires c) Reformuler les points clés en synthèse **Durée idéale** : 15 à 30 minutes	• Réfléchir ensemble, échanger points de vue, pratiques et expériences • Processus a) Présenter le thème b) Organiser les échanges c) Reformuler les points clés et faire valider par le groupe en conclusion **Durée idéale** : 1 h à 1 h 30
3. Créativité	**4. Prise de décision**
• Résoudre des problèmes, maîtriser, améliorer, innover le fonctionnement, la communication • **Processus** a) Poser le problème b) Mener une recherche en suivant une démarche c) Donner un feed-back sur les propositions de solutions et annoncer un plan d'action **Durée idéale** : 2 à 3 h	• Prendre des décisions collectives, préparer une décision avec son équipe • Processus a) Présenter le sujet b) Tour de table : écouter les points de vue de chacun c) Reformuler et vérifier la bonne compréhension d) Proposer un mode de prise de décision e) Décider **Durée idéale** : 1 h

**Il n'y a pas de choses inintéressantes,
il n'y a que des gens « inintéressés ».**

L'EXEMPLE EXEMPLAIRE D'AIR LIQUIDE Santé FRANCE

Air Liquide Santé France a créé début 2001 un jeu de 52 cartes pour animer sa démarche qualité en région : les quatre atouts de la qualité.

Le rôle de l'IQSR (Ingénieur Qualité Sécurité Régional) est d'animer son entité en s'appuyant sur ces 52 cartes. Ce n'est pas nécessairement lui le responsable de l'action proprement dite.

L'objectif est d'associer tous les collaborateurs de l'entité concernée à la mise en œuvre de la qualité à travers 13 thèmes.

Principes d'animation :
• un jeu de cartes est remis à chaque collaborateur
• un classeur comprenant 52 fiches-actions est remis à chaque IQSR. Une fiche est structurée en quatre parties :
• libellé de la carte
• intérêt de traiter la carte, les objectifs poursuivis, les acteurs
• les actions décidées, le pilote, l'échéance, l'avancement
• les actions réalisées.

Il existe une progression pour choisir les cartes : il faut aborder chaque thème par l'action Activer, puis Assurer, puis Améliorer et Anticiper.

Sur les 13 thèmes, 4 sont du ressort de l'IQSR. L'objectif est que 4 ou 5 thèmes soient traités la première année. L'ensemble des thèmes sera ainsi traité en deux ans.

Les meilleures pratiques sont distinguées par un jury.

Déroulé en région

1. L'IQSR présente le projet à tous les directeurs d'entité.
2. L'IQSR planifie avec chaque directeur d'entité l'ordre de traitement des premiers thèmes ainsi que le public concerné.
3. Le directeur d'entité et l'IQSR présentent le projet à l'entité comme un projet de déploiement de la politique qualité.
4. L'IQSR organise les groupes de travail par thème avec le public concerné (il est possible de lancer et de mener plusieurs thèmes simultanément) et recueille et planifie les actions à mener.
5. L'IQSR anime l'avancement de l'ensemble, le communique dans l'entité et le met sur intranet pour information des autres IQSR.

LES QUATRE ATOUTS DE LA QUALITÉ				
	1. Activer	2. Assurer	3. Améliorer	4. Anticiper
1. Écoute clients	Rencontrer les clients et identifier leurs besoins	Répondre aux besoins exprimés	Mesurer la satisfaction et mettre en œuvre les actions	Identifier les besoins latents
2. Réclama-tions	Recueillir toutes les réclamations	Répondre à toute réclamation	Diminuer les délais de réponse	Attirer toutes les réclamations
3. PG, IT, F et DR	Elaborer	Expliquer et (faire) appliquer	Mettre à jour	Simplifier
4. Fournisseurs hors groupe	Sélectionner	Contractualiser et évaluer	Créer un partenariat	Mettre en place une veille fournisseurs
5. Participation du personnel	Sensibiliser et former	Susciter et encourager	Valoriser	Faire adopter les comportements qualité (charte)
6. Outils qualité	Construire la « boîte à outils » de l'entité	Former à l'utilisation des outils	Vérifier leur mise en œuvre	Enrichir la trousse à outils
7. Bonnes pratiques	Définir	Expliquer et (faire) appliquer	Animer des groupes d'amélioration	Organiser un benchmarking
8. Engage-ments contractuels	Répertorier	(Faire) appliquer la revue de contrat	Proposer des alternatives	Identifier les exigences futures
9. Com. externe	Informer les clients des événements qualité	Valoriser la démarche qualité	Résoudre les problèmes qualité en clientèle	S'assurer de la mise en place et de la veille de la gestion de crise
10. Revues de direction*	Planifier	Préparer (analyse des écarts) et animer	Faire respecter les décisions et leurs délais d'application	Désamorcer les situations conflictuelles
11. Indica-teurs*	Définir et faire partager	Suivre, exploiter et commenter	Se comparer entre régions	Faire évoluer
12. Com. interne*	Définir un plan de com interne et avec partenaires	Vérifier la compréhension des messages	Favoriser la remontée d'informations	Célébrer la qualité
13. Audit*	Planifier	Mener	En faire un outil de com. interne	Mener des autodiagnostics

* Actions prises en charge directement par l'IQSR

3.1.4. La présentation des résultats

Les objectifs sont de :
* faire connaître les résultats obtenus ;
* valoriser le travail réalisé ;
* montrer les possibilités de progrès de l'unité ;
* améliorer la communication ;
* institutionnaliser l'initiative.

Pour atteindre ces objectifs, il est conseillé de :
* Présenter les résultats des problèmes résolus directement ou indirectement ;
* Chiffrer et toujours *a minima* ;
* Recueillir les réactions par des questions à la salle ou par la création de groupes-miroir ;
* Organiser un événement autour de la présentation orale :
préparer la présentation (répéter),
distribuer les documents à la fin,
utiliser les aides visuelles,
remercier de la confiance ;
* Diffuser et afficher le compte rendu pendant quinze jours.

Utilisez le langage des couleurs !
(la mode est aujourd'hui à l'orange et au violet)

* noir : deuil ou luxe (Chanel)
* gris : élégance, sobriété (Mercedes, Audi, Helena Rubinstein)
* bleu : classique, institutionnel ou neutre (Weston, Legal)
* vert : espoir (BNP Paribas) ou nature (Yves Rocher)
* rouge : force et puissance (Coca-Cola, Toyota, Levis, Compaq)
* jaune : le plus visible (La Poste), mais pas à la photocopie !
* orange : chaleur, convivialité (Veuve Clicquot, Hermès, Lanson)
* blanc : pureté, hygiène, beauté (Vichy)
* transparent : technologie (Apple)

LE SITE QUALITÉ INTRANET DE LA SOCIÉTÉ GÉNÉRALE

Démarrage : le 28 septembre 1999

Population cible : tous les collaborateurs connectés

Contenu : la page d'accueil permet, en changeant régulièrement l'illustration, un accès direct vers des nouveautés (compte-rendu d'une conférence, plan qualité SG mis à jour...).

Exemple

391

5 menus :
1. *Information :*
    - Actualités (interne et externe) chaque lundi
    - Revue de presse mensuelle
    - Faits marquants (= accumulation de toutes les « actualités »)

2. *Documentation :*
    - Fonds documentaire d'articles de presse, de compte-rendus de conférences...
    - Possibilité de recherche par thème ou par mots-clés

3. *Outils :*
    - Boîte à outils pour mener une démarche qualité articulée selon 4 thèmes : animer, diagnostiquer, améliorer, piloter
    - Glossaire de la qualité
    - QCM

4. *Fiches Qualité :*
    Système de remontée des dysfonctionnements et/ou de suggestions d'amélioration.
    - Formulaire électronique
    - Base de données des fiches Qualité composée de plusieurs menus : nouvelles fiches de la semaine, recherche par thèmes, recherche par mot-clé

5. *Réussir :*
    Equivalent interactif (sous forme de pages Web) du journal papier édité trimestriellement par la Direction de la Qualité
    Sa mise en ligne permet des liens vers les autres menus du Site Qualité.

Fréquentation : en moyenne 50 visites par jour

Difficultés à surmonter : obtenir les autorisations de publication des articles de presse et s'astreindre à une mise à jour hebdomadaire

3.2. L'importance des mots

Sauriez-vous distinguer une sauce gribiche d'une sauce ravigote ?

Le *Petit Robert* nous aide :
- *Gribiche : vinaigrette mêlée d'un hachis d'œuf dur, de cornichons, de câpres et de fines herbes*
- *Ravigote : vinaigrette mêlée d'œufs durs pilés et relevée de fines herbes.*

Selon votre commande, vous ne ferez pas la même tête (de veau bien sûr) !

Les mots se sont pas neutres et véhiculent même des concepts différents. Les normes ISO ont l'immense mérite de définir avec précision et en plusieurs langues tous les termes utilisés. Excepté le terme efficience qui a pris la définition du mot efficacité en raison à notre avis d'une mauvaise traduction du terme anglais *effectiveness*.

1. Le théâtre d'entreprise
C'est l'outil de communication vivant par excellence.

Le théâtre assure trois fonctions :

miroir :   se voir avec d'autres yeux
distanciation :   se remettre en cause
catharsis :   se libérer.

Exemple

Voici un extrait de la pièce *Ah les retours* écrite par l'auteur :

...**Monsieur Michel** Parce qu'à votre avis, dans la boîte aujourd'hui, on en est où ?

Colette *Enervée.* Vous voulez que je vous dise ? *Elle se lève.* On en est encore au Moyen Âge. On n'a même pas encore osé mesurer les ravages de notre non-qualité. Ah oui, on est loin de la qualité totale ! Ça serait plutôt la calamité totale !... Écoutez, c'est simple, ici tout le monde se fout du client. Le client à la CJP ? Un emmerdeur qui demande toujours des trucs invraisemblables !...

Monsieur Michel Oui, je sais que ça ne sera pas facile de mettre en place notre politique qualité. *Il se tourne vers le tableau.* Zéro retard de livraison, zéro casse, zéro erreur de facture, zéro retour...

Colette Et on peut commencer par zéro mépris !

Monsieur Michel Et zéro mépris... C'est d'ailleurs paradoxal que pour obtenir le prix d'excellence aujourd'hui, on soit obligé de collectionner les zéros !

Colette Remarquez la CJP risque de l'obtenir ! Quand on voit tous les zéros qui y travaillent !

Monsieur Michel Doucement Colette... Non, l'excellence, c'est l'art du détail. L'art de bien faire toutes les choses, et surtout les plus petites...

Colette Eh bien, je ne sais pas si la CJP arrivera un jour à être prix d'excellence, mais pour l'instant, on serait plutôt pris de vertige.

Monsieur Michel Mais non, Colette. Je vous trouve très négative. Moi je pense qu'il y a tout lieu d'être optimiste et que la qualité baignera bientôt toute l'entreprise.

Colette Qu'est-ce que vous me chantez là !

Monsieur Michel Tenez justement ! Depuis que Saripa m'a demandé de m'occuper de la qualité, j'ai déjà pensé à mettre en place un certain nombre de choses... Et j'ai même écrit les paroles d'une chanson. Vous voulez l'écouter ? *Il se lève enthousiaste, et n'attend pas la réponse de Colette qui est interrogative et deviendra de plus en plus sceptique.* Oui oui, ça vous calmera. Asseyez-vous Colette... *Elle s'assoit.* Je vous la lis : *Il montera au fur et à mesure de la chanson sur son siège, puis sur son bureau.*
    C'est sans détour, et sans retour :
    La qualité se vit chaque jour.
    Un : c'est facile. Deux : ça réveille.
    Trois : c'est utile. Quatre : et ça paie !

L'information met en relation les gens avec les événements.
La communication met en relation les gens entre eux.
Le théâtre met en relation les gens avec eux-mêmes.

393

Le refrain, c'est : Qualité tonique, qualité magique.
    Sus au fantôme, et au tout flou ...
    Le but : faire bien du premier coup.
    Un peu d'méthode, beaucoup d'écoute
    La qualité prend la bonne route.
Qualité tonique, qualité magique
    T'as plein d'idées, viens donc tantôt
    Pas b'soin d'génies, ni d'intellos
    On analyse tout à la loupe.
    Très efficace, l'travail en groupe !
Qualité tonique, qualité magique
    Fini le boulot qui paralyse,
    Vive le progrès qui dynamise.
    Pour l'entreprise, c'est le bel âge,
    Le manag'ment qui déménage.
Qualité tonique, qualité magique
    Zéro défaut, c'est la fierté,
    Toute une valeur bien ajoutée.
    La qualité devient totale :
    Penser client, c'est capital.
Qualité tonique, qualité magique
Voilà, vous aimez ?

Colette Euh... Oui, c'est euh... c'est surprenant. Vous avez écrit ça tout seul ?

Monsieur Michel Oui oui, j'y ai passé beaucoup de temps...
Colette Oui je comprends. Tout y est... C'est euh... C'est vraiment inattendu. Je ne vous connaissais pas comme ça !

Monsieur Michel Eh oui ! Je commence à me spécialiser dans la totale ! Mais vous aimez ?

Colette C'est un bel exercice de style, Monsieur Michel... Et vous avez la musique ?

Monsieur Michel Non. Je pense publier le texte en interne et pour la musique organiser un concours pour mobiliser toute la société...
Colette Ouais... Remarquez, je paierais cher pour écouter Saripa la chanter !

Monsieur Michel Mais vous ne pensez pas que ça plaira ?

Colette Écoutez je n'en sais rien... Mais je préférerais qu'on parle plutôt de mon avenir. Parce que pour être très franche si vous permettez, ce n'est certainement pas avec des rimes sur l'air de « On ira tous au paradis » ou « Les clients d'abord »... que la boîte ira vers des lendemains qui chantent ! Comment elle s'appelle déjà votre chanson ?

Monsieur Michel C'est Qualité tonique, qualité magique.

Colette Eh bien je suis sûre qu'à la CJP, ça sera aussitôt déformé en Qualité comique, qualité tragique.

Monsieur Michel OK OK. J'ai compris. On revient à notre entretien. Alors, qu'est-ce qu'il faudrait faire ? Parce que moi j'ai un objectif pour la CJP : c'est La qualité sans retour. *Elle hausse les épaules et il se rassoit.* Si, c'est important parce que tout ce que vous dites me semble très sensé. Vous savez, c'est le mérite de ces entretiens, de faire le point et de découvrir des points de vue cachés...

Colette Oui, vous ne croyez pas si bien dire !

Monsieur Michel Je voulais dire, approfondir des sujets que le quotidien empêche toujours d'aborder... Allez dites-moi, quel serait votre avis ?

Colette Vous voyez, la non-qualité, ça concerne tout le monde. Je ne vois pas d'autre façon que de s'y mettre tous ensemble.

Monsieur Michel Oui, mais comment ?

Colette *Elle se lève irritée.* Mais est-ce qu'on est en train de parler de mes perspectives ou de celles de Monsieur Qualité totale ? Payez-vous un consultant !... *En aparté* « Oh et puis, au point où j'en suis »... Eh bien je vais vous dire comment je ferais. Je ferais deux choses : secouer l'encadrement et rassurer la base, qui en a bien besoin.

Monsieur Michel C'est-à-dire...

> Informer, c'est mettre en forme. Et la forme, c'est le style.

3.3. Les quatre étapes du plan de communication

3.3.1. Étape 1 : la préparation

Préparation, lancement, généralisation et dynamisation constituent les phases clés du plan de communication.

Objectifs :
- s'assurer de l'adhésion du comité de direction
- personnaliser la démarche qualité à la spécificité de l'entreprise

Cible : tous les membres du comité de direction

Message : « La qualité n'est pas un mouvement caritatif »

Contenu :
- les tenants et les aboutissants d'une politique qualité
- quels enjeux pour l'entreprise ?
- quelle démarche pour l'entreprise ?

Moyens :
- état des lieux et historique
- recherche d'illustrations spécifiques à l'entreprise
- animation d'un séminaire du comité de direction
- publication éventuelle d'une charte ou d'un projet qualité

Résultats attendus :
- engagement du comité de direction
- définition des objectifs et des modalités de la politique qualité dans l'entreprise
- validation des documents de formation
- validation des messages à transmettre en interne

> **Conseil**
> Parlez le langage de l'argent à la direction et le langage des choses aux salariés.

3.3.2. Étape 2 : le lancement

Objectifs :	• déployer la politique et les objectifs qualité auprès de l'encadrement • s'assurer de leur adhésion avant toute démul-tiplication
Cible :	tous les membres de l'encadrement
Message :	« La non-qualité se balaie d'abord chez soi et par le haut »
Contenu :	• les enjeux de la politique qualité pour l'entre-prise • les modalités de mise en place et de pilotage • quelles améliorations dans mon unité ?
Moyens :	• réunion générale avec l'encadrement • réunions de pilotage avec le comité de direc-tion • journal interne ou lettre d'information spécifi-que ou messagerie • réunions qualité dans chaque unité • formations de l'encadrement • affichage des plans d'action qualité et des baro-mètres • mise à disposition d'une « trousse à outils » • mise à disposition d'un espace qualité, logo spécifique
Résultats attendus :	• exemplarité de l'encadrement • des premiers résultats pour crédibiliser la phase suivante

Conseil
Soyez entraînant,
et ni autosatisfaction
ni auto-flagellation.
Sans l'adhésion
de l'encadrement,
pas de changement.

3.3.3. Étape 3 : la généralisation

Objectifs :	• associer l'ensemble des salariés à la politique qualité • résoudre les problèmes inter-unités
Cible :	tous les salariés de l'entreprise
Message :	« La qualité, c'est partager les problèmes et leur résolution »
Contenu :	• les effets de la non-qualité • comment améliorer sa qualité de travail ?
Moyens :	• outils de démultiplication : Kit de formation, supports vidéo... • groupes de travail inter-unités • relations client-fournisseur • cascade ou grand-messe pour l'annonce

| Résultats attendus : | • tout le monde sur le pont de la qualité ! |
| | • des progrès mesurables dans toute l'entreprise vis-à-vis des clients, des coûts de non-qualité et en interne |

3.3.4. Étape 4 : la dynamisation

Objectifs :	• affirmer la qualité comme priorité
	• valoriser les résultats obtenus
Cible :	toute l'entreprise
Message :	« La ténacité est le meilleur atout contre le quotidien »
Contenu :	• l'avancement de la démarche
	• les résultats obtenus
	• les expériences d'autres entreprises
Moyens :	• utilisation régulière des moyens existants
	• mail hebdomadaire du proverbe de la semaine
	• mesure de la dynamique de succès créée
	• affichage de tous les plans d'action qualité et des baromètres
	• réunions générales : témoignages de clients, théâtre d'entreprise
	• lancement d'un concours qualité
	• valorisation et récompenses publiques
Résultat attendu :	• un nouveau comportement partagé dans toute l'entreprise

4. LA VALORISATION DES RÉUSSITES

4.1. Dix encouragements simples

Il est essentiel de citer pour inciter.

Pour atteindre ses objectifs d'amélioration des performances, il convient que l'organisme encourage l'implication et le développement des personnes... par la reconnaissance et la récompense.

ISO 9004:2000
(§6-2-1 Implication des personnes)

Voici dix manières d'encourager simplement :
- une lettre de félicitations ;
- un compliment verbal ;
- une demande d'information, d'explication ;
- l'affichage des résultats ;
- une citation en réunion ;
- un article dans un journal interne ou local ;
- une présentation des travaux à l'intérieur ou à l'extérieur de l'unité ;
- l'invitation à assister ou participer à une conférence sur le même sujet ;
- la visite d'une autre unité ;
- une distinction particulière...

☞ **Et vous ?**

Pourquoi pas votre encouragement ?

Oui, le vôtre...

4.1.1. La communication externe

La communication externe a pour objectifs de :
- mettre en valeur l'entreprise et ses salariés ;
- développer une fertilisation avec d'autres entreprises.

Voici quelques actions possibles :
- Adhésion au Mouvement Français pour la Qualité
- Participation à des colloques régionaux et nationaux...
- Information à vos clients
- Rencontres avec des groupes d'autres entreprises
- Publication d'articles dans la presse
- Journées portes ouvertes
- Publication des succès sur votre site internet
- ...

☞ **Et vous ?**

Vos clients sont-ils informés de vos résultats en matière de qualité ?

Avez-vous demandé à vos commerciaux de leur présenter vos réussites qualité ?

Exemple

DES EXEMPLES DE VALORISATION

▷ Le président du Crédit du Nord adresse immédiatement au chef d'agence concerné la copie de la lettre de remerciements d'un client pour une heureuse initiative. Ses compliments y sont joints.

▷ À la compagnie IBM, des concours récompensent les meilleures réalisations à trois niveaux :
  - chaque direction choisit ses meilleurs dossiers
    la direction d'IBM France désigne le meilleur dossier français qui reçoit le Prix du président
  - enfin au niveau européen, deux prix sont attribués :
    – le Chairman's Quality Award récompense l'organisation qui, en Europe, a fait preuve d'excellence, d'efficacité et d'innovation dans l'exécution de sa mission
    – le Customer Excellence Award pour un résultat marquant en matière de solutions et de services apportés au client.
    L'ensemble de ces événements est publié dans les médias internes.

▷ Thomson Multimedia récompense les 100 salariés qui symbolisent le mieux la démarche vers l'excellence dans le cadre de l'application des valeurs d'entreprise. Le programme Top 100 leur attribue ainsi un certificat de reconnaissance pour leur engagement dans les valeurs : la rapidité, la prise de décision et l'esprit gagnant.

▷ Rank Xerox a créé le club de l'excellence pour intégrer les auteurs des contributions personnelles les plus distinctives.

> La reconnaissance est un des motifs qui poussent à agir. Pourquoi formuler des évaluations négatives, comme : « Oui, c'est pas mal ! » ?

4.2. Le prix qualité

4.2.1. Six objectifs

Un prix peut être organisé en interne ou au sein d'une profession ou d'un pays : la participation à un prix présente plusieurs avantages.

■ **Pour les participants**
1. Motiver le personnel de l'entreprise qui participe à l'obtention du prix autour d'un objectif commun : la qualité
2. Distinguer ceux qui ont parié sur la qualité et qui ont gagné
3. Offrir aux lauréats une image de qualité reconnue par les plus hautes instances

■ **Pour l'ensemble**

    4. Valoriser les meilleurs

    L'engagement dans la qualité demande une démarche de longue haleine, de réels efforts et la participation de tous. Ces investissements et retours sur investissement méritent d'être mis en valeur et montrés en exemple.

    5. Montrer que toute unité peut s'engager dans une démarche qualité, quels que soient son domaine d'activité et sa taille

    6. Développer la notoriété du concept qualité :
    « La qualité est à votre portée. »

4.2.2. Méthodologie

Voici la démarche classique pour participer à un prix :

■ **1. Candidature sur dossier**
Les candidats volontaires remplissent un dossier leur demandant leurs efforts et leurs résultats en matière de qualité.

■ **2. Présélection par la structure de pilotage**
Exemple de critères :
• un dossier rempli conformément
• le contenu du dossier : résultats déclarés et pertinence des observations
• l'absence de non-qualité dans la notoriété.

■ **3. Expertise sur le terrain**
Un expert examine l'unité « sous toutes ses coutures » : visite de l'unité, rencontre des principaux responsables, étude de tous les documents relatifs à la qualité, sondage auprès de clients et fournisseurs.

■ **4. Sélection des lauréats**
Sélectionner, c'est comparer.

La mise au point d'une grille d'expertise qualité permet d'évaluer chaque action d'obtention de la qualité et de calculer une note globale par unité.

■ **5. Remise des prix**
La remise des prix qualité fait l'objet d'une grande manifestation et d'une campagne de communication.

Exemple

COMPARER LES SPÉCIFICITÉS

L'arrêté du 14 février 1986 fixe les normes et la procédure de classement des hôtels et des résidences de tourisme. Voici quelques extraits de l'annexe précisant les différentes catégories et montrant ainsi qu'on peut rapprocher dans une même classification l'hôtel de la gare de Gueugnon au Crillon. La comparaison est ainsi a fortiori possible pour deux unités qu'elles soient ou non d'un même groupe...

Extraits de la description des aménagements pour les hôtels de tourisme	Catégories					
	Sans étoile	1*	2*	3*	4*	4*L
Nombre de chambres						
5 chambres minimum	X					
7 chambres minimum		X	X			
10 chambres minimum				X	X	X
Hall de réception						
Hall de réception et salon(s) :	X					
• d'au moins 9 m², plus 1 m² par chambre au-delà de 20, jusqu'à un maximum exigible de 25 m²		X				
• d'au moins 20 m², plus 1 m² par chambre au-delà de 20, jusqu'à un maximum exigible de 40 m²			X			
• d'au moins 30 m², plus 1 m² par chambre au-delà de 20, jusqu'à un maximum exigible de : 80 m²				X		
120 m²					X	
160 m²						X
Ascenseurs obligatoires dans les immeubles comprenant :						
5 niveaux (4 étages) ou plus			X			
4 niveaux (3 étages) ou plus				X		
3 niveaux (2 étages) ou plus					X	
2 niveaux (1 étage) ou plus						X
Monte-charge ou 2e ascenseur					X	X
Surface utile minimum des chambres, sanitaires non compris, en m²						
chambre à 1 personne	7	8	8	9	10	10
chambre à 2 personnes	8	9	9	10	12	14
chambre à 3 personnes	10	11	11	12	14	16
chambre à 4 personnes	12	14	14	15	17	19
Salles de bains ou de douches particulières dans :						
• au moins 20 % des chambres		X				
• au moins 40 % des chambres			X			
• au moins 80 % des chambres				X		
• toutes les chambres					X	X
Water-closets particuliers en local sanitaire clos dans :						
• au moins 20 % des chambres		X				
• au moins 40 % des chambres			X			
• au moins 80 % des chambres				X		
• au moins 90 % des chambres					X	
• toutes les chambres						X

Personnel					
Le personnel de réception et du hall doit parler :					
• une langue étrangère			X		
• deux langues étrangères dont l'anglais				X	X	X
Petit déjeuner	X	X	X			
Petit déjeuner servi dans les chambres				X	X	X

Exemple

L'OSCAR QUALITÉ
DANS UNE ENTREPRISE DE TRANSPORTS ROUTIERS

Objectif

Récompenser chaque année les agences les plus méritantes en matière de qualité

Cinq critères de sélection
- Nombre de réclamations clients
- Nombre d'accidents du travail
- Nombre d'accidents de la route
- Absentéisme
- Propreté des véhicules

Modalités d'attribution
- La méthodologie a fait l'objet d'une large information
- L'évaluation de chaque critère est faite au siège
- Le jury est souverain

Remise des prix

Réunion annuelle de tout le personnel

☛ **Et vous ?**

Pourquoi ne pas créer dans votre entreprise un challenge qualité ?

Quel dommage de ne pas célébrer les exploits qualité de vos collaborateurs !

4.3. Le label qualité

4.3.1. Les objectifs d'une labellisation

Un label qualité permet :

■ **1. Pour l'entreprise**
- Distinguer les directions générales et les directeurs de la qualité dans leur recherche de la qualité

- Associer l'ensemble des salariés de l'entreprise à cette reconnaissance
- Valoriser les entreprises vis-à-vis de leurs clients : en-têtes de lettres, affichage dans les halls d'accueil...

■ **2. Pour la profession**
- Valoriser les entreprises qui mettent en place une politique qualité
- Inciter l'ensemble des autres entreprises à mettre en place une telle politique
- Lancer une communication auprès du grand public par le biais des entreprises qui afficheront leur label

4.3.2. Méthodologie

Le label est accordé pour un an, après vérification de la situation de l'entreprise vis-à-vis des exigences qualité.

Le respect de ces exigences, qui découlent directement des principes de la qualité, est évalué à travers un certain nombre de critères. Ils sont classés en deux catégories :
- les critères impératifs : quinze critères ont été listés pour mener à bien une politique qualité. Le non-respect d'un critère est pénalisé et entraîne pour chaque absence une note de -1
- les critères importants : le respect de ces quinze autres critères contribue fortement à assurer la réussite d'une politique qualité. Le respect de chaque critère n'est pas obligatoire, mais l'entreprise doit en satisfaire un minimum, qui est fixé a priori à la moitié. La mise en place d'un critère important donne une note de +1, mais son non-respect n'est pas pénalisé.

Le label est obtenu quand la note totale est supérieure ou égale à 8.

☞ Et vous ?

Votre entreprise serait-elle « labellisable » dans votre profession ?

UNE GRILLE D'ANALYSE

Exemples de principes qualité	Critères impératifs	Critères importants

Écoute du client	1. I : accueil téléphonique
	   D : accueil physique
	2. Remontée des commerciaux
	3. Enquête de satisfaction clientèle
		1. I : accueil physique
		   D : accueil téléphonique
		2. Etude de marché
		3. Panel clients

Prévention	4. Procédures de contrôle réception 5. Formation > 1,5 % MSB 6. Point qualité ≤ 1/mois	4. Engagement qualité écrit 5. Descriptions de poste pour au moins 50 % des postes 6. Cahiers des charges signés pour au moins 50 % des achats
Mesure	7. Délais de livraison 8. SAV 9. Affichage d'indicateurs qualité	7. Dépassement des délais de livraison 8. Rapidité du SAV 9. Coûts de non-qualité

Excellence	10. Analyse des rendements
	    I : temps, matière
	    D : vendeurs, mailing
	11. I : contrôle qualité final
	    D : étiquetage conforme
	12. I : conditionnement produits
	    D : vitrine attrayante
		10. Conditions de stockage
		11. I : fiches d'autocontrôle
		    D : propreté du magasin
		12. I : CAO
		    D : renouvellement de l'implantation

Participation de tous	13. Plus de 20 % des salariés en groupe de travail 14. Absentéisme < 6 % 15. Turn-over	13. Contrat d'intéressement 14. Entretiens d'évaluation avec objectif qualité 15. Réunion qualité annuelle

Le respect de chaque critère est évalué grâce à l'aide d'une grille de mesure définie sans ambiguïté aussi bien pour les industriels I que pour les distributeurs D.

4.4. L'intéressement à la qualité

L'intéressement est un accord collectif et facultatif, signé pour trois ans, qui permet d'associer financièrement les salariés :
- aux résultats ou aux performances,
- à l'accroissement de la productivité ou des gains,
- à toute autre formule significative du progrès de l'entreprise.

Les sommes versées :
• sont déductibles du résultat imposable de l'entreprise,
• sont exonérées de la taxe sur les salaires et de charges sociales,
• représentent un revenu imposable pour le salarié, mais ne sont pas assujetties aux cotisations sociales.

Les primes peuvent être réparties :
• par unité de travail ou au niveau de l'entreprise,
• proportionnellement aux salaires ou de façon égalitaire,
• proportionnellement au temps de travail,
• avec un plafond éventuel.

Important : si votre entreprise ouvre un plan d'épargne, l'intéressement que les salariés y versent n'est pas imposable.

👉 **Et vous ?**

Et votre entreprise ?

En 1999, l'intéressement concerne presque autant de salariés que la participation et il se répand plus vite : 7 % des entreprises l'ont mis en œuvre (4 % pour la participation).

Source Ministère de l'emploi et de la solidarité

Exemple

FORMULES DE CALCUL

1. Intéressement aux résultats
▷ Calor : I = 15 % du résultat courant – 10 % capitaux propres
▷ INergie : I = 50 % du résultat net

2. Intéressement à l'accroissement de la productivité
▷ SAGEM : I = 1 % de la valeur ajoutée si résultat net > 0
▷ SNECMA : I = 150 x [(VA /effectif) – 0,35]

3. Intéressement aux économies, à la qualité...
▷ STED : le montant de l'intéressement est la somme de :
– 20 % des gains réalisés sur les accidents du travail
– 100 % des gains réalisés sur l'absentéisme
– 15 % des gains réalisés sur la satisfaction clientèle
– 20 % des gains réalisés sur les coûts directs partiels du kilomètre parcouru et de l'heure travaillée

▷ SOURISSEAU : trois critères sont mesurés trimestriellement.
– Productivité (minimum à atteindre) : meubles fabriqués/heures payées
– Qualité : nombre de SAV/meubles fabriqués
– Sécurité : nombre d'accidents du travail

En 1999, 3,6 millions de salariés (sur 14) ont perçu en moyenne 4 175 F au titre de l'intéressement.

Source : ministère de l'Emploi et de la Solidarité

4.4.1. La mise en place

Les étapes habituelles sont les suivantes :

- **1. Détermination des objectifs** : préambule

- **2. Élaboration du contrat :**
  - la qualité des signataires
  - la période pour laquelle il est conclu
  - les établissements concernés
  - les salariés concernés
  - la formule retenue
  - les critères et les modalités servant au calcul et à la répartition de l'intéressement
  - l'époque des versements
  - l'information
  - le règlement des différends

- **3. Signature avec les partenaires sociaux ou le 2/3 des salariés**

- **4. Communication aux bénéficiaires**
  - formation de l'encadrement
  - information des bénéficiaires par l'encadrement

- **5. Suivi du contrat**

Pour que vos collaborateurs comprennent votre système d'intéressement, élaborez-le avec eux.

4.5. Le bilan qualité

L'objectif est de chiffrer et de positionner le niveau d'avancement en matière de qualité.

Trente critères sont pondérés en fonction de leur importance dans l'obtention de la qualité à l'aide du barème suivant :

    4 fondamental
    3 très important
    2 important
    1 non prioritaire

1. Première pondération des huit familles entre elles :

stratégie et organisation	3
démarche qualité	4
implication du personnel	3
clients et fournisseurs	3
production ou magasin	4
informations de gestion	2
vente	2
divers	1

2. Deuxième pondération des trente critères de chaque famille

Deux grilles présentées ci-après ont été élaborées : industriel et distributeur. Les pondérations des critères sont identiques, sauf pour les critères de 15 à 22 qui sont spécifiques à chaque métier.

Cet outil utilisé dans le secteur de l'ameublement s'est avéré un instrument à la fois de mesure, d'information, de communication et de progrès.

Degré d'avancement dans la démarche qualité — Actions d'obtention de la qualité	Absent -2	Peut mieux faire -1	Moyen 0	Bon 1	Très bon 2	Excellent 3	Cœfficient	Note
1. Stratégie				X			6	6
2. Organisation générale		X					8	0
3. Politique qualité				X			6	6
4. Structure qualité				X			3	3
5. Système qualité				X			5	5
6. Plan d'amélioration de la qualité	X						3	-6
7. Évaluation de l'efficacité des actions qualité				X			1	1
8. Participation du personnel			X				4	4
9. Qualité du climat social		X					4	0
10. Formation qualité			X				4	4
11. Rémunération des performances qualité	X						2	-4
12. Implication des fournisseurs			X				4	0
13. Écoute des besoins des clients			X				6	0
14. Mesure de la satisfaction des clients					X		4	8
15. Conception des produits				X			3	3
16. Industrialisation		X		X			4	0
17. Ordonnancement – lancement – flux				X			2	2
18. Contrôle réception				X			1	1
19. Maîtrise de la production				X			4	4
20. Conditionnement des produits							1	1
21. Stockage – expédition					X		1	2
22. Entretien					X		2	4
23. Outils de gestion			X				5	0
24. Outil informatique				X			4	4
25. Organisation de la vente				X			3	3
26. Aides à la vente		X					1	0
27. Livraisons				X			1	1
28. Administration des ventes				X			4	4
29. Communication externe de la qualité	X						1	-2
30. Appréciation générale			1/3				3	1
BILAN QUALITÉ INDUSTRIEL						TOTAL	100	55

Degré d'avancement dans la démarche qualité — Actions d'obtention de la qualité	Absent (-2)	Peut mieux faire (-1)	Moyen (0)	Bon (1)	Très bon (2)	Excellent (3)	Cœfficient	Note
1. Stratégie					X		6	12
2. Organisation générale					X		8	16
3. Politique qualité			X				6	0
4. Structure qualité				X			3	3
5. Système qualité	X						5	-10
6. Plan d'amélioration de la qualité	X						3	-6
7. Évaluation de l'efficacité des actions qualité	X						1	-2
8. Participation du personnel			X				4	0
9. Qualité du climat social				X			4	4
10. Formation qualité					X		4	8
11. Rémunération des performances qualité				X			2	2
12. Implication des fournisseurs				X			4	4
13. Écoute des besoins des clients					X		6	12
14. Mesure de la satisfaction des clients						X	4	12
15. Conception des produits				X			2	2
16. Industrialisation			X				2	0
17. Ordonnancement – lancement – flux			X				2	0
18. Contrôle réception				X			4	4
19. Maîtrise de la production					X		1	2
20. Conditionnement des produits		X					4	-4
21. Stockage – expédition		X					2	-2
22. Entretien		X					1	-1
23. Outils de gestion							5	0
24. Outil informatique					X		4	8
25. Organisation de la vente				X			3	3
26. Aides à la vente				X			1	1
27. Livraisons				X			1	1
28. Administration des ventes				X			4	4
29. Communication externe de la qualité			X				1	0
30. Appréciation générale			2/3				3	2
BILAN QUALITÉ DISTRIBUTEUR						**TOTAL**	100	75

4.6. Le bilan des bilans

L'objectif est triple :
- échanger toutes les expériences des agences au sein d'un réseau, des filiales au sein d'un groupe, des entreprises au sein d'une profession ;
- valoriser les plus intéressantes ;
- montrer les voies de progrès possibles.

Exemple

Exemple tiré d'une base de vingt notations du critère n°7 : Évaluation de l'efficacité des actions qualité

- Note moyenne : 0,8
  - Note la plus élevée : +2
  - Note la moins élevée : -1

- Actions exemplaires :

industriel :   mesure mensuelle des coûts de non-qualité, des origines de SAV, des problèmes fournisseur. Affichage dans les ateliers. Coûts de non-qualité passant de 11 % à 5,2 % de la V.A. en 4 ans

distributeur :   tenue hebdomadaire de quatre indicateurs : disponibilité des vendeurs, mise à disposition annoncée, attente au dépôt, rapidité d'intervention du SAV

- Actions à éviter :

industriel :   suivi uniquement du nombre de SAV

distributeur :   absence de récapitulatif global des problèmes qualité

Conclusion
Les clés de la réussite

La qualité sera présente le jour où chacun et tous appliqueront spontanément ces principes d'action :

- écouter ses clients

- anticiper

- rechercher l'excellence

- mesurer

- se remettre en cause

- se sentir responsable

- intégrer dans le management

- et surtout être déterminé car en matière de qualité, la route est longue et quotidienne.

Le talent est de durer.

Conseil donné par Charles Dullin à de jeunes comédiens

Bibliographie

AVEROUS Bernard, AVEROUS Danièle, *Mesurer et manager la qualité de service*, INSEP Editions, 1998

AFNOR, *Qualité et systèmes de management ISO 9000,* Afnor, 2001

BOISDEVÉSY Jean-Claude, *Le marketing relationnel*, Paris, Éditions d'Organisation, nouvelle édition 2001

CABY François, JAMBART Claude, SÉRIEYX Hervé, *La qualité dans les services*, Economica, 2000.

CAMP Robert, *Le benchmarking*, Éditions d'Organisation, Paris, 1995

DETŒUF Auguste, *Propos d'O.L. BARENTON confiseur*, SEDITAS, 1982

MESSIER Jean-Marie, *J6m.com*, Hachette Littératures, Paris, 2000

PONS François-Marie et de RAMECOURT Marjolaine, *L'innovation participative,* Éditions d'Organisation, 2001

SÉRIEYX Hervé, *La nouvelle excellence,* Maxima, 2000

SHIBA Shoji, *La Conception à l'Écoute du Marché*, INSEP Éditions, Paris, 1995

REICHHELD Frederick, *L'effet loyauté*, Dunod, Paris, 1996

ZELAZNY Gene, *Dites-le avec des graphiques*, InterEditions, 1989

PETIT ROBERT, *Nouveau Petit Robert*, Le Robert, 1994

Index

Mise en pages PCA
Achevé d'imprimer Jouve-Paris
Dépôt légal : février 2006 - N° d'éditeur : 2428 - N° d'imprimeur : 393182J
Imprimé en France

www.ingramcontent.com/pod-product-compliance
Lightning Source LLC
Chambersburg PA
CBHW061743210326
41599CB00034B/6772